21 世纪经济与管理规划教材·财政学系列

地方财政学

（第四版）

王玮 编著

SUBNATIONAL GOVERNMENT FINANCE

北京大学出版社
PEKING UNIVERSITY PRESS

图书在版编目(CIP)数据

地方财政学/王玮编著.--4 版.--北京：北京大学出版社，2025.1.--(21 世纪经济与管理规划教材).--ISBN 978-7-301-35884-9

Ⅰ.F810.7

中国国家版本馆 CIP 数据核字第 2024919V9B 号

书　　　名	地方财政学(第四版)
	DIFANG CAIZHENGXUE (DI-SI BAN)
著作责任者	王　玮　编著
责 任 编 辑	李沁珂
标 准 书 号	ISBN 978-7-301-35884-9
出 版 发 行	北京大学出版社
地　　　址	北京市海淀区成府路 205 号　100871
网　　　址	http://www.pup.cn
微信公众号	北京大学经管书苑(pupembook)
电 子 邮 箱	编辑部 em@pup.cn　　　总编室 zpup@pup.cn
电　　　话	邮购部 010-62752015　发行部 010-62750672　编辑部 010-62752926
印 刷 者	河北文福旺印刷有限公司
经 销 者	新华书店
	787 毫米×1092 毫米　16 开本　20.25 印张　434 千字
	2006 年 9 月第 1 版　2013 年 9 月第 2 版　2019 年 3 月第 3 版
	2025 年 1 月第 4 版　2025 年 1 月第 1 次印刷
定　　　价	56.00 元

未经许可，不得以任何方式复制或抄袭本书之部分或全部内容。
版权所有，侵权必究
举报电话：010-62752024　电子邮箱：fd@pup.cn
图书如有印装质量问题，请与出版部联系，电话：010-62756370

丛书出版说明

教材作为人才培养重要的一环，一直都是高等院校与大学出版社工作的重中之重。"21世纪经济与管理规划教材"是我社组织在经济与管理各领域颇具影响力的专家学者编写而成的，面向在校学生或有自学需求的社会读者；不仅涵盖经济与管理领域传统课程，还涵盖学科发展衍生的新兴课程；在吸收国内外同类最新教材优点的基础上，注重思想性、科学性、系统性，以及学生综合素质的培养，以帮助学生打下扎实的专业基础和掌握最新的学科前沿知识，满足高等院校培养高质量人才的需要。自出版以来，本系列教材被众多高等院校选用，得到了授课教师的广泛好评。

随着信息技术的飞速进步，在线学习、翻转课堂等新的教学/学习模式不断涌现并日渐流行，终身学习的理念深入人心；而在教材以外，学生们还能从各种渠道获取纷繁复杂的信息。如何引导他们树立正确的世界观、人生观、价值观，是新时代给高等教育带来的一个重大挑战。为了适应这些变化，我们特对"21世纪经济与管理规划教材"进行了改版升级。

首先，为深入贯彻落实习近平总书记关于教育的重要论述、全国教育大会精神以及中共中央办公厅、国务院办公厅《关于深化新时代学校思想政治理论课改革创新的若干意见》，我们按照国家教材委员会《全国大中小学教材建设规划（2019—2022年）》《习近平新时代中国特色社会主义思想进课程教材指南》《关于做好党的二十大精神进教材工作的通知》和教育部《普通高等学校教材管理办法》《高等学校课程思政建设指导纲要》等文件精神，将课程思政内容尤其是党的二十大精神融入教材，以坚持正确导向，强化价值引领，落实立德树人根本任务，立足中国实践，形成具有中国特色的教材体系。

其次，响应国家积极组织构建信息技术与教育教学深度融合、多种介质综合运用、表现力丰富的高质量数字化教材体系的要求，本系列教材在形式上将不再局限于传统纸质教材，而是会根据学科特点，添加讲解重点难点的视频音频、检测学习效果的在线测评、扩展学习内容的延伸阅读、展示运算过程及结果的软件应用等数字资源，以增强教材的表现力和吸引力，有效服务线上教学、混合式教学等新型教学模式。

为了使本系列教材具有持续的生命力，我们将积极与作者沟通，争取按学制周期对教材进行修订。您在使用本系列教材的过程中,如果发现任何问题或者有任何意见或建议,欢迎随时与我们联系(请发邮件至 em@pup.cn)。我们会将您的宝贵意见或建议及时反馈给作者,以便修订再版时进一步完善教材内容,更好地满足教师教学和学生学习的需要。

最后,感谢所有参与编写和为我们出谋划策提供帮助的专家学者,以及广大使用本系列教材的师生。希望本系列教材能够为我国高等院校经管专业教育贡献绵薄之力!

北京大学出版社

经济与管理图书事业部

第四版前言

市场化改革后,地方政府和地方财政在中国社会经济生活中的作用和地位越来越重要。在这种背景下,作为财政学专业一门重要的主干课程,"地方财政学"重新走进了中国的大学课堂。目前,中国的"地方财政学"课程建设依然处于起步阶段,改革开放以来的四十多年间,正式公开出版的《地方财政学》教科书不超过十本,而现阶段仍在使用的只有五六本。即使是在欧美等经济发达地区,地方财政方面的教材也同样面临不足的问题。[①]

本书是为满足教学的迫切需要而编写和修订的,它以理论分析为主、现实制度描述为辅,系统地阐述了政府间财政关系与地方财政方面的基本理论、基本知识和基本方法,主要供普通高等学校财政学类各专业的本科生及研究生使用,也可供区域经济学、政治学和行政管理等专业各层次的学生在相关课程的学习中参考,政府财政部门、税务部门和宏观经济管理部门的工作人员以及对政府间财政关系与地方财政问题感兴趣的读者亦可阅读。不同的对象,可以根据实际需要对具体内容进行适当的选择。

为达成"内容更充实、体系更完整、结构更合理"的目标,本书的编写和修订着重在以下三个方面进行努力:

(1)根据地方财政理论的新发展与财税改革的新动向持续更新教材内容。在同类教材中,本书第一版最早将"地方政府债务"和"政府间财政竞争"等纳入教学内容中;在先后几次的修订中,"政府事权的多维性""政府间强制性支出""地方财政自主性""政府间财力配置模式""地方政府性债务风险应急处置"和"地方财政纪律"等内容也被纳入进来。此外,在具体内容的选择上,编者也非常注意本书与其他相关课程教材的衔接与配合,尽量避免出现不必要的重复。

---

① 贝利. 地方政府经济学:理论与实践. 左昌盛,等,译. 北京:北京大学出版社,2006.

（2）不断优化教材的编写体例。本书每一章都按照"本章学习目标""专栏""重要概念""复习思考题""课堂讨论题""参考文献与延伸阅读资料"以及"网络资源"的体例进行编写。本书紧扣一些重要的知识点，以"专栏"的形式提供了大量国内外相关的现实案例材料，这既能够帮助学生在学习中更好地理解和掌握相关的内容，又可以便利教师的教学；每一章的"课堂讨论题"都是根据该章的重点内容并结合相关的地方财政实践设计的，可以启发学生主动思考问题以达到"学以致用"的目的；精心选择的"延伸阅读资料"和所提供的包括相关国际经济组织、国内外主要的地方财政研究机构和国内知名财经网站在内的"网络资源"，可以帮助学有余力的学生获取最新的资源进行研究型学习。此次修订过程中，对许多章节的"专栏""课堂讨论题""参考文献与延伸阅读资料"和"网络资源"都进行了相应的补充或调整。

（3）更新教材使用的数据和资料。本书使用的国内外数据绝大部分都下迄2022年，有的还截至2023年，但受数据来源的限制，也有部分数据只更新到可获得的最近年份。除数据外，本书也尽可能引用最新的资料，截稿前我国新出台的相关政策或改革精神（包括党的二十届三中全会精神）均已被纳入进来。

其实，写出一本高质量的教材并不是一件容易的事情，其难度绝不亚于撰写高水平的学术论文和专著。正因为如此，在经济发达国家，承担教材编撰工作的往往是名家甚至学术大师。尽管在国内稍好一点的大学，教材大多不再被列入"科研成果"的范畴，但编者始终认为写出一本适合学生使用的教材是一名教师义不容辞的责任，因此编者以非常负责和谨慎的态度投入了较多的时间和精力独立完成了本书的编撰和修订，以期提供一本令人满意的教科书。然而，由于编者学术水平所限，书中难免会出现一些不足甚至错误，真诚希望各位同行、学生和其他读者提出宝贵的意见，具体意见可以发送电子邮件至wweijz@whu.edu.cn。

本书是武汉大学"十四五"规划教材，感谢武汉大学本科生院、武汉大学经济与管理学院对本书的支持！同时，也要感谢北京大学出版社的编辑贾米娜老师、李沁珂老师为本书的出版提供的帮助以及在编辑过程中付出的辛勤劳动！本书在编写与修订过程中参考和借鉴了国内外学者的相关著作，在此要向有关学者一并表示感谢！

王　玮
2024年10月

目 录

第1章 地方财政学导论 / 1

1.1 多级政府体系中的地方政府与地方财政 / 3
    1.1.1 多级政府体系中的地方政府 / 3
    1.1.2 地方政府产生的原因 / 7
    1.1.3 地方政府的特征 / 8
    1.1.4 地方财政的构成要素 / 9

1.2 地方财政学的研究对象与主要内容 / 11
    1.2.1 地方财政学的研究对象 / 12
    1.2.2 地方财政学的主要内容 / 12

1.3 中国地方财政问题的凸显 / 14
    1.3.1 地区间的差异性与流动性 / 14
    1.3.2 中国计划经济体制下的地方财政问题 / 15
    1.3.3 市场化改革与中国地方财政问题的凸显 / 17
    1.3.4 中国地方财政问题凸显在现实中的表现 / 23

第2章 公共产品的层次性与政府间财政关系 / 29

2.1 公共产品的层次性与地方性公共产品 / 31
    2.1.1 公共产品的受益范围 / 31
    2.1.2 地方性公共产品的内涵和外延 / 32
    2.1.3 地方性公共产品的基本特征 / 34

2.2 地方性公共产品的供给 / 39
    2.2.1 地方性公共产品的有效提供 / 39
    2.2.2 地方性公共产品的最优辖区规模 / 43

2.3 政府间财政关系与多级财政体制 / 49

2.3.1　处理政府间财政关系的基本模式 / 50
  2.3.2　处理政府间财政关系的基本原则 / 54
  2.3.3　政府间财政关系的制度载体 / 58

第3章　政府间财政职能的划分与地方财政职能 / 65
3.1　政府间财政资源配置职能的划分 / 67
  3.1.1　提布特模型与地方政府的资源配置职能 / 68
  3.1.2　中央政府的资源配置职能 / 72
3.2　政府间财政收入分配职能的划分 / 74
  3.2.1　地方政府无法有效进行人与人之间的收入再分配 / 75
  3.2.2　地方政府无法有效进行地区间的收入再分配 / 76
3.3　政府间宏观经济稳定职能的划分 / 78
  3.3.1　地方政府的财政稳定措施通常是无效的 / 78
  3.3.2　地方政府缺少可用于宏观经济稳定的政策工具 / 79

第4章　政府间事权与财政支出责任的划分 / 85
4.1　政府间事权的划分 / 87
  4.1.1　政府事权的多维性 / 87
  4.1.2　政府间不同维度事权的划分 / 87
4.2　政府间财政支出责任的划分 / 90
  4.2.1　政府间财政支出责任划分的原则 / 90
  4.2.2　一般意义上的政府间财政支出责任的划分 / 94

第5章　政府间税收划分 / 101
5.1　政府间税收收入的划分 / 103
  5.1.1　政府间税收收入划分的方式 / 103
  5.1.2　政府间税种划分的原则 / 108
  5.1.3　一般意义上的政府间税种划分 / 114
5.2　政府间税权的划分 / 119
  5.2.1　政府间税收立法权的划分 / 119
  5.2.2　政府间税收征管权的划分 / 120
  5.2.3　政府间税收立法权划分与政府间税收征管权划分的衔接 / 121

第6章　政府间财政转移支付 / 127
6.1　政府间财政转移支付的内涵与外延 / 129

6.1.1 政府间财政转移支付的内涵 / 129
6.1.2 政府间财政转移支付的形式 / 131
6.2 政府间财政转移支付的经济效应 / 134
6.2.1 政府间无条件财政转移支付的经济效应 / 135
6.2.2 政府间有条件非配套的财政转移支付的经济效应 / 136
6.2.3 政府间有条件不封顶的配套财政转移支付的经济效应 / 137
6.2.4 政府间有条件封顶的配套财政转移支付的经济效应 / 139
6.2.5 粘蝇纸效应 / 141
6.3 政府间财政转移支付的目标与方式的选择 / 142
6.3.1 弥补地方财政缺口 / 142
6.3.2 辖区间正外部性的内部化 / 143
6.3.3 确保全国范围内实现最低标准的公共服务 / 143
6.3.4 减少或降低各地区财政净利益的差异 / 144
6.3.5 鼓励地方性公共产品中优值品的提供 / 145
6.3.6 稳定宏观经济运行 / 146
6.4 政府间财政转移支付的资金分配 / 146
6.4.1 地方政府财政支出需求 / 146
6.4.2 地方政府财政收入能力 / 147
6.4.3 政府间财政转移支付资金的分配方法 / 148
6.4.4 因素评估法下政府间财政转移支付的资金分配 / 149

第7章 中国财政体制的变迁 / 153

7.1 中国1994年以前财政体制的演进 / 155
7.1.1 "统收统支"的财政体制 / 155
7.1.2 "统一领导、分级管理"的财政体制 / 156
7.1.3 "分级包干"的财政体制 / 158
7.2 中国的分税分级财政体制改革 / 166
7.2.1 中央与地方财政事权与支出责任的划分 / 166
7.2.2 中央与地方财政收入的划分 / 168
7.2.3 政府间财政转移支付 / 172
7.3 中国省以下财政体制改革 / 179
7.3.1 中国省以下财政体制的主要内容 / 180
7.3.2 "省直管县"财政体制改革 / 182
7.3.3 "乡财县管"改革 / 185

第8章 地方财政支出 / 189

8.1 地方政府支出维度的自主性 / 191
- 8.1.1 中央政府对地方财政支出的控制 / 191
- 8.1.2 地方政府财政支出的自主性 / 193

8.2 中国地方财政支出的规模与结构 / 194
- 8.2.1 中国地方财政支出的规模 / 194
- 8.2.2 中国地方财政支出的结构 / 200

8.3 中国主要的地方财政支出项目 / 204
- 8.3.1 地方财政教育支出 / 204
- 8.3.2 地方财政一般公共服务支出 / 206

第9章 地方财政收入 / 211

9.1 地方政府财政收入维度的自主性 / 213
- 9.1.1 不同地方财政收入形式的自主性 / 213
- 9.1.2 不同政府间财力配置模式下地方财政收入的自主性 / 215

9.2 中国地方财政收入的规模与结构 / 216
- 9.2.1 中国地方财政收入的规模 / 216
- 9.2.2 中国地方财政收入的结构 / 221

9.3 地方税收入 / 225
- 9.3.1 良好地方税种的基本特征 / 225
- 9.3.2 地方所得课税 / 226
- 9.3.3 地方商品课税 / 227
- 9.3.4 地方财产课税 / 228
- 9.3.5 地方税体系中的主体税种 / 231

9.4 地方政府收费收入 / 234
- 9.4.1 地方政府收费的定位 / 234
- 9.4.2 地方政府收费的形式 / 236
- 9.4.3 地方政府收费的作用 / 237

9.5 地方政府财产性收入 / 238
- 9.5.1 中国地方政府财产性收入的构成 / 238
- 9.5.2 土地财政 / 239

第10章 地方政府债务 / 245

10.1 地方政府债务制度 / 247
- 10.1.1 地方政府债务的内涵与外延 / 247

10.1.2 地方政府债务制度的基本要素 / 249

10.2 地方政府债务监管 / 251
  10.2.1 对地方政府债务进行监管的必要性 / 251
  10.2.2 对地方政府债务的事前监管 / 252
  10.2.3 地方政府债务风险的事后处置 / 255

10.3 中国的地方政府债务 / 258
  10.3.1 中国计划经济时期的地方政府债务 / 258
  10.3.2 中国改革开放后至2014年间的地方政府债务 / 258
  10.3.3 中国2014年之后的地方政府债务 / 264

第11章 地方财政管理 / 273

11.1 地方政府预算与决算管理 / 275
  11.1.1 中国地方政府预算体系的构成 / 275
  11.1.2 中国地方政府预算的编制与审批 / 275
  11.1.3 中国地方政府预算的执行管理 / 277
  11.1.4 中国的地方政府决算 / 280

11.2 地方财政管理改革 / 281
  11.2.1 地方政府财政信息公开 / 282
  11.2.2 地方政府预算绩效管理 / 283
  11.2.3 地方中期财政规划 / 284
  11.2.4 地方财政纪律 / 286

第12章 政府间财政竞争 / 289

12.1 经济领域的政府间竞争 / 291
  12.1.1 分权化改革与经济领域政府间竞争格局的形成 / 291
  12.1.2 经济领域政府间竞争的形式 / 293
  12.1.3 经济领域政府间竞争的目标 / 295
  12.1.4 经济领域政府间竞争的效应 / 296

12.2 中国的政府间财政竞争 / 296
  12.2.1 中国的政府间纵向财政竞争 / 297
  12.2.2 中国的政府间横向财政竞争 / 300
  12.2.3 中国政府间财政竞争的特点 / 303

12.3 中国政府间财政竞争的规范 / 304
  12.3.1 财政分权改革与中国政府间财政竞争的规范 / 304
  12.3.2 规范中国政府间财政竞争的其他措施 / 306

第 1 章

地方财政学导论

【本章学习目标】

- 掌握地方政府和地方财政存在的必要性
- 掌握地方财政的基本构成要素
- 掌握地方财政学的研究对象
- 掌握地区间的流动性与差异性的相互关系及其对地方财政的影响
- 掌握我国地方财政问题凸显出来的主要原因及具体表现

"地方政府"(Subnational Government)是行使部分国家权力、管理特定区域内公共事务的政府单位①,与"全国性政府"(National Government)②相对应而存在。地方政府的产生和存在,是地方财政产生和地方财政问题存在的基本前提。

1.1 多级政府体系中的地方政府与地方财政

目前,全球共有190多个具备国际法主体地位的国家,其中绝大部分国家的政府都是由全国性政府与地方政府共同组成的多级政府(Multi-level Government)。多级政府既是历史沉淀的结果,也是现实发展的需要。在现代社会,与多级政府体系相适应的是多级财政体系。

1.1.1 多级政府体系中的地方政府

不管是联邦制国家还是单一制国家,不管是经济发达国家还是发展中国家,不管是国土面积非常辽阔的国家,还是国土面积相对狭小的国家,在其政府体系中,除中央政府外,基本上都设立有地方政府(参见表1-1)③,只不过不同国家地方政府的名称、级次以及与中央政府之间的关系不尽相同而已。

表1-1 部分国家的社会经济状况与地方政府的层级设置

国家		经济发展水平	国土面积（万平方千米）	人口规模（千万人）	人口密度（人/平方千米）	地方政府层级数
单一制国家	中国	发展中国家	963.40	140.97	146	4
	法国	发达国家	55.16	6.82	124	3
	英国	发达国家	24.41	6.84	280	2
	日本	发达国家	37.79	12.52	331	2
	乌拉圭	发展中国家	17.62	0.34	19	1

---

① 在英文文献中,"Local Government"(地方政府)通常指的是中间层次政府以下所有级次的政府,而不包括"中间层次政府",如美国和澳大利亚的州(State)、加拿大的省(Province)、德国的州(Länder)和瑞士的州(Canton)等。而中文语境中的"地方政府"概念包括除中央政府(或联邦政府)以外的其他所有级次的政府。本书中所使用的"地方政府"概念与英文文献中的"Subcentral Level of Government"或"Regional Authority"的含义大体相当,但部分章节在涉及美国、德国等国家时所使用的"地方政府"概念,有时仅指基层地方政府。

② 全国性政府在单一制国家表现为"中央政府",而在联邦制国家则表现为"联邦政府"。为表述上的方便,下文不再区分国家结构形式,主要使用"中央政府"的表述。

③ 部分城市国家、岛屿国家以及一些袖珍国家,只设立一级政府。

（续表）

	国家	经济发展水平	国土面积（万平方千米）	人口规模（千万人）	人口密度（人/平方千米）	地方政府层级数
联邦制国家	美国	发达国家	937.26	33.49	36	2
	德国	发达国家	35.80	8.45	236	2
	瑞士	发达国家	4.13	0.88	213	2
	印度	发展中国家	297.47	142.86	480	2
	阿根廷	发展中国家	278.04	4.66	17	2

资料来源：作者整理自世界银行公布的相关数据。

注：一些国家不同地区的政府层级数是不同的，表中的地方政府层级数指的是该国主体地方政府体系中的层级数。

在诸多影响因素中，国家结构形式对一个国家政府体系的设置及各级政府相互间的关系有着关键性的影响。从国家结构形式来看，当今世界绝大部分国家都可以归并到"联邦制国家"(Federal Countries)和"单一制国家"(Unitary Countries)两种类型中去。[①] 在不同的国家结构形式下，地方政府在构成、权力配置以及与中央政府的关系等方面都存在较大的差异。

（1）联邦制国家政府体系中的地方政府

联邦制国家是由若干个享有相对主权的政治实体，如州、邦或共和国等，作为组成单位通过协议联合组成的统一国家。[②] 在联邦制体制下，各成员单位政府拥有相对独立的主权，联邦政府的权力来自各成员单位的让与，联邦政府与成员单位政府各自的权限范围一般都在联邦宪法中予以明确划分，联邦政府和成员单位政府都无权擅自改变两者间权力的划分。[③] 各级政府在自己的职权范围内自主行动，不得逾越宪法的规定而干涉其他级别政府的事务。各成员单位政府可以在联邦宪法所规定的权力范围内，制定本成员单位的宪法和法律，并自主管理本地区的公共事务。在国家机构方面，联邦制国家设置了联邦政府和成员单位政府两套政府体制，除存在联邦立法、行政和司法系统外，各成员单位也分别设立了自己的立法、行政和司法系统。

联邦制国家成员单位下属的各级政府实行地方自治，其自治权受到法律保护。联邦成员单位各自独立并存在较大的差异，这就决定了基层地方政府在组织形式、职权范围和管理方式上是灵活多样的。由于对下属地方政府的管理是成员单位政府的专有权力，因

---

① 从理论上说，国家结构形式还包括"邦联制国家"(Con-federal Countries)，但在实践中很少见。

② 联邦制国家有"二元联邦制"(Dual Federalism)和"合作联邦制"(Cooperative Federalism)两种类型。在"二元联邦制"模式下，联邦和州政府的责任是分离并独立的；而在"合作联邦制"模式下，不同层级政府的责任大都是重叠的。澳大利亚、加拿大、印度、巴基斯坦和美国都是二元联邦制国家。在实践中，"合作联邦制"模式又有"相互依存型"（如德国、南非等）、"相互影响型"（如比利时等）和"相互独立型"（如巴西等）三种类型。

③ 何华辉.比较宪法学.武汉:武汉大学出版社,1988:148.

此基层地方政府一般不会同联邦政府产生太多直接的联系。虽然联邦成员单位政府与基层地方政府之间具有隶属关系,但联邦成员单位政府极少直接干涉所属基层地方政府的事务。可见,通过受宪法保障的联邦政府与地方政府之间的分权,联邦制将国家的统一性与地方的多样性纳入了一个单一的政治体制之中。[①]

专栏 1—1　　联邦制国家的地方政府设置:以美国为例

美国的国土面积约为937万平方千米,其地方政府体系由州政府和州以下的各类地方政府构成。尽管州在美国的法律中被界定为"组成联邦的成员单位或成员政府",是具有相对独立性的"准中央政府",但它仍通常被认为是美国地方政府体系中的基本单位。州以下的地方政府是州的分治区,由州设立或撤销,或经过州的批准或认可而成立。美国州以下地方政府的规模、结构、职能、权力以及相互关系,在不同的州存在很大差异,没有全国统一的建制,但一般来说,州以下地方政府有"一般目的型政府"和"特殊目的型政府"两种类型。

美国的一般目的型政府(General Purpose Governments)是具有综合职能的地方政府,具体包括县(Counties)、市(Municipalities)、镇(Townships),它们在本行政区域内行使一般性的公共管理职能,如社会治安、公共安全、土地规划和公用事业等。县是美国州以下地方政府体制中最普遍、最稳定的组织形式,是州政府为了分散某些职能而设立的"行政附属"单位或者说是州政府的延伸。县政府往往充当州政府的代理机构,对境内的市和镇行使州所委托的责任和权力,它们之间存在直接的上下级关系。市是一个自治程度比较高的组织,是为了向聚居在一起的居民提供公共服务,根据居民自愿申请、经州政府特许而成立的,市政府与州政府之间没有行政隶属关系。

美国的特殊目的型政府(Special Purpose Governments)通常是为了达到某种特定的目的,如基础教育、环境治理、废物处理等而建立的单一职能地方政府,主要处理无法仅靠一般目的型政府来解决的跨越不同县、市、镇的公共事务。美国的特殊目的型政府主要有"学区"(School Districts)和"特别区"(Special Districts)两种类型。"特别区"具体包括灌溉区、公园区、消防区、水管理区、土壤保护区和卫生区等,其管辖范围往往与普通行政区域不一致,有时甚至会切割普通行政区域的疆界,但在有些情况下,某些特别区也同镇的区划一致。学区和特别区享有独立的征税权,有的还有资格接受政府间财政转移支付并在特定的领域内发行公债,这是它们在美国被归类于"政府"范畴的主要原因。

资料来源:作者整理自奥斯特罗姆等.美国地方政府.井敏,陈幽泓,译.北京:北京大学出版社,2004:1—10。

[①] 王丽萍.联邦制与世界秩序.北京:北京大学出版社,2000:20.

(2) 单一制国家政府体系中的地方政府

单一制国家是由若干个不具有独立性的行政区域单位或自治单位组成的统一国家。单一制国家通常只有一部宪法和一套政府体系,国家的一切权力属于中央政府,地方政府的权力来自中央政府的授予,通常情况下地方政府的权力是没有宪法保障的[①],中央政府可以根据法律的规定改变或调整其对地方政府的授权。

单一制国家大多实行中央集权体制,由中央政府统一领导全国的公共事务;与此同时,单一制国家也实行某种程度的地方自治或分级管理,由地方选举的官员或由中央政府委派官员管理本地区的公共事务。在单一制国家,中央政府与地方政府之间存在行政隶属关系,从某种意义上可以说地方政府是中央政府的代理机构,地方政府在中央政府的监督或控制下行使权力。

专栏 1—2 单一制国家的地方政府设置:以英国为例

英国的国土面积约为24万平方千米,由英格兰、苏格兰、威尔士和北爱尔兰四个部分组成。英国地方政府的设置较为复杂,大部分地区设立的是两级地方政府(Two-tier Authorities),部分地区只设立了一级地方政府(Unitary Councils),还有少部分地区设立了三级地方政府。

在苏格兰、威尔士和北爱尔兰地区,英国设立了地区政府(议会),这是介于中央政府和基层地方政府之间的一级政府;在地区政府(议会)下,英国还在苏格兰地区设立了32个区政府(含3个特别管辖区政府),在威尔士地区设立了22个区政府,在北爱尔兰地区设立了11个区政府。

在英格兰地区,英国没有设立地区政府(议会),而是设立了43个郡政府(County Councils),其下设有区政府(District Councils);但在大伦敦区(Greater London)和其他都市区(Metropolitan Area),设立的均为单一层级地方政府,其中大伦敦区包括32个独立的城区(London Boroughs)和"金融城"(City of London)。

在英格兰和威尔士的部分地区,在第二层级政府之下,还设立有镇(Town)、教区(Parish)这一最低层级的地方政府。目前,英格兰和威尔士地区约有11 200个第三层级地方政府。

资料来源:作者编译整理自英国政府网相关资料。

---

① 何华辉.比较宪法学.武汉:武汉大学出版社,1988:148.

(3) 中国政府体系中的地方政府

中国是一个由多民族组成的单一制国家,国土面积约为960万平方千米,也是当今世界疆域最为辽阔、人口规模庞大的发展中国家。在中华人民共和国成立后的半个多世纪里,中国地方政府的名称、层级和具体构成经历了多次调整。

目前,中国实行的是由省级行政单位、地级行政单位、县级行政单位、乡级行政单位构成的四级地方政府体制。截至2023年年底,中国共有省级行政单位(包括省、自治区和直辖市)31个[①],地级行政单位(包括地级市、地区、盟和自治州)333个,县级行政单位(包括县、县级市、市辖区、旗、林区和特区等)2 844个,乡镇级行政单位(包括乡、镇、苏木、街道和区公所等)38 658个。

在中国的部分地区,地方政府的层级与基本体制有所不同。在京、津、沪、渝等直辖市的市区,地方政府的层级只有两级;在京、津、沪、渝等直辖市的郊区以及海南省,地方政府的层级有三级;而在新疆维吾尔自治区的伊犁哈萨克自治州,其下辖有塔城和阿勒泰两个地区,塔城和阿勒泰两个地区各自下辖有县,县又下辖有乡镇,从而形成了独特的五级地方政府体制。

1.1.2 地方政府产生的原因

任何一个国家的公共治理都是依托"政府"这一组织机构完成的。在人类社会发展的早期阶段,国家的面积狭小、人口稀少,公共事务并不复杂,此时的国家机构也比较简单,只设立一级政府就可以进行有效的公共治理。在这种情况下,是不需要设置地方政府的。随着生产力的不断发展和生产关系的日益复杂,部分相对强大的国家持续对外进行扩张,而那些较为弱小的国家则不断被蚕食或吞并,从而形成了一些疆域辽阔、人口众多的国家。在这些规模较大的国家中,随着领土的扩张和人口的增长,需要政府管理的公共事务越来越多,而且这些公共事务也越来越复杂,此时仅仅依靠一级政府根本无法进行有效的公共治理。地方政府就是在这样的背景下应运而生的,是人类社会发展到一定阶段的产物。

从根源上看,地方政府的产生和存在与"社会分工"密不可分。社会分工是人类社会发展的一条基本规律,它不仅被广泛运用于社会经济生活之中,而且也体现在政治生活之中。人类的社会经济活动随着历史的推进而日趋复杂,这一状况不仅使国家机构所担负的政治职能日益加强,而且它所承担的社会职能和经济职能也得到不断强化。国家职能强化的一个必然结果,就是管理意义上的政府也要服从社会分工规律。也就是说,在国家的疆域越来越辽阔、人口越来越多、公共事务越来越复杂的情形下,仅仅依靠一级政府已经很难有效地处理全部的公共事务,这时就需要建立一个由多级政府组成的政府有机体,

---

① 统计数据中不包括香港、澳门和台湾地区。

在合理分工的基础上共同承担原来由一级政府来承担的事务。只有这样,才能对越来越复杂的公共事务进行有效的治理,才能更好地促进社会经济的发展和社会成员福利水平的提升。马克思所说的"事实上这种分权只不过是为了简化和监督国家机构而实行的日常事务上的分工罢了"①,就是对这种状况的高度概括。

在现代社会中,地方政府存在的价值已经不再仅停留在管理的便利性和有效性上,而更多地具有政治和经济等方面的意义。地方政府是本区域社会经济发展的服务者、组织者和调控者,承担着推动本地区社会经济发展的重要职责。与中央政府相比,地方政府更接近本地区的居民,更了解辖区内社会成员的需求,从而能够比中央政府以更高的效率向本地区的居民提供更契合其需求的公共安全、文化教育、道路交通和公共卫生等公共产品和服务。② 此外,地方政府的存在给偏好各不相同的社会成员以更多的选择,同时也有利于发挥民主。

1.1.3 地方政府的特征

作为管理一个国家部分区域公共事务的政府单位,地方政府在很多方面都与中央政府存在不同。其中比较重要的差别是,地方政府具有承担职责的双重性、有限性和多层级性等特征。正确认识地方政府的这些特征,对有效发挥地方政府和地方财政的职能是非常重要的。

(1) 地方政府职责的双重性

地方政府职责的双重性指的是地方政府既要行使"管理性职能",也要行使"执行性职能"。虽然不同国家处理政府间关系的模式各不相同,地方政府在权力结构和权力分配上也存在较大差异,但每一个国家的地方政府都具备这两种职能。

地方政府的管理性职能,主要体现为地方政府对其管辖区域内的公共事务所实施的组织、协调、指挥和控制等活动。管理性职能是地方政府最基本的职能,也是地方政府产生和存在的根本原因。不管是在单一制国家还是在联邦制国家,地方政府都会以本地区社会公共利益代表者的身份管理本地区的各项公共事务,只是管理的方式和范围不同而已。

地方政府的执行性职能,具体表现为地方政府在部分公共事务的管理过程中也要执行中央政府的政策、指令或受制于国家的法律。事实上,任何一个国家的地方政府都在不同程度上、以不同的方式接受中央政府的领导、监督或调控。在相对集权的单一制国家是如此,在分权程度较高的联邦制国家也不例外,只不过联邦制国家地方政府的执行性职能

---

① 中共中央马克思恩格斯列宁斯大林著作编译局.马克思恩格斯全集(第五卷).北京:人民出版社,1958:224—225.

② "公共产品"(Public Goods)、"公共服务"(Public Services)与"公共产品和服务"(Public Goods and Services)等,在本书中被视为进行同义表达的三个概念。

一般要比单一制国家弱一些。

(2) 地方政府职责的有限性

地方政府职责的有限性具体体现在地方政府职责所涉及的公共事务是有限的,以及地方政府职责发挥作用的地域范围也是有限的两个方面。

地方政府本身就是为分担公共事务的管理而设立的。在需要政府管理的公共事务中,有一部分必须因地制宜地分区域进行管理,而另外一部分因为公共事务本身超越了地域范围,需要由中央政府进行统一的管理。也就是说,地方政府所负责的只是全部公共事务中的一部分。在地理空间上,地方政府履行其职责也仅限于其所管辖的地域及居住在其辖区内的社会成员。

(3) 地方政府的多层级性

在国土面积稍大一些的国家,地方政府都并非只有一个层级,有的国家设立了两级地方政府,有的国家设立了三级地方政府,还有的国家设立了四级地方政府(参见表1-1)。虽然不同国家地方政府的设置状况各不相同,但在当今世界主要国家中,设置两级地方政府的国家居多。

地方政府的多层级性意味着,在地方政府体系内部,不同级次的地方政府之间也要就其承担的公共事务进行一定程度的分工与协作。

1.1.4 地方财政的构成要素

财政是国家治理的基础和重要支柱。[①] 在多级政府体系下,与分级公共治理相对应而存在的是"多级财政"(Multi-level Finance)。只要有一级政府,就必然有一级财政与之相对应。一般认为,一级完备的地方财政是由地方政府事权、地方政府财力、地方政府财权和地方政府预算等核心要素构成的。

(1) 地方政府事权

地方政府事权(Public Service Delivery Power of Subnational Government)是一级地方政府拥有或承担的管理本地区公共事务的权力。政府事权是相对抽象的政府职能的具体化。有一级地方政府,就必然要赋予该级政府相应的事权。若没有承担一定的事权,这一级地方政府就没有存在的必要。从某种意义上说,"一级政府、一级事权"解决的就是政府职能在不同级次政府间的配置问题。

一级政府在行使其事权的过程中,必然会有相应的财政支出活动[②],所以"一级事权"在规定一级政府所承担公共事务的性质和范围的同时,也基本确定了一级政府的财政支

[①] 《中共中央关于全面深化改革若干重大问题的决定》。

[②] 在正常情况下,一级政府的事权会具体落实到该政府的财政支出上。如果制度设计不恰当,也可能出现一级政府的事权与其支出责任不匹配的状况。这也是中共十八届三中全会通过的《中共中央关于全面深化改革若干重大问题的决定》提出要"建立事权和支出责任相适应"的财政体制的原因。

出责任(Expenditure Responsibility)。

（2）地方政府财力

地方政府财力(Financial Resources of Subnational Government)指的是地方政府在一定时期内实际支配的、主要以货币形式存在的社会资源。拥有一定数量的财力，是一级政府有效行使其事权的基本保障。

地方政府实际可支配的财力包括地方政府自有财力(Subnational Own-source Revenue)和来自上级政府的外部收入(External Source Revenue)两部分。地方政府自有财力是按财政体制的相关规定归属于各级地方政府所有的财政资金，具体包括地方税收收入、地方收费收入和地方财产性收入等。

地方政府的外部收入主要体现为转移性财政收入(Transferred Revenue)。在实践中，基于宏观调控等方面的考虑，各国的中央政府往往会集中相对较多的财力，然后为达成特定的社会经济目标将部分财政资源以一定的形式转移给地方政府，这对地方政府来说也是一种很重要的财政收入来源。在很多国家，转移性财政收入在地方政府实际可支配财力或地方财政支出中所占的比重都不低。此外，地方债务收入也是地方政府外部收入的重要组成部分。

（3）地方政府财权

地方政府财权(Subnational Fiscal Power)是地方政府为了履行其职能，支配和管理地方自有财力的权力。根据地方政府财力形式的不同，地方政府财权可以分为地方政府税权、地方政府费权、地方政府债权和地方政府产权等多项内容。地方政府的每一项财权又可以进一步细分，如地方政府税权就可以细分为地方税收立法权、地方税收征管权和地方税收司法权等。

税收是市场经济条件下各级政府最基本的财政收入形式，因此税权(Taxing Powers)是地方政府财权的核心。由于非税收入在地方政府财政收入中所占的比重要远高于非税收入在中央政府财政收入中所占的比重，因此除税权外，对地方政府而言，相对独立的费权、债权等对提高其财政自主权具有相当积极的意义。

（4）地方政府预算

地方政府预算(Subnational Government Budget)是地方政府财政活动的具体反映。虽然有一级政府，就必然会有一级财政的存在，但并不是每一级地方财政都会在预算管理体制中获得相对独立的地位。有无一级独立的预算，是衡量一级地方政府财政在整个财政体系中是否具有独立性的重要标志。

在地方财政的基本要素中，地方政府事权处于核心地位；相较于地方政府事权，地方政府财权和地方政府财力都是手段，地方政府预算是载体。在现实中，事权、财权和财力这三个核心要素可以在不同级次的政府间进行不同的配置，从而形成"财力与事权相匹配"以及"财权与事权相匹配"两种不同的模式。在"财力与事权相匹配"模式下，承担一级事权的地方政府仅拥有相应的财力,或者说"一级财力"与"一级事权"相对应;而在"财权与事权相匹配"模式下,地方政府不仅拥有与其承担事权相适应的财力,而且拥有与事权相匹配的财权。

不同国家或一个国家在不同时期对地方财政基本构成要素的配置是不同的,具体的配置主要取决于这个国家的"政府间财政关系"(Intergovernmental Fiscal Relations)及相应的制度安排。很多单一制国家地方财政基本构成要素的配置属于"财力与事权相匹配"模式,地方政府在拥有相应财力的同时并不拥有相应的财权;而一些联邦制国家地方财政基本构成要素的配置大体上属于"财权与事权相匹配"模式。

专栏 1-3   中国财政体制改革方向的调整与地方财政基本要素的配置

1993 年 12 月,国务院发布《关于实行分税制财政管理体制的决定》,启动了轰轰烈烈的分税制财政体制改革。在这份文件中,首次出现了"事权与财权相结合"的表述。基于此,建立"财权与事权相匹配"的财政体制,一度被认为是中国政府间财政关系改革的方向,地方政府也预期会被赋予一定的财权。

2007 年 10 月,中共十七大报告将"健全中央和地方财力与事权相匹配的体制"确定为中国深化财税改革的目标;2012 年 11 月,中共十八大报告再次重申了"加快改革财税体制,健全中央和地方财力与事权相匹配的体制"。"健全中央和地方财力与事权相匹配的体制"的提出,意味着中国的财政体制将不再以"事权与财权相结合或相匹配"为改革方向,而且在相当长一段时间内,中国的地方政府只会拥有与其事权相匹配的财力,而不可能被赋予与其承担事权相当的财权。

此后,中国决策层也不断深化对事权、支出责任与财力关系的认识。2013 年,中共十八届三中全会提出"事权和支出责任相适应"的制度;2017 年,中共十九大提出"建立权责清晰、财力协调、区域均衡的中央和地方财政关系";2019 年,中共十九届四中全会提出"形成稳定的各级政府事权、支出责任和财力相适应的制度";2024 年,中共二十届三中全会再次强调中央和地区财政关系要以"权责清晰、区域均衡"为导向,同时也提及"提升市县财力同事权相匹配程度"。

资料来源:作者整理自相关资料。

1.2 地方财政学的研究对象与主要内容

地方财政学是财政学中专门研究地方政府财政活动及其经济效应的一门分支学科,是财政学在地方政府层面的具体应用。

1.2.1　地方财政学的研究对象

一个国家的地方政府会怎样从事经济活动,或者说地方政府具体会采取何种经济行为方式,要受这个国家政治、经济和社会等诸多方面因素的影响,但对地方政府财政行为影响最大也最为直接的因素是政府间财政关系及由此决定的中央与地方政府间的财政分配格局。正因为如此,地方财政学的研究对象可以进一步明确地表述为,"既定政府间财政分配关系和分配格局下的地方政府财政活动"。

1.2.2　地方财政学的主要内容

现代主流财政学主要运用微观经济学的基本原理来分析政府的经济活动,或者说主流财政学就是"微观财政学"。① 与主流财政学相适应的是,地方财政学的研究范围也主要局限于微观财政领域。然而,在分析地方政府的活动时也不可避免地会涉及宏观经济稳定问题。

地方财政学的主要内容,是根据地方财政学的研究对象和地方财政的基本构成要素来确定的。地方财政学由基础理论、政府间财政关系和地方财政活动三方面的内容组成(见图1—1)。地方财政学基础理论部分具体包括地方政府与地方财政存在的必要性、中国地方财政问题的凸显、公共产品的层次性以及地方性公共产品的供给等内容;政府间财政关系可以分为政府间财政合作关系和政府间财政竞争关系两个方面,其中政府间财政合作关系包括政府间财政职能划分、政府间税收划分以及政府间财政转移支付等内容;而地方财政活动包括地方财政支出、地方财政收入、地方政府债务、地方财政管理、地方公共企业和地方政府规制等内容。②

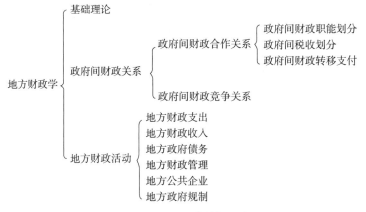

图1—1　地方财政学的框架体系

---

① Feldstein M. The Transformation of Public Economics Research:1970—2000. Journal of Public Economics,2002(86):319—326.

② 受篇幅所限,本书未将"地方公共企业"和"地方政府规制"等方面的内容纳入进来。

专栏1-4　　中国地方财政研究的历史沿革

虽然中国一直奉行中央集权体制，但早在19世纪四五十年代，一些地主阶级的经世派、早期维新派就开始关注西方国家的地方自治问题；19世纪末20世纪初，整个朝野更是兴起了一股"地方自治"的思潮，以至于清末预备立宪把推行地方自治作为政治改革的一项重要内容。在这样的背景下，中国首先开始了"地方财政"方面的理论引进。日本学者石冢刚毅的《地方自治财政论》和小林丑三郎的《地方财政学》先后于1903年和1919年在中国翻译出版，而京兆地方自治模仿讲习所编撰的《地方财政讲习录》则对英、法、德、日等国家和地区的地方财政制度及征管状况进行了介绍。

中国早期的留美学者率先对地方财政及相关问题进行了研究，如马寅初1914年在哥伦比亚大学获得博士学位的论文《纽约市的财政》、李权时1922年在哥伦比亚大学获得博士学位的论文《中国中央和地方财政：中央、省、地方政府财政关系研究》和陈岱孙1926年在哈佛大学获得博士学位的论文《马萨诸塞州地方政府开支与人口密度的关系》等。20世纪三四十年代，中国出现了一些本土学者编写的地方财政方面的教科书和专著，如刘百闵的《日本之地方财政》(1933)、马存坤的《非常时期之地方财政》(1937)、谭宪澄的《地方财政》(1939)、曹仲植的《河南省地方财政》(1941)、朱博能的《地方财政学》(1942)和彭雨新的《县地方财政》(1945)等。总体来看，1949年以前，中国学者主要是翻译相关外文文献和介绍欧、美、日等国家和地区的地方财政实践，对本国地方财政问题的研究并不是很深入。

20世纪50年代中国走上计划经济体制的轨道之后，地方财政方面的科学研究基本就销声匿迹了，相关的研究成果也极为少见。改革开放后，随着市场化改革的不断推进，中国逐步恢复了对地方财政方面的科学研究，不仅先后将英国学者肯耐斯·戴维(Kenneth Davey)的《地方财政》(1989)、美国学者罗纳德·费希尔(Ronald Fisher)的《州和地方财政学》(2000)和英国学者斯蒂芬·贝利(Stephen Bailey)的《地方政府经济学：理论与实践》(2006)等国外相对成熟的研究成果翻译出版，而且也开始独立运用相关理论来分析中国的地方财政运行，如解学智等的《走向市场经济的中国地方财政》(1994)、樊丽明等的《中国地方财政运行分析》(2001)、杨灿明等的《中国地方财政发展研究报告2001》(2002)、刘尚希等的《地方政府或有负债：隐匿的财政风险》(2002)和贾康等的《地方财政问题研究》(2004)等。

资料来源：作者整理自国家图书馆网站的相关数据和邹进文.近代中国经济学的发展：来自留学生博士论文的考察.中国社会科学,2010(5):83—102。

1.3　中国地方财政问题的凸显

地方政府与地方财政的设立,只是地方财政问题存在的必要条件,而不是充分必要条件。1949年以来,中国先后实行了计划经济和市场经济两种不同类型的经济体制。计划经济时期,中国并不存在真正意义上的地方财政。市场化改革之后,中国的地方财政问题才逐步凸显出来。

1.3.1　地区间的差异性与流动性

一个国家只有一个中央政府,地方政府的数量在不同的国家各不相同,但在大部分国家都比较多。每一个地方政府都有相对应的行政辖区。数量如此之多的地区,既是多样性的体现,同时其中又必然包含了地区间的差异性(Diversity)。地区间不仅存在自然地理条件方面的差异,而且有经济、人口、社会文化以及历史传统等方面的不同。在一个国家内部,有的地区地理位置优越、自然资源丰富、社会经济较发达,也有着悠久的历史文化传统;而有的地区所处的地理位置偏僻、资源匮乏、经济和社会发展滞后,也没有深厚的历史文化积淀;有的国家不同地区间甚至还有语言等方面的不同。多方面因素叠加在一起,无疑使得地区间的差异性变得更加明显和突出。

市场经济条件下,地区间既在政治、经济和社会等诸多领域存在或大或小的差异,同时人和生产要素在各地区间又具有较强的流动性。地区间的流动性有"经济流动性"和"物质流动性"两种类型。① 经济流动性(Economic Mobility)指的是包括自然人和法人在内的"人",可以自主地在不同地区之间选择最适合自己居住、工作、投资和消费的场所;而物质流动性(Physical Mobility)则是指各种生产要素在"看不见的手"的指引下,为实现利益最大化而在不同地区之间进行转移。人的流动和物的流动,在有的情形下可以结合在一起,在有的情形下也可以是分开的。

不论是在哪个国家,地区间的差异性都是客观存在的,它常常与地区间的流动性结合在一起并相互作用、相互影响。人和生产要素跨地区的流动,实际上是对地区间差异性的一种反应;如果没有地区间的差异性作为基础,那么人和各种生产要素就失去了在不同地区之间进行流动的动力。地区间的流动性反过来会促使地区间的差异性变得更为复杂,因为人和生产要素跨地区的流动既有可能缩小地区间的差距,也有可能拉大地区间的差距。如果人和生产要素在各个地区间不能自由地流动或者流动性不强②,那么地区间的

---

① Fisher R C. State and Local Public Finance. Fifth Edition. London:Routledge,2022:4-5.
② 在现实生活中,基于以下几方面的原因,地区间的流动性总是不完全的:第一,部分生产要素,如房产和土地,对地面的附着力很强,很难在不同地区间流动;第二,有些生产要素的流动,在很大程度上受到体制等方面因素的限制;第三,有的生产要素的流动成本非常高,也限制了其流动性。地区间不完全的流动性,使得生产要素不可能通过流动实现空间上的均衡分布。

差异性极有可能就不会受到人们的重视,从而逐渐变得不那么重要。①

地区间的流动性,会对地方政府的财政利益产生较大的影响,因为它会使原有的财政资源配置格局发生改变。人的流动,对流入地而言,一方面不可避免地会增加地方政府基础教育、供水供电、公共交通、社会治安等方面的支出,另一方面,随着流入人口的增多,区域内的消费和劳动力供给都会增加,同时推高房地产等资产的价格,从而在一定程度上拉动地方经济增长、增加地方财政收入;而对流出地来说,人口流动的影响正好相反。生产要素在不同地区之间的流动,也意味着税基在相关地区之间的分布发生改变,这会引起财政收入在相关地区之间的再分配,可能引发地区间的矛盾和冲突以及地区间的财政竞争。正因为如此,由地区间的差异性产生的选择性与地区间的流动性相结合,就成为影响地方财政活动的一个重要因素,而且也是贯穿地方财政问题研究的一条主线。②

1.3.2 中国计划经济体制下的地方财政问题

计划经济时期,中国的政府体系被划分为中央政府和地方政府,相应的财政体系也被区分为中央财政和地方财政,但这一时期并不存在有实质意义的地方财政问题,也没有研究的必要。

在计划经济体制下,中央政府对整个社会经济生活的方方面面都实行严格的计划管理,大到整个国民经济计划的制定,小到一个工厂所要生产产品的种类和数量,都被涵盖其中。在这样一种体制下,人和生产要素有限的跨地区流动都要服从或受制于国家计划的安排。以人的流动为例。除以计划为基础的资源配置方式对人口流动的限制外,中国在计划经济时期实行的户籍制度、就业制度和人事管理制度等,都在不同方面起到了限制人口自由流动的作用。户籍制度是中国计划经济时期限制人口在各地区之间自由流动最重要的制度安排。在户籍制度下,根据地域和家庭成员关系,户籍属性被划分为农业户口和非农业户口。一个人出生后,通常在其常住地进行户籍登记,除升学、招工和提干等引致的少量人口迁移外,绝大多数的人口迁移都得不到政府的认可,这样就将城乡人口的分布和劳动力的配置固定下来。③ 计划经济条件下,劳动力就业是国民经济计划管理的一项重要内容。在这一时期以"统包统配"为主要内容的就业制度下,城镇劳动力统一由国家包揽就业,由行政手段实行统一计划、统一招收、统一调配,具有较强的指令性特征。在实行指令性的就业制度的同时,中国还辅之以严格的人事管理体制,没有人事档案随行,

---

① Fisher R C. State and Local Public Finance. Fifth Edition. London: Routledge, 2023: 4.
② 权威的《新帕尔格雷夫经济学大辞典》(*The New Palgrave Dictionary of Economics*)在"地方财政"词条中关于"The mobility of consumers and producers in response to fiscal incentives gives the study of local public finance its distinctive character"(消费者和生产者在财政激励作用下产生的流动性,赋予了地方财政研究独特的特征)的描述,就揭示出地区间的流动性对地方财政研究的重要性。
③ 蔡昉,林毅夫.中国经济.北京:中国财政经济出版社,2003:52.

一个人想到其他地区工作或去其他单位就业几乎是不可能的事情。在城镇实行的指令性就业制度和严格的人事管理制度等措施,以及在农村实施的人民公社制度,还与户籍制度一起产生合力,使得流动人口在许多公共服务的供给上受到歧视性的待遇,这极大地限制了中国计划经济时期人口的自由流动。

专栏1-5　　　　　　　　中国计划经济时期的人口流动

中华人民共和国成立初期,人口自由迁徙权在1949年通过的《中国人民政治协商会议共同纲领》和1954年制定的《中华人民共和国宪法》中均得以确认。在这一背景下,中国的流动人口规模也比较大,1954—1956年全国人口迁移数达到7 700万,占总人口的比重高达11%。尽管如此,这一时期政府部门发布的政策文件中,已经出现了限制人口自由流动与迁徙的迹象。1952年11月,《人民日报》发出了关于"人口盲目流动"的预警信号。1953年4月,当时的政务院下达了"劝止农民盲目流入城市的指示",首次以政府的名义要求各地对流入城市的农村劳动力实行计划管理。1956年12月至1957年12月间,中央政府及有关部门又连续发布了9个限制农民进城的文件。

1958年颁布的《中华人民共和国户口登记条例》正式确立了户口迁移审批制度和凭证落户制度,开始严格限制农村人口向城市流动,人口可以相对自由流动的状况由此彻底发生了改变。正是由于户籍制度的限制,从20世纪50年代后期至80年代初期,中国流动人口的规模一直都不是很大,直到1982年也只有657万人,仅占总人口的0.66%。

资料来源:作者整理自胡星斗.中国户籍制度的命运:完善抑或废除.学术研究,2009(10):65—70。

各地区间人和生产要素的流动性弱,由流动而引致的财政利益跨地区转移就不会频繁发生,由此所产生的地区间的财政矛盾和冲突就会少很多。尽管中国在计划经济时期各地区之间存在较为显著的差异,但地区间极弱的流动性使得地区间的差异性没有受到人们太多的重视。正是因为在计划经济时期地区间的流动性受到了极大限制,而地区间的差异性也因为流动性的缺失而显得不那么重要,所以这一时期的地方财政问题是无关紧要的,自然也就没有进行深入研究的必要。

此外,计划经济体制下强调的"全国一盘棋",否定了地方政府具有区别于由中央政府所代表的整体利益的特殊利益。此时的地方政府只不过是中央政府为了便利地方公共事务的管理而设置的一个机构,它不仅功能十分单一,而且在结构上也与中央政府具有高度的同质性。作为中央政府的行政附属物,地方政府根本不具有"自主行为"的能力,只能被动地服从中央政府的指令实施"受命行为"。这一背景下的地方财政,没有任何的独立性可言,这也是中国计划经济体制下地方财政问题显得无足轻重的重要原因之一。

1.3.3 市场化改革与中国地方财政问题的凸显

改革开放后,随着市场化程度的不断提升,中国的社会经济生活乃至政治生活都发生了较大的变化。就财政而言,较为突出的一个变化就是地方财政问题逐步凸显。中国的地方财政问题,主要是在市场化改革过程中由地区间依然存在的差异性、不断增强的流动性以及地方政府自主性的提升等因素的共同作用而凸显出来的。

1. 市场化改革并没有消除原先就存在的地区间的差异性

不同地区的自然地理条件、资源禀赋和历史文化传统等,即使经历一个相对较长的时间段也难以改变,但相对容易发生变化的是经济因素。计划经济时期,中国各地区之间的经济发展本来就存在较大的差异。市场化改革之后,中国各地区之间原先就存在的经济差距依然存在,并没有大幅度地缩小或消除,不管是绝对经济差距还是相对经济差距,不管是使用人均GDP(国内生产总值)指标还是人均财政收支指标来衡量,都是如此。

表1-2中显示了1996年和2022年中国各地区间的绝对经济差距。正式确定建立社会主义市场经济体制目标四年后的1996年,上海市、北京市和天津市等3个直辖市的人均GDP超过1万元,其中最高的上海市人均GDP甚至超过2万元,达到22 275元;而甘肃省、西藏自治区和贵州省等3个排名靠后省区的人均GDP均低于3 000元,其中排名最靠后的贵州省人均GDP只有2 093元,与上海市相差2万多元,只相当于它的9.40%。除人均GDP存在较大的地区差距之外,各地区人均财政收入和人均财政支出也存在较大的差距。1996年,上海市、北京市和天津市的人均财政支出都超过1 000元,分别为2 348元、1 489元和1 194元,而排名后四位的河南省、贵州省、四川省和安徽省的人均财政支出均不足300元,分别仅为278元、280元、286元和294元,与最高的地区相比相差2 000多元。1996年各地区间人均财政收入的差距也与此大体类似(参见表1-2)。

表1-2 中国地区间的绝对经济差距 单位:元

地区	1996年						2022年					
	人均GDP		人均财政收入		人均财政支出		人均GDP		人均财政收入		人均财政支出	
	数额	排名	数额	排名	数额	排名	数额	排名	数额	排名	数额	排名
北京	15 044	2	1 199	2	1 489	3	190 091	1	26 135	2	34 160	3
天津	12 270	3	834	3	1 194	4	118 801	6	13 499	3	19 955	9
河北	5 345	12	234	18	358	21	56 888	26	5 456	22	12 518	28
山西	4 220	17	271	15	428	18	73 686	14	9 924	8	16 884	16
内蒙古	4 259	16	248	16	548	15	96 496	8	11 766	5	24 527	6
辽宁	7 730	8	514	5	765	6	68 515	19	5 994	17	14 862	20
吉林	5 163	14	293	12	558	14	55 033	27	3 604	30	17 125	13

单位:元　（续表）

地区	1996 年						2022 年					
	人均 GDP		人均财政收入		人均财政支出		人均 GDP		人均财政收入		人均财政支出	
	数额	排名	数额	排名	数额	排名	数额	排名	数额	排名	数额	排名
黑龙江	6 468	10	340	8	560	13	50 883	30	4 147	28	17 519	11
上海	22 275	1	1 977	1	2 348	1	179 401	2	30 653	1	37 845	2
江苏	8 447	6	314	11	437	17	144 475	3	10 880	6	17 510	12
浙江	9 455	5	322	10	492	16	118 830	5	12 259	4	18 324	10
安徽	3 881	21	189	24	294	27	73 687	13	5 865	18	13 692	25
福建	8 136	7	436	6	614	11	126 845	4	7 974	11	13 591	27
江西	3 715	26	188	25	321	26	71 009	16	6519	15	16 117	17
山东	6 834	9	277	14	411	19	85 973	11	6 988	13	11 930	29
河南	4 032	20	177	27	278	30	62 071	22	4 303	26	10 779	31
湖北	5 122	15	214	19	339	24	92 170	9	5 621	20	14 774	21
湖南	4 130	18	203	20	339	25	73 498	15	4 690	25	13 597	26
广东	9 513	4	689	4	864	5	101 796	7	10 466	7	14 627	22
广西	4 081	19	197	21	342	23	52 215	29	3 347	31	11 688	30
海南	5 500	11	418	7	615	10	66 845	21	8 133	10	20 492	8
重庆	—	—	—	—	—	—	90 688	10	6 548	14	15 230	18
四川	3 763	22	183	26	286	28	67 785	20	5 829	19	14 230	24
贵州	2 093	30	139	29	280	29	52 348	28	4 895	24	15 183	19
云南	3 715	25	322	9	669	9	61 736	23	4 155	27	14 281	23
西藏	2 732	29	100	30	1510	2	58 269	25	4 921	23	71 040	1
陕西	3 313	27	191	23	344	22	82 885	12	8 373	9	17 095	14
甘肃	2 901	28	176	28	369	20	44 986	31	3 644	29	17 090	15
青海	3 748	23	196	22	670	8	60 776	24	5 536	21	33 223	4
宁夏	3 731	24	243	17	567	12	69 925	17	6 334	16	21 856	7
新疆	5 167	13	286	13	680	7	68 526	18	7 302	12	26 412	5

资料来源:《中国统计年鉴》(1997,2023)和《中国财政年鉴》(1997,2023)。

注:表中的财政收支指的是地方本级一般公共预算收支。

市场化改革进行了 30 多年之后的 2022 年,北京市、上海市、天津市、江苏省、浙江省、福建省和广东省等 7 个省、自治区和直辖市的人均 GDP 超过 10 万元,其中最高的北京市人均 GDP 达到 190 091 元;而排名靠后的甘肃省的人均 GDP 只有 44 986 元,与北京市相差 14 万多元,只相当于它的 23.67%。除人均 GDP 存在较大差距之外,各地区人均财政收入和人均财政支出也存在较大的差异。2022 年,上海市和北京市的人均财政收入都超过

2.5万元,分别为30 653元和26 135元,而位列最后三位的广西壮族自治区、吉林省和甘肃省的人均财政收入还不到0.4万元,分别仅为3 347元、3 604元和3 644元,与最高的地区相比相差2万多元。2022年各地区间人均财政支出的差距也大体与此类似(参见表1-2)。可见,在明晰市场化改革方向初期和改革推进30多年之后,中国各地区间一直存在不小的绝对经济差距。

表1-3显示了1980—2022年中国各地区间的相对经济差距。中国各地区人均GDP、人均财政收入和人均财政支出相对差距的变化趋势,无论是用相对差异系数还是用最大最小比值作为衡量指标,都大体一致。在计划经济色彩还比较浓厚的1980年,各地区人均GDP相对差异系数为96.8%,2000年为74.7%,到2022年为41.9%。虽然各地区人均GDP相对差异系数在这40多年间有一定幅度的下降,但市场化改革之后中国各地区人均GDP的相对差距仍然存在。1980年,各地区人均财政收入相对差异系数为200.0%,2000年为105.6%,2022年为73.2%。从各地区间人均财政收入的角度来衡量各地区间的相对经济差距,似乎市场化改革以来已经有很大幅度的缩小,但这一变化的背后另有深刻的经济体制原因。① 如果将一些特殊原因排除在外,那么是不能从各地区人均财政收入相对差异系数这一指标在过去20年间的变化中得出"市场化改革后,中国各地区间的经济差距已经有很大幅度的缩小"这一结论的。1980—2022年各地区人均财政支出的相对差距,虽然从总体上看呈现下降的态势,但1991—2005年,用人均财政支出指标来衡量,各地区间的相对经济差距非但没有缩小,反而有所扩大。

表1-3 中国地区间的相对经济差距

年份	各地区人均GDP		各地区人均财政收入		各地区人均财政支出	
	相对差异系数(%)	最大值/最小值	相对差异系数(%)	最大值/最小值	相对差异系数(%)	最大值/最小值
1980	96.8	14.2	200.0	70.8	59.5	6.1
1985	87.4	12.3	170.0	31.4	55.8	6.0

---

① 中国在计划经济时期形成的地区产业结构是相对富裕的东部地区以工业生产为主,而贫困的西部地区则以农业和初级工业为主。尽管在备战、备荒的年代,国家也将一些工业化程度较高的工厂从东部地区搬迁到西部地区,但这并未使这一时期形成的地区产业结构发生根本性的改变。计划经济时期中国实行的是"统购统销"体制和政府定价的价格机制。在这一背景下,西部地区的农产品和初级工业品等按照国家制定的相对较低的计划价格调拨到东部地区,东部地区的工业制成品又以相对较高的价格销往西部地区。工农产品间的价格"剪刀差"实际上把本应在西部地区实现的财政收入转移到东部地区等少数几个大城市来实现。正是这种机制,才导致中国出现了各地区人均财政收入最大值与最小值的比值相差70余倍的情况。直到20世纪80年代中前期,中国经济体制中的计划经济成分还比较高,计划经济体制下形成的价格机制和地区产业结构仍然发挥重要的作用。随着计划经济体制逐步被打破,原先形成的地区产业结构发生了较大的改变,而工农产品间的价格"剪刀差"机制也在市场化改革中有较大幅度的缩小,通过价格"剪刀差"方式在地区间转移财政收入所导致的人均财政收入最大值与最小值之间的差距自然也不再像以前那么大了。因此,各地区间人均财政收入最大值与最小值的比值和相对差异系数的大幅下降,并不能用来说明各地区相对经济差距的大幅缩小。

（续表）

年份	各地区人均GDP		各地区人均财政收入		各地区人均财政支出	
	相对差异系数(%)	最大值/最小值	相对差异系数(%)	最大值/最小值	相对差异系数(%)	最大值/最小值
1990	83.0	11.9	102.8	13.7	52.2	4.8
1995	66.4	10.2	96.7	17.5	70.8	8.3
2000	74.7	13.0	105.6	14.8	72.1	8.1
2005	67.6	10.0	119.3	18.3	74.2	7.9
2010	51.4	5.6	87.1	10.2	53.5	5.0
2015	43.9	4.1	74.6	8.0	54.8	6.0
2020	44.3	4.6	74.4	8.3	53.1	5.8
2021	43.9	4.5	72.4	9.9	49.4	5.6
2022	41.9	4.2	73.2	9.2	58.1	6.6

资料来源:作者根据《新中国50年财政统计》、历年《中国统计年鉴》和《中国财政年鉴》相关数据计算得出。

可见,市场化改革非但没有消除中国各地区间经济发展的差距,反而在一定时期内在某些方面拉大了各地区间的经济差距。各地区经济及其他方面差距的存在,为中国地方财政问题的凸显提供了一个基本的前提条件。

2. 市场化改革使得中国各地区间的流动性越来越强

改革开放之后,中国在推行经济体制改革的同时,也在政治和社会等方面进行了配套的改革。在体制转轨的过程中,中国的资源配置方式从以计划机制为主转变为由市场机制发挥基础性作用,再加上中国也不断地对户籍制度、就业制度和人事管理制度等进行不同幅度的改革,这些改变使得制约人和生产要素跨地区流动的障碍越来越少,从而不断提高各地区间的流动性。

市场化改革使得中国各地区间的流动性越来越强,这首先表现为跨地区人口迁移规模的持续扩大。1987年,中国流动人口的规模为3 000万,是改革开放之初的4倍多,1994年和1999年,中国流动人口的规模分别超过4 000万和5 000万[①];到2000年,中国流动人口的规模已经超过1亿。进入21世纪后,中国流动人口的规模进一步扩大,2005年已经达到1.47亿,占总人口的11.3%;2010年更是突破2亿,达到2.21亿,占总人口的16.5%;2014年中国人口迁移数量达到2.53亿,约占总人口的18.5%;随后几年人口迁移

---

① 杨云彦.中国人口迁移的规模测算与强度分析.中国社会科学,2003(6):97—107.

的规模有所回落,但2017年仍然达到2.44亿。2021年,中国流动人口总量达到3.85亿[①],占全国人口的27.2%,与2010年相比,流动人口增加15 439万,增长了69.7%。

专栏1-6　　为什么市场化改革后中国的人口流动性不断增强?

市场化改革之后,政治、经济和社会管理等方面的许多改革措施,如户籍制度改革、就业制度改革、人事管理制度改革和社会保障制度改革等,分别从不同层面放松了对人口流动的限制,为跨地区人口流动规模的扩大提供了基础条件,我们主要讨论前三个改革措施。

(1) 户籍制度改革

1984年发布的《国务院关于农民进入集镇落户问题的通知》,允许农民自理口粮进集镇落户,户籍严控制度从此出现松动。1997年、1998年和2001年先后出台的《国务院批转公安部小城镇户籍管理制度改革试点方案和关于完善农村户籍管理制度意见的通知》《国务院批转公安部关于解决当前户口管理工作中几个突出问题意见的通知》与《国务院批转公安部关于推进小城镇户籍管理制度改革意见的通知》等多个规范性文件,逐步放松了小城镇的户籍管理,只要符合"有稳定生活来源和合法住所"条件的外地个人和家庭,都可以申请获得小城镇户口。

2013年,《中共中央关于全面深化改革若干重大问题的决定》确立了建立"新型户籍制度"的改革目标,要求"全面放开建制镇和小城市落户限制,有序放开中等城市落户限制,合理确定大城市落户条件,严格控制特大城市人口规模"。2014年,《国务院关于进一步推进户籍制度改革的意见》正式发布,决定统一城乡户口登记制度、取消农业户口与非农业户口的区分,同时提出要"稳步推进义务教育、就业服务、基本养老、基本医疗卫生、住房保障等城镇基本公共服务覆盖全部常住人口"。2019年,中共中央办公厅、国务院办公厅印发了《关于促进劳动力和人才社会性流动体制机制改革的意见》,确定全面取消城区常住人口300万以下的城市落户限制,全面放宽城区常住人口300万至500万的大城市落户条件;2023年,公安部再次重申上述措施。所有这些举措,都大大降低了户籍制度对人口自由流动的负面影响。

(2) 就业制度改革

改革开放之后,"统包统配"的就业制度在经过"双轨制"等过渡环节后逐步被市场导向的就业制度所取代。大学毕业生就业制度就足以说明中国就业制度的变化。

在过去相当长一段时间里,大学毕业生一般是按照"从哪里来,回哪里去"的原则进

[①] 中华人民共和国2021年国民经济和社会发展统计公报.[2024-09-30]. https://www.gov.cn/xinwen/2022-02/28/content_5676015.htm.

行工作分配,其就业的凭证是政府劳动人事管理部门签发的"派遣证";而从20世纪90年代中后期开始,大学毕业生就业逐步实行用人单位与毕业生之间的"双向选择",其就业的凭证是政府劳动人事管理部门根据用人单位与毕业生之间签订的《就业协议书》发放的"就业报到证"。目前,政府劳动人事管理部门已不再签发高校毕业生"就业报到证",进一步弱化了政府在市场导向的就业制度中的作用。

(3) 人事管理制度改革

在改革过程中,严格的人事管理制度也逐步得以放松。除行政事业单位外,越来越多的用人单位都不再过于看重求职人员的人事档案,甚至可以不需要人事档案。这样,人事管理制度对人口在各地区之间流动的约束力就大大降低了。

资料来源:作者整理自相关资料。

除了人口的流动性不断增强,中国各种生产要素跨地区的流动性在市场化改革之后也得到极大的提升,这具体体现在各地区间活跃的国内贸易与国内投资上。在过去的计划经济体制下,跨区域的贸易和投资都必须在国家指令性计划的安排下进行,但现在区域间的贸易和投资更多的是由各市场活动主体依据比较利益原则进行的。虽然中国目前限制各地区间生产要素自由流动的因素仍有不少,其中最为典型的就是"地方保护主义",但随着国内统一大市场的逐步建立①,这些限制性因素的阻碍作用都将进一步减弱直至消除。

地区间人和生产要素流动性的不断增强,为中国地方财政问题的凸显提供了另一个基础性的前提条件。

3. 市场化改革使得地方政府逐步成为相对独立的利益主体

市场化改革既是对个人利益的一种肯定,又是对由各地方政府所代表的各个地区相对独立利益的一种承认。在市场经济条件下,不仅各地区相对独立的利益是各不相同的,而且由地方政府所代表的局部利益也区别于由中央政府所代表的整体利益,它们之间在一定程度上也存在相互排斥的关系,尽管从根本上看局部利益与整体利益是一致的。此外,在市场化改革中,社会经济形势的改变也促使中央政府不得不在政治、经济和文化等方面赋予各级地方政府更大的权力,这样地方政府就能够根据本地区的特殊利益以及本地区社会经济发展的目标自主地采取相应的行动,而不再是一味地服从中央政府的指令。

地方相对独立利益主体地位的确定和地方政府自主权的提升,也是导致中国地方财政问题凸显的重要原因之一。

---

① 2022年发布的《中共中央 国务院关于加快建设全国统一大市场的意见》明确,要打破地方保护和市场分割,打通制约经济循环的关键堵点,促进商品要素资源在更大范围内畅通流动。

1.3.4 中国地方财政问题凸显在现实中的表现

地方财政问题的凸显,在中国的相关财政实践和财政理论研究中都有所体现。

1. 地方政府财政活动在国家治理中的作用越来越大、与每个社会成员的关系越来越密切

在高度集权的计划经济时期,大大小小的公共事务均由中央政府控制或者由地方政府按照中央政府的指令来处理。这一时期,地方政府和地方财政与每个社会成员之间的关系并不是很紧密。市场化改革之后,这种状况发生了很大的变化。

改革开放后,中央集中治理体系为分级公共治理体系所取代,越来越多的公共产品和服务都交由地方政府根据本地区的具体情况来提供,而且由地方政府和地方财政负责提供的社会治安、公共交通、公共卫生、基础教育、供水供电、街道照明以及垃圾处理等都是对每一个社会成员日常生活影响最大、与之关系最为密切的事务。随着财政民主化程度的进一步加深,地方财政活动与社会成员之间的关系还会变得更为紧密。

2. 地方财政活动与中央财政活动在目标取向、行为方式和具体效应等方面的差异越来越大

计划经济体制下,地方政府的活动大多是受命行为,地方政府在目标取向和行为方式等方面极少偏离中央政府的政策或指令。经济体制改革不仅承认了由各地方政府代表的各个地区相对独立的利益主体地位,而且在改革过程中地方政府还在政治、经济等诸多方面获得了较大的自主权。在这一背景下,地方政府的自主行为就不会再自然而然地与中央政府的政策意图完全相同,地方财政活动与中央财政活动在目标取向、行为方式和具体效应等方面很难继续保持一致,差异会越来越大,中央与地方之间的财政博弈也随之越来越激烈。

专栏1-7 中国的"地条钢"[①]为何屡禁不止?

2016年11月,国务院调查组分赴江苏、河北等地进行实地检查发现:在江苏,"地条钢"企业数量众多、分布范围广、存在时间长,有的市县和乡镇不顾环保标准,默许使用国家明令要求淘汰的落后设备生产"地条钢",面对中央专家组的暗访,地方有关部门竟为企业打马虎眼……在河北,安丰公司新建设的钢冶炼项目,未批先建,严重干扰了钢铁行业化解产能过剩工作,企业建设1 206立方米的巨型高炉,地方政府长达数月时间"没有

---

① 所谓"地条钢"指的是以废钢铁为原料、经过感应炉等熔化、不能有效进行成分和质量控制生产的钢和以其为原料轧制的钢材。之所以要取缔"地条钢",是因为:第一,它的产品质量不符合基本要求,通过贴牌等方式以次充好,掺杂在建筑和工程中,其安全、寿命等都无法保障;第二,在全国钢铁行业产能过剩的大背景下,"地条钢"的生产未经国家产能许可审批,环保、安全、质量等方面都没有经过核查,本身属于违规生产。

发现"。史无前例的"地条钢"清理行动也从这里向全国铺开,大量藏匿在各地偏远乡镇的私营钢厂的灰色产能逐渐浮出水面。

对于"地条钢"这一钢铁行业的特殊存在,中国至少进行了20年以上的整顿。早在2000年,国家经贸委就出台了《关于清理整顿小钢铁厂的意见》,要求对于不达标的生产设备,一律不准批建和扩建。2004年,国家发展改革委等七部门又联合发布了《关于进一步打击地条钢建筑用材非法生产销售行为的紧急通知》。2011年,经国务院批准发布的《产业结构调整指导目录》中明确提出淘汰"用于地条钢、普碳钢、不锈钢冶炼的工频和中频感应炉",此后"地条钢"一直都是政策明令淘汰的产品。尽管如此,"地条钢"仍如同田间杂草般野火烧不尽。

"地条钢"为何屡禁不止呢?毫无疑问,暴利作为最直接的驱动力,是"地条钢"打而不绝的重要原因。开办一家"地条钢"钢厂,需要的设备非常简单,相对较少的设备投入使得"地条钢"的生产成本远远低于正规钢厂,巨大的价差让投机者和下游市场共同选择了质量低劣的"地条钢"。但仅有暴利,"地条钢"企业是无法应对中央政府的禁令的。过去的经验表明,罚款、断电等措施对治理生产"地条钢"的违法活动有一定的作用,但依然不能做到"根除",这是因为在"地条钢"利益链中,地方政府也分得了一块蛋糕。据保守估算,仅一家年产30万吨的中等规模中频炉厂一年就能贡献1亿元的税收。出于税收、就业等地方利益考虑,一些地方政府对这样的企业大开"绿灯",地方政府"帮忙"变非法产能为合法的情况也屡见不鲜。

只有解除了地方政府与不法企业的利益"捆绑",才能让"地条钢"企业无处遁藏,只有离开地方政府这把"保护伞",才能使"地条钢"企业无法生根发芽。否则,即便"地条钢"彻底地从市场中消失,类似"地条钢"一样的不法企业依然会层出不穷。

改革开放后地方政府热衷于提升本地区的GDP和财政收入,这必然会导致以行政力量干预市场的行为出现,也必然会有企业借助地方政府的行政力量来躲避和对抗中央政府的宏观调控。市场化改革后,中央政府与地方政府的效用函数并不完全一致,地方政府总有实现自身利益最大化的冲动。"地条钢"事件暴露出在体制转轨时期,中央政府的宏观调控在现实中遇到了极大的挑战,某些地方政府甚至从"阳奉阴违"发展到公然对抗。

资料来源:作者整理自公开资料。

3. 地区间的利益矛盾与冲突越来越显性化

计划经济时期,地方政府主要与中央政府或上级政府发生纵向联系,地方政府之间的横向联系相对较少,不多的横向联系大多通过中央政府或上级政府来安排或进行,再加上这一时期地方政府并不是相对独立的利益主体,因此地区间直接的利益矛盾与冲突也不多见。

改革开放以后,除继续保持与中央政府或上级政府间的纵向联系外,各级地方政府之间的横向往来也越来越多,而且地方政府在改革开放过程中逐步成为相对独立的利益主体。由于资源的稀缺性、市场的有限性和地区之间社会经济发展的不平衡性,以及人和生产要素跨地区流动的规模越来越大,地方政府必然在利益机制的驱动下,展开对资源和市场的争夺,于是地区间直接的利益冲突越来越多,并从最初的隐性化发展为显性化。

4. 中国地方财政方面的理论研究越来越多

改革开放前,中国极少有理论研究涉及地方财政以及地方财政运行过程中出现的相关问题。市场化改革之后,中国财政经济理论界越来越重视对地方财政运行及相关问题的研究。与以前相比,地方财政方面的专著和论文越来越多,一些高等学校和科研院所先后成立了相应的地方财政研究机构,专门的地方财政期刊也在中国创办。与此同时,"地方财政学"在进入21世纪后作为一门独立的课程重新进入大学课堂。

重要概念

地方财政　地方政府财权　地方政府事权　地方政府财力　地区间的差异性　地区间的流动性　地方政府自主行为　地方政府受命行为

复习思考题

1. 试述地方政府和地方财政存在的必要性。
2. 简述地方政府的特征。
3. 简述地方财政的基本构成要素。
4. 地区间的差异性和流动性之间存在怎样的关系?
5. 为什么说计划经济时期不存在地方财政问题?
6. 市场化改革与中国地方财政问题凸显之间存在什么关系?

课堂讨论题

请结合所给案例材料,并联系现实,就如何认识和把握市场化改革后地方财政问题逐步凸显进行课堂讨论。

案例材料

收费争议暴露地方大学的尴尬

2003年11月,河北大学10位硕士毕业生和贵州商业高等专科学校(以下简称"贵州商专")部分学生先后致电相关新闻媒体,投诉所在高校的"乱收费"问题。

- **河北大学:3 000元留住人才?**

李林、张春明等10位河北大学硕士毕业生已被录取为北京大学、北京师范大学和中山大学等高校的博士生,但他们的户口还被扣在河北大学,因为他们毕业时没有缴纳"考博押金"。读博期间出国以及将来的毕业分配都将因此受到影响,除非在获得博士学位后还回河北省工作。

校方承认确有收取"考博押金"的事情,并给出了收取"考博押金"的理由。由于河北省毗邻北京、天津,人才流失非常严重。学生若考取本省高校的博士,毕业后还有可能留在河北就业;而一旦考入省外名牌高校,90%以上的人会远走高飞。之所以要收取这笔费用,是因为李林等人占据国家统招名额但属于河北省省内的定向生,河北省为他们接受教育支付了费用。根据河北省物价局1999年出台的文件,河北省省内定向性质的毕业生超出服务范围要收取6 000元,委培生收取3 000元。这笔钱并不归学校所有,而是归河北省人事厅大中专院校毕业分配办公室管理。

- **贵州商专:收费"内外"有别**

2001年之前,贵州商专的招生范围一直限于贵州省内。由于与四川、湖北等地的商业专科学校进行"对等交流",2001级的152名同学成为该校成立以来的首批外省学生。这152名"外地生"入学后发现从外省招收的学生根据专业的不同,每学期要分别比省内学生多交800~1 300元。

校方对收费"内外"有别的现象做出了解释:贵州商专是地方财政拨款的院校,对于本省学生,省财政每人每年有2 600元左右的补贴,而省外学生则没有,这笔钱学校无力负担,因此外省学生的教育费用要自己掏,这被校方称为"教育补偿费"。

注:在计划经济时期和改革开放以后的相当长一段时间内,只有中央部属高校才允许在全国范围内招生和进行毕业生分配;地方高校的招生和就业都局限在本行政区域内;20世纪90年代以后,地方高校的招生范围才慢慢延伸至本行政区域以外。

资料来源:作者整理自相关资料。

 参考文献与延伸阅读资料

黄佩华.中国地方财政问题研究.北京:中国检察出版社,1999.

Hirsch W Z. The Economics of State and Local Government. NY:McGraw-Hill,1970.

Ebel R D, Petersen J E. The Oxford Handbook of State and Local Government Finance. Oxford：Oxford University Press，2012.

Fisher R C. State and Local Public Finance. Fifth Edition. London：Routledge，2022.

Crews C. Introduction to Local Government Finance. Fifth Edition. Chapel Hill：UNC School of Government，2023.

网络资源

中国财政科学研究院网站，https：//www.chineseafs.org/ckynewsmgr/cnpages/cn_index.jsp.

经济合作与发展组织（OECD）网站"多级治理与公共财政"（Multi-level Governance and Public Finance）栏目，https：//www.oecd.org/en/topics/policy-issues/multi-level-governance.html#：~：text=Multi-level%20governance%20refers%20to%20the%20system%20that%20supports%20policy%20and.

美国国民经济研究局（National Bureau of Economic Research）网站"公共经济学"（Public Economics）栏目，https：//www.nber.org/programs-projects/programs-working-groups/public-economics？page=1&perPage=50.

21世纪经济与管理规划教材
财政学系列

第 2 章

公共产品的层次性与政府间财政关系

【本章学习目标】

- 掌握公共产品的受益范围
- 掌握地方性公共产品的内涵、外延与基本特征
- 掌握地方性公共产品的有效提供
- 掌握处理政府间财政关系的基本模式与基本原则
- 掌握财政体制的主要内容

提供公共产品是政府的主要职责。在多级政府体系下,为了实现公共产品的有效提供,受益范围(Benefit Regions)不同的公共产品,需要分别由不同级次的政府来负责。由公共产品受益范围的层次性所派生出的政府财政的层次性,决定了多级财政体制存在的必要性。

2.1 公共产品的层次性与地方性公共产品

不同公共产品的受益范围不尽相同,有的公共产品的受益范围相对较大,与整个国家的疆域大体相当;而有的公共产品的受益范围相对较小,只局限于某个基层地方政府管辖的范围内。

2.1.1 公共产品的受益范围

根据消费方式的不同,现实生活中的产品和服务可以被区分为"私人产品"和"公共产品"两大类。私人产品是具有个别消费性(Individual Consumption)的产品和服务;而与之相对应的公共产品是具有共同消费性(Collective Consumption)的产品和服务。[1] "共同消费性"指的是公共产品是向整体意义上的社会成员提供的,由全体社会成员共同从中受益,公共产品所带来的效用是无法在不同社会成员之间进行分割的,只能作为一个整体而存在。公共产品的共同消费性特征,具体体现为其消费上的非竞争性(Non-rivalness)和非排他性(Non-excludability)。一般认为,只有在表象上同时具备消费上的非竞争性和非排他性的产品才是"纯公共产品",而同时具备消费上的竞争性和排他性的产品属于"纯私人产品"。不同时具备消费上的非竞争性和非排他性特征或者说只具备消费上的非竞争性和非排他性中的某一个特征而不同时具备另一个特征的产品,属于"混合产品"(Mixed Goods)或"准公共产品"(Quasi-public Goods)的范畴。在现实生活中,纯公共产品和纯私人产品都不是非常多,绝大多数产品都属于混合产品的范畴。通常所说的"公共产品"大多指的是公共性(Publicness)相对较强的混合产品。

虽然公共产品在理论上具有共同消费的特征,但在现实中并不是每一种公共产品被提供出来之后,所有的社会成员都能够从中获得相应的利益。实际上,绝大多数的公共产品和服务都有着特定的受益空间范围(Spatial Limitation of Benefit Incidence),只有受益空间范围内的社会成员才能从中获得相应的利益。

图2-1显示出经济属性不同的产品各不相同的受益范围。[2] 绝大部分私人产品的受

---

[1] Samuelson P A. The Pure Theory of Public Expenditure. The Review of Economics and Statistics,1954(4):387-389.

[2] 布坎南,弗劳尔斯.公共财政.赵锡军,等,译.北京:中国财政经济出版社,1991:438.

益都是内部化的,只有付费购买了私人产品的使用者才能够获得它带来的利益。当然,也有少部分私人产品具有一定的外部效应,与产品所有者有密切联系的部分社会成员也能够从中受益,但受益者人数不会太多,所以在图2-1中私人产品的受益范围可以被认为只发生在1点处。与私人产品的受益范围局限在一个非常狭小的区域内不同的是,具有公共性产品的受益范围往往是一个相对较大的区域,并且在其他因素既定的情况下,产品的公共性越强,其受益范围越大。如某一公园建成之后,住在附近的居民都可以到这个公园来游玩、享用公园里的各种娱乐设施,即公园的受益范围覆盖其周边地区,这可以用图2-1中的圆圈2来表示。就火灾的预防和控制而言,与之相关的消防系统的受益范围就要更大一些。如X市的消防系统可以使得每一个X市市民都从中受益,而邻近的Y市市民从X市的消防系统中所获得的利益就要小很多或者接近于零,而对千里之外的Z市市民来说,X市的消防系统对其就没有任何利益可言。可见,X市消防系统的受益范围基本局限在X市辖区之内,如图2-1中的圆圈3所示。圆圈4和圆圈5的情况也可类推得到。国防是最为典型的公共产品,一个国家提供国防之后,全国每一个地区的居民都可以毫无差别地从中受益。也就是说,国防的受益范围是这个国家的全部疆域,如图2-1中的圆圈6所示。可见,不同公共产品的受益范围呈现出明显的层次性。

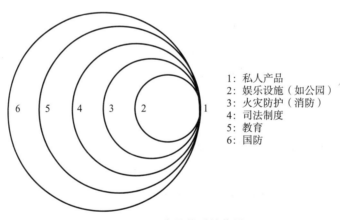

图2-1 不同产品的受益范围

2.1.2 地方性公共产品的内涵和外延

根据受益范围的不同,公共产品可以被区分为"全国性公共产品"和"地方性公共产品"。①

1. 地方性公共产品的内涵

地方性公共产品(Subnational Public Goods)指的是主要由各级地方政府提供、只能满

---

① 按照受益范围对公共产品的完整分类,还应包括"全球性公共产品"(Global Public Goods)。但在地方财政学中,一般不考虑全球性公共产品的存在。

足特定区域内社会成员公共需求的产品或服务。地方性公共产品的受益范围大体上与地方行政辖区面积相当,本地区的居民都可以从中受益。除具有较强外部性的地方性公共产品外,其他辖区的居民一般不会从本地区地方性公共产品的提供中受益。

与地方性公共产品相对应的是全国性公共产品(National Public Goods),其受益范围与这个国家的疆域基本相当,全国各地的居民,不管居住在何处,也不管其收入、受教育程度和宗教信仰等状况如何,大体上都可以从全国性公共产品的提供中均等地受益。一般认为,全国性公共产品只能由中央政府负责提供。

2. 地方性公共产品的基本构成

按照产品功能和特征的不同,地方性公共产品可以细分为地方社会管理、基础设施、地方社会服务、文化与传播媒介四大类。[①]

(1) 地方社会管理

地方社会管理是地方政府及其职能部门对本地区的公共事务进行的各种组织、协调等活动的总称,具体包括地方政府提供的公共秩序、公共安全和对相关社会经济活动进行的公共规制等。在各种类型的地方性公共产品中,地方社会管理的非竞争性和非排他性特征最明显,在性质上属于或接近于纯公共产品。

(2) 基础设施

基础设施中的交通、电力、电信、自来水、下水道、路灯、垃圾收集与处理以及燃气管道等的受益范围,具有明显的地域性。无论是对地区居民的生产生活还是对地方社会经济发展来说,这些基础设施都是不可或缺的。

尽管在经济发展到一定阶段后,私人部门也会在一定程度上参与到基础设施的提供中来,但由于基础设施一般都具有较强的规模经济和自然垄断属性,因此相当多国家的基础设施仍主要由地方政府来负责提供。

(3) 地方社会服务

地方社会服务主要包括基础教育、公共卫生、气象预报、消防和社会福利等。与基础设施不同的是,地方社会服务并不具备明显的规模经济和自然垄断属性,但它却具有较强的社会公益性。

(4) 文化与传播媒介

文化与传播媒介主要包括广播、电视、报纸、杂志、图书馆、博物馆以及文物与文化遗产发掘等。在现代社会,物质需求得到一定程度的满足之后,人们的公共需要便会转向精神需求。在这一背景下,地方政府部门提供文化与传播媒介,既可以满足本地区社会成员精神方面的公共需求,又能够产生相当大的社会效益。

---

① 孙开.对地方公共产品有效供给问题的规范分析.财政研究,1997(7):48—51.

3. 不同级次的地方性公共产品

许多国家的地方政府都是由多级政府组成的,每一级政府都是本辖区内地方性公共产品的提供主体。根据提供主体的不同,中国的地方性公共产品可以细分为省级公共产品、市级公共产品、县级公共产品、乡级公共产品以及村级公共产品(参见图 2-2)。①

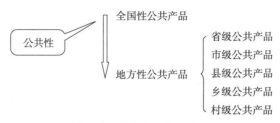

图 2-2　公共产品的层次性

不同级别的政府主体提供的地方性公共产品,不仅受益范围各不相同,而且各自的公共性也存在差异。在现实生活中,全国性公共产品更多地属于纯公共产品,而相当一部分地方性公共产品是具有正外部性或优值品特征的混合产品,其公共性由上至下呈现出逐步递减的趋势,但这并不意味着地方性公共产品中就没有纯公共产品。

4. 城市公共产品与农村公共产品

根据受益区域特性的不同,地方性公共产品还可以分为城市公共产品和农村公共产品两类,它们的受益范围分别为城市和农村。因为城市居民和农村居民在生产生活中所内生出的公共需要存在一些差异,所以城市公共产品和农村公共产品具体包含的内容也不完全相同,如农林水利灌溉、农林科技成果推广、农田防护林建设和病虫害防治等属于农村公共产品的范畴,但不包含在城市公共产品的序列内。

由于城市是人口、资本和消费等较为集中的场所,因此城市公共产品的受益在空间上具有高度密集性,这有利于城市公共产品在提供过程中获得规模经济效应;而农村人口相对散居,这使得农村公共产品提供过程中的规模经济效应往往会由于人口分布方面的原因而无法得以很好地实现。

2.1.3　地方性公共产品的基本特征

除受益范围的地域性这一最主要的特征之外,地方性公共产品还具有显著的辖区间外部性、利益递减性、拥挤性和地方色彩性等特征。

1. 辖区间外部性

地方性公共产品的辖区间外部性(Inter-jurisdictional Spillovers),指的是部分地方性公

---

① 严格说来,村民委员会并不属于政府的范畴,但作为公共组织的一种形式,它也承担着提供本区域内公共产品的职责。

共产品的受益范围并不完全局限于本行政辖区内,它的提供往往也会使得相邻地区的居民从中获得一定的利益。

与全国性公共产品相比,地方性公共产品的外部性要明显得多。① 一个国家内部各地区之间有着密不可分的政治、经济和社会文化等方面的联系,区域之间的人口迁移和生产要素的流动经常发生。虽然当今世界不同国家间的人口迁移和生产要素流动也并不少见,但其规模远不如一个国家内部各地区之间那么大,其频率也不如一个国家内部各地区之间那么高。即使是在经济全球化程度不断加深的背景下,人和生产要素在国家间的流动仍受到比较多的限制。然而,一个实行市场经济体制的国家一般都建立有国内统一市场,人和生产要素在不同地区之间的流动不会而且也不应当受到太多的限制。各地区间经常性的人口迁移和要素流动,不可避免地会使得地方性公共产品产生的利益外溢到其他地区。此外,大部分国家各行政辖区之间的界限,都是在本国的政治、历史、民族等多方面因素的共同作用下形成的,并不是严格按照地方性公共产品的受益范围来进行划分的。地方行政辖区与地方性公共产品的受益范围很难完全一致,也决定了地方性公共产品的外部性是不可避免的。

辖区间外部性是影响地方性公共产品成本与收益之间平衡关系的重要因素之一,也是各级政府在处理政府间财政关系以及地方政府进行决策时必须考虑的一个要素。由于无法获得全部利益,地方政府往往都不愿意在具有辖区间正外部性的地方性公共产品上投入太多。

2. 利益递减性

现实中的地方性公共产品大多不是纯公共产品,这些产品被提供出来以后,往往不能使该地区所有社会成员都同等地获得利益,社会成员从中受益的程度通常会受到空间地理因素的影响,表现出较为明显的利益递减特征。

地方性公共产品的利益递减性指的是由于地方性公共产品具有不可移动性及受益范围的区域性,居住地点与地方性公共产品中心位置距离不同的社会成员从该公共产品的提供中获得的利益也是不同的。一般而言,随着距离的拉大,社会成员从中受益的程度呈递减态势,如居住地离公园、消防设施等更远的社会成员,从公园、消防等地方性公共产品中获得的利益也会更少。受益范围不同的地方性公共产品展现出的利益递减特征是不同的(参见图 2-3),有的要强一些,有的则相对要弱一些。

---

① 实际上,全国性公共产品的利益在不同国家之间也存在外溢的问题。公共产品在不同国家之间的外部性相对来说不是太强,再加上不同国家间公共产品的外部性更多的是"国际财政学"的研究对象,因此在"地方财政学"中可以不考虑全国性公共产品的外部性。

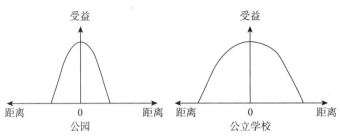

图 2-3 不同地方性公共产品的利益递减性

正因为部分地方性公共产品具有利益递减性,同一地区的居民从中获得的利益存在差别,所以就需要中央政府或相关的地方政府采取相应的措施来进行适当干预,以保证同一地区的居民从具有利益递减性的地方性公共产品中获得的利益大体均等。

3. 拥挤性

还有相当一部分地方性公共产品具有"拥挤性"。地方性公共产品的拥挤性指的是当使用者达到一定规模时,使用者继续增加就会降低原有使用者从地方性公共产品中获得的利益。具有这种属性的地方性公共产品,也常常被称为"拥挤性公共产品"(Congestible Public Goods)。

具有和不具有拥挤性的地方性公共产品之间的差异,可以天气预报和地方公共安全为例加以说明。天气预报是不具有拥挤性的地方性公共产品。A 市气象台发布的天气预报,通过电视、电台和报纸等新闻媒介提供给 A 市的每个居民。A 市的每个居民从天气预报中所获得的利益,并不会因为 A 市居民人数的增加或外地居民的迁入而相应地减少或受到损害。而具有拥挤性的地方性公共产品的情况就不同了。假设 B 市的常住人口为 830 万,流动人口为 150 万,现有警力为 1.8 万。如果 B 市的警力配备和其他影响社会治安状况的因素均保持不变,只是流动人口由原先的 150 万增加到 200 万,那么,分配到每个辖区的警力就由原先的平均约 540 人配备一名警力变为现在的平均约 570 人配备一名警力,其结果就是 B 市的治安状况出现恶化,每个居民所获得的安全感也会降低。除了地方公共安全系统,类似具有拥挤性的地方性公共产品还有供水、供电、排污排水系统、公立学校、高速公路、公园以及图书馆等。①

地方性公共产品的拥挤性,与其所具有的不完全的非竞争性紧密联系在一起。公共产品消费上的非竞争性,使得既定规模的公共产品被提供出来之后,增加一个使用者对该公共产品的消费并不会减少其他使用者对该公共产品的消费。但在地方性公共产品中,完全具备消费上的非竞争性的产品并不多,大部分产品具有的是不完全的非竞争性。不完全的非竞争性在现实生活中表现为,在没有太多使用者时,增加一个使用者对产品的消费不会减少其他使用者从该产品中的获益,从而具有较强的非竞争性,这时增加一个使用

---

① 吴家声.财政学.台北:三民书局,1987:775.

者的边际成本为零;一旦使用者的人数达到一定的水平①,再增加一个使用者对该产品的消费就会影响其他使用者从该产品中的获益,而且使用者增加的人数越多,对其他使用者获益的影响就越大,此时增加一个使用者的边际成本不仅不为零,反而会随着使用者人数的增加逐步上升(参见图2-4)。使用者人数的增加使得公共产品消费过程中人均获益的减少,就是公共产品的"拥挤成本"(Congestion Cost)。正因为存在这种拥挤成本,所以现实中常常对拥挤性公共产品采取一些排他性的措施,如收取一定的费用,来限制过多的使用者,降低产品消费的拥挤程度。

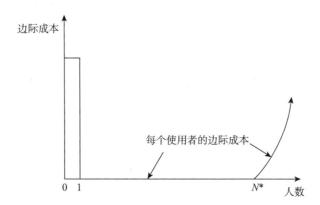

图2-4 拥挤性公共产品边际成本的变化

专栏2-1　　　　中国高速公路节假日免费政策需要调整吗?

中国从2012年的国庆"黄金周"开始实行高速公路免收小型客车通行费的措施,并延续至今。多年来,这一政策的实施虽然给部分国人增加了一些福利,并在一定程度上拉动了内需,然而每年"黄金周"期间相当多地方的高速公路出现了大面积的严重拥堵,而且"逢免必堵"的状况还随着每年车辆拥有量的增加而愈演愈烈。

"有车一族"驾车出行在选择走高速公路还是走普通公路时,价格与路况是最主要的考虑因素。一直以来,中国的高速公路都要收取通行费,而普通公路则是免费的。高速公路收费和普通公路免费共同构成资源配置机制,引导着"有车一族"的有序出行。除恶劣天气或重大交通事故等特殊因素外,中国的高速公路极少发生通行不畅的情况。从某种意义上说,"节假日免费通行"政策打乱了在高速公路收费、普通公路免费机制下形成的有序出行的格局。人们的出行需求在节假日本来就会有所增加,再加上高速公路的优质路况以及免费通行的诱惑,"有车一族"更是一窝蜂地涌入高速公路。若高速公路免费与节假日叠加在一起,可能会导致高速公路的严重拥堵。

高速公路的关键在于"高速",如果免费通行造成高速公路普遍的"低速"或"拥堵",

---

① 这在图2-4中表现为N^*,N^*点也常常被称为"拥挤点"(Congestion Point)。

那就和人们选择通过高速公路出行的目的背道而驰了。此外,高速公路免收小型客车通行费的政策,只是给"有车一族"的"优惠待遇",这一举措既有失公平,又出力不讨好,只会换来很差的社会效益。在2023年的全国两会上,就有人大代表提出要取消高速公路节假日免费政策。目前看来,这一政策是否要继续实行下去,的确需要再仔细权衡利弊。

资料来源:作者整理自公开资料。

地方性公共产品的拥挤性也可以用拥挤函数加以说明。在式(2-1)中,Z_i^* 表示某一个使用者从地方性公共产品的提供中所获得的效用,Z 表示地方性公共产品给所有社会成员带来的总效用,α 表示拥挤参数。

$$Z_i^* = \alpha^{-1} Z \tag{2-1}$$

图2-5显示了随着具有拥挤性的地方性公共产品使用人数的不断增加,拥挤参数 α 的取值随之变化的轨迹。当地方性公共产品的使用人数控制在该产品的容量约束 N^* 之内时,增加一个使用者并不会影响其他使用者对该地方性公共产品的消费,此时拥挤参数 α 的取值为1。一旦这一地方性公共产品的使用人数超过该产品的容量约束 N^*,增加一个使用者就会影响其他使用者对该地方性公共产品的消费,而且随着人数的增加,相互间的影响越大,相应的拥挤参数 α 的取值就大于1,并随着使用人数的增加而不断增大。

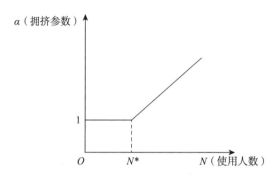

图2-5 公共产品拥挤参数的变化轨迹

对于具有拥挤性的地方性公共产品来说,某地区居民总数与每位居民享受到的地方性公共产品所带来的利益之间存在负相关关系。如果该地区居民人数较少,那么既定规模的地方性公共产品给每个居民带来的利益就要相对大一些。然而,如果这一地区居民人数增加到一定程度,那么提供同样规模的地方性公共产品给每个居民带来的利益就会相应地减少。当然,随着所享受到的利益的减少,每个居民所承担的地方性公共产品的提供成本也呈现出递减的趋势。

4. 地方色彩性

地方性公共产品的具体构成取决于各地区社会成员的公共需要,而不同地区社会成员的公共需求又受制于该地区的历史文化传统、人文环境和自然资源等因素。尽管一个国家内部不同地区的公共需要有很大的相似性或同质性,但不应忽略的是不同地区的公共需要也存在或大或小的差异,这使得地方性公共产品在某种程度上被打上了地方烙印。也就是说,现实中一个国家的地方性公共产品既有很强的同质性,也存在一定的异质性。

2.2 地方性公共产品的供给

地方性公共产品的有效提供指的是相关提供主体以相对较低的成本提供能够最大限度地满足本地区社会成员的需求和偏好的地方性公共产品。

2.2.1 地方性公共产品的有效提供

地方性公共产品能否实现有效提供,在相当大程度上取决于地方性公共产品提供主体和提供方式的选择。选择哪一级政府作为提供主体、采用哪一种提供方式,都直接关系到地方性公共产品能否以适当的成本提供出来以及提供出来的地方性公共产品能否较好地满足本地区社会成员的需求和偏好。

1. 地方性公共产品有效提供主体的选择

在多级政府体系下,地方性公共产品的提供主体有中央政府和地方政府两种。无论是从理论上分析还是立足于实践,中央政府都是能够承担起所有地方性公共产品的提供职责的[①],但中央政府并不是地方性公共产品的有效提供主体。

不同地区的居民对地方性公共产品的偏好通常各不相同,这就决定了不同地区的居民对地方性公共产品在质和量方面的需求都是不同的。仅从地方性公共产品的提供数量来看,当由中央政府承担地方性公共产品的提供职责时,其往往会在"公平对待"的政治压力下对不同地区提供水平相同的公共产品,并在经过"通盘考虑"后选择一个尽可能照顾到各个不同地区利益的公共产品的数量。[②] 尽管如此,还是存在中央政府提供的地方性公共产品的数量对某一个地区来说正好合适,而对另外一些地区则并不适宜的情形;在那些提供数量不合适的地区中,还存在中央政府提供的地方性公共产品的数量对部分地区供给过多,而对其他地区来说却供给不足的情况。如果再考虑到不同地区居民对地方

---

① 在计划经济条件下,中国的中央政府不仅承担着全国性公共产品的提供职责,而且承担着地方性公共产品的提供职责,甚至还承担着相当一部分私人产品的提供职责。
② 在本书中,如不进行特别说明,一般都假定政府决策是有效率的,即各级政府都会根据本辖区内居民的集体偏好而有效地配置资源。

性公共产品的需求在质上的差异，那么由中央政府提供地方性公共产品与各地区居民偏好之间的差异就会更大。

由中央政府统一提供地方性公共产品在效率上所产生的损失，可以用图 2-6 来说明。① 为了使分析更为简便和直观，假定一个国家仅由甲和乙两个地区组成，两个地区的社会成员对地方性公共产品的需求和偏好各不相同；在两个地区内部，社会成员对地方性公共产品的需求是相同的，而且地方性公共产品的人均提供成本是既定的。甲地区和乙地区对地方性公共产品的需求曲线，在图 2-6 中分别由 D_a 和 D_b 来表示。当提供地方性公共产品的税收价格为 P 时，甲地区居民所期望的地方性公共产品的数量为 Q_a，而乙地区居民所期望的地方性公共产品的数量为 Q_b。在由中央政府提供地方性公共产品的情形下，无论两个地区的居民对地方性公共产品的消费偏好有多么大的差异，中央政府都只会对甲地区和乙地区提供相同数量的地方性公共产品，假定为 Q_c。对甲地区居民来说，Q_c 数量的地方性公共产品是一种过度提供，这使得甲地区居民消费地方性公共产品的边际成本大于其边际收益，从而产生了面积为 ABC 的福利损失；但对乙地区居民来说，Q_c 数量的地方性公共产品又提供不足，在这一水平上乙地区居民仍愿意为地方性公共产品的消费支付更高的边际价格，进而产生面积为 CDE 的福利损失。

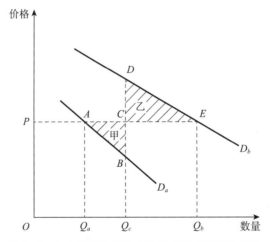

图 2-6　中央政府提供地方性公共产品的效率损失

中央政府提供地方性公共产品效率损失的大小，与各地区居民对地方性公共产品消费偏好的差异以及价格弹性直接相关。各地区居民消费偏好的差异(在图 2-6 中表现为 Q_a 和 Q_b 之间的距离)越大，在其他因素既定的情况下，由中央政府统一提供地方性公共产品所产生的效率损失(在图 2-6 中表现为三角形 ABC 和三角形 CDE 的面积)就越大。各地区居民对地方性公共产品需求的价格弹性越小(在图 2-6 中表现为甲和乙两个地区的

---

① Brown C V, Jackson P M. Public Sector Economics. Fourth Edition. NJ: Wiley-Blackwell, 1990: 263.

居民对地方性公共产品的需求曲线越陡峭),在其他因素既定的情况下,由中央政府集中提供地方性公共产品的效率损失就越大。

在不同地区统一提供地方性公共产品,只能满足全体居民的同质性偏好,而当不同地区居民对地方性公共产品的消费偏好不同质时,任何形式的统一提供都只能是对不同需求水平的妥协,必然造成福利损失。如果由直接对本地区居民负责的地方政府来提供地方性公共产品,或者说在差别性提供地方性公共产品模式下,各地方政府就可以分别根据本地区居民的实际需要来提供质和量都符合本地区居民消费偏好的地方性公共产品,从而实现以较低的成本较好地满足不同地区社会成员的消费偏好。这样,由中央政府统一提供地方性公共产品所产生的资源配置效率损失就得以避免。

虽然中央政府不是地方性公共产品的有效提供主体,但并不意味着中央政府完全不参与地方性公共产品的提供。基于外部性、规模经济等方面的考量,中央政府仍会在某些方面以一定形式对部分地方性公共产品的提供进行适当的干预或介入。

2. 地方性公共产品提供方式的选择

地方性公共产品的提供方式主要有公共提供和混合提供两种,一般不会大规模地采用纯粹的市场提供方式。

在公共提供方式下,地方性公共产品的提供成本全部由地方政府承担,相关社会成员可以免费从中获得利益。采用公共提供方式的主要是地方性纯公共产品以及公共性较强的地方性混合产品,具体包括公共秩序和公共安全等地方社会管理,基础教育、消防和气象服务等地方社会服务以及市区道路与照明等基础设施。这类地方性公共产品的受益对象是本辖区内的所有社会成员,而不是部分群体,将那些不付费的特定人群排除在受益范围之外的成本非常高,如果地方政府对这类产品进行收费,无疑将使得产品的利用效率十分低下。

混合提供是地方性公共产品另一种常见的提供方式。在这一方式下,地方政府只承担地方性公共产品的部分提供成本,另一部分提供成本将通过向受益人收费的方式弥补,收费的标准需要根据具体情况来确定,但一般都不以营利为目的。通过混合方式提供的地方性公共产品,主要包括提高教育和医疗卫生等地方社会服务、供水和高速公路等基础设施以及相当大部分的文化与广播媒介。这类地方性公共产品的受益对象比较容易确定,而且排他成本不高,这是其采用混合提供方式的重要原因。

专栏2-2　PPP模式及其在中国地方性公共产品提供中的运用

广义的PPP(Public-Private-Partnership)泛指公共部门与私人部门为提供公共产品和服务而建立的各种合作关系,而狭义的PPP则指的是公共产品尤其是基础设施的一种项目融资模式,其核心逻辑是政府为缓解融资和运营等方面的压力,通过授予私人企业长期的特许经营权和收益权来换取基础设施加快建设及有效运营,这是由政府和私人资本建立的一种利益共享、风险共担及长期合作的关系。

狭义上的PPP有三大类形式。管理外包类具体包括委托运营(Operations and Maintenance, O&M)和管理合同(Management Contract, MC)等;特许经营类具体包括建设-运营-移交(Build-Operate-Transfer, BOT)、建设-租赁-移交(Build-Lease-Transfer, BLT)、转让-运营-移交(Transfer-Operate-Transfer, TOT)、改建-运营-移交(Renovate-Operate-Transfer, ROT)和建设-拥有-运营-移交(Build-Own-Operate-Transfer, BOOT)等;私有化类具体包括建设-拥有-运营(Build-Own-Operate, BOO)和转移-拥有-运营(Transfer-Own-Operate, TOO)等。在PPP不同的形式下,私人资本在公共产品和服务提供中的参与程度和承担的风险各不相同(参见图2-7)。

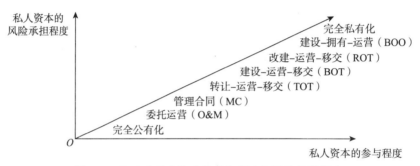

图2-7 PPP中私人资本的参与程度与风险承担程度

在PPP的诸多方式中,实施最为普遍的是BOT,它以政府与私人企业就拟建的基础设施项目达成协议为前提,由政府向私人企业授予特许权,允许其组建项目经营企业在约定的期限内建设和经营某一基础设施,政府对该基础设施的价格一般都会有所限制,但也会保证私人部门有获取利润的空间。当特许期结束时,私人企业要按约定将项目产权移交给政府,并转由政府指定的部门或机构来经营和管理。

1984年,中国第一个BOT项目——由香港合和集团和深圳经济特区电力开发公司合作的深圳市沙角B电厂开始运作。尽管很早就开始探索,但在相当长一段时间里,BOT模式并未在中国得到很好的推广。2003年,中国明确允许社会资本进入基础设施和公用事业领域,这是中国启动真正意义上的PPP的重要标志。2013年,中国提出允许社会资本通过特许经营等方式参与城市基础设施投资和运营;与此同时,财政部、国家发展改革委开始大力推广PPP模式,在全国各地掀起了一轮PPP热潮,但随之而来的是地方政府隐性债务规模的膨胀。2017年,伴随着政府监管力度的加大,PPP热潮逐步冷却,中国的PPP进入规范发展阶段。

资料来源:作者整理自世界银行网站及相关公开资料。

2.2.2 地方性公共产品的最优辖区规模

地方性公共产品的辖区规模,一般用辖区人口数量来衡量。地方性公共产品的最优辖区规模问题,通常被认为是俱乐部产品(Club Goods)理论[①]的具体运用。

1. 俱乐部产品

俱乐部产品指的是具有一定程度的非竞争性并且可以排他的物品,而所谓的"俱乐部"则是指共同享用某些可以排他的混合产品、共同负担混合产品提供成本的人员志愿组成的团体或组织;只有加入俱乐部的成员,才能从俱乐部产品中获益。之所以要成立俱乐部来提供俱乐部产品,主要是因为这样可以获得规模经济效应,比由个人提供相应的产品更具成本优势。

要成立一个俱乐部,必须满足以下基本条件:第一,俱乐部成员的偏好相同。俱乐部成员的偏好相同,意味着他们从俱乐部产品中获得的利益是相同的,因此每个成员都要承担相同份额的成本费用。第二,俱乐部成员可以实现排他。不缴纳费用的人将被排斥在俱乐部产品的消费之外,这一假定实际上还隐含有俱乐部产品排他成本较低的含义。第三,俱乐部成员可以自由退出。俱乐部是由各成员志愿组织起来的,他们的加入或退出完全由个人自主决定。第四,俱乐部成员能准确表达自己的偏好。

一个俱乐部接收新成员时,一方面,俱乐部原有成员承担的成本就由更多的成员来分担;另一方面,新的俱乐部成员的加入也会使得俱乐部更加拥挤。这样,一个俱乐部产品最优的规模,由新成员分担俱乐部运营成本带来的边际节约和新增加俱乐部成员带来的外部不经济所产生的边际成本相等的平衡点所决定。

地方性公共产品的受益局限于一个特定的地理区域,在辖区外一般无法获得相应的利益,这与俱乐部产品极为类似。正是从这种意义上考虑,地方政府可以被视作按空间划分的"俱乐部"。[②] 根据俱乐部产品理论,地方性公共产品最优辖区规模对应着随辖区居民人数增减而产生边际收益和边际成本相等的平衡状态。

2. 地方性公共产品最优辖区规模的影响因素

地方性公共产品的性质、地方性公共产品在提供过程中的规模经济程度、地方性公共产品在提供过程中的拥挤程度以及使用者对地方性公共产品的偏好等因素,都会影响其

---

① 俱乐部产品理论是诺贝尔经济学奖获得者詹姆斯·M.布坎南于1965年提出的,参见 Buchanan J M. An Economic Theory of Clubs. Economica, 1965(32): 1-14.

② 地方性公共产品与俱乐部产品之间有着很大的相似性,但也存在一些差异。俱乐部产品的特点在于对该产品的提供进行支付的成员可以排除那些未付费的人,但排他性使得偏好显示问题对俱乐部产品不再重要,因此对俱乐部产品的讨论更多地集中于同质性消费群体的效率问题;而地方性公共产品则在分析异质性消费群体与偏好显示时更常用,参见希瑞克斯,迈尔斯.中级公共经济学.张晏,等,译.上海:格致出版社,2011:106.

最优辖区规模。[1]

（1）地方性公共产品提供过程中的规模经济效应

不同地方性公共产品的规模经济效应（Economies of Scale）是不同的。虽然对公共安全和消防等劳动密集型地方性公共产品（Labor Intensive Service）来说，随着运营规模的扩大，其单位成本并不会发生很大变化，但自来水供应、污水处理、电力和天然气配送等资本密集型地方性公共产品（Capital Intensive Service），却具有显著的规模经济效应，其人均提供成本会随着生产规模的扩大而不断下降。[2]

辖区规模的扩大，会使分担既定数量的地方性公共产品成本的纳税人增加，这将减轻每个居民的税收负担。如果地方性公共产品的规模经济效应较强的话，那么辖区规模的扩大所带来的人均成本的下降就会更加明显一些。也就是说，在其他条件给定的情况下，地方性公共产品提供中的规模经济程度越高，辖区的有效规模就越大。当然，规模经济效应导致地方性公共产品人均提供成本的下降只存在于一定范围之内，而且由辖区规模扩大所引致的人均提供成本的降低也是边际递减的。

（2）地方性公共产品提供过程中的拥挤效应

除增加分担地方性公共产品提供成本的社会成员之外，辖区规模的扩大还会导致拥挤问题。随着辖区居民人数的不断增加，既定数量的地方性公共产品给每个居民带来的利益就会减少。地方性公共产品提供过程中的拥挤效应越大，辖区规模的扩大使每个居民从地方性公共产品中获益降低的程度也越大。在其他条件给定的情况下，地方性公共产品提供中拥挤效应的存在，会使辖区的有效规模变小。拥挤属性决定了大多数地方性公共产品的最优辖区规模都是有限的。

（3）社会成员对地方性公共产品偏好的多样性

当一个辖区内的居民人数越来越多时，居民对地方性公共产品偏好的差异必然会越来越大，居民消费偏好的多样性（Heterogeneous Preferences）也表现得越来越明显。在这种情况下，随着辖区内居民人数的增加，每个居民对地方性公共产品决策的影响力会越来越小，公共选择的最终结果与每个居民消费偏好之间的距离会越来越大；而当一个辖区居民人数相对较少时，公共选择的结果会更接近于每个居民的偏好。可见，使用者偏好的多样性会缩小辖区的有效规模，而使用者偏好的同一性则会扩大辖区的有效规模。

与使用者对地方性公共产品偏好多样性密切相关的是，具有相似消费偏好的居民是否聚居在一起。具有相似消费偏好的居民集中居住在一起，将会降低辖区内居民消费偏

---

[1] 罗森,盖亚.财政学:第十版.郭庆旺,等,译.北京:中国人民大学出版社,2015:415.
[2] Mikesell J L. Fiscal Administration: Analysis and Applications for the Public Sector. Tenth Edition. Boston: Cengage, 2017: 646-647.

好的多样性,从而缩减地方性公共产品的有效规模。从某种意义上说,民族自治地区就是为了使具有相同消费偏好的人更多地集中居住在一起而设立的。①

3. 地方性公共产品最优辖区规模的决定

为了问题分析的简便,需要假定辖区内所有居民都准确表达自己对地方性公共产品的偏好,所有居民的所得和偏好是相同的,地方性公共产品既不存在外部性,也不具有规模经济效应等。地方性公共产品提供过程中最优辖区规模的决定,可以分三个步骤来说明。②

步骤Ⅰ:地方性公共产品数量既定条件下地方性公共产品最优辖区规模的决定

每个居民都按其从地方性公共产品中所获得的边际收益来分担成本。在居民所得和偏好都相同的假定下,每个居民从地方性公共产品中获得的边际收益是一样的,因此承担的地方性公共产品的提供成本也是相同的。如果提供 Q_1 数量的地方性公共产品的总成本为 Z,辖区居民人数为 N,那么该辖区每个居民承担的成本为 Z/N。

在图2-8中,横坐标表示辖区的居民人数,纵坐标表示每个居民所负担的地方性公共产品的提供成本。AA 是提供 Q_1 数量的地方性公共产品的人均成本曲线,它呈现出从左上方向右下方倾斜的态势,因为既定数量地方性公共产品的人均提供成本会随着辖区居民人数的增加而减少。A_mA_m 曲线由 AA 曲线派生而来,它表示的是随着辖区居民人数的增加,每个居民负担既定数量地方性公共产品提供成本的边际节约。人均成本的边际节约实际上就是一种边际收益,所以 A_mA_m 可以被视为随居民人数增加而产生的边际收益曲线。既定数量的地方性公共产品提供出来之后,辖区居民人数的不断增加也会产生拥挤成本(Cost of Crowding)。在图2-8中,OB 曲线表示在地方性公共产品的性质和技术水平等因素既定的情况下因辖区居民人数增加而产生的人均拥挤成本,而 OB_m 曲线表示在辖区居民人数不断增加的情况下产生的人均边际拥挤成本。A_mA_m 曲线与 OB_m 曲线的交点,决定了与 Q_1 数量的地方性公共产品相适应的最优辖区规模为 N_1。如果地方性公共产品的提供数量由 Q_1 增加到 Q_2,那么与之相对应的人均成本曲线 AA 和人均成本边际节约曲线 A_mA_m 也将分别向右移动到 $A'A'$ 和 $A'_mA'_m$。$A'_mA'_m$ 曲线与人均边际拥挤成本曲线 OB_m 的交点,决定了与 Q_2 数量的地方性公共产品相适应的最优辖区规模为 N_2。如果继续改变地方性公共产品的提供数量,可以得到与之相适应的最优辖区规模。

将既定数量的地方性公共产品与在图2-8中获得的与之相适应的最优辖区规模组成的一系列坐标点 (Q_1, N_1)、(Q_2, N_2)……在图2-9中连接起来,就可以得到曲线 N_{opt}。N_{opt} 曲线上的任意点,表示的是与任何既定数量的地方性公共产品相适应的最优辖区规模。

---

① 当然,除经济因素之外,民族自治地区的设立也有政治等方面的考虑。
② Musgrave R A, Musgrave P B. Public Finance in Theory and Practice. Fifth Edition. NY: McGraw-Hill, 1989: 502-508.

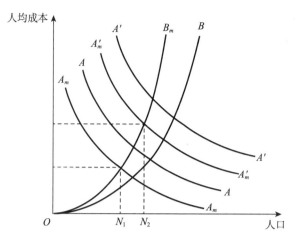

图 2-8　地方性公共产品数量既定条件下最优辖区规模的决定(1)

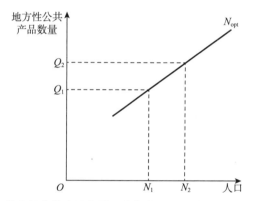

图 2-9　地方性公共产品数量既定条件下最优辖区规模的决定(2)

步骤Ⅱ：地方性公共产品辖区规模既定条件下最优地方性公共产品数量的决定

在图 2-10 中，横坐标表示地方性公共产品的数量，纵坐标表示每个居民负担的地方性公共产品的提供成本。DD 是辖区内某个居民对地方性公共产品的需求曲线，由于公共产品具有共同消费的特征，再加上又假定辖区内所有居民的收入和偏好相同，因此 DD 可以被视为该辖区内全部居民对地方性公共产品的需求曲线。S_3 曲线表示的是辖区居民人数为 N_3 时的地方性公共产品的供给曲线，它反映了该辖区提供地方性公共产品的成本状况。① DD 曲线和 S_3 曲线的交点，决定了与 N_3 数量的居民人数相适应的地方性公共产品的最优数量为 Q_3。当辖区居民人数由 N_3 增加到 N_4 时，该辖区地方性公共产品的供给曲线也随之由 S_3 移动到 S_4。DD 曲线与 S_4 曲线的交点，决定了与 N_4 数量的居民人数相适应的地方性公共产品的最优数量为 Q_4。如果不断改变辖区居民人数，可以得到与之相适应的最优地方性公共产品数量。

---

①　辖区居民人数既定时提供不同数量地方性公共产品的供给曲线的斜率，取决于地方性公共产品的经济性质及其生产函数。

第 2 章 公共产品的层次性与政府间财政关系 47

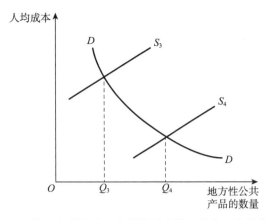

图 2-10 既定辖区规模条件下的最优地方性公共产品数量的决定(1)

将辖区居民人数在图 2-10 中获得的与之相对应的最优地方性公共产品数量组成的一系列坐标点 (Q_3,N_3)、(Q_4,N_4)……在图 2-11 中连接起来,可以得到曲线 Q_{opt}。Q_{opt} 曲线上的任意一点,表示的是与任何既定辖区人口规模相适应的最优地方性公共产品的数量。

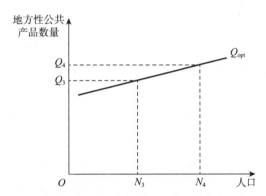

图 2-11 既定辖区规模条件下最优地方性公共产品数量的决定(2)

从步骤Ⅰ和步骤Ⅱ的分析中可知,一方面,最优辖区居民人数是由地方性公共产品的产量决定的,如果不知道提供了多少数量的地方性公共产品,就不能确定与之相适应的辖区最优的居民人数;另一方面,地方性公共产品的最优产量又是由现有辖区居民人数决定的,如果不首先确定辖区居民的人数,也就无法决定提供多少数量的地方性公共产品才是最优的。辖区最优人口数量与地方性公共产品的最优提供水平之间存在的相互决定的关系,要求两个问题同时解决。

步骤Ⅲ:最优地方性公共产品的数量与地方性公共产品最优辖区规模的同时决定

N_{opt} 曲线和 Q_{opt} 曲线可以在同一个坐标图中组合起来。在图 2-12 中,虽然位于 N_{opt} 曲线上的任何一点,如 B 点,都意味着与既定数量的地方性公共产品相适应的最优辖区规模,但此时地方性公共产品的数量未必是最优的;而位于 Q_{opt} 曲线上的任何一点,如 C 点,虽然都是与既定辖区规模相适应的最优地方性公共产品数量,但此时辖区规模也不一定是最优的。只有 N_{opt} 曲线与 Q_{opt} 曲线的交点 A,才是最优地方性公共产品数量与最优辖区规模同时实现的整体均衡点。

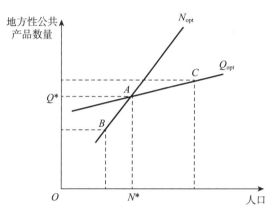

图 2-12　最优地方性公共产品数量与最优辖区规模的同时决定

尽管上述分析十分巧妙地解决了地方性公共产品的最优辖区规模问题,但分析中也存在一些不足之处:

第一,前提假设条件过多、过严,与现实生活存在较大的差距。事实上,辖区内居民对地方性公共产品的偏好总会存在或大或小的差异;一些地方性公共产品具有显著的外部效应,而且部分地方性公共产品规模经济的属性也比较显著。这些都会改变地方性公共产品提供过程中的成本与收益间的对比关系,从而影响地方性公共产品的最优数量和与之相适应的最优辖区规模。

第二,上述分析隐含有明显的辖区规模依存于财政的思想,而这与现实并不相符。在现实生活中,人口在不同辖区之间的分布,通常是由政治、经济、社会和历史等多方面因素共同决定的。一个辖区内到底会居住多少人,多大规模的人口才是最优的,财政因素在其中的影响往往并不是关键性的。

第三,上述分析没有考虑地方性公共产品的异质性。在任何一个国家,地方性公共产品都有多个种类,每一种地方性公共产品都具有不尽相同的特性,所以与不同种类的地方性公共产品相适应的最优辖区规模也存在差异,而在现实中不可能为此而设立相应的政府单位,即不同地方性公共产品不可能都由不同规模的地方辖区来提供。

专栏 2-3　　　　　　　　　中国农村中小学布局的调整

在"撤县设区"之前,重庆市潼南县是一个农业大县,农业人口占总人数的 85% 以上,与之相适应的是农村中小学的数量也比较多,有 15 所乡镇初中和 110 所村办小学。潼南部分农村中小学的办学规模比较小,学生人数在300以下的乡镇初中有3所,最少的只有180人;学生人数在30以下的村办小学有38所,最少的只有5人。这种"小而散、小而全"的办学模式曾经在中国许多地区都是一种普遍的客观存在,既浪费人力、物力,又难以保证教育质量。

2001年,国务院下发《关于基础教育改革与发展的决定》,提出要"按照小学就近入学、初中相对集中、优化教育资源配置的原则"因地制宜地规划和调整义务教育阶段学校的布局。农村小学布局调整就是要在坚持学生就近入学的前提下,逐步调整撤并一些村办小学和教学点,适当扩大办学规模,打破村村办小学的"小而全"模式。农村小学一年级适龄儿童不足20人的一般不再设立建制小学。平原地区小学(不含寄宿制学校)服务半径一般不超过2千米,校址选择要适中。每个乡镇可设若干所中心小学;距离中心小学较远的村,可以行政村为单位设立完全小学;在交通不便或距离较远的村保留必要的教学点,方便学生就近入学。教育部统计数据显示,从2000年到2010年的十年间,中国农村小学减少了一半,从44万所锐减到21万所。

对农村中小学布局进行调整的目的,就是要通过扩大办学规模来降低人均办学成本、提高教育质量。然而,在具体的实施过程中,一些地方为了便于管理,采取"一刀切"政策,脱离当地实际撤销了一些交通不便地区的村办小学和教学点,"就近入学"成了许多农村孩子破灭的梦想,造成新的"上学难",辍学率反弹;有些地方办学点过于集中,造成一些学校"大班额"现象严重,教学质量和师生安全难以保证。2015年,国务院发布的《关于进一步完善城乡义务教育经费保障机制的通知》再次强调,慎重稳妥撤并乡村学校,建设并办好寄宿制学校,努力消除城镇学校大班额,保障当地适龄儿童就近入学。根据这一指示精神,不少地区又陆续恢复已撤并的部分村办小学和教学点。

资料来源:作者整理自公开资料。

2.3 政府间财政关系与多级财政体制

与公共产品的层次性相适应的是多级政府和多级财政的存在。在多级政府和多级财政体制下,必然会产生如何处理和协调各级政府之间财政关系的问题[①],它具体包括政府间财政支出责任的划分、政府间收入来源的划分、政府间财政转移支付和地方政府债务的

---

① 政府间财政关系是政府间关系(Intergovernmental Relations)的重要组成部分。尽管从多级政府体系产生之日起,"政府间关系"就是一个客观存在,但政府间关系这一术语直到20世纪30年代经济大萧条政府全面干预社会经济时才出现(参见 Wright D S. Understanding Intergovernmental Relations. Second Edition. CA:Brooks-Cole Publishing Company,1982:13),从那之后政府间关系成为公共政策研究的重要内容。

规制等多个不同的维度。① 虽然从现象上看,政府间财政关系主要表现为财权和财力在各级政府间的划分,但其背后的实质却是各级政府间的财政利益分配。

2.3.1 处理政府间财政关系的基本模式

世界各国处理政府间财政关系的模式,主要有财政集权(Fiscal Centralization)和财政分权(Fiscal Decentralization)两种。一个国家应采用哪种模式来处理本国的政府间财政关系,不同的学者有不同的主张,不同的国家也有不同的实践。

1. 财政集权与财政分权

财政集权指的是财权和财力在政府体系中往较高层次的政府集中。采用财政集权模式处理本国的政府间财政关系,有利于全国性公共产品的有效提供,能够较好地解决地区间的公平和外部性问题,有助于保持宏观经济的平稳运行和在地方性公共产品提供过程中获得规模经济效应,也可以避免地方政府竞争带来的负面影响。但财政集权也存在着可能造成决策失误和效率低下、导致体制和政策僵化、致使政府官员忽视与人民的联系以及难以满足各地居民不同的需要等自身难以克服的弊端。

财政分权通常是指上级政府将相应的财权和财力向下级政府转移②,具体表现为赋予下级政府一定的财政支出责任和税权,允许其自主决定财政支出和地方税的规模与结构,以及自行举借债务。财政分权模式在处理政府间财政关系方面具有有助于实现地方性公共产品的有效提供、有利于制度创新与制度扩散、为居民提供更多的选择等方面的优势,但过多的财政分权也会带来政治、经济和社会等多方面的风险。

专栏2-4　　　　　　　　　　财政分权理论的发展

分权观念的形成实际上是对社会分工与协作这一客观现实的反应。早在两千多年前社会分工有一定发展的古希腊和古罗马,就已经出现分权思想的萌芽。17世纪,现代分权理论作为英国资产阶级革命成果的产物正式登上历史舞台。分权在实践中不仅体现在

---

① Boex J, Martinez-Vazquez J, Timofeev A. Subnational Government Structure and Intergovernmental Fiscal Relations. Andrew Young School of Policy Studies, Georgia State University, International Studies Program Working Paper 04-01, 2004.

② 珍妮·利特瓦克、朱耐德·艾哈迈德和理查德·伯德等经济学家在"Rethinking Decentralization at the World Bank"(世界银行对分权的再思考)一文中将分权的形式区分为权力授予、权力委托和权力下放等三种。权力授予(Deconcentration)指的是相应的权责在政府科层制组织内部的重新分配,一部分权力和责任被分配给下级政府或部门行使,但中央政府仍保有最终的控制权。权力授予是分权程度最低的一种形式,它常常在单一制国家中运用。权力委托(Delegation)是将特定职能的决策和管理权责交给地方政府或准政府部门,但它们最终仍要向中央政府负责。在这一分权形式下,中央政府与地方政府之间是一种典型的委托—代理关系。权力下放(Devolution)是将与地方性事务相关的权责完全转移给地方政府,中央政府不再实行直接控制,也不再介入地方性事务。尽管在权力移交形式下,中央政府需要确保地方政府在全国性的方针政策框架内运行,但地方政府的自主性已经得到了很大的提升(参见世界银行官方网站)。一些国家的财政分权,往往是几种分权形式同时使用。

政治领域,而且体现在经济等领域。在现代财政学中,针对财政领域内的分权问题所做的研究基本上都集中在对"财政联邦主义"(Fiscal Federalism)①的论述上,先后形成了第一代和第二代财政分权理论。

"第一代财政分权理论"始于20世纪50年代,它建立在"追求辖区居民社会福利最大化的政府会自动按照公众利益实现资源的优化配置"的假设基础之上。在解决了财政分权的合理性或者说地方政府存在的经济依据问题之后,第一代财政分权理论以新古典经济学为理论分析框架,重点研究了在政治、地理和人口条件、地区间居民偏好的差异性、规模经济和外部性、辖区间竞争和垂直分工等因素的影响下,财政职能如何在不同级次的政府间进行配置以及相应的财政工具如何分配的问题,以最终实现资源的有效配置、收入的公平分配以及宏观经济的平稳运行。由于查尔斯·提布特(Charles Tiebout)、华莱士·奥茨(Wallace Oates)和理查德·马斯格雷夫(Richard Musgrave)等经济学家对第一代财政分权理论的形成做出了突出贡献,因此第一代财政分权理论常被称为"TOM模型"。

20世纪80年代以来,激励相容与机制设计学说这一微观经济学发展的成果,被加布里埃拉·蒙蒂诺拉(Gabriella Montinola)、钱颖一、巴里·温加斯特(Barry Weingast)、罗纳德·麦金农(Ronald McKinnon)和托马斯·内希巴(Thomas Nechyba)等学者运用到财政分权学说中来,形成了所谓的"第二代财政分权理论"(Second-Generation Theory of Fiscal Federalism)或"市场维护型的财政联邦主义"(Market-preserving Federalism)。第二代财政分权理论放弃了"仁慈政府"的假设,立足于"经济人"这一基点,在承认政府和政府官员具有自身利益追求的同时,从政府治理的角度出发,认为财政分权使地方政府具有了市场经济的激励和约束机制,可以促使地方官员的行为动机与当地居民的福利保持一致,从而有利于地方性公共产品的提供。第二代财政分权理论所关注的问题,主要有政府尤其是地方政府自身的激励机制以及政府与经济当事人之间类似于委托—代理关系的经济关系等。尽管与传统财政分权理论"市场供求式"的分析框架有所不同,但第二代财政分权理论在主题思想上与传统财政分权理论仍然是基本一致的。此外,第二代财政分权理论还较多地涉及财政分权与经济增长之间的相互关系。

资料来源:作者整理自平新乔.当代财政学前沿的若干问题.经济学动态,2000(4):50—58和Oates W E. Toward A Second-Generation Theory of Fiscal Federalism. International Tax and Public Finance, 2005(12):349-373等资料。

---

① 国内学术界对如何翻译"Fiscal Federalism"这一英文术语存在不同的认识。有的学者将其译为"财政联邦制",有的将其译为"财政联邦主义"。单从字面上看,"财政联邦制"和"财政联邦主义"之间的差异不小,但这两种译法其实并不矛盾。若将"Fiscal Federalism"理解为一种理论或思想,较好的译法是"财政联邦主义",它指的是从经济学的角度去寻找为有效行使财政职能所需的财政支出和收入在中央与地方各级政府之间最优分工的理论和学说,或者说就是多级政府的经济学;而将其作为一种制度时,则宜译为"财政联邦制",即从指导思想到具体的制度安排都贯穿着财政联邦主义基本观点的财政体制。

2. 财政集权与财政分权的测度

一个国家财政集权与分权的水平,可以通过分析在多级政府体系下哪一级政府负责多大规模的支出以及什么项目的支出、哪一级政府决定收入的分配、政府间财政转移支付是如何运作的以及地方政府在举债上具有多大的自主权等问题,从质和量两个层面加以衡量。

从"质"上看,对财政集权与分权程度的判断主要是看中央政府与地方政府之间的经济利益关系和地方政府的行为方式。如果中央政府与地方政府之间的利益关系表现为地方政府没有相对独立的利益或者地方利益得不到有效保障,片面强调局部利益服从整体利益,而且地方政府的行为是一种非自主的受命行事方式的话,那么这个国家的财政集权程度就要高一些;而与财政分权相关联的是地方政府具有相对独立的且有法律保障的利益,其行为也主要表现出一种自主性,如地方政府可以根据本地区的实际情况来决定是否发行地方债、何时发行以及发行的规模等问题。

从"量"上看,一般用地方政府财政收支的相对规模来判断财政集权与分权的程度。从财政收入的角度,一方面要考虑地方财政收入在全部财政收入中所占的比重,另一方面还要看地方自有收入占地方财政总收入的比重。如果这两个比重都比较大,那么在其他条件既定的情况下,财政分权的程度(Decentralization Ratio)就比较高;如果两个比重均比较小,则财政集权的程度(Centralization Ratio)就比较高。从财政支出的角度,一方面要考虑地方财政支出在全部财政支出中所占的比重,另一方面也要看中央政府对地方政府财政支出的控制程度。在其他条件既定的情况下,地方财政支出在全部财政支出中所占的比重越大,财政分权的程度越高;反之,财政集权的程度越高。① 在一些国家,虽然地方财政支出在全部财政支出中所占的比重比较大,但如果中央政府对地方财政支出的控制程度也比较高或者地方自行决策的支出(Locally Decided Expenditure)所占的比重较小、地方通过转移支付支撑的支出(Locally Spent National Grant)的份额较高,则并不能说明这些国家财政分权的程度也较高。在其他条件既定的情况下,中央政府对地方财政支出的控制程度越高,财政集权的程度就越高;反之,财政分权的程度就越高。

当然,单纯地用地方财政收支或中央财政收支占全部财政收支的比重来度量财政集权与分权是存在一定缺陷的。以地方政府税收收入在税收总收入中所占的比重来衡量,

---

① 学术界对财政分权程度的测度指标有不同的看法,概括起来主要有三大类:第一类是用地方政府的财政收支份额来度量财政分权程度。如张涛和邹恒甫分别以人均省级财政支出与中央财政支出的比例、人均省级预算内支出与中央预算内支出的比例,以及人均省级预算外支出与中央预算外支出来衡量财政分权水平;胡书东以省级人均财政支出占全国人均财政支出的比值来衡量财政分权;乔宝云以人均省级财政支出与人均总财政支出的比值来衡量财政分权水平。第二类是用自主收入的边际增量来度量财政分权程度。如林毅夫和刘志强就使用了这一指标。第三类是财政收入的分成率。如金和辉、钱颖一和温加斯特以地方分成比例作为中国财政分权的衡量标准,马骏以平均分成率来衡量财政分权水平。

可能会低估分权的程度,因为中央政府可能会代替地方政府征税或将征收上来的税收转交给地方政府,这样就忽略了地方政府从中央政府所征税收中获得的份额。以地方政府财政支出占全部财政支出的份额来衡量,同样可能会错估分权的程度,因为无论一个国家的分权程度如何,收入再分配主要都是中央政府的支出责任,对国防支出来说更是如此。①

3. 财政集权与财政分权之间的选择

集权有集权的道理,分权有分权的理由。然而,财政集权和财政分权都只不过是一个国家处理本国政府间财政关系的手段,并不是最终的目的。世界上并没有绝对的财政集权,也没有绝对的财政分权。绝对的财政集权或财政分权,都不可能很好地处理政府间的财政关系,也无法达成社会福利最大化的目标,这可以用图2-13来加以说明。②

假定甲和乙两个国家分别实行的是中央集权体制和地方分权体制。在正常的社会经济状况下,甲国的社会福利函数为 $V_1, V_2, V_3, \cdots$,乙国的社会福利函数为 $U_1, U_2, U_3, \cdots$,分别对应着甲国和乙国实行集权和分权不同程度组合时的社会福利水平。从图2-13中可以看到,中央集权与地方分权的各种组合形成了社会福利最大化的边界——TT,它与甲国和乙国的社会福利曲线 V_1 和 U_1 分别相切于 a 点和 b 点,实现了各自最大化的社会福利水平,V_3 和 U_3 对应着甲国和乙国分别实行绝对集权和绝对分权时的社会福利水平。V_1 和 U_1 分别位于 V_3 和 U_3 的右上方和左上方,说明对甲国来说绝对的中央集权、对乙国来说绝对的地方分权都不能带来社会福利的最大化。只有在财政集权和分权都得以兼顾的情况下,才能实现社会福利的最大化。在实践中,各个不同的国家在处理本国的政府间财政关系时大多采用的也是财政集权与分权的某种组合,国与国之间的差别只是财政集权和分权的程度和组合方式不同而已,或偏重于财政集权,或偏重于财政分权。

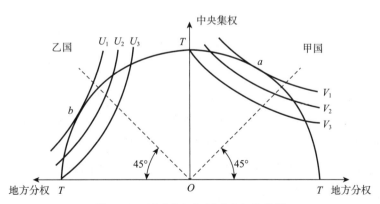

图 2-13　财政集权与财政分权的比较

---

① 神野直彦.财政学:财政现象的实体化分析.彭曦,等,译.南京:南京大学出版社,2012:274—275;希瑞克斯,迈尔斯.中级公共经济学.张晏,等,译.上海:格致出版社,2011:408.
② 薛天栋.现代西方财政学.上海:上海人民出版社,1983:199.

在现实中,很多因素都会影响一个国家在财政集权与分权之间的选择,其中国家结构形式对一个国家在处理本国的政府间财政关系时是选择侧重于财政集权还是侧重于财政分权的影响最为突出。由于单一制国家和联邦制国家在中央政府与地方政府间的权力配置方面具有不同的特点,因此在处理政府间财政关系时,单一制国家倾向于选择集权模式,而联邦制国家则偏重于选择分权模式。①

由于许多国家的地方政府也由多级政府组成,因此不仅中央政府与地方政府之间存在财政的集权与分权问题,而且在各级地方政府之间也存在财政的集权与分权问题。这就决定了一个国家在处理政府间财政关系时,还面临财政集权与分权的结构问题。就可能性而言,政府间财政集权与分权的结构有四种表现形式:第一种是在中央政府与中间层级政府之间、在中间层级政府与基层地方政府之间都侧重于财政分权;第二种是在中央政府与中间层级政府之间侧重于财政集权,而在中间层级政府与基层地方政府之间则侧重于财政分权;第三种是在中央政府与中间层级政府之间、在中间层级政府与基层地方政府之间都侧重于财政集权;第四种是在中央政府与中间层级政府之间侧重于财政分权,而在中间层级政府与基层地方政府之间则侧重于财政集权。

2.3.2 处理政府间财政关系的基本原则

一个国家在处理本国的政府间财政关系时,应当遵循多样性、成本与收益相对称、确保基本公共服务最低供给、财政地位均等化以及资源配置的区位中性等基本原则。② 只有很好地遵循了这些基本原则,政府间的财政关系才有可能理顺,步入良性循环的轨道。

1. 多样性原则

由于经济发展水平、地理环境和历史文化传统等诸多方面都存在差异,不同地区的居民对地方性公共产品的偏好总是呈现出一些区域性的特征,这体现在不同地区居民所需要的地方性公共产品在种类、质量和数量上均可能有所不同。多样性原则(Principle of Diversity)要求在处理政府间财政关系时,不能强迫不同地区消费偏好存在差异的居民接受模式完全相同的公共产品和服务。有效的财政体制要为不同地区居民对地方性公共产品偏好差异的存在提供必要的空间。财政分权程度越高,在不同地区提供不同种类与水平的地方性公共产品的可能性就越大。

---

① 对这一结论不能做过于绝对的理解。丹麦和瑞典等单一制国家的财政分权程度往往被认为比德国、墨西哥和美国等联邦制国家还要高。即使是在联邦制国家当中,有的国家相对集权,如德国和澳大利亚,也有国家偏向分权,如美国、加拿大、印度和瑞士等。

② Brown C V, Jackson P M. Public Sector Economics. Fourth Edition. NJ:Wiley-Blackwell, 1990: 278-279.

2. 成本与收益相对称原则

不同公共产品和服务的受益范围各不相同,要使多级财政体制真正有效运行,受益范围不同的公共产品和服务的成本就必须由相应受益地区的居民来支付,即公共产品和服务的成本与收益应是大体对称的。一些地方性公共产品和服务在提供过程中出现的辖区间的外部性,往往会破坏公共产品和服务收益与成本间的对称性。一旦出现这种情况,地方政府就会主动或被动采取一定的措施来应对。

专栏2-5　美国州立大学"外地生"学费比"本地生"贵三倍

对美国人来说,在不同州或不同地区之间搬迁是再平常不过的事了。尽管如此,就教育而言,美国的"州内学生"(In State Resident)和"州外学生"(Out of State Resident)还是存在一些差别。当然,这种差别仅限于州立大学(State University),美国私立大学的学费没有地域区分,对中小学也完全没有设定严格的"本地常住居民"资格。

美国亚利桑那州立大学二年级学生加里特的父母,多年前因工作举家从俄亥俄州搬到亚利桑那州。高中毕业后,虽然成绩非常优秀,但加里特并没有选择位于其他州的名校,而是进入亚利桑那州立大学就读。之所以做出这一选择,除了不想离家太远,低廉的学费也是其中一个重要原因。与其他所有州立大学一样,亚利桑那州立大学在学费上对本州居民非常优惠。2006年,加里特作为本州居民需要缴纳的学费为4 500美元,而加里特来自美国其他州同学的学费却接近16 000美元。

由于州立大学学费"内外"有别,因此如何认定学生是不是"本地生"就成为一个重要问题。如果是成年人,州内居民的基本判定条件包括:在该州连续居住达一年以上,同时出具有意在该州长期居住的证明,如车辆注册证明、在该州申请的驾照、工作证明、选民注册证明等;如果是未成年人,他们的居民身份就取决于其父母或监护人的居住地。学生在申请入读州立大学时,为获得本地居民的学费待遇,必须把相关的证明材料寄给州立大学招生办公室,由其来判断该生是否属于本州居民。如果被发现通过虚假材料来骗取低学费,学生"本地生"的资格会被立即取消,甚至还会被开除。

资料来源:作者整理自公开资料。

3. 确保基本公共服务最低供给原则

"公共服务均等化"(Fiscal Equalization)指的是一个国家的所有社会成员,不论其身份、地位、收入以及居住地点等状况如何,都有权享有政府提供的水平大体相同的公共服务。① 公共服务均等化是针对现实生活中公共产品和服务提供过程中经常出现差异的状况而提出的,或者说公共服务均等化源于公共服务提供过程中的差异性,它是政府在实现社会公平中发挥作用的具体体现。公共服务均等化的对象主要是全国性准公共产品以及具有同质性的地方性准公共产品。异质性的地方性公共产品不存在全国范围内的对比关系,因此不属于均等化的范畴;而对于国防和外交等全国性纯公共产品来说,其均等化的实现是非常自然的。

在实践中,公共服务均等化是通过具体的均等化标准加以实现的。公共服务均等化的标准有最低均等标准、基本均等标准和完全均等标准三种。公共服务最低均等标准只是要确保不同地区社会成员享有的公共服务都达到预先确定的一个最低水平。基本公共服务最低供给实际上就是最低标准的公共服务均等化。公共服务基本均等标准要实现的是不同地区基本的公共服务达到平均水平,略高或略低于平均水平均属正常。在公共服务完全均等标准下,不同地区所有的社会成员享有水平完全相同的公共服务。公共服务完全均等标准只是一种理想状态,在现实中很难真正实现。由于对绝大部分贫困地区社会成员福利改善不多,公共服务最低均等标准的政治可接受性并不高,相比较而言公共服务基本均等标准的政治可接受性就要高一些;然而,从经济上看,公共服务最低均等标准的可行性要高于公共服务基本均等标准。②

专栏 2-6　　公共服务均等化理念在中国的确立

在经济发达国家,公共服务均等化已经经历了较长时间的实践。在中国"摸着石头过河"的改革中,公共服务均等化的基本理念在经过一个曲折的过程之后,逐步为中国理论界和决策层所接受。

20 世纪 80 年代末 90 年代初,在酝酿分税制财政体制改革试点的过程中,中国较多地学习和借鉴了主要经济发达国家分税分级财政体制尤其是政府间财政转移支付方面的做法和经验,公共服务均等化概念就是在这一时期作为一个新事物引入国门的。从概念引入到 20 世纪 90 年代中后期,不管是在介绍经济发达国家均等化财政转移支付的经验时

---

① 由于"公共产品"和与之相对应而存在的"私人产品"之间的区分是从消费角度做出的,因此"公共服务均等化"的概念自然也就应从消费角度来界定。所谓"消费"指的是社会成员在占有和使用产品和服务的过程中利益的获得。正因为如此,从本质上看,"公共服务均等化"首先应从受益层面来理解。尽管许多公共服务在现实中采用的是公共提供这种"免费"的方式,但是"天下没有免费的午餐",社会成员"无偿地"享受公共服务是以"无偿地"缴纳各种税收等为代价的。如果现实中不同社会成员享有水平大体相同的公共服务,但各自为享用公共服务而缴纳的税费和分担的其他形式的公共服务提供成本存在较大差异,那么也很难说真正实现了公共服务均等化,因此仅从受益的角度来考察公共服务均等化是不全面的,它还应包括"公共服务提供成本的公平分担"这一层面上的含义。综合受益和成本分担这两个方面是从一个更高的层面来把握公共服务均等化的内涵,它既要求不同社会成员享有水平大体相同的公共服务,也要求不同社会成员根据主流的价值观和判断标准来公平地承担相应份额的公共服务提供成本。

② 王玮.多重约束条件下我国均等化财政制度框架的构建.北京:中国社会科学出版社,2011:134—135.

提及公共服务均等化,还是提出要将公共服务均等化作为中国财政体制改革的价值取向,都既没有在中国财政理论界引起大的争议,也没有引起决策部门太多的关注,这种状况一直延续到"公共财政论战"爆发后才有所改变。

20世纪90年代中后期,财政学界就中国财政改革的方向是不是"公共财政"及相关的理论问题,展开了一次较大规模的论战。在论战中,"公共财政论"的主要倡导者——厦门大学的张馨教授,将"为市场主体提供一视同仁的公共服务"概括为公共财政的基本特征。虽然没有使用完全相同的字眼,但"一视同仁"的财政观却准确无误地表达出"中国的财政改革就是要实现公共服务均等化"的观点。然而,部分学者对此提出了尖锐的质疑,试图通过反对"一视同仁的公共服务"来达到否定"公共财政"的目的。经过激烈的论辩,"公共财政论"最终确立了其在中国财政理论界的主流地位。1998年年底召开的全国财政工作会议确定了建立公共财政基本框架的改革目标,标志着公共财政理论正式被政府决策部门所接受;此时,作为公共财政理论不可分割的组成部分的"一视同仁"的财政观,也一并进入政府决策层的视野。尽管如此,公共服务均等化仍没有立即引起决策层的重视并成为国民经济和社会发展的目标。

进入21世纪后,在收入分配差距进一步拉大所带来的社会经济问题越来越突出的背景下,公共服务均等化才正式上升为国家意志。2005年10月,中共十六届五中全会通过的《中共中央关于制定国民经济和社会发展第十一个五年规划的建议》提出,"按照公共服务均等化原则,加大国家对欠发达地区的支持力度,加快革命老区、民族地区、边疆地区和贫困地区经济社会发展",这是公共服务均等化首次在中国的公共决策中被确认。2006年3月,第十届全国人大四次会议通过的《中华人民共和国国民经济和社会发展第十一个五年规划纲要》也明确提出,要"加快公共财政体系建设,……逐步推进基本公共服务均等化"。2006年10月,中共十六届六中全会通过的《中共中央关于构建社会主义和谐社会若干重大问题的决定》又进一步提出,将"完善公共财政制度,逐步实现基本公共服务均等化"作为"保障社会公平正义"的制度保障。从上述文件中可知,中国政府决策层对"公共服务均等化"的把握也经历了一个逐步深入的过程,从最初将公共服务均等化作为区域协调互动机制的重要组成部分,到将其确定为完善中国财政体制的改革方向,并最终将其定位于实现社会公平的制度安排。

资料来源:王玮.多重约束条件下我国均等化财政制度框架的构建.北京:中国社会科学出版社,2011:19—20。

4. 财政地位均等化原则

财政地位(Fiscal Position)显示的是一级政府财政收入能力与财政支出需求之间的对比关系。如果一个财政收入能力较高的地方政府面临较低的财政支出需求,那么它的财政地位就比较高;而一个财政收入能力较低、财政支出需求较高的地方政府,其财政地位就比较低。

地方政府财政支出需要与财政收入能力之间能否保持平衡,在不同的地区存在明显的差异。对这种差异不应完全忽视不管,而应采取相应的措施,使各地区的财政地位差距不要拉得过大,要逐步实现各地区财政地位的均等化(Equalization of Fiscal Position),至少应使其保持在一个可以接受的范围之内。地方政府财政地位的均等化是实现公共服务均等化的一个重要前提。

5. 资源配置的区位中性原则

各地区间财政收支状况的差异,常常会对经济活动主体在一个国家内部的区位选择产生影响,尽管这种影响在多级财政体制中是不可避免的,但资源配置的区位中性原则(Principle of Locational Neutrality for Resource Allocation)要求财政体制使这种影响尽可能地最小化。

在现实中,处理政府间财政关系应当遵循的各项基本原则很难完全同时实现,因为其中有些原则本身就是相互矛盾的,如多样性原则和资源配置的区位中性原则就很难协调起来。尽管如此,上述基本原则对理顺政府间财政关系的积极意义仍是不容否定的。在实践中,往往需要根据一定时期主要的社会经济矛盾在存在一定冲突关系的各项原则之间做出某种权衡或取舍。

2.3.3 政府间财政关系的制度载体

每一个国家在处理本国的政府间财政关系时,都依赖于一定的制度安排。财政体制是政府间财政关系的制度载体,它也常常被称为"预算管理体制"或"多级财政体制"。财政体制具体体现出各级政府财政的自主性以及集权与分权关系问题。

1. 多级财政体制

财政体制在很大程度上受制于本国的政府结构。每一个国家的政府结构都涉及设立几级政府,各级政府权力的大小,各级政府的职能应划分至什么程度、重叠至什么程度以及协调至什么程度等方面的问题。[①] 与之相适应的是,财政体制也包括在多级政府体系下确立财政管理的级次与管理的主体、财政收支在各级政府间的划分、财政管理权限在各级政府间的划分以及政府间预算调节等内容。

在现实中,财政体制一方面依赖于政府体制和政府结构,另一方面也要考虑财政活动的效率与财政委托—代理关系的有效性,因此它与政府体制并不一定完全吻合。在有的国家,财政体制的级次与政府级次相同,一级政府构成一级预算管理的主体,但也有国家

---

① Ulbrich H. Public Finance in Theory and Practice. Boston: Cengage, 2002: 23.

存在财政体制级次与政府级次不完全相同的现象。

在国土面积相对较大的国家,处理政府间财政关系的制度载体包括"中央-省财政体制"与"省以下财政体制"两个维度的内容。根据中央政府和省级政府在省以下财政体制中所起的作用不同,省以下财政体制可以区分为"命令模式"(Mandate Model)和"自主模式"(Autonomy Model)两种类型。① 在命令模式下,各级政府间财政关系的制度安排均由中央政府直接确立,省以下政府间财政关系从某种意义上可以说就是中央-省财政关系的延续,两者具有一致性,这能够确保中央政府的政策可以在地方得到有效执行。而在自主模式下,中央政府将处理省以下政府间财政关系的权力交给省级政府,省以下财政体制既可以参照中央-省财政体制的做法,也可以根据本地区的实际情况重新设计,这样省以下政府间财政关系就未必反映或延续中央-省的财政关系,中央政府的政策也就有可能无法得到很好的贯彻。如中央政府向省级政府进行均衡的财政分配,只要省级以下政府间不能实现财政均衡分配,整个缩小地区差距的政策意图就无法顺利实现。

2. 财政联邦制

在经济发达国家的财政理论与实践中,与"财政体制"最为接近的概念是"财政联邦制"。尽管财政联邦制中的"联邦制"最初是由政治学中的"联邦制"概念引申而来的,但两者之间仍有很大差别。政治学中的"联邦制"是一种国家结构形式,它突出强调的是在宪法中保护各级地方政府的自治权,而财政联邦制中的"联邦制"概念强调的是各级政府在财政收支上是否有明确的分工、各级政府提供的公共产品是否反映了各自辖区内居民的需求偏好。只要各级政府间有明确的财政职能分工,不管这个国家的结构形式是单一制还是联邦制,这个国家的财政体制都可以被称为"财政联邦制"。

专栏 2-7　　华莱士·奥茨与财政联邦主义

华莱士·奥茨(1937—2015)于 1965 年在斯坦福大学获得经济学博士学位,此后他先后任教于普林斯顿大学和马里兰大学。奥茨的研究主要集中在财政学、环境经济学和城市经济学等领域。

1972 年,奥茨出版了《财政联邦主义》,该书主要研究了联邦制国家政府职能的划分、地方性公共产品的提供、政府间财政转移支付的设计和地方财政收入机构等问题。《财政联邦主义》一书在政府间财政关系方面所进行的开创性研究,不仅奠定了奥茨在"TOM 模型",即第一代财政分权理论中的地位,而且促进了财政联邦主义理论在各国的传播,该书先后被翻译成德语、西班牙语、日语和中文等。《财政联邦主义》一书出版后,政府间财政

---

① Alm J, Martinez-Vazquez J. Public Finance in Developing and Transitional Countries: Essays in Honor of Richard Bird. Cheltenham: Edward Elgar Publishing, 2003: 5-34.

关系才作为一项重要内容被逐步纳入财政学教科书中,现代财政学中针对地方财政问题所做的研究也大多与财政联邦主义的研究紧密联系在一起。

资料来源:作者整理自相关资料。

尽管相当多国家的财政体制都可以归并到财政联邦制的范畴,但不同国家的财政体制,尤其是经济发达国家与发展中国家的财政体制存在较大的差别。相比较而言,经济发达国家的财政体制是更为典型的"财政联邦制"。一般认为,经济发达国家的财政体制具有以下四个方面的特征:

(1)各级地方政府及其财政主要对相应的代议机构负责

经济发达国家的地方议会和地方行政首长都由本地区的居民通过选举产生,而并非由上级政府任命或指定,因此他们最终主要是对本地区的选民负责,并不需要听命于上级政府。经济发达国家各级地方财政都在法律规定的框架内制定本级预算,以支定收,自求平衡,上级政府不承担为下级政府弥补财政赤字的责任。这样,无论是实行联邦制还是实行单一制的经济发达国家,其地方财政都能够与中央财政一样成为一级真正相对独立的预算主体。正因为如此,经济发达国家没有统一的"国家预算",而只有中央预算和各级地方政府预算,并且上、下级政府预算之间不存在包含与被包含的关系。

(2)以法律形式明确各级政府之间的事权与财政支出范围划分

经济发达国家明确且清晰地划分了各级政府间的事权与财政支出范围,并且以宪法或相关法律对其加以规范,从而为形成相对稳定的政府间财政关系打下了坚实的基础。经济发达国家各级政府之间事权与财政支出范围的划分一般都以效率原则和公平原则为主要依据,其中财政支出范围在很大程度上是按照公共产品的受益范围进行划分的。

(3)各级政府都有自己独立的财政收入来源及相应的财权

经济发达国家的地方财政都有相对独立的地方税系作为基本的财政收入来源,而且地方政府在规定权限范围内可以自主地决定开征、停征或取消某一地方税种,同时也可以在一定的约束条件下发行地方公债。经济发达国家的地方政府相当大一部分财政支出就是依靠这些地方财政收入来满足的。除了地方税和地方公债,经济发达国家的地方财政收入中也有一部分来自中央或上级政府的财政转移支付。

(4)中央财政在宏观经济调控中依然发挥着重要作用,各级地方财政仍要受到来自中央财政的制约

虽然在财政联邦体制下,经济发达国家的地方政府拥有相对独立的财政地位,但从根本上看,它仍然要受到中央政府和中央财政的制约,只是这种制约并不表现为行政型的从属关系。由于经济发达国家地方政府的财政活动只对本级议会和本地区选民负责,因此中央政府难以直接用行政命令的方式来安排或改变地方财政的活动。

在经济发达国家,中央政府和中央财政对各级地方财政活动的控制主要依靠法律和经济手段来进行,这具体体现在立法和政府间的财政转移支付上。政府间财政转移支付制度早已成为经济发达国家中央财政对地方财政进行宏观调控的重要手段,通过财政转移支付制度的实施,中央政府可以在一定程度上引导和规范地方财政的活动。中央政府也可以通过修订法律的办法,对已有的财政收支划分办法进行修改以体现自己的宏观调控意图。[1]

专栏 2-8　　　　　　　　　　财政分权体制的不同"状态"

财政分权领域的知名学者罗伊·鲍尔(Roy Bahl)分析了财政分权体制基本构成要素的"最优""次优"和"最差"等三种不同状态(参见表 2-1)。

表 2-1　财政分权体制构成要素的组合

构成要素	最优状态	次优状态	最差状态
地方立法机关	普遍选举	间接选举	由上级政府任命
地方主要官员	地方任命	中央借调	—
预算	地方批准、硬约束	地方批准、软约束	中央批准、软约束
支出自主性	地方对支出有充分的控制权	地方对部分支出有控制权	上级政府控制地方支出
自有收入	地方拥有重要的权力	地方拥有一些权力	没有征税权
政府间转移支付	大部分是无条件拨款	—	大部分是有条件拨款
举债权	硬预算约束	受限制的举债权	无举债权

鲍尔认为,在最优状态的财政分权体制下,地方立法机关由普遍选举产生,地方主要官员由地方任命,地方立法机关自行批准地方预算,地方财政支出责任明确,地方政府有能力征收财政收入并有效地提供服务,地方政府有一定的举债能力,中央政府有能力控制有效财政分权的进程。这些构成要素的组合,在很大程度上反映了经济发达国家实行的财政联邦制的共性。而部分发展中国家的财政体制,大体上符合鲍尔所描述的"最差状态"。

资料来源:作者整理自鲍尔.中国的财政政策:税制与中央及地方的财政关系.许善达,等,译.北京:中国税务出版社,2000:154 和 Bahl R. The Pillars of Fiscal Decentralization. Research Department Working Papers No. 257, CAF Development Bank of Latinamerica, 2008 等资料。

---

[1] 孙开.政府间财政关系研究.大连:东北财经大学出版社,1994:125—129;张馨.比较财政学教程.北京:中国人民大学出版社,1997:420—422.

重要概念

公共产品的层次性　地方性公共产品　全国性公共产品　公共产品的拥挤性　俱乐部产品　最优辖区规模　政府间财政关系　财政分权　财政集权　多级财政体制　中央-省财政体制　省以下财政体制　财政联邦主义　财政联邦制　公共服务均等化

复习思考题

1. 试述地方政府和地方财政存在的必要性。请综合运用第 1 章和第 2 章所学的知识,从不同角度进行分析。
2. 与全国性公共产品相比,地方性公共产品具有哪些不同的特征?
3. 结合图示阐述"地方政府才是地方性公共产品的有效提供主体"这一命题。
4. 结合图示分析地方性公共产品的最优辖区规模的决定。
5. 试比较财政集权与财政分权在处理政府间财政关系方面的优势和劣势。
6. 简述处理政府间财政关系时应遵循的基本原则。
7. 经济发达国家的财政联邦制具有哪些基本特征?

课堂讨论题

请结合所给案例材料,运用地方性公共产品相关理论就如何调整"公共交通老年人免费政策"进行课堂讨论。

案例材料

老年人免费乘坐公共交通工具:保留还是取消?

根据《中华人民共和国老年人权益保障法》的"爱老敬老"精神,相当多的城市实施了年满 65 或 70 周岁的老年人免费乘坐公共交通工具的政策。老年人免费乘坐公共交通工具,是增进老年人福利,提倡"尊老、敬老、助老"道德理念的一种体现。然而这一政策的实施,也引发了一些社会问题。由于"免费"的福利只有通过乘车才能兑现,所以许多原本无须乘坐公共交通工具的老年人在高峰期选择公共交通出行,一方面挤占了原本就稀缺的公共交通资源,加剧了公共交通的拥挤性;另一方面大大增加了因年轻人"不让座"而引发矛盾纠纷的可能性,引发年轻人对老年人免费乘坐公共交通工具政策的不满。

上海市从 2009 年开始实施 70 岁以上老人免费乘坐公共交通工具的政策,但从 2016

年6月开始,上海市取消了这一政策,取而代之的是"老年综合津贴制度"。据媒体报道,上海市取消老年人免费乘坐公共交通工具政策以后,公交车和地铁上的老年乘客明显减少,部分线路甚至陡降八成以上。

资料来源:作者整理自取消老人免费乘公交车地铁 上海此举为何时赢得一片赞誉[2024-10-08]. http://news.163.com/16/0630/00/BQP506M800014AED.html 等资料。

参考文献与延伸阅读资料

财政部干部教育中心.现代政府间财政关系研究.北京:经济科学出版社,2017.

King D N. Fiscal Tiers: The Economics of Multi-Level Government. London: George Allen and Unwin Ltd, 1984.

OECD/KIPF. Institutions of Intergovernmental Fiscal Relations: Challenges Ahead. Paris: OECD Publishing, 2015.

Ahmad E, Brosio G. Handbook of Multilevel Finance. Cheltenham: Edward Elgar Publishing, 2015.

Eccleston R, Krever R. The Future of Federalism: Intergovernmental Financial Relations in an Age of Austerity. Cheltenham: Edward Elgar Publishing, 2017.

网络资源

《地方财政研究》杂志网站,http://www.dfczyj.com.

经济合作与发展组织(OECD)网站"财政联邦制"栏目,http://www.oecd.org/ctp/federalism.

联邦制研究中心(Center for the Study of Federalism)网站"财政联邦制"栏目,https://federalism.org/encyclopedia/topics/fiscal-federalism/.

21世纪经济与管理规划教材
财政学系列

第 3 章

政府间财政职能的划分与地方财政职能

【本章学习目标】

- 掌握政府间财政资源配置职能的划分与地方政府的资源配置职能
- 掌握提布特模型的内涵与理论贡献
- 掌握政府间财政收入分配职能的划分
- 掌握政府间财政宏观经济稳定职能的划分
- 了解对政府间财政职能划分的不同认识

在处理政府间财政关系的过程中,社会分工原则首先要求财政职能在各级政府之间做出一个明确的划分。一般认为,财政资源配置职能主要由地方政府承担,而财政收入分配职能和宏观经济稳定职能主要由中央政府承担。①

3.1 政府间财政资源配置职能的划分

资源配置职能(Allocation Function)指的是政府通过相应的财政收支活动以及财政政策的制定、调整与实施,来影响和改变社会资源的流向与结构以提高资源利用的效率。财政资源配置职能主要体现为公共产品的提供。现实生活中大量存在的是地方性公共产品,受益范围覆盖全国的公共产品并不是非常多,因此应由地方政府承担主要的财政资源配置职能。

专栏3-1　理查德·马斯格雷夫:政府间财政职能划分经典理论的提出者

理查德·马斯格雷夫(1910—2007)1937年在哈佛大学获得经济学博士学位。此后,马斯格雷夫先后在密歇根大学、约翰·霍普金斯大学、普林斯顿大学、哈佛大学和加州大学伯克利分校等美国知名大学任教,也多次担任美国、韩国和玻利维亚等国的政府经济顾问,此外他还与其他经济学家一起创建了国际财政研究院(IIPF)。

作为西方现代财政学集大成者,马斯格雷夫在税制改革、代际公平和税负归宿理论、发展财政以及国际财政等财政领域的诸多方面都进行了开拓性的研究,并且在政府间财政关系与地方财政领域内也做出了突出的贡献。

公共产品理论是包括地方财政学在内的整个财政学的理论基础。马斯格雷夫不仅率先提出按照消费上的非竞争性和非排他性来划分公共产品和私人产品,而且其于1939年发表的论文《公共经济自愿交换论》(The Voluntary Exchange Theory of Public Economy)是英美财政学界接过奥意学派的旗帜成为公共产品理论研究主流的标志,为公共产品理论奠定了坚实的基础。此外,马斯格雷夫还首次将财政的职能概括为资源配置、收入分配和宏观经济稳定三个方面,并在此基础上进一步提出了政府间财政职能划分理论和政府间税收划分的原则等。

资料来源:作者整理自公开资料。

---

① 本章分析的是中央政府与地方政府之间财政职能的划分问题,并没有考虑一些国家的地方政府也存在多个层级的情况。

3.1.1 提布特模型与地方政府的资源配置职能

政府有效提供公共产品的一个基本前提条件,是所有社会成员都真实准确地揭示自己在公共产品需求方面的信息。然而,公共产品所具有的消费上的非竞争性和非排他性却造成社会成员普遍具有"免费搭车"的心理,现实生活中的社会成员是不可能真实地显示出自己对公共产品的偏好的。相当一部分经济学家认为,由地方政府提供地方性公共产品同样会遇到社会成员不愿意真实显露其偏好的问题,进而会影响地方性公共产品的有效提供。然而,美国经济学家查尔斯·提布特提出的"提布特模型"(Tiebout Model)却表明,社会成员"免费搭车"心理带来的不真实显露其对公共产品偏好的情形,并不会发生在地方政府提供地方性公共产品中。①

1. 提布特模型的内涵

提布特将"看不见的手"的机制引申到地方性公共产品提供的分析中来②,用"用脚投票"(Voting with Feet)理论分析了地方政府提供地方性公共产品的有效性问题。③ 提布特认为,由各地方政府分别提供地方性公共产品,不仅有助于揭示出社会成员对地方性公共产品的需求偏好,而且不同地方政府分别提供地方性公共产品而形成的政府间竞争还可以促进地方政府提高运作效率,更好地提供本地区居民所需要的地方性公共产品。

专栏3-2　　　　　　　　　提布特与"用脚投票"理论的创立

查尔斯·提布特(1924—1968)1942年进入卫斯理大学学习,一年后他离开学校参加海军,一直服役到第二次世界大战结束。战后,提布特重新回到卫斯理大学,并于1950年完成硕士学业。1954年,提布特从密歇根大学经济系获得博士学位后,进入西北大学经济系任教。1963年,提布特在华盛顿大学地理系担任教授直至去世。

1956年,提布特在《政治经济学杂志》上发表了题为《一个关于地方支出的纯理论》(A Pure Theory of Local Expenditures)的论文,提出了著名的"提布特模型"。在论文发表初期,主流学术界对其反应较为冷淡。此后,提布特将主要精力集中到区域经济发展方面的研究上,其后期的研究几乎与《一个关于地方支出的纯理论》没有太多的联系。直到

---

① Tiebout C M. A Pure Theory of Local Expenditures. Journal of Political Economy, 1956(5): 416-424.

② 在《一个关于地方支出的纯理论》一文中,提布特首先提出了"私人市场能保证私人产品的有效提供,是什么因素导致公共产品难以实现有效供给"的问题。提布特对此给出的答案是"购买"与"竞争"。他认为,"购买"是诱导私人产品市场效率产生的基本作用力。如果一家企业的产品比其他企业差,那么消费者理所当然不会购买这家企业的产品,而是会选择购买其他企业生产的产品。在具有完全竞争性的私人市场中,上述过程中的竞争行为能够使企业有效地进行生产。然而,对大多数公共产品来说,"购买"过程是不存在的。中央政府在对公共产品供给进行决策时几乎不会感受到竞争所产生的压力,在这种情况下,最终的决策极有可能导致非效率的公共产品供给。

③ Raimondo H J. Economics of State and Local Government. NY: Praeger, 1991: 61.

1969年马里兰大学经济系教授奥茨发表了在某种程度上对提布特模型进行实证检验的论文《财产税和地方财政支出对财产价值的影响》(The Effects of Property Taxes and Local Public Spending on Property Values),提布特模型才逐步受到学术界的重视,并引发了相当多的后续研究。到目前为止,在财政学领域内,还没有任何一篇论文能够像《一个关于地方支出的纯理论》那样产生如此之多的后续研究,这足以说明提布特的贡献以及提布特模型在地方财政理论研究中的重要性。

资料来源:作者整理自公开资料。

一个国家一般都被划分为若干个地区,每个地区提供的地方性公共产品在相当大程度上具有相似性,并在地方性公共产品的提供中形成与之相对应的政府财政收支组合(Fiscal Package)。提布特认为,在地区间的流动性比较强以及流动成本为零或很小的情况下,一个地区的居民就可以像选购私人产品那样挑选一个政府财政收支组合符合自己偏好的地区来居住。如果一个社会成员对某个地方政府提供的地方性公共产品及应缴纳的税收不满意,那么他就可以选择离开,到其喜欢的地方去居住。显然,最后被这个社会成员选中的居住地区提供的地方性公共产品与税收的组合,最符合或接近其真实偏好。社会成员隐瞒真实偏好是不利于他自己的,因为选择非最优的居住地只会降低其福利水平,最好的选择就是诚实行动。可见,在提布特模型中,地方性公共产品在一个由众多辖区组成的体制中的提供被看作类似于私人产品在一个竞争性市场上的提供,因地方性公共产品而发生的空间迁移与消费者在竞争性市场中因购物需求进行的移动是极其相似的。在竞争性市场中,消费者用手中的货币来显示其对私人产品的偏好;而在多辖区提供地方性公共产品的体制中,社会成员在不同辖区间的选择或者说人口跨地区的迁移起到了显示偏好的作用,这样地方性公共产品的需求偏好揭示问题就通过"用脚投票"的方式得以解决。

由于社会成员可以在不同地区间进行迁移,如果某个地方政府的运作效率低下,那么就有可能导致本地区居民选择到其他地区去居住,这无疑是对地方政府更有效率地提供符合本地区居民偏好的地方性公共产品的一种激励,即人口流动向地方政府发出的信号与市场需求向企业发出的信号极为相似。在这种情况下,地方政府的决策者就会像企业经营者那样对各种信号做出必要的反应[1],并最终落实到地方性公共产品的提供和相应的财政收支上,于是在不同地区间就会形成一种竞争的格局。政府间的竞争最终将促使整个社会的资源配置达到一个均衡状态。在均衡状态下,社会成员以其对地方性公共产

---

[1] Stiglitz J E. Economics of Public Sector. Third Edition. NY: W. W. Norton & Company, 2000: 736.

品的需求为依据分布在不同的地区,与此同时社会资源在各地区间的配置也达到最优。

2. 提布特模型的理论贡献

提布特模型不仅找到了一种达到地方性公共产品有效提供状态的方法,而且还包含了政府间财政竞争背景下的公共政策,它在地方财政理论乃至整个财政学领域都占据着重要的地位。

第一,提布特模型为地方性公共产品偏好的揭示提供了一种"用脚投票"的准市场方法。从假设前提到具体的分析过程,其都在模拟市场机制,并以模拟市场机制的方式揭示了社会成员对地方性公共产品的消费偏好。在市场经济中,消费者到市场上"取走"私人产品;虽然地方性公共产品无法取走,但"用脚投票"是一种相对运动,它本质上与私人产品偏好的表达机制是一致的。

第二,提布特模型给出了地方性公共产品供给充分竞争的理论。当存在"用脚投票"的情况时,各地方政府必须尽可能地厘清活动范围、规范自身的收支行为,并提高运作效率,这些都是政府间财政竞争的结果。提布特模型为政府间财政竞争理论的进一步发展奠定了坚实的基础。

第三,提布特模型为分析地方财政收支政策变化及其影响提供了一定的理论依据。在现实生活中,尤其是在经济发达国家,一些个人或家庭的迁移确实受到不同地区之间财政收支差异的影响,而且一些经济发达国家的地方政府也的确把注意力放在与民生密切相关的领域,不断增加教育、交通、医疗卫生和社会福利等方面的支出,从而使地方财政支出的范围和结构与本地区居民的消费需求更趋吻合。这与提布特模型的推理基本一致,说明在财政实践中提布特模型也是有一定实用性的。

专栏 3-3　　美国城市人口大规模移居郊区

20世纪20年代之前,美国人口主要向城市聚集,具体体现在美国中心城市的人口增长率在1900—1910年和1910—1920年分别为35.5%和26.7%,而郊区的人口增长率只有27.6%和22.4%。1920年,美国城市人口首次超过乡村人口。此后,郊区的人口增长率一直高于城市,而且两者之间的差距越来越大。第二次世界大战后,美国城市人口更是以空前的速度向郊区转移。20世纪50年代,美国郊区人口增加了1 900万,增长率高达48.6%,而中心城市仅增加了630万,增长率只有10.7%。到20世纪70年代,郊区人口已经分别超过了城市和乡村人口。在"郊区化"的过程中,不仅美国的人口向郊区迁移,而且其经济活动的重心也在日益向郊区转移。

汽车的高度普及与高速公路网的建立,为第二次世界大战后美国"郊区化"的迅速发展创造了基础性的条件。早在1929年,每5个美国人中就拥有一辆汽车;1978年,美国的汽车保有率更是提高到每1.5人拥有一辆。美国国会1956年通过的《联邦援建公路法案》规定专门设立联邦公路信用基金(Federal Highway Trust Fund),用对汽油、车辆、轮胎等课征消费税取得的收入来资助公路建设,这是美国政府大规模介入公路建设的开始。如今,美国各地都建立了庞大的高速与普通道路网,这些道路从城市核心地区向郊区广阔的空间放射,并深入乡村腹地。

美国出现人口大规模地从城市迁移到郊区,当然还有其他方面的原因。从财政角度看,在可以自由流动的情况下,哪里能够有效地提供符合消费者偏好的公共产品和服务,哪里就有较多的人口流入;反之,人口就会流出。美国城市人口大规模移居郊区,在很大程度上可以归因于美国人以"用脚投票"的方式选择满足不同需求的公共服务,尤其是优质教育资源。法国只有一个全国统一的教育体系,澳大利亚的教育体系被分成6个学区,日本大概有65个学区,而美国至少有15 000个学区,每个学区都有独立的财政权,学校预算、课程设置、教职员聘请等都由学区的教育委员会掌控,不同学区的居民缴纳的房产税大不一样,不同学区的教育水平当然也会有很大的差别。

资料来源:作者整理自孙群郎,韩宇.美国现代城市的郊区化及其原因.安徽大学学报:哲学社会科学版,2002(5):65—69等资料。

3. 提布特模型的局限性

提布特模型的分析是建立在诸多前提假设基础之上的,这些假设包括以下七个方面[①]:第一,各地区的居民可以在不同地区间自由流动,能够自主地选择到那些提供地方性公共产品和征税的组合最符合其偏好的地区去居住;第二,所有社会成员对不同地区的财政预算有充分的了解,即他们完全清楚各地区为提供地方性公共产品所征收的税收和进行相应财政支出方面的信息,并且能够对不同地区财政收支差异做出反应;第三,存在足够多的能够提供各种不同类型地方性公共产品和征税组合的辖区;第四,消费者不会出于某种原因而长期居住在某个固定的地方,其流动性不受任何就业机会的约束或限制;第五,地方性公共产品和税收在各地区间不存在任何外部效应,如果存在外部效应,那么尽管每个地区所选择的地方性公共产品的数量对本地区的居民来说是最优的,但从整个社会的角度来看,这一数量却可能是无效的;第六,各地区都以最低的平均成本提供地方性公共产品;第七,各地区可以实行"排他性分区法"(Exclusionary Zoning Laws),规定修建房

---

① 在《一个关于地方支出的纯理论》中,提布特并未给出所有七个方面的假设条件,部分条件是一些学者后来根据提布特的论述补充的,参见罗森,盖亚.财政学:第十版.郭庆旺,等,译.北京:中国人民大学出版社,2015:416—417。

屋的面积不得低于某个水平。① 提布特模型的各项假设条件过于严格,与现实生活有着相当大的差距,如人口的流动不可能是无成本的,人们也不可能完全掌握不同地区的财政预算信息,地方性公共产品跨区域的外部效应也是普遍存在的。如此严格的假设条件,无疑使得建立在这些假设基础之上的提布特模型得出的结论的现实性大打折扣。

在分析和解释居民跨地区的流动问题时,提布特模型仅说明了地方财政预算对人口迁移所产生的影响。实际上,一个完整的人口迁移模型,除了要考虑各个地区间地方性公共产品供给方面的差异,还必须综合考虑各地区在就业机会、历史文化传统、自然地理条件、迁移成本以及人口密度等诸多方面的差异,这样才有助于得出全面而准确的结论。

此外,提布特模型的分析重点在于地方性公共产品的提供效率,它没有充分考虑地方性公共产品提供过程中的公平问题。有相似偏好的居民更多地聚居在一起,是提布特模型理想状态中的一项重要内容。但具有相似偏好的居民聚居在一起,实际上意味着富人更多地居住在一起、穷人更多地居住在一起。在这种状态下,地区间的收入差距会越来越大,这很难说是一种最优的状态。

3.1.2　中央政府的资源配置职能

由地方政府承担主要的财政资源配置职能,并不意味着中央政府就完全不需要介入资源配置。实际上,中央政府仍然需要在资源配置领域的一些方面积极发挥作用。

1. 全国性公共产品的提供

全国性公共产品的受益范围覆盖全国所有地区,根据成本与收益相对称的原则,其成本也应由全国所有地区的居民来承担,而不应仅由某个地区的居民来承担。更为关键的是,由于权力和财力等方面的限制,地方政府根本无力承担起全国性公共产品的提供职责。而中央政府却拥有足够的权力和财力承担起全国性公共产品的提供职责,并且由中央政府来承担全国性公共产品的提供也符合成本与收益相对称的原则。

2. 地区间的外部性

地方政府活动的收益与成本的完全内部化,是地方政府有效运行的一个重要前提条件。然而在现实生活中,地方政府活动的收益或成本常常会外溢到本地区以外的地方,从

---

① 在提布特模型中,社区是根据成员对公共产品的需求来划分的。如果收入与公共产品的需求正相关,就会产生按收入来划分的社区。在高收入社区中,财产的价值较高,因此高收入社区就能以相对较低的财产税税率为既定的财政支出筹资。在这种情况下,低收入家庭会想办法搬到富裕社区,并建造相对较小的住房。由于税率低,低收入家庭的纳税义务也相对较少,但仍然能享有较高水平的公共服务。随着越来越多低收入家庭的迁入,高收入社区的平均税基就会缩小。结果,为了对不断增加的人口所需的公共服务融资,税率必然会提高。这是高收入社区居民,尤其是高收入者不愿意看到的。要防止这种情况发生,除限制人口流动之外,别无他法。"排他性分区法"可以防止这种情况发生,从而维持一种稳定的帕累托效率均衡,这是提布特模型做出这一假设的原因,参见罗森,盖亚.财政学:第十版.郭庆旺,等,译.北京:中国人民大学出版社,2015:417。

而达到成本与收益之间的平衡。如果对地区间的外部性不加以矫正,不管是地区间的正外部性还是负外部性,都不利于资源的有效配置,因为地区间的正外部性会使地方性公共产品提供不足,而地区间的负外部性会导致"地方性公害品"(Subnational Public Bads)提供过量。

如果地方性公共产品提供过程中的外部性或地方性公害品造成的外部性仅涉及少数辖区,那么一种可能的解决方法就是相关的地方政府进行协商,由受益方给予地方性公共产品的提供方或者地方性公害品的责任方给予受害方一定的补偿。一旦外部性涉及较多的辖区,那么各相关地方政府间的自愿协商就难以进行。即使进行协商,协商一致所需的时间较长,成本也将非常高。在这样一种情况下,就需要中央政府或上级政府对地区间的外部性进行必要的干预。调整存在外部性的行政辖区的边界等也可以作为中央政府或上级政府干预的一个选择,但政治上的可行性并不强。辖区间的外部性还可以通过引导相关辖区按照地方性公共产品规模经济的程度重组不受政治边界约束的特别服务区来解决,这也是将辖区间外部性内部化的一种途径。如美国、加拿大等经济发达国家成立的特别服务区来履行利益横跨其他辖区的某些特定功能(如水污染清除计划、下水道建设以及大都市运输系统等),就是在朝这一方向发展。[①] 此外,中央政府的财政转移支付也是解决地区间正外部性的重要手段。从整个社会的角度来看,在中央政府进行干预之后,地区间资源配置的效率就会在某种程度上得到提高。

专栏 3-4　　江苏、浙江两省的边界水污染案十年难断

浙江嘉兴与江苏盛泽仅一河之隔,这条名为"麻溪港"(江苏将其称为"清溪塘")的河流从盛泽流向嘉兴。嘉兴和盛泽的人文与地理条件完全一样,以前均以印染业闻名。嘉兴严格控制印染业的污染,印染业渐渐萎缩,而盛泽对印染业的发展基本不管控,于是印染企业向盛泽集中。盛泽印染业的迅猛发展,也带来了当地印染业排污的失控。盛泽印染企业的日排放污水量为41万吨,而其污水处理厂日处理能力不过10万吨,有的印染厂为了降低成本,偷偷地直接排放污水。

麻溪港宽30余米,水深2米,河流两岸集中着盛泽印染企业的几个排污站。大部分的污水从盛泽顺流而下,主要经东、南两个方向分流,向东经排泾港进入苏嘉运河,一部分污水向南污染嘉兴北部,一部分进入嘉善境内。据统计,每年约有900万吨污水从盛泽流向嘉兴,最多时达9 000万吨/年,嘉兴被盛泽排放的污水污染的区域达上百平方千米。受到最直接影响的是嘉兴北部王江泾镇从事水产养殖的渔民,从1993年开始,嘉兴的外水系鱼与珍珠蚌基本无法存活,许多承包户血本无归。污水污染不仅是嘉兴养殖业的梦

---

① 魏萼.财政学原理.台北:三民书局,1979:300—301.

魇,而且使得嘉兴的生态遭到严重破坏。1999—2000年,嘉兴北部地区发生流行性肠道传染病3起、群体性急性腹泻1起。2000年的冬季征兵,嘉兴王江泾北边的12个村子竟无一个体验、体测合格的应征青年。2001年,嘉兴北部8个乡镇恶性肿瘤的患病率比1996年上升了28.2%,消化道系统恶性肿瘤患病率更是上升到58%。

盛泽的污水侵害问题虽然经过两地政府的协商甚至对簿公堂而有所缓解,但由于牵涉到两省地方产业发展和经济利益上的矛盾,一直没有得到妥善解决。1998年,国务院牵头实施了治理太湖流域水污染的"零点行动"。1998年下半年到1999年下半年,流过麻溪港的水质有了明显好转。此后不久,盛泽的污水排放再次抬头,这引致嘉兴北部渔民于2001年11月22日自筹资金100万元,动用8台推土机、数万只麻袋,自沉28条水泥船,截断河流,堵塞了江苏盛泽至浙江嘉兴之间的航道,这就是曾引起中央领导高度重视的"断河事件"。

这一公案最后在国务院的直接干预下才得以解决。在2001年11月24日召开的江苏、浙江两省边界水污染和水事矛盾协调会上,水利部、国家环保总局、江苏省和浙江省等4家单位达成了逐步落实重点排污企业限产、停产整改方案和达到水质目标的总量削减方案。2001年年底前,江苏完成了盛泽产业结构调整方案,并组织实施了印染企业的布局结构调整。苏州市政府对盛泽所有的印染企业采取轮产、控制排污总量的措施,并保证2002年年底出境水体高锰酸盐指数达到五类标准,2003年年底达到四类标准。

资料来源:作者整理自公开资料。

---

3. 地方性公共产品提供过程中的规模经济

如果具有规模经济效应的地方性公共产品由各个地方政府分别提供,则极有可能因为由地方政府分别提供的地方性公共产品的规模过小,无法获得相应的规模经济效应,导致地方性公共产品的人均提供成本较高。如果由中央政府来统一提供或者由其组织协调几个地方政府来共同提供,那么就可以获得地方性公共产品提供过程中的规模经济效应,从而降低地方性公共产品的人均成本。

3.2 政府间财政收入分配职能的划分

收入分配职能(Distribution Function)是政府为了达成公平分配的目标,对市场形成的收入分配格局予以适当调整的职责。财政收入分配职能所要实现的公平分配,既不是收入分配人人相等,也不是收入分配差距过于悬殊,而是把收入分配的差距控制在社会各阶层所能接受的范围之内。不影响社会稳定、不影响经济效率,是判定收入分配差距是否控制在社会各阶层所能接受的范围之内的主要标准。

要缩小收入分配的差距以最终达成公平分配的目标,有直接和间接两条基本的实现途径。直接途径是在人与人之间进行收入再分配以实现人与人之间的公平分配;间接途径是先进行地区间的收入再分配,然后再通过缩小地区间的贫富差距来达到缩小人与人之间收入分配差距的目的。在多级财政体制下,无论是哪一条途径,都无法通过地方政府来实现,而需要由中央政府集中统一行使收入分配职能以最终实现收入的公平分配。

3.2.1 地方政府无法有效进行人与人之间的收入再分配

市场经济条件下,一个国家内部的市场是统一的,人和生产要素在各个地区间的流动应该是没有任何障碍的。在人和生产要素可以自由流动的情况下,地方政府和地方财政实际上是无法有效履行收入再分配职能的。

如果由地方政府来承担收入再分配职能,由于各个地区的收入分配差距以及社会经济发展情况各不相同,再加上不同地区的居民对公平分配的偏好也不尽相同,因此不同的地方政府在促进社会公平方面采取的措施往往是不一样的。假设一个国家有甲和乙两个地区,甲地区没有采取收入再分配措施,而乙地区向富人课征较重的税收,然后对本地区的穷人进行各种各样的转移性支出,或者用于本地区教育、公共交通、住房等特定公共产品和服务的提供以提高穷人的福利水平。这样做的结果必然是,一方面,乙地区的富人不堪承受比较重的税收负担,而迁移到税收负担相对较轻的甲地区,另一方面,甲地区的穷人会在乙地区收入再分配措施的刺激下纷纷迁入。与富人外迁相伴而来的是税收收入的流失,而穷人迁入又意味着财政支出的增加,这必然导致乙地区的收入再分配政策难以长时间维持,最终不得不取消或被迫进行相应的调整。

即使所有的地方政府都采取完全相同的收入再分配措施,地方政府的收入再分配职能仍然会因为导致区域间人口的迁移而趋于失效,这可以用一个简化的例子来说明。[①]假定一个国家由甲、乙两个人口结构存在差异的地区组成,较为富裕的甲地区的人口结构为两个收入为 30 000 元的高收入者和一个收入为 1 000 元的低收入者,而相对贫困的乙地区的人口结构为一个收入为 30 000 的高收入者和两个收入为 1 000 元的低收入者,而且甲、乙两个地区都课征税率为 20% 的比例所得税,并以此收入向本地区居民提供地方性公共产品。表 3-1 中的数据显示了在上述假设条件下地方财政对收入再分配的影响。虽然甲、乙两个地区课征税率相同的比例所得税,但由于不同地区的人口结构存在差异,因此两个地区的税收收入和最终的公共服务水平也就不同。由于居民都从财政支出中获得了相同的收益,但根据收入高低不同缴纳了不同的税收,因此地方财政活动也就具有再分配的作用。不管是低收入者还是高收入者,在甲地区居住的居民的财政净收益都比在乙

---

① 鲍德威,威迪逊.公共部门经济学:第二版.邓力平,等,译.北京:中国人民大学出版社,2000:358.

地区居住的居民的财政净收益高1 934元。在这种情况下,居住在乙地区的居民会纷纷选择向甲地区迁移。不仅如此,由于高收入者迁出和低收入者迁入同时进行,将导致地区间乃至人与人之间出现更大的收入差距,这与公平分配的目标是相悖的。可见,非流动性要素承担税负的事实,意味着地方层次的再分配作用非常有限。①

表 3-1　地方财政活动的收入再分配效应　　　　　　　　　　　　单位:元

	甲地区		乙地区	
	收入为30 000元的人	收入为1 000元的人	收入为30 000元的人	收入为1 000元的人
应纳税额	6 000	200	6 000	200
人均财政支出	4 067	4 067	2 133	2 133
财政净收益	−1 933	3 867	−3 867	1 933

3.2.2　地方政府无法有效进行地区间的收入再分配

地区间的财政关系在市场经济条件下是相互平等和独立的。任何一个贫困地区都不具备强迫富裕地区向其转移部分财政收入的权力,富裕地区也不会基于自身利益最大化的目标自愿地给予贫困地区单方面的财政援助。仅靠地方政府的力量,往往很难改变各地区间业已存在的经济差距过大的状况。这与当今国际关系中,贫富国家之间的发展差距难以靠国与国之间基于平等互利的自愿援助而缩小的原因十分相似。

如果由地方政府来履行收入再分配职能,不同地方政府间收入分配政策的差异也会影响到市场机制的正常运行,造成资源配置的低效率。在各地方政府分别执行各自的收入再分配政策的情况下,劳动力和资本在各地区间的配置就不仅仅取决于其要素市场回报率的高低,而且要受不同再分配政策的影响,其结果有可能使资源从最有效使用的地区流出,转到使用效率不高的地方,从而造成资源的低效或无效配置。此外,实行再分配措施力度较大的地区,还面临本地资本流出和外地资本不愿进入的问题,最终可能因此导致该地区经济发展停滞,这是任何一个地方政府领导人都不愿意看到的结果。

在市场经济条件下,政府间财政收入分配职能划分的最优选择是由中央政府集中统一行使财政的收入再分配职能,地方政府不实行各自的公平计划,这样就不会因为人与生产要素在地区间的流动而对收入分配产生负面影响。

---

① Stiglitz J E. Economics of Public Sector. Third Edition. NY: W. W. Norton & Company, 2000: 643.

专栏3-5　　艰难出台的"异地高考"政策

改革开放后,大规模的人口流动已成为中国不可改变的现实。由于户籍等方面的限制,流动人口在教育、就业和社会保险等方面长期无法享受到与当地人同等的待遇,这不仅困扰着流动人口及其家庭的生活,而且也成为中国收入分配差距持续拉大的重要原因,严重阻碍了社会经济的和谐发展。

自1977年中国恢复高考以来,考生一直只能在户籍所在地参加高考,而各高校在不同省(自治区、直辖市)又是按计划指标录取的。在这一体制下,出现了北京学生考上北京大学等名校的概率是河南考生的28倍、贵州考生的35.4倍、广东考生的37.5倍、安徽考生的41倍的严重不公平现象。相当一部分人认为,户籍制度是导致教育不公平的根本原因,而教育不公平恰恰又是形成社会不公平最重要的原因之一,因此提出要通过允许"异地高考"来突破户籍制度的桎梏以实现教育公平。

进入21世纪后,一直有人大代表和政协委员在全国两会上提出要解决外来务工人员子女就地高考的问题。在2010年12月启动的国家教育体制改革试点中,"异地高考"就是其中一项重要内容。但遗憾的是,进行试点的地区并不是大家期待的北京、上海等外来人口聚集的大城市。2011年3月,教育部在十一届全国人大四次会议上宣布将逐步推进"异地高考"。2011年7月,湖北省出台《湖北省普通高校招生考试改革方案》(征求意见稿),提出高中学籍满3年的外省考生可以在湖北报名参加高考的方案,但最终因招致本省居民的强烈反对而不得不搁置。2012年8月,国务院办公厅发布文件,要求各地在2012年12月31日前出台"异地高考"的具体办法。千呼万唤之下,各省陆续公布"异地高考"政策并先后付诸实施。然而,受本地外来人口占比、优质高等教育资源量以及高考升学率等多重因素的影响,各省(自治区、直辖市)在"异地高考"政策中放开力度、松绑的态势并不完全相同。北京、天津、上海和广东等省市,虽然相比过去有所进步,但放开的进程缓慢;新疆、西藏、海南等边疆省区,优质教育资源并不丰富,但高考录取率相对较高,"异地高考"不仅没有放开,反而有收紧的态势;其他省份,尽管"异地高考"放开的力度相对大一些,但依然对"异地高考"考生设置了准入门槛。

出台"异地高考"政策之所以如此困难,除了因为招致利益受损地区居民的反对,还在于人们担心会因此导致人口的非理性流动。"异地高考"放开后,人口可能会由录取分数高的区域向录取分数低的区域迁移。如果"高考移民"得不到有效遏制,那么将会引发新的教育不公平。也有学者提出,随迁子女的就地高考政策有可能引发更严重的城市人口膨胀。

资料来源:作者整理自公开资料。

由中央政府集中统一行使财政的收入再分配职能的基本前提条件,是人和生产要素在各地区间具有充分的流动性。如果不具备或不完全具备这个前提条件,地方政府在收入再分配方面还是有一定作用的。地方政府在收入再分配方面作用的大小,取决于人和生产要素跨地区流动的难易程度。人和生产要素等在各地区间的流动性越大,地方政府在收入再分配方面发挥作用的空间就越小;反之,就越大。当然,由中央政府集中行使收入再分配职能,也不意味着地方政府的财政活动就不具有任何收入再分配效应。

3.3 政府间宏观经济稳定职能的划分

财政宏观经济稳定职能(Stabilization Function)指的是在由市场机制自发运行导致经济过热和经济过冷交替循环发生的情况下,政府通过相关财政活动对市场运行进行干预,以平抑宏观经济运行中出现的波动,最终达成充分就业、物价稳定、经济增长以及国际收支平衡等目标。通常认为,宏观经济稳定职能主要由中央政府承担。

3.3.1 地方政府的财政稳定措施通常是无效的

市场经济条件下,一个国家内部各地区的经济都具有"开放经济"(Open Economy)的特征,人和生产要素可以在国内统一市场上自由流动,这极大地限制了地方政府在宏观经济稳定方面的作用。

在一个完全开放并且人和生产要素在各地区间具有高度流动性的经济环境中,地方政府实施财政政策本身的扩张或紧缩效应会因为"贸易漏损"(Trade Leakages)而大为降低甚至完全失效。如在经济不景气的大背景下,某地方政府采取了扩张性的财政政策,力图通过增加财政支出或减税来达到刺激本地区经济发展的目的。从理论上说,增加财政支出或减税所新增的购买力只有购买本地区生产的产品和服务,才能起到增加本地区GDP的作用,并最终达到刺激本地区经济增长的目的。然而,地方政府扩张性财政政策实际执行的结果却是,增加财政支出、减税所新增的购买力总会有或多或少的一部分因为地区间经济的开放性而购买邻近地区所生产的产品和服务,由此形成的"进口漏损"(Import Leakages)会使得地方政府单独实施的扩张性财政政策自身的扩张效应急剧降低甚至趋于无效。同样的道理,在经济过热的背景下,某一地区单独实施的紧缩性财政政策,其紧缩效应也会因"出口漏损"(Export Leakages)而大打折扣或失效。

除了取决于财政政策自身调整的力度,地方财政政策的效力还受到财政政策乘数的影响。地方经济所具有的"开放经济"的特征,也使得地方财政政策乘数效应趋于无效。这种无效性,可以用开放经济和封闭经济(Close Economy)体系中地方财政政策乘数(Fiscal Multiplier)的大小来说明。在式(3-1)中,Y表示某一地区的国民收入,C表示该地区的消费,I表示该地区的投资,G表示该地区的财政支出,E和M分别代表该地区在国内统一市场"出口"和"进口"的产品，c 为该地区的边际消费倾向，m 为从国内统一市场"进口"的产品和服务在该地区消费总额中所占的比重。开放经济条件下地方政府财政政策的乘数，可以通过下面的推导得出：

$$Y = C + I + G + (E - M) \tag{3-1}$$

$$C = a + c(1-t)Y \tag{3-2}$$

$$M = mC \tag{3-3}$$

$$Y = \frac{1}{1-c(1-t)(1-m)}[a(1-m) + I + G + E] \tag{3-4}$$

$$\frac{\mathrm{d}Y}{\mathrm{d}G} = \frac{1}{1-c(1-t)(1-m)} \tag{3-5}$$

如果该地方政府处于一个封闭经济体系中，也就是说地区间不存在"出口"和"进口"，则地方政府财政政策的乘数为：

$$Y = C + I + G \tag{3-6}$$

$$C = a + c(1-t)Y \tag{3-7}$$

$$Y = \frac{1}{1-c(1-t)}(a + I + G) \tag{3-8}$$

$$\frac{\mathrm{d}Y}{\mathrm{d}G} = \frac{1}{1-c(1-t)} \tag{3-9}$$

通过式(3-5)和式(3-9)之间的比较，可知开放经济体系中地方政府财政政策的乘数要明显小于封闭经济体系中地方政府财政政策的乘数，而且贸易漏损越大或者"进口"在该地区消费总额中所占的比重越大，开放经济体系中地方政府财政政策的乘数就越小，相应的财政乘数效应(Multiplier Effect)也就越小。

3.3.2 地方政府缺少可用于宏观经济稳定的政策工具

把财政政策作为宏观经济稳定的政策工具，需要政府周期性地产生财政盈余和财政赤字，即在经济衰退期通过增加财政支出、减少税收来扩张经济，从而形成财政赤字，而在经济过热期通过减少财政支出、增加税收来抑制经济过热，从而形成财政盈余。不少国家都以法律的形式要求地方政府尽可能地保持预算平衡，不得随意出现预算赤字。即使能够突破这一限制，地方政府预算赤字还涉及相应的融资问题。由于地方政府的信用度要远低于中央政府，因此相对于中央政府的债务融资来说，地方政府通过资本市场为地方预算赤字进行融资要困难许多。

在实践中，宏观经济平稳运行的目标往往需要财政政策和货币政策的相互配合才能达成。通常情况下，一个国家的货币发行与利率调整都是由该国中央银行根据全国的经济形势来操作的，地方政府基本无力操控货币政策工具来支持其财政政策的执行。如果由各地方政府各自执行货币政策，那么不仅其有效性会因为地区间经济的开放性而严重受损，而且各地区分散的货币发行和利率调整会使得货币流通乃至整个国民经济陷入一片混乱之中。

在市场经济条件下，无论是从财政政策的效果还是从运用财政政策工具的能力上看，宏观经济稳定职能都应由中央政府来承担。地方政府不承担宏观经济稳定职能，并不意味着地方政府的财政活动就不产生任何宏观经济效应。毕竟，地方政府的财政收支活动也是整个国家财政收支中的一个重要组成部分，它必然会对整个国家财政的收支规模、结构以及由此产生的宏观经济效应施加一定的影响。另外，任何一个国家的中央政府在运用财政政策调控宏观经济时都会听取或考虑地方政府的呼声和利益诉求。

专栏 3-6　　对政府间财政职能划分的不同认识

财政联邦主义关于政府间财政职能划分的基本主张提出以后，为绝大多数经济学家所接受，并用于指导各国的实践。尽管被广为接受，但财政联邦主义关于政府间财政职能划分的经典观点也遭到了部分经济学家的反对。美国经济学家爱德华·M. 格拉姆利克（Edward M. Gramlich）对地方政府在收入分配和宏观经济稳定方面是软弱无力的这一观点提出了挑战。格拉姆利克提出，在许多情况下居民的流动并非由单一的经济原因所决定，还要受风俗习惯、自然环境甚至气候等因素的影响，如果所谓的"流动性"事实上很少发生，那么地方财政政策在本地区内就有较大的作用空间。格拉姆利克还认为，一些经济因素总是影响特定的产业，不同地区的产业结构各不相同，不同的产业对经济运行的影响是不同的，具有不同产业结构的地区的宏观经济效应也是不同的。正因为如此，格拉姆利克得出了"宏观经济日益变得地区化而不是全国化，在宏观经济问题上可以需要，甚至必须有地方的政策"的结论。关于地方财政的收入分配职能，格拉姆利克认为，地区间的流动性并不能用来严格证明应消除地方政府的收入再分配政策。他提出，尽管再分配职能最好由联邦政府行使的传统观念依然存在，但现实中的财政制度却把大量的再分配职责留给了地方，美国联邦政府通过对州的财政拨款来参与州的再分配决策。

20世纪80年代以来，西方财政学者在财政联邦主义的基础上提出了所谓的"新财政联邦主义"（New Fiscal Federalism）。新财政联邦主义是经济全球化背景下财政联邦主义的新发展，它对财政职能在各级政府之间的划分提出了一些有别于传统财政联邦主义的新观点。

在资源配置方面，财政联邦主义强调居民在地区间的"用脚投票"和地方政府的职责。新财政联邦主义并不否认这一点，但它同时也强调在经济全球化背景下，居民和企业既可以在一个国家内部的不同地区间"用脚投票"，也可以在不同国家间"用脚投票"；而且随着经济全球化程度的不断加深，国家间"用脚投票"的规模会越来越大，频率也会越来越高。这样，不仅地方政府要承担相应的财政资源配置职能，而且中央政府也要通过国际通行的法律准则的制定和制度环境的营造、透明的政策和规范的管理，为国内外各经济主体提供良好的公共服务，以增强其市场信心，促进资源的合理配置。

在收入分配方面，财政联邦主义一般认为收入分配首先是地区贫困问题，地方政府单独实施收入分配措施可能会引起富人迁出和穷人迁入，从而使得收入分配问题更为严重和突出。新财政联邦主义也同意收入分配首先是地区贫困问题的观点，但它同时强调收入分配问题更是一个地区发展问题。只有地区经济得到了发展，本地区居民的收入水平才有可能普遍得到提高，而促进地区经济发展恰恰又是地方政府的一项重要职责。新财政联邦主义认为地方政府在收入分配上也具有不可推卸的责任和义务，地方政府要通过有效提供地方性公共产品、实施有特色的发展政策，促进本地区的经济发展，进而改善地区间以及人与人之间的收入分配。

在宏观经济稳定方面，新财政联邦主义提出在经济全球化背景下，中央政府独自承担宏观经济稳定职能的观点应有所变化。一方面，中央政府的宏观经济稳定工具，如关税、汇率等，在经济全球化背景下都受到了一定的限制。与此同时，经济波动在各个国家之间也具有较强的"传染性"，它已经超越了国家的范围，不是一个国家的宏观经济稳定政策所能够单独控制的，这也大大削弱了中央政府的宏观经济稳定能力。另一方面，一国范围内各地区的经济结构、发展水平和居民偏好的差异依然存在，各地区的居民对失业和通货膨胀、对均等和增长的取舍与权衡明显不同，而且各个地区对一些扰动的影响和反应也各不相同，因此由地方政府运用财政政策来平抑经济波动的作用可能会更明显，地方政府的反周期政策甚至有可能优于中央政府的反周期政策。

如果说财政联邦主义是立足于国内资源的有效利用来认识财政职能的划分，那么新财政联邦主义则更加着眼于全球范围内的资源有效配置。在经济全球化步伐逐步加快的情形下，一个国家的政策和制度正在被全球化的市场力量驱动，各国的经济边界也在不断被突破，市场渗漏严重，各个国家政府的自主性、政策的作用和效应都大为降低。正是在这一背景下，新财政联邦主义才提出"经济全球化的发展，客观上扩大了地方政府的财政职能，与此同时中央政府的财政职能也发生了很大变化"的主张。尽管新财政联邦主义关于财政职能的划分的不同观点在一定程度上具有理论和现实基础，但其能否从根本上推翻财政联邦主义关于财政职能划分的经典论述，还有待实践的进一步检验。

资料来源：作者整理自 Fisher R C. State and Local Public Finance. London：Routledge，2023：18—22 和中国财政学会.第十五次全国财政理论讨论会文选.北京：中国财政经济出版社，2002：819—825 等资料。

重要概念

政府间财政职能划分　地方财政职能　提布特模型　"用脚投票"　贸易漏损　新财政联邦主义

复习思考题

1. 中央政府和地方政府在资源配置方面各应承担什么样的职责？
2. 提布特模型是如何揭示居民对地方性公共产品的偏好的？
3. 请对"提布特模型采用的是模拟市场机制的分析方法"这一观点进行评析。
4. 为什么地方政府在实施收入再分配与宏观经济稳定计划时会受到比中央政府更大的限制？
5. 创立公立学校与援助贫困家庭，哪一项由地方政府承担会更有效？哪一项由中央政府承担会更有效？请给出具体的解释。

课堂讨论题

请结合所给案例材料，运用相关理论对中国在实现"共同富裕"过程中中央政府和地方政府各自应承担的职责进行课堂讨论。

案例材料

中国向"共同富裕"目标迈进

习近平总书记提出，共同富裕是中国特色社会主义的本质要求，也是一个长期的历史过程。2018年，中共十九大报告在党的历史上第一次把全体人民共同富裕的社会主义本质外化为具体奋斗目标：到2035年基本实现社会主义现代化时，全体人民共同富裕迈出坚实步伐，到本世纪中叶把中国建成富强民主文明和谐美丽的社会主义现代化强国时，全体人民共同富裕基本实现。

2020年，中共十九届五中全会对扎实推动共同富裕做出重大战略部署，明确到2035年基本实现社会主义现代化远景目标，其中首次提出"全体人民共同富裕取得更为明显的实质性进展"。2022年，中共二十大报告再次强调"稳步推动全体人民共同富裕取得更为明显的实质性进展"。

资料来源：作者整理自公开资料。

参考文献与延伸阅读资料

曹荣湘.蒂布特模型.北京:社会科学文献出版社,2004.

Musgrave R A. The Theory of Public Finance: A Study in Public Economy. NY: McGraw-Hill, 1959.

Oates W E. Fiscal Federalism. NY: Harcourt Brace Jovanovich, 1972.

Rosen H S. Studies in State and Local Public Finance. Chicago: University of Chicago Press, 1986.

Ferrazzi G, Rohdewohld R. Emerging Practices in Intergovernmental Functional Assignment. London: Routledge, 2017.

网络资源

经济学研究论文(Research Papers in Economics, RePEc)网站, http://ideas.repec.org/.

德国兰根地方财政研究所(Institute of Local Public Finance based in Langen, Germany)网站, http://www.ilpf.de/en/home.

加拿大阿尔伯塔大学(University of Alberta)公共经济学研究所(Institute for Public Economics)网站, https://sites.ualberta.ca/~ipe/IPE/IPE.html.

21世纪经济与管理规划教材
财政学系列

第 4 章

政府间事权与财政支出责任的划分

【本章学习目标】

- 掌握政府事权的多维属性
- 掌握政府间不同维度事权的划分
- 掌握早期学者提出的政府间财政支出责任划分的基本原则
- 掌握政府间财政事权与支出责任划分的基本原则
- 掌握主要财政支出项目在中央政府与地方政府间划分的基本框架

政府间事权与财政支出责任的明确划分,是处理好政府间财政关系、建立一个稳定而有效的财政分权体制最为重要的一个方面。合理划分各级政府之间的事权和财政支出责任,是政府有效分级提供公共产品和服务的前提与保障,也是推动国家治理体系和治理能力现代化的客观需要。

4.1 政府间事权的划分

政府事权既是政府权力的一种体现,也意味着政府在公共产品和服务的提供中应承担相应的责任。在多级政府体系下,公共产品和服务的分级提供,意味着政府事权要在中央政府与地方政府间以及不同地方政府间进行明确的划分。[①]

4.1.1 政府事权的多维性

公共产品和服务的提供本身就包含相关政策的制定、筹资、生产和监管等多个环节,因此政府事权是具有多维性的,它具体包括决策事权、财政事权、生产事权和监管事权等多个方面。

决策事权(Responsibility for Policy and Regulation)是一级政府拥有的提供公共产品和服务的最终决策权,具体包括决定提供哪种公共产品和服务、提供多少公共产品和服务以及按照什么标准提供公共产品和服务等基本问题。财政事权(Responsibility for Financing)是指一级政府承担某项公共产品和服务的提供所需资金的职责,它包括资金的筹集(Getting Money)和资金的使用(Spending Money)。生产事权(Responsibility for Production)是指一级政府或某一组织具体承担公共产品和服务的生产职责。监管事权(Responsibility for Administration)则是指在决定提供某项公共产品和服务之后,一级政府承担对该公共产品和服务提供过程进行相应的监督和管理的职责。

在政府事权的多维性中,财政事权处于核心地位,因为它直接关系到哪一级政府承担公共产品和服务的公共提供(Public Provision)的职责。

4.1.2 政府间不同维度事权的划分

政府事权的多维性,意味着不同维度的事权要在不同级次的政府间做出一个明确的划分。公共产品和服务的不同维度事权,既可以全部划归一级政府来承担,也可以分别划归不同级次的政府来承担。

---

① 很多联邦制国家都在宪法中对联邦政府与联邦成员政府间的事权划分做出明确的规定,要么是在宪法中列举联邦政府事权,剩余事权(Residual Powers)由地方政府保留,要么是在宪法中列举联邦政府事权和共同事权,剩余事权由地方政府保留。与联邦制国家不同的是,单一制国家很少在宪法和法律中对政府间事权做出明确而固定的划分。单一制国家政府间事权的划分,是建立在中央政府对地方政府的授权基础之上的。

1. 政府专有事权

在政府间事权划分过程中，一级政府承担某一公共产品和服务所有维度的事权，就会形成该级政府的"专有事权"(Exclusive Responsibilities)。专有事权有利于公共产品和服务的有效提供，也有助于强化一级政府的责任性(Accountability)，因为在专有事权中，不需要多级政府间的衔接和配合，也无推脱责任的空间。

政府专有事权具体体现为中央政府专有事权和地方政府专有事权。对中央政府而言，专有事权主要涉及一个国家的主权性事务以及关系到国家整体和全局性利益的事务，如国防、外交、国家安全、全国统一市场规则和管理等各个维度的事权都由中央政府来负责（参见表4-1）；而对地方政府而言，专有事权涉及的主要是社区服务、城市建设和城市管理等区域性公共事务。在现实中，由中央政府或地方政府单独行使的事权，在全部公共产品和服务中所占的比例并不高，因为完全适合由某一级政府单独承担提供职责的公共产品和服务并不多。

表4-1 政府间不同维度事权的划分

事权项目（部分）	决策事权	财政事权	监管事权	生产事权
国际事务	F	F	F	F
国防	F	F	F	F
公共秩序与安全	F/S/L	F/S/L	F/S/L	F/S/L
基础教育与中等教育	F/S/L	F/S/L	S/L	S/L/P
高等教育	F/S	F/S	F/S	F/S/P
健康保健	F/S/L	F/S/L	S/L	S/L/P
社会福利与保障	F/S	F/S	S/L	S/L
社区服务（供排水、垃圾处理、消防）	S/L	L	L	L/P
高速公路、市区道路	F/S/L	F/S/L	F/S/L	F/S/L/P
公园、娱乐与文化	F/S/L	F/S/L	F/S/L	F/S/L/P
全国性交通与通信网络	F	F/S	F/S/L	F/S/L/P
地方性公共交通	S/L	S/L	S/L	S/L/P

资料来源：作者整理自 Martinez-Vazquez J. Intergovernmental Fiscal Relations and the Assignment of Expenditure Responsibilities. Andrew Young School of Policy Studies, Georgia State University, 2001。

注：F代表联邦（中央）政府，S代表州（省、邦）政府，L代表省（州）以下的地方政府，P代表私人企业或市场。

2. 政府共同事权

一些公共产品和服务，如基础教育和基本的保健服务，根据其受益范围具有地方政府事权的属性，但由于它们与社会福利和收入再分配具有密切联系，因此也常常被认为属于中央政府的事权。正因为如此，相当一部分公共产品和服务的提供都是由中央政府和地方政府共同承担的，从而形成多级政府的"共同事权"（Concurrent Responsibilities）。在共同事权下，某一公共产品和服务相同或不同维度的事权分别划归不同级次的政府承担。

在实践中，共同事权具体有两种表现形式：一种是不同级次的政府分别承担某一公共产品和服务的提供，如一些国家的中央政府和省级政府都兴办公立大学；另一种是某一公共产品和服务不同维度的事权由不同级次的政府分别承担，最为常见的情形是中央政府承担主要的决策事权，而地方政府承担财政事权、监管事权和生产事权，如基础教育方面的很多重要决策都由中央政府做出，而地方政府具体负责校舍的建设、教师的任用与培训等任务。

专栏4-1　　美国用ESSA法案取代NCLB法案

2002年，美国通过了《不让一个孩子掉队法案》（No Child Left Behind Act），即NCLB法案，该法案旨在解决贫困地区学生和少数族裔儿童所面临的教育不平等问题，其采用的主要措施是要求全国的学生从小学三年级开始直至高中每年都要参加统一的标准化测试。从开始实施的第一年，NCLB法案就在全美范围内引发了激烈的争论。除诸如法案实施的技术难点、联邦政府财政转移支付低于预期等问题外，最关键的争议之处在于联邦政府是否应当插手基础教育，因为在传统上这一直是州和地方政府的事权范围。

截至2005年3月，至少有15个州的立法机关对NCLB法案提出了挑战。犹他州宣称，犹他州拥有良好的教育系统，而且最清楚怎样运作本州的教育体系，NCLB法案是近五十年间美国联邦政府权力在教育领域最强有力的扩张，也是犹他州所面对的联邦政府对州内事务的干预中最为严重的问题。关于NCLB法案争论的实质是哪一级政府应该拥有基础教育政策的掌控权。

在各方持续就NCLB法案对联邦政府施压的情况下，美国联邦教育部于2006年同意对由20个州提交的关于根本性地改革考核学生进步程度方式的申请进行审核。2010年，美国总统奥巴马提出了修改NCLB法案的计划；2015年，《每一个学生都成功法案》（Every Student Succeeds Act），即ESSA法案得以通过。ESSA法案最明显的变化就是终结了NCLB法案确定的以测试成绩为基础的"联邦问责制"，取而代之的是"州问责制"，重新将基础教育的管理权归还给各州和地方政府。

资料来源：作者整理自Gruber J. Public Finance and Public Policy. Fifth Edition. Cheltenham：Worth Publishers, 2015：261-262等资料。

在多维度的政府事权中，决策事权比较容易与处于核心地位的财政事权分离开来。即使是通常由地方政府承担财政事权的地方性公共产品，基于公平等诸多方面的考虑，中央政府也有可能承担其决策事权,这具体体现为中央政府制定部分地方性公共产品的提供标准。① 许多国家都对公共产品和服务的提供规定了相应的标准,有的规定了"最低标准",所有的地方政府都必须达到,有条件的地方政府也可以高于这一标准,如基础教育等;有的规定了"基本标准";还有的规定了"最高标准",地方政府在提供公共产品和服务的过程中,不允许超过某个界限,如低层公用建筑不得安装电梯等。

在政府间事权划分过程中,生产事权不仅可以与其他维度的事权相分离,而且其划分也有一定的特殊性。其他维度的政府事权,无论具体如何在不同级次的政府间配置,都限定在多级政府体系内来进行,而公共产品和服务生产事权的划分并不总是局限在政府体系内部。由于私人企业的效率一般都要高于政府和公共企业,因此在不少国家,相当一部分公共产品和服务尤其是地方性公共产品和服务的生产事权常常以"合同外包"(Contract-out)或政府购买等方式交由私人企业或市场来承担(参见表 4-1)。当然,在这种情况下,政府必须承担起相应的监管职责才能确保公共产品和服务的有效提供。

3. 委托事权

除了政府专有事权和政府共同事权,在各国的实践中还存在所谓的"委托事权"(Delegated Responsibilities)。

委托事权指的是原本由某一级次政府承担的事权出于管理便利等方面的考虑委托给其他级次政府来承担。最为常见的情形是,中央政府或上级政府将事权委托给地方政府或下级政府。委托方一般会通过政府间有条件的财政转移支付将履行委托事权所需的资金交给受托方,同时指定资金必须用于委托事权。

4.2 政府间财政支出责任的划分

财政支出责任对应着财政事权中的"资金使用"。通常情况下,政府间财政支出责任的划分(Assignment of Expenditure Responsibilities)与政府间财政事权的划分是一致的。中央政府的财政事权由中央政府承担财政支出责任,地方政府的财政事权由地方政府承担财政支出责任,中央政府与地方政府的共同财政事权则由中央政府与地方政府共同承担财政支出责任。

4.2.1 政府间财政支出责任划分的原则

政府间财政支出责任的划分,是由政府间财政职能的划分所决定的。根据政府间财政职能的划分,与财政资源配置职能相关的财政支出责任主要由地方政府来承担,而与财政收入分配职能和宏观经济稳定职能相关的财政支出责任则应当划归中央政府。然而,

---

① Ter-Minassian T. Fiscal Federalism in Theory and Practice. IMF, 1997: 26.

在各国的实践中,财政支出责任在各级政府间的划分更多地反映了以往的惯例和历史性因素,而不是纯粹基于经济效率方面的考虑。① 尽管并不存在一个绝对最优的办法来确定提供某一特定公共产品和服务所需的财政支出应由哪一级次的政府来承担,但仍有一些经济学家提出了财政支出责任在各级政府间进行划分应遵循的基本原则。

1. 早期观点

20世纪上半叶,英国财政学的主要代表人物查尔斯·巴斯特布尔(Charles Bastable)提出,政府间财政支出责任的划分应遵循受益、行动和技术等三项原则。② 受益原则指的是当公共产品的受益对象是全国范围内的所有居民时,与之相关的财政支出责任应划归中央政府;而当公共产品的受益对象主要是某一特定地区的居民时,那么与之相关的财政支出责任就应划归地方政府。行动原则要求凡政府提供的公共产品,在行动上必须统一规划的,则与之相关的财政支出责任应划归中央政府;凡政府活动在实施过程中必须因地制宜的,则与之相关的财政支出责任应划归地方政府。技术原则指的是如果政府活动和公共工程的规模较为庞大、需要较顶尖的技术才能够完成,则与之相关的财政支出责任应划归中央政府;否则,就属于地方政府的财政支出范围。

20世纪上半叶,美国财政学的主要代表人物埃德温·塞利格曼(Edwin Seligman)认为,应以效率为标准在各级政府间划分财政支出责任,由哪一级政府承担财政支出责任更有效率,就应将其划归这一级政府承担;同时他还提出,规模较大的财政支出应划归中央政府承担,而规模较小的财政支出应划归地方政府承担。

20世纪70年代,美国财政学者奥托·埃克斯坦(Otto Eckstein)强调在政府间财政支出责任划分中应重视决策程序问题。他认为,与中央政府的决策相比,地方政府形成一项公共决策所需的时间要短许多,即使中央政府的决策是科学的,也常常会因为决策程序过长而时过境迁;地方政府的决策相对快捷,而且更能够体现出本地区居民的偏好和习惯,往往更符合本地区居民的利益,因此埃克斯坦主张除国防、外交、国家管理等支出由中央财政承担之外,其他财政支出应主要由地方政府承担。③

| 专栏4-2 | 政府间财政支出责任划分标准:中国前任财政部部长的观点 |

在学术上亦有一定造诣的中国前任财政部部长楼继伟提出,外部性、信息处理的复杂性和激励相容等是政府间事权与支出责任划分的基本依据。

(1) 外部性

各项公共服务的提供,应该由控制着这一服务提供的收益和成本内部化的最小地理

---

① 贝利.地方政府经济学:理论与实践.左昌盛,等,译.北京:北京大学出版社,2006:17.
② 平新乔.财政原理与比较财政制度.上海:上海人民出版社,1995:362.
③ 埃克斯坦.公共财政学.张愚山,译.北京:中国财政经济出版社,1983:242—243.

区域的辖区来进行。只要不至于产生服务成本与收益在辖区间的不匹配,公共服务的供应职责就应该尽可能地下放到最低层级的辖区。

如果一项活动只是使一个地区受益或者受损,那么这项活动就应交给这个地区来管理;如果一项活动不仅使一个地区受益或受损,而且其他地区也受益或受损,那么这项活动就具有外部性,需要由高一级的政府来管理;如果其外部性跨越更多的区域,就适合由更高级别的政府来管理。

(2)信息处理的复杂性

信息处理越复杂,越有可能出现信息不对称,就越应让地方政府来管理,因为地方政府比较熟悉基层的情况,能够掌握更为真实、准确的信息,它比中央政府具有明显的信息优势。如社会保险中养老保险的信息相对简单,只需知道参保人的年龄、生死、就业状况等就可以了,而医疗保险还需知道参保人的身体情况、用药、定点医院等方面的信息。相比较而言,中央政府可能有能力全面管理养老保险,而医疗保险可能就需要中央政府和地方政府进行合作管理。

(3)激励相容

一种体制如果能够使所有参与人即使按照自己的利益去运作,也能够实现社会整体利益最大化,那么这种体制就是激励相容的。政府间财政关系是体现中央政府与地方政府之间的利益格局的一种制度安排。由于中央政府和地方政府之间整体利益与局部利益的差别是客观存在的,因此制度安排的激励相容显得格外重要。在既定的政府间财政关系安排下,如果地方政府在追求局部利益的过程中损害了国家整体利益,那么这个制度安排就不是激励相容的,由此引发的中央和地方之间的矛盾冲突会推动中央政府实施新的制度安排,而每一次激励相容的安排都是在原有基础上的一次帕累托改进。

在实践中,常常出现地方政府因激励不足导致的对某项事权支出不足或因约束机制缺失导致的事权执行不到位等现象。激励相容原则认为应设置适当的针对地方政府行为的激励授权机制和监督约束制度,以保障地方各级政府高效提供辖区范围内的基本公共服务,避免地方政府出现推脱责任或追求局部利益而损害其他地区利益或全国利益的行为。

资料来源:作者整理自楼继伟.中国政府间财政关系再思考.北京:中国财政经济出版社,2013:145—151等资料。

2. 现代观点

现代学者普遍认为,政府间财政支出责任的划分应遵循的原则,是"辅助性原则"(Principle of Subsidiarity)和"匹配性原则"(Correspondence Principle)。

辅助性原则指的是在可能的情况下,应将公共产品和服务的提供职责交给由受益范围决定的最低级次的政府履行。① 也就是说,实现公共产品和服务有效供给的最佳方式是在其受益范围内由最低级次的政府来提供。这种权力下放,可以提高政府对选民的责任感和反应速度,使政府提供公共产品和服务的数量、构成和质量,与受益人的偏好之间具有更加紧密的对应性,这也在一定程度上反映了一种更加民主和更加强调参与性的政治发展过程。② 虽然辅助性原则强调在政府间分工中,中央政府只应承担辅助性功能,解决地方政府无法或无法有效解决的问题,但这一原则也并不主张将所有的事权和财政支出责任都下放到基层地方政府。如果不顾及受益范围的约束而一味地将财政支出责任下放到基层地方政府,那么辖区间的外部性就会越来越严重,由此带来的公共产品和服务提供不足的问题也会越来越突出;而且公共产品和服务的提供职责下放得过低,也不利于实现规模经济效应。从某种意义上说,辅助性原则要在更接近于选民与公共产品提供过程中的规模经济、外部性之间寻求平衡。

匹配性原则要求一级政府的财政支出应当与其提供公共产品和服务的受益范围相一致。根据这一原则,不存在利益外溢的公共产品和服务,应当由地方政府来提供;能够使多个地区受益的公共产品和服务,应当由更高一级的地方政府来提供;能够使全国范围受益的公共产品和服务,则应当由中央政府来提供。如果不能将公共产品和服务的受益范围与提供这种公共产品和服务的政府所管辖的区域匹配起来,就可能导致资源的不合理配置,政府一方面对一些公共产品和服务供给过多,另一方面对一些公共产品和服务则可能供给不足。

不管采用什么原则去指导财政支出责任在中央政府与地方政府之间以及在各级地方政府之间的划分,清晰且稳定的政府间财政支出责任划分对于较好地处理政府间财政关系来说都是至关重要的。

专栏 4-3　发展中国家和转型国家政府间财政支出责任划分的共性问题

经济发达国家都是用法律形式来对政府间财政支出责任的划分加以规范,并且政府间财政支出责任的划分格局也较为稳定,从而为其较好地处理政府间财政关系打下了良好的基础。然而,发展中国家和转型国家的财政分权改革效果普遍不佳,具体到政府间事权与支出责任划分上,主要存在以下一些带有共性的问题:

---

① 辅助性原则源于天主教教皇利奥十三世的社会训导。欧洲委员会(Council of Europe)1985 年通过的《欧洲地方自治宣言》(European Charter of Local Self-government)和 1993 年生效的《马斯特里赫特条约》(The Maastricht Treaty)将辅助性原则确定为欧盟与会员国在处理主权问题上的最高指导。随着时代的演进,辅助性原则亦适用于一个国家内部政府间关系的处理。

② Mikesell J L. Fiscal Administration: Analysis and Applications for the Public Sector. Boston: Cengage, 2017: 644-645.

第一,不具备有效划分政府间财政支出责任的前提条件。只有明确"哪些是政府要承担的、哪些是市场要承担的",才能将"需要政府承担的事务"在多级政府间进行划分。但在一些发展中国家和转型国家,政府与市场之间的边界没有完全厘清,这就从根本上制约了政府间财政支出责任的合理划分。

第二,政府间财政支出责任的划分、政府间财政收入的划分和政府间财政转移支付之间的先后顺序没有处理好。通常情况下,财政分权改革的顺序应当是政府间财政支出责任的划分先于政府间财政收入的划分和政府间财政转移支付。然而,相当多的发展中国家和转型国家在财政分权改革时首先推进的都是政府间财政收入的划分,而忽略了政府间财政支出责任的划分。

第三,缺乏正式的政府间财政支出责任的划分。在很长一段时间里,发展中国家和转型国家都没有与发达的联邦制国家一样在宪法或相关法律中明确各级政府的财政事权和支出责任,或者有事实上的明确划分。正因为缺少正式的划分,所以发展中国家和转型国家在一些支出项目的划分上存在模棱两可的地方。

第四,存在一些无效率的财政支出责任的划分。部分发展中国家和转型国家将资本性支出全部划归中央政府,而将社会保障支出责任交由地方政府来承担。

第五,缺少合作机制和冲突解决机制。缺少合作机制和冲突解决机制,使得相当一部分发展中国家和转型国家的政府间的利益矛盾和冲突难以平息。

资料来源:作者整理自 Martinez-Vazquez J. Intergovernmental Fiscal Relations and the Assignment of Expenditure Responsibilities. Andrew Young School of Policy Studies, Georgia State University, 2001。

4.2.2 一般意义上的政府间财政支出责任的划分

尽管受政治、经济和历史等多方面因素的影响,现实中各国的政府间财政支出责任划分不存在统一的模式,但中央政府与地方政府间财政支出责任划分的基本框架还是相对确定的。

(1)中央政府承担与全国性公共产品的提供相关的财政支出以及与收入分配相关的财政支出

根据受益原则和成本与收益相对称的原则,国防、外交、外贸管理、全国性的立法和司法、中央银行和中央税的征管以及宏观经济稳定等全国性公共产品的提供成本应由从中获益的全国所有居民来承担,因此用于提供全国性公共产品的财政支出责任都应划归中央政府来承担。

调节地区间和居民间的收入分配主要是中央政府的职责,与之相关的财政支出项目,如养老保险支出、失业保险支出和对个人的福利补贴等,主要应划归中央政府负责,但这并不排除部分国家地方政府的财政支出中也有一部分与收入分配相关的项目。①

(2) 地方政府承担与地方性公共产品的提供相关的财政支出

根据受益原则和成本与收益相对称的原则,地区性交通、警察、消防、基础教育、绿化、城市供水、下水道、垃圾处理、公园、地方性法律的制定和实施等地方性公共产品的提供成本主要应由受益地区的居民来承担,与之相关的财政支出责任应划归地方政府承担。此外,为了达成资源配置最优的目标,地方性公共产品的决策应尽可能地留给地方政府。

(3) 中央政府和地方政府共同承担具有外部性特征和与跨地区建设的公共项目相关的财政支出

跨地区的公路、铁路、水路运输、邮政、通信等公共项目,其受益范围一般都会覆盖好几个地区。有些公共项目虽然位于一个地区,但受益者却并不局限于本地居民,邻近地区的居民也能从中受益,如兴修防洪设施和水利工程、控制环境污染、促进教育等。这些都需要中央政府进行必要的参与。跨地区建设的公共项目以及具有外部性特征的地方公共项目所需的财政支出,应由中央政府与地方政府共同承担,各自的分担比例会因为具体项目特征的不同而有所改变。②

在相当多的国家,地方政府本身也是由两级或多级政府组成的,因此除了要在中央政府和地方政府之间进行财政支出责任的划分,还要在各级地方政府之间进行财政支出责任的划分。在决定某一项财政支出责任具体由哪一级地方政府承担时,主要应考虑的是受益范围、效率和规模经济效应等因素。

专栏4-4　日本政府间事权与财政支出责任的划分

日本的政府体系由中央、都道府县(Prefectures)和市町村构成。在日本的政治生活中,都道府县和市町村常常被称为"地方自治团体"。日本的《地方自治法》规定,凡直接与居民日常生活相关的行政工作,都尽可能由居民身边的地方自治团体来完成;地方自治团体不能处理的问题,才由中央政府处理。日本各级政府间的事权和财政支出责任的划分,就是遵照这一原则来进行的。

日本中央政府的事权主要包括属于国家全局利益的国防、外交、货币政策等,需统一

---

① 在一些联邦制国家,采用累进税率的个人所得税(Personal Income Taxes)等通过财政收入进行的收入再分配,一般由联邦政府执行;在社会保障、福利、教育、医疗等通过财政支出进行的收入再分配中,社会保障、社会福利由联邦政府来承担,而教育、医疗则主要由地方政府来承担或由联邦、州和地方政府共同承担。从20世纪90年代开始,美国、加拿大和瑞士等国先后将一部分社会福利的职责从联邦政府下放到州和地方政府。美国于1996年实行分散化的福利政策后,各州在制定帮助穷人的福利政策方面有了很大的自主权,但由于出现大量福利移民,各州都不再增加甚至直接减少福利支出。对此,有学者认为,如果这一趋势导致福利支出严重短缺,那么医疗补助和社会福利等支出责任可能重新回归联邦政府,从而形成一定程度的集权。

② 马骏,郑康斌.西方财政实践.北京:中国财政经济出版社,1997:51.

办理的重大经济事务,以及与人民生活密切相关并且需要全国统一协调的事务,具体包括国防、外交、产业政策、国土开发、高等教育、社会保险、全国性的公共事业和公共工程等。日本地方政府的事权集中在基础设施建设、社会福利、卫生保健、消防、港湾、城市规划、公共卫生和住宅等方面。

都道府县和市町村虽然法律地位平等,但由于地域、人口等因素不同,二者的事权并不相同。都道府县是广域地方政府单位,主要承担市町村关系的协调和调整事务以及不适宜由市町村来承担的事务。市町村是基层地方政府单位,主要承担与居民有密切关系的公共事务。都道府县和市町村之间的职责划分并不是一成不变的。根据事务的性质和地区实际情况,都道府县可以向市町村转让一部分事务,而由市町村负责的一些事务也有可能交由都道府县来处理(参见表4-2)。公路、河流、教育、社会福利、劳动、卫生、工商、农林行政等,是日本中央政府与地方政府的共同事权。

表4-2 日本的政府间事权划分

项目	中央政府	都道府县	市町村
基础设施	高速公路、国道(指定区间)、一级河川	国道(指定区间以外)、都道府县道路、一级河川(指定区间)、二级河川、港湾、公营住宅、决定市中心街区、区域调整	城市规划、市町村道路、准用河川、港口、公营住宅、下水道
教育	公立大学(国立)、私立大学补助	高中、特殊教育学校、中小学教师的工资和人事、私立学校(幼儿园—高中)补助、公立大学(县立)	小学、初中、幼儿园、保育园
福利卫生	社会保险、医师等执照、医药品等许可执照	生活保障(町村)、儿童福利、保健所	生活保障(市)、儿童福利、国民健康保险、护理保险、上水道、垃圾与粪便处理、保健所(特定市)
其他	国防、外交、货币政策	警察、职业培训	消防、户籍、居民基本信息登记

虽然日本是一个单一制国家,其财政体制具有很强的集权性,但其在政府间财政支出责任划分上采取的却是分散化的举措,除国防支出、外交支出和国债支出等由中央政府承担之外,其余的财政支出大都由地方政府承担。第二次世界大战结束以后的相当长一段时期内,日本中央政府财政支出占全部财政支出的比重一直稳定在1/3左右,而地方政府财政支出占全部财政支出的2/3左右(参见表4-3)。后来,由于国债还本付息支出增加和应对突发事件等,日本中央政府承担的财政支出份额从1970财政年度的26.9%逐渐上升到2021财政年度的44.3%,而地方政府财政支出所占的比重也从1970财政年度的73.1%下降为2021财政年度的55.7%。

表 4-3　日本政府间财政支出责任的划分　　　　　　　单位:%

财政年度	中央政府	地方政府	财政年度	中央政府	地方政府
1950	31.8	68.2	2013	41.7	58.3
1960	30.1	69.9	2014	41.7	58.3
1970	26.9	73.1	2015	42.0	58.0
1980	32.0	68.0	2016	42.2	57.8
1990	30.8	69.2	2017	42.2	57.8
1995	35.4	64.6	2018	42.5	57.5
2000	39.6	60.4	2019	42.6	57.4
2005	40.6	59.4	2020	44.0	56.0
2010	41.3	58.7	2021	44.3	55.7
2011	41.6	58.4	2022	44.1	55.9
2012	41.7	58.3			

虽然日本地方政府承担的财政支出份额远远超过OECD国家的平均水平,但这种政府间财政支出划分格局并不表明日本的财政分权程度要高于其他经济发达国家,因为它是在"受控制的分权"(Controlled Decentralization)框架下形成的。

资料来源:作者整理自日本总务省网站和《地方财政统计年报》等相关资料。

重要概念

政府事权　政府间事权划分　政府财政事权　政府决策事权　政府监管事权　政府生产事权　中央政府专有事权　地方政府专有事权　中央地方共同事权　委托事权　政府间支出责任划分　匹配性原则　辅助性原则

复习思考题

1. 如何理解政府事权的多维性?
2. 如何将多维的政府事权在不同级次的政府间进行划分?
3. 政府间财政支出责任划分应遵循哪些基本原则?
4. 简述政府间财政支出责任划分的基本框架。
5. 如何理解政府间财政支出责任划分过程中的"辅助性原则"?

课堂讨论题

重大突发公共事件主要有自然灾害、公共卫生事件、事故灾难、社会安全事件四大类。重大突发公共事件的爆发几乎不具备一般事物发生前的征兆,它影响的区域比较广、涉及的人员比较多,而且超出了一般社会危机的发展规律并呈现出易变性的特征。请结合所给案例材料,就应对重大突发公共卫生事件过程中多维的事权与财政支出责任如何在中央政府与地方政府以及各级地方政府之间划分进行课堂讨论。

案例材料

应对新冠疫情的费用

新冠疫情是近百年来发生的传播速度最快、影响范围最广、防控难度最大的一次重大突发公共卫生事件。

在疫情防控期间,全国各地均产生了高昂的医疗支出和疫情防控费用,具体包括早期感染者的医治费用、核酸检测费用、疫苗接种费用、封控管理费用和隔离管理费用等。此外,因疫情防控不得不减少或限制各种社会经济活动也给社会经济的发展造成了巨大的损失。在新冠疫情得到一定控制后,所有地区都面临社会经济复苏和公共卫生体系重建等任务,这些都需要庞大的资金来支撑,其中大部分都要由政府来承担。

资料来源:作者整理自公开资料。

参考文献与延伸阅读资料

王浦劬.中央与地方事权划分的国别研究及启示.北京:人民出版社,2016.

银温泉,孙凤仪,等.中央与地方财政事权和支出责任划分:改革方向与路径.北京:中国计划出版社,2021.

Raimondo H J. Economics of State and Local Government. NY:Praeger, 1991.

Paddison R, Stephen Bailey. Local Government Finance:International Perspectives. London:Routledge, 1988.

OECD. Reforming Fiscal Federalism and Local Government:Beyond the Zero-Sum Game. Paris:OECD Publishing, 2012.

网络资源

OECD 政府间财政关系网站(OECD Network on Fiscal Relations across Levels of Government),https://www.oecd.org/tax/federalism/.

税收与经济政策研究所(The Institute on Taxation and Economic Policy)网站"州政策"专题,https://itep.org/category/state-policy.

美国佐治亚州立大学州和地方财政研究中心(Center for State and Local Finance,GSU)网站,http://cslf.gsu.edu/.

21世纪经济与管理规划教材

财政学系列

第 5 章

政府间税收划分

【本章学习目标】

- 掌握政府间税收收入划分的方式
- 掌握不同政府间税收收入划分方式的特点
- 掌握政府间税种划分的基本原则
- 掌握一般意义上的政府间税种划分
- 掌握政府间税权划分的基本模式

在承担一定的财政支出责任的同时,各级政府必须拥有相应的财政收入来源作为其保障,因此作为现代社会政府最基本财政收入形式的税收也应当在各级政府间做一个明确的划分。

5.1 政府间税收收入的划分

政府间税收划分(Tax Assignment)包括政府间税收收入的划分和政府间税权的划分两方面,它是政府间财权和财力配置的一个关键环节。政府间税收收入的划分与政府间税权的划分,既可以完全匹配,也有可能出现不一致的地方。

5.1.1 政府间税收收入划分的方式

政府间税收收入划分有"共享"和"分离"两种基本模式。[①] 在共享模式下,主要的税基或税源由各级政府共有,只是按照一定的比例或通过各自决定本级政府课征的税率等方式来明确税收收入在各级政府间的分配。而在分离模式下,各级政府主要的税基或税源是相互分离开来的,或者说各级政府主要的收入来源都有明确而相对独立的税种来保障。

1. 共享税制、附加税制与独立税制

税收收入在各级政府间的划分具体有"共享税制""附加税制"和"独立税制"三种方式[②],分别属于上述两种模式。

(1) 共享税制

在共享税制(Tax Sharing)方式下,政府间税收收入的划分是通过"划分税额"来实现的,其基本特点是"先税后分",即先由某一级政府(通常是中央政府)统一征税,然后再将征收上来的税收收入在各级政府之间进行划分,它也被称为"税收分享"。地方政府所分享的税收收入既可以是事先确定的一个总量,也可以是总收入中一个固定的比例。税收收入在各级政府之间进行分享的税种,就是通常所说的"共享税"(Shared Taxes)。

(2) 附加税制

附加税制(Surtax)的基本机制是同源课税(Overlapping Taxing)。在同源课税方式下,税收收入在不同级次政府间的划分是通过"划分税率"来实现的,其基本特点是"划分税率、分率计征",即由各级政府对同一税基分别采用不同的税率、按照既定的程序课征归本

[①] 朱秋霞.德国财政制度.北京:中国财政经济出版社,2005:187.
[②] 不同的学者对政府间税收收入的划分方式有不同的表述,有的学者将其表述为分割税额、分割税率、分割税种和分割税制等(参见李厚高.财政学.台北:三民书局,1984:207 和孙开.政府间财政关系研究.大连:东北财经大学出版社,1994:70—71),有的学者将其表述为税源划分法、分成法、附加税和特定税收分配法等(参见平新乔.财政原理与比较财政制度.上海:上海三联书店,1995:365—367),但它们反映的实质内容却是一致的。

级政府所有的税收收入。划分税率方式的实质是"税基分享"(Tax Base Sharing)。

在各国的实践中,同源课税方式有"税收附加"(Tax Supplements)和"税收寄征"(Tax Piggyback)两种具体的做法。在税收附加中,下级政府可以与上级政府一样按照自己确定的税率独立地课征归本级政府所有的税收收入,但由于征税时采用的税基在相当大程度上要受制于上级政府,因此被视为对上级政府税收的一种"附加税"。税收附加既可以在上级政府税基的基础上附加,也可以在上级政府实际课税额的基础上附加。① 在税收寄征方式下,上级政府在对某一税基按照自己确定的税率征收归本级政府所有的税收收入时,还按照下级政府确定的税率,代替下级政府对同一税基进行课税,然后再将这一部分税收收入拨付给下级政府。在税收寄征中,上级政府确定的税率通常被称为基础税率,而下级政府确定的税率往往要低于基础税率。

专栏 5-1　　美国的个人所得税:三级政府同源课征

第二次世界大战结束以来,个人所得税一直是美国联邦政府最主要的税收收入来源。2022 财政年度,个人所得税收入在美国联邦政府税收收入中所占的比重达到 51.0%。除联邦政府课征个人所得税(Federal Individual Income Tax)外,美国的州和地方政府也课征个人所得税(State & Local Individual Income Tax),从而形成了三级政府同源课征个人所得税的局面。

目前,美国共有 43 个州和哥伦比亚特区课征不同类型的个人所得税。其中,新罕布什尔州和田纳西州课征的是一种有限型的个人所得税(Limited Income Tax on Individuals),仅对利息和股息征收,其他 41 个州和哥伦比亚特区课征的是综合型的个人所得税(Broad-based Individual Income Tax),对除法定免税项目之外的所有所得进行课征。阿拉斯加、佛罗里达、内华达、南达科他、得克萨斯、华盛顿和怀俄明 7 个州不课征个人所得税。

美国现阶段有 16 个州和哥伦比亚特区的约 5 055 个地方政府课征个人所得税。在允许地方政府课征个人所得税的州中,课征个人所得税的地方政府的级次和地域范围也各不相同。有的州只允许指定级次的地方政府课征个人所得税,而有的州则允许县、市等"一般目的型政府"和学区、交通区等"特殊目的型政府"等多个层次或类型的地方政府课征个人所得税,如肯塔基、俄亥俄、宾夕法尼亚和艾奥瓦 4 个州就允许学区课征个人所得税,只是要求其不能对辖区内非居民课税。有些州只允许指定地区的地方政府课征个人所得税,如纽约州就只允许纽约市和扬克斯市课征,而有的州则没有这方面的限制,如宾夕法尼亚、堪萨斯和俄亥俄等州的大部分地方政府都课征个人所得税。

20 世纪 60 年代以前,美国联邦个人所得税收入占全部个人所得税收入的比重基本

---

① 戴维.地方财政.滕忠勤,等,译.武汉:湖北人民出版社,1989:19.

在90%以上,有的年份甚至接近96%。20世纪六七十年代是美国州个人所得税发展的井喷期,不仅有10多个州新开征了个人所得税,而且州个人所得税的税基不断扩宽,税率也有所提高,再加上税务管理水平的提升,州个人所得税的规模不断扩大,其占州税收收入的比重迅速提高到19%。20世纪90年代,随着高科技产业的发展,州个人所得税的规模进一步扩大,1991年,州个人所得税收入占州税收收入的比重提高到32%,到1998年,州个人所得税的规模已经超过州销售税,成为美国州税体系中收入规模最大的税种。2005年,州个人所得税收入占州税收收入的比重又提高到33%。2020年,美国州个人所得税收入在州税收收入中所占的比重更是达到36.5%。从发展趋势来看,美国州财政对个人所得税的依赖还会加深。

资料来源:作者整理自Loughead K, Walczak J, Koranyi E. Unpacking the State and Local Tax Toolkit: Sources of State and Local Tax Collections. Fiscal Fact, No. 797, 2022和王玮.同源课税模式下的个人所得税:基于对美国的分析.税务与经济,2016(2):82—88等资料。

(3) 独立税制

在独立税制(Tax Separation)方式下,税收收入在不同级次政府间的划分是通过"划分税种"来实现的,其基本特点是通过确立税种的归属来实现政府间税收收入的划分,即针对各级政府行使职能的需要,根据各个税种自身的特征和收入规模,把各个性质不同的税种分别划给不同级次的政府,从而决定了税收收入在各级政府间的划分。这种方式的实质就是"划分税基"。

2. 不同政府间税收收入划分方式的比较

虽然都是将税收收入在不同级次的政府之间分割以满足各级政府的财政需求,但不同政府间税收收入划分方式在对分级财政的体现程度、制度繁简程度和实施成本等方面存在一些差异。

(1) 不同政府间税收收入划分方式对分级财政体现程度不同

共享税制和同源课税属于共享模式。由于税基是共有的,各级政府间的相互依赖关系要更加密切一些,对地方政府来说则会更多地受制于中央政府,其独立性要小很多,此时分级财政的色彩也相对淡一些。但就共享税制和同源课税这两种方式而言,在同源课税方式下,无论是"税收附加"还是"税收寄征",地方政府都能够自主地决定归本级政府课征的税率,与地方政府只能参与收入分享的共享税制方式相比,财政分权的特征要更浓一些。

独立税制方式属于分离模式。在这种方式下,由于税基是相对独立的,与之联系在一起的是地方政府也常常享有一定的税权,这样地方政府就可以更自由地决定本辖区内公共产品的供给,此时更能体现出分级财政的特征。

（2）不同政府间税收收入划分方式的制度繁简程度和实施成本不同

不同政府间税收收入划分方式的实施机制存在一些差异。由于共享税制方式的实施机制并不复杂，因此制度安排也较为简单；相比较而言，独立税制方式的制度设计就要复杂一些；而同源课税方式还要考虑到不同级次的政府对相同税基征税的协调问题，其制度设计更为复杂。

正因为三种方式的实施机制不同，所以各自的实施成本也不相同。在共享税制方式下，税收由某一级政府征管，这不仅可以节省相关的征管成本，同时也可以避免重复征税的发生，但在这一方式下，由于各级政府之间的税收收入没有截然区分开来，因此经常会围绕着税收收入分成比例产生争论和摩擦。在同源课税和独立税制方式下，税收往往由不同级次的政府分别征收管理，征管成本较高，如果赋予地方政府一定的税收自主权，那么还极有可能产生重复征税，尤其是法律性重复征税。但在这两种方式下，各级政府的税收收入相对分离，只要形成了制度，就不存在类似于共享税制方式下就收入分成比例产生争论和摩擦的情况。

三种政府间税收收入划分方式各具优势和不足，但并不存在一种方式绝对优于另一种方式的情形，只是某一种方式更适合特定时期的社会经济状况而已。

3. 政府间税收收入划分方式的现实选择

在各国的实践中，政府间税收收入划分所采取的方式往往不是纯粹的共享税制、同源课税和独立税制中的某一种，而是几种方式混合使用，但会以某一种方式为主。一个国家以某种方式为主来划分各级政府间的税收收入，只是说这个国家相当规模的税收收入采用的是这种划分方式，并不意味着大部分税种采用的是这种方式。

在当今世界主要国家中，有的国家以同源课税为主要方式来进行政府间的税收收入划分；有的国家实行的是以共享税为主体的政府间税收收入划分模式；也有的国家实行以独立税制为主体的政府间税收收入划分模式。

专栏5-2　　德国的政府间税收收入划分：以共享税为主体

在经济发达国家中，德国的政府间税收收入划分方式比较特殊，它实行的是以共享税为主体的政府间税收收入划分模式，而同样是联邦制国家的美国等国实行的却是同源课税模式。从政府间税收收入划分的角度看，德国财政体制集权的色彩要比美国等国更浓一些。

德国将税种分为共享税与专享税两大类。德国的共享税主要有增值税、工薪税（Payroll Taxes）、估定所得税（Assessed Income Taxes）、非估定所得税（Non-assessed Taxes on Yields）、公司所得税（Corporate Income Taxes）和资本收益税（Final Withholding Tax on Interest and Capital Gains）等。增值税收入在德国联邦政府和州政府之间的分享比例不是一成不变的,当联邦与各州的财政收支出现足以影响各自平衡关系的变化时,就要对增值税的分享比例进行调整。2000财政年度,联邦和州政府增值税收入的分享比例为52%∶45.9%,剩余的2.1%归地方政府;而2022财政年度,联邦、州和地方政府增值税收入的分享比例分别为46.6%∶50.5%∶2.9%。其他共享税税种在不同级次政府之间的分配比例一经确定就不会经常调整。目前,个人所得税和工薪税收入联邦和州政府各得42.5%,剩下的15%归地方政府;公司所得税收入由联邦和州政府对半分;资本收益税收入由联邦与州政府各得44%,其余12%由地方政府所有。

虽然税种数量并不多,但德国共享税的收入规模却比较大,多年来一直保持在全部税收收入70%以上的水平(参见表5-1)。共享税在德国各级政府的税收收入中所占的比重也比较高。2022财政年度,共享税收入在德国联邦政府和州政府税收收入中所占的比重就分别高达76.1%和91.3%,共享税收入在地方政府税收收入中所占的比重要低一些,但也有40.3%。

表5-1 德国政府间税收收入的构成 单位:%

财政年度	共享税	联邦专享税	州专享税	地方专享税
2009	70.7	17.0	3.1	8.4
2010	70.3	17.6	2.3	9.0
2011	70.4	17.3	2.3	9.2
2012	71.0	16.6	2.4	9.2
2013	71.4	16.2	2.5	9.1
2014	71.8	15.8	2.7	9.0
2015	71.8	15.5	3.0	9.0
2016	72.1	14.8	3.2	9.3
2017	73.4	13.6	3.0	9.4
2018	73.0	14.0	3.1	9.2
2019	73.5	13.7	3.2	9.0
2020	73.0	14.3	3.8	8.3
2021	74.5	11.8	3.8	9.3
2022	75.4	10.8	3.4	9.7

注:关税收入属于欧盟所有,未包括在德国政府间税收收入划分中。

德国三级政府均有自己的专享税。德国联邦政府专享税主要有烟草税、酒税、咖啡税、茶税、石油税、糖税、盐税、照明灯税、道路货物运输税、资本流转税、交易所营业税、保险税、团结税附加(Solidarity Surcharge)等;州政府专享税主要有财产税(Property Taxes)、遗产和赠与税、消防税、地产购置税(Tax on Acquisition of Real Estate)、机动车税、啤酒税和博彩税等;地方政府专享税主要有营业税、不动产税、娱乐税、饮料税和狗税等。虽然德国专享税税种的数量较多,但各级政府专享税的收入规模都不大。联邦专享税占德国全部税收收入的比重一直低于18%,2022财政年度为10.8%;州专享税占德国全部税收收入的比重基本在4%以下,2022财政年度仅为3.4%;地方专享税的规模相对稳定,占德国全部税收收入的比重十多年来基本保持在9%左右的水平上(参见表5-1)。

资料来源:作者整理自德国财政部网站相关资料。

5.1.2 政府间税种划分的原则

不管以哪种方式为主,在相当多国家的实践中,政府间税收收入划分都体现为确定税种的归属。在以独立税制和同源课税为主体的政府间税收收入划分中,税种会被划分成中央税和地方税;而在以共享税为主体的政府间税收收入划分中,税种会被划分成中央税、共享税和地方税。

作为政府间税收收入划分的具体载体,政府间税种划分首先是一个经济行为,它必须遵循一定的客观经济规律;政府间税种的划分也是一个公共选择的过程,其最终结果反映了各级政府对客观经济规律的理解和驾驭,同时也体现了中央政府的行为目标、对各级政府在利益和效率上的态度,甚至政府领导人个人的意志和偏好。虽然在政府间税种的划分过程中会不可避免地带有一定的主观性,但经济学家仍然在不懈地探寻各税种最适合由哪一级政府课征的一般规律。

专栏5-3　　　　　　政府间税种划分理论的两个流派

虽然是各国普遍存在的一种经济活动,但政府间税种划分至今仍然没有被普遍接受的指导原则。在财政学说史中,政府间税种划分原则有两种不同的理论流派。一种理论流派是建立在马斯格雷夫和奥茨的研究基础之上的,它立足于政府间收入划分的支出维度,强调政府间税收收入的划分不仅应遵循受益原则,而且还要促使财政支出配置过程中责任性和效率的提升。另一种理论流派是建立在最优税收原则基础上的,它立足于政府间收入划分的收入维度,强调财政资金的边际成本与收入工具的正确组合,它认为政府间税收收入的划分应使征税成本最小化,当所有政府单位征税获得的财政资金的边际成本都相等时,征税成本就实现了最小化。相比较而言,第一种理论流派的观点对各国的实践影响更大一些。

第一种理论流派的主要代表马斯格雷夫提出了政府间税种划分应遵循以下七项原则:
- 以收入再分配为目标的累进税,应划归中央政府;
- 适合作为稳定经济手段的税种,应划归中央政府;而在经济循环中收入较为稳定

的税种,应划归地方政府;
- 税基在各辖区之间分布很不均匀的税种,应划归中央政府;
- 对流动性生产要素所课征的税种,应划归中央政府;
- 以居住为依据的税种,比较适合划归地方政府;
- 对流动性较低的要素课征的税种,应划归地方政府;
- 受益性税(Benefit Taxes)及收费对各级政府都适用。

马斯格雷夫提出的七项原则包含了政府间税种划分应当有利于政府达成资源配置的效率目标、收入再分配的公平目标和稳定经济的宏观调控目标的思想,体现出了现代社会经济的发展对政府财政职能划分的基本要求。然而,马斯格雷夫仅从经济学的角度提炼政府间税种划分应遵循的原则,并没有从与政府间税种划分相关的政治学和行政管理方面进行分析,从这个角度看,其理论是存在一定缺陷的。

资料来源:作者整理自 Martinez-Vazquez J, Sepulveda C F. Toward a More General Theory of Revenue Assignments. International Center for Public Policy Working Paper Series. No.71, 2012 和 Oates W E. The Economics of Fiscal Federalism and Local Finance. Cheltenham:Edward Elgar Publishing, 1998:63-80。

1. 以政府间支出责任划分引导政府间税种的划分

政府间的税种划分首先解决的是税收收入在中央政府和各级地方政府之间的分配问题。在市场经济条件下,税收收入是确保各级政府履行其职能的基本物质基础,因此税收收入在各级政府间的划分必须与各级政府的财政支出责任划分保持大体一致。只有这样,才能基本满足各级政府履行其职能所产生的支出需求。这在很大程度上也体现了"以支定收"的财政思想。

但在实践中,各国划分给地方政府的税收收入与其支出需求常常是不一致的。基于宏观调控等方面的原因,各国中央政府掌握的税收收入一般都大于其支出需求,所以尽管不同的国家划分给中央政府和地方政府的税收收入占全部税收收入的比重是各不相同的,但大部分国家中央政府税收收入占全部税收收入的比重都要高于地方政府税收收入所占的比重。与这样的税收收入分配格局相对应的是,收入规模较大的税种大多划归中央政府,而收入规模较小的税种则多划归地方政府。

2. 受益原则

受益原则是税收负担在不同纳税人之间公平分配的一个重要标准,它要求纳税人承受的税收负担与其从政府提供的公共产品和服务中获得的利益相匹配,即把纳税人从政府提供的公共产品和服务中获得利益的大小作为税收负担分配的基本标准。这一原则引申到政府间税种划分中的基本要求就是,如果一个税种与某一级政府提供的某种公共产品和服务之间存在较为明确的对应关系,那么该税种取得的收入就应当划归相应的政府所有,以抵补这一公共产品和服务的成本。

根据受益原则在不同级次的政府间划分税种具有一定的合理性和实际意义。在政府间税种划分的过程中贯彻受益原则,可以通过明确地方性公共产品的成本分担与受益之间的对应关系,激励社会成员关注并积极参与地方公共事务,达成居民自主管理本地区公共事务的目标。为了达成这一目标,地方政府和当地居民应当能够自主地选择税种和税率。

与受益原则作为税收负担分配的标准具有局限性一样,在政府间税种划分过程中,受益原则的适用范围也是有限的。不同地方性公共产品和服务的受益范围是各不相同的,所以其成本的补偿应当由不同的税种来完成;然而,诸多税种的存在,反而容易使得受益与成本分担之间的关系模糊不清。

3. 效率原则

政府间税种划分应当遵循的效率原则包括经济效率原则和行政效率原则两方面。

(1) 政府间税种划分的经济效率原则

政府间税种划分的经济效率原则要求税种在各级政府间的划分不能损害社会经济活动的效率,这具体体现在政府间税种的划分应不损害或少损害地区间的资源配置效率、应有利于优化产业结构和部门结构两个方面。

在对资源本身进行征税或对资源运用所产生的税源进行征税时,如果资源可以轻易实现转移,则应将此税种划归中央税,并在全国范围内统一税收政策和税收负担,以免因各地区征与不征、多征与少征而导致资源跨区域的不合理流动,进而产生效率损失。但如果因某种特殊需要而希望促使资源在各地区间进行流动,则可以将对这种资源征收的税或对这种资源运用产生的税源课征的税划归地方政府,或者划作中央税但在不同地区实行不同的税收政策。如果资源只在某个或某些地区存在,并且这种资源又不易流动,或者拥有这些资源的地区具有特别的经济优势,对资源有较强的吸引力,且对这种资源或对运用这种资源所产生的税源进行课征不会导致资源在各地区间的不合理转移,那么也可以将这种税划归地方政府。

在市场经济条件下,产业结构和部门结构的优化应着眼于全国,而不应局限在某个区域内。在全国范围内实现产业结构和部门结构优化的战略意图的主体应该是中央政府,所以能够影响产业结构和部门结构的税种就应划归中央政府。如果把这些税种划作地方税,那么地方政府就可能各自为政,利用这些税种来调整或改变本地区的产业结构和部门结构,建立本地区门类齐全的产业和部门体系,从而形成封闭的地方国民经济体系,但这无疑不符合区域间资源配置的合理分工原则和比较优势原则。

（2）政府间税种划分的行政效率原则

政府间税种划分的行政效率原则要求税种在各级政府间的划分应当便利于税收的征管，使单位税收征管成本最小化。就可能性而言，任何一个税种，无论是划归中央政府还是划归地方政府，都大体上可以做到足额征收。但是，一个税种划归不同级次的政府课征，其税收征管的便利程度却是不同的，由此所付出的征管成本也有较大的差异。

一些税种课税对象的流动性比较强，其纳税人经常从事跨地区的经营活动，如果由地方政府来课征，那么这些税种的征管成本肯定比作为中央税征收所需的成本要高许多，因为中央政府的税收征管机构遍布全国，对流动性较强、跨地区从事经营活动的纳税人的征税可以由其在各个不同地区设立的分支机构来完成。而地方税务机关的职责只局限在本辖区范围内，它对跨地区经营的纳税人征税就必须支付较高的征管费用，而且地方税务机关跨越本辖区范围征税常常会产生一些不必要的利益摩擦，因此是否便利于税收的征管、是否有利于降低征税成本，就成为政府间税种划分不得不考虑的一个问题。

一般认为，税基广泛且富有流动性的税种应划作中央税，而税基狭窄且流动性不强的税种则应划归地方税系。古老的房产税和土地税之所以一直被各国划作地方税种，在很大程度上就是因为它们的征税对象——房产和土地不具备流动性，划作地方税种便于地方政府掌握税源，核定房价和地价，并制定切实可行的征收方法，从而确保相对较高的课征效率和较少的税收流失。

4. 体现政府财政职能分工原则

现代国家大多实行多级政府体制，每一级政府承担的职能都有所侧重，当然也需要掌握相应的财政手段来履行其所承担的职能。体现政府财政职能分工原则要求政府间税种的划分要有利于各级政府有效地行使其财政职能。

在任何一个国家，税收都是各级政府干预和调节社会经济运行的重要手段之一，只不过运用税收手段的程度和范围各不相同而已。不同级次的政府运用税收手段干预和调节社会经济运行具体会涉及哪些税种，取决于各级政府的财政职能以及各个税种的具体功能。一方面，不同级次政府承担的财政职能不同，行使职能的税收手段当然也应不同。另一方面，各税种在课税对象以及采用的税率形式等方面存在差异，其具体的功能和作用也是不同的。尽管每个税种并不与各级政府的某项职能有着完全对应的关系，但在划分中央税和地方税时还是应尽可能地考虑到各税种具体的功能和作用是否与中央政府和地方政府财政职能的侧重点大体相符，力求使政府间的税种划分有利于中央政府和地方政府有效地行使其财政职能。

按照体现政府财政职能分工的原则，应当把有助于中央政府履行收入分配和宏观经济稳定职能的税种，如累进的个人所得税划作中央税，而将有较明显受益性和区域性特征以及对宏观经济运行不产生直接影响的税种，如土地税、车船税等划作地方税。

5. 区域税收与税源大体一致原则

区域税收与税源大体一致原则的基本要求是政府间的税种划分要尽可能地使地方税收收入主要在税源发生地缴纳或实现,这实际上反映的是地方性公共产品和服务收益与成本分担之间的对应关系。然而,现实中较多发生的区域间税收与税源相背离(Tax Deviation)的现象,不仅直接导致企业和居民从地方性公共产品和服务中享受到的利益与分担的地方性公共服务提供成本间的不对称,打破了各地区公共产品和服务的均衡状态,而且也会造成地区间税收收入的转移,不断拉大地区间的财力差距、扩大社会经济发展的差异,进而造成地方政府行为的扭曲。

区域间税收与税源背离的成因比较复杂,总部经济、跨地区经营、区域间竞争、税收筹划和政策环境等诸多因素都有可能引起地区间的税收收入转移,而不仅仅与政府间税种的划分相关联。但将税基流动性较强的税种划作地方税或共享税,无疑为地区间税收收入的转移提供了基础性的条件,这是在政府间税种划分过程中要尽量避免的。要实现区域税收与税源的一致,除在政府间税种划分过程中不要将流动性大的税基划作地方税或共享税之外,还要建立和完善以来源地税收管辖权(Source Jurisdiction to Tax)原则为主、居民税收管辖权(Resident Jurisdiction to Tax)原则为辅的国内税收管辖权制度。①

专栏 5-4　　数字经济加剧了中国区域税收与税源的背离

在数字经济兴起之前,中国区域间税收与税源背离的问题一直就是一种普遍的客观存在。占全部税收收入 75% 以上的四个规模较大的税种:增值税、消费税、企业所得税和个人所得税,都不同程度地存在税收与税源背离的问题。中国区域间税收与税源的不一致,更多地体现为税收收入从经济欠发达地区转移到经济发达地区,或者说从西部、中部和东北流向东部,这严重扭曲了地区间的税收分配关系。随着数字经济的蓬勃发展,数字经济具有的虚拟性、跨区域即时交易和价值归属模糊等特征进一步加剧了中国的区域税收与税源的背离。

(1) 数字经济的发展对现行税收制度造成冲击

传统经济形态以物质生产为主要内容,而在数字经济时代,越来越多的产品和服务表现为数字化形态,数据作为独特的生产要素,创造出新的经济业态和前所未有的经济模式,打破了原有的经济模式、价值创造链条和利润分配规则,极大地冲击了传统经济形态

---

① 如果由于各种现实约束在税制设计中难以实现地方性公共产品和服务收益与成本分担间的大体对称,那么就应设计一套地区间税收收入的分配机制,在税收收入征收上来后再将其在相关地区间进行再分配(如美国对跨州经营企业所得税的分配先统一计算来自各州的总所得,然后再根据税基跨州分配公式确定企业在各州的应税所得,并按各州税法规定计算缴纳企业所得税)。如果还不能解决问题,则要通过政府间财政转移支付来实现地区间横向公共服务收益与成本分担间的大体对称。

下既有的社会生产模式、价值创造过程以及分配方式。现行税收立法根源于物质生产,它与不断向虚拟数字世界延伸的数字经济不相符的地方越来越多,如果不进行适当的修订,现行税法必然会越来越难以满足经济形势发展的需要。

(2) 数字经济下税基的流动性进一步增强

税基的高流动性,是形成区域税收与税源相背离的重要原因之一。由税基流动产生的税基转移问题在传统经济中就普遍存在,而数字经济大规模、低成本、快速的"远程下载交易"具有的无地域性和无实体性的特征为税基在各辖区间转移创造了更大的空间,不仅为数字企业创造了滥用这一特征进行逃税的机会,而且加速了区域间的税基转移。数字经济下的税基转移,主要表现为经济业务发生地产生的税基被转移到数字企业注册地。

(3) 在数字经济下的新经济业态中,传统的税收管辖权受到了较大的冲击

在传统经济中,税收管辖的联结是以机构场所为基础的"物理联结"和以代理人为基础的"经济联结"。新一代信息通信技术突破了交易的地理空间限制,打破了传统经济中的"物理联结"和"经济联结",形成了数字经济时代的"数字联结",这对长期以来实行的税收管辖权的原则提出了挑战。

在数字经济时代,当消费者通过网络向所在地以外的供应商大量购进数字产品和服务,尤其是在跨境或跨区交易发生在没有应税存在或者供应商规避应税存在的情况下,消费地的税务机关无法或难以应用消费地原则征税,消费地原则遭遇侵蚀和冲击。来源地原则在数字经济时代同样会受到侵蚀和冲击。对价值创造地的识别,涉及对应税所得贡献来源的准确判断和分离。在数字经济时代,数字企业的消费者,有的参与数据价值创造,有的直接进行数据价值创造,相应的数字企业的部分应税所得应该由数据贡献者所在地的税务机关进行征税。但是,数字企业可以使用新一代数字技术和手段,通过规避传统税收管辖权中"常设机构"的规定来规避应税存在;或者通过操控应税所得来源的策略,滥用税收优惠条款,高估可扣除要素的价值贡献,从而规避来源地所要求的纳税义务。

资料来源:作者整理自张斌.数字经济对税收的影响:挑战与机遇.国际税收,2016(6):30—32 和杨杨,徐少华,杜剑.数字经济下税收与税源背离对全国统一大市场建设的影响及矫正.税务研究,2022(8):18—22 等资料。

一个国家所开征的全部税种分别根据上述各项原则在不同级次政府间进行划分,其结果并不会完全一致。可能出现某个税种根据这一原则应该划归中央政府,而根据另一原则应当划归地方政府的现象。至于最终的划分结果,取决于公共选择过程中的权衡取舍,这正好体现出政府间税种划分是客观性与主观性的统一。

5.1.3 一般意义上的政府间税种划分

根据政府间税种划分的原则,如果不考虑各个国家的具体国情,而仅从一般意义上来分析一些重要的税种到底应当划归中央政府还是应当划归地方政府,其基本框架大体上是确定的。

1. 一般性商品税的划分

一般性商品税常常被称为"销售税"(Sales Taxes)。按照课税环节的不同,销售税被区分为单一环节销售税(Single-stage Sales Taxes)和多环节销售税(Multi-stage Sales Taxes)。单一环节销售税只对生产、批发或零售等环节中的某一个环节征税,其税基相对较为容易确认和协调,可由任意一级政府来征收。如果由地方政府来课征单一环节销售税,则各地区不采用差距过大的税率是其有效运行的一个重要前提条件。

多环节销售税是对生产、批发和零售等环节中的所有环节都课征的一种税,增值税是最为典型的多环节销售税。如果把增值税划归地方政府,则地方政府对跨地区的交易活动课征增值税就不如由中央政府征管便利。倘若各地区对增值税制度的规定存在差异,那么增值税的征管就会变得更为困难,而且增值税所特有的税款抵扣制要求确认跨地区的交易活动在不同地区间的税基分配,以便抵扣在前一环节缴纳的税款,但这样经常会带来各种利益摩擦。为了避免这些问题的发生,增值税一般应划归中央政府所有,但这并不排除部分国家实行增值税收入由中央政府与地方政府共享的可能性。

在实践中,只有少部分国家允许地方政府课征增值税。在中央政府与地方政府同时课征增值税的情形下,为了避免扭曲地区间的贸易关系,就必须以"目的地原则"(Destination Principle)为基础来进行增值税的国内协调。根据目的地原则,增值税应由最终消费所在地征收并由最终消费者承担税负。这样,对从其他地区"进口"的产品就应征税,而对"出口"到其他地区的产品实行退税,这就要求对地方征收的增值税实行边界税收调整(Border Tax Adjustment)。增值税国家间的边界税收调整是可行的,但在一个国家内部各地区间进行边界税收调整则会产生很高的成本,这是制约地方政府课征增值税的一个重要因素。

2. 选择性商品税的划分

在很多国家,选择性商品税被称为"消费税"(Excise Taxes)。消费税既可以是一个税种,也可以是根据具体的应税对象而设置的一组税种。如果主要承担的是调节社会经济运行的功能,那么消费税一般应由中央政府来课征;如果主要承担的是收入功能,那么消费税也可以由地方政府来课征。

当地方政府课征的消费税建立在"来源地原则"(Origin Principle)基础之上时,往往会出现地方政府采取各种措施来吸引应税行业的生产厂商流入的现象,由此形成的政府间竞争必然会对国内市场运行的效率以及劳动和资本的配置产生大的负面影响。在消费税的收入规模较大或者地方政府对消费税的依赖程度较深的情形下，这种负面影响会更为明显。然而，如果地方政府根据"目的地原则"来课征消费税，则基本不会出现上述问题。

专栏5-5　中国消费税征税环节后移困难重重

目前，中国消费税绝大部分税目都在生产环节课征。2019年国务院发布的《实施更大规模减税降费后调整中央与地方收入划分改革推进方案》提出，在征管可控的前提下后移消费税征收环节，并稳步下划给地方，拓宽地方财政收入来源，同时还明确了对消费税收入实行"定基数，调增量"的央地分享办法。2024年，中共二十届三中全会又一次确定了消费税"征收环节后移并稳步下划地方"的改革方向。

税收征管难度显著加大、税款流失风险提高，是中国消费税征收环节后移带来的一大问题。由于零售商的数量远远多于生产商，征收环节后移会带来纳税人数量指数级增长，消费税改在零售环节征收意味着税源高度分散化，且零售商相对生产商来说规模更小、会计核算更不健全、税收法治意识更加淡薄，因此税收监控成本更高、税收征管难度更大。与此同时，消费税在零售环节征收会提高税收的凸显性，加重纳税人的"税痛"感，从而可能诱发税收不遵从行为，增大税款流失的风险。

由生产环节改为消费环节课征消费税，会极大地改变地区财力分配格局。课征环节后移，将大幅减少消费税应税品生产地的消费税、城市维护建设税、教育费附加和地方教育费附加收入，而增加消费需求较旺地区的相关收入。如果没有相应的配套措施来很好地给予利益受损方补偿，改革推进的难度会非常大。

如果消费税后移征收环节并下划给地方的方案得以实现，也有可能发生大规模的地区间消费税收入转移。数字经济的发展使得商品的零售地和消费地出现不一致成为常态，中国电子商务零售商的地区分布极不均衡，东部地区零售额占比高达84.3%，79.1%的互联网平台企业分布在北、上、广、深、杭五大城市，这意味着消费税征收环节后移将导致东部地区因跨地区消费获得更大的税收份额。在零售地和消费地之间划分消费税收入的方式，将对地区财力分布产生重大影响。

资料来源：作者整理自公开资料。

3. 个人所得税的划分

个人所得税是一个税基流动性比较强的税种，它一般采用累进税率，具有较强的收入再分配功能，比较适合由中央政府来课征。经济发达国家较高的经济发展水平为个人所得税提供了充足的税源,而且经济发达国家的税收征管制度比较完善,征管手段相对先进,个人所得税收入流失并不严重,这保证了个人所得税收入在全部税收收入中占有比较大的比重,也为个人所得税较好地发挥收入再分配和宏观经济稳定作用提供了必要的前提条件。在一些经济发达国家,在主要由中央政府课征个人所得税的同时,各级地方政府往往也以税收附加或税收寄征的方式来课征个人所得税。在这样的情况下,中央政府一般把其课征个人所得税的税率定得并不是很高,以便为地方政府在中央政府课征的个人所得税税基的基础上征收地方个人所得税提供必要的空间。

在许多发展中国家,由于经济发展水平较低,个人所得税的收入无论是绝对规模还是相对规模都不大,而且发展中国家税收征管体系不完善,征管手段落后,个人所得税收入流失的现象非常严重,个人所得税实际上发挥不了太大的收入再分配和宏观经济稳定作用。在这种情况下,不少发展中国家没有将个人所得税划为中央税,而是将其划为地方税,也有部分发展中国家将个人所得税划为共享税。

4. 公司所得税的划分

公司所得税①是对流动性较强的税基所课征的一种税,它能够对一个国家的国民经济运行产生直接的影响。基于经济效率、税收征管和宏观经济稳定等方面的原因,相当多的国家都把公司所得税划作中央税。

如果将公司所得税划为地方税,那么各地区公司所得税的制度安排很难做到整齐划一,不同地区公司所得税税收负担轻重不一的状况就无法避免。这样,一些公司就极有可能出于自身利益最大化的目的,通过转让定价(Transfer Pricing)等手段将应税利润由公司所得税税负较重的地区转移到公司所得税税负较轻的地区,将成本费用由公司所得税税负较轻的地区转移到公司所得税税负较重的地区,甚至还会出现部分公司为了逃避较高的公司所得税而迁移到税率较低的地区的情况,这都会严重干扰社会资源在不同地区间的正常配置。

政府间公司所得税的划分也要考虑征管要素。对那些业务范围限于特定区域的小公司来说,由地方政府来负责公司所得税的征管不会遇到太大的困难。然而,地方政府却会因为信息获取等方面的限制而无法对业务活动遍及全国以及从事跨国经营的大公司进行有效的税收管理。如果将公司所得税划归中央政府来统一课征,那么就可以避免上述类似情况的发生。

公司生产经营活动的正常开展,毫无意外地要在一定程度上依赖地方政府提供的公共产品和服务。从受益原则的角度看,地方政府分享一部分公司所得税也是有一定道理

---

① 在许多国家,公司所得税被称为"企业所得税"或"法人所得税"。严格说来,"公司所得税"与"企业所得税""法人所得税"是不能完全等同起来的。

的。许多经济发达国家的地方政府都以税收附加或寄征的方式来课征公司所得税；而在一些发展中国家，公司所得税常常作为共享税在中央政府和地方政府之间进行收入分享。

5. 财产税的划分

财产税有"静态财产税"（Static Property Tax）和"动态财产税"（Dynamic Property Tax）两种类型。① 动态财产税是对财产所有权的变动进行的课征，也被称为"财产转让税"。遗产税和赠与税是动态财产税主要的课征形式。由于遗产税和赠与税是重要的收入再分配工具，再加上这两个税种的税基具有较强的流动性，因此一般都划作中央税。

静态财产税是对财产所有人在某一时点占有的财产，依据其数量或价值进行的课征，也被称为"财产保有税"。根据征税范围的大小，财产保有税可以划分为"一般财产税"和"选择性财产税"。一般财产税和选择性财产税的具体功能存在差异，因此它们在各级政府间进行划分的结果是不一样的。一般财产税是对个人、企业和其他组织所拥有的除特定免税项目外的所有财产总价值减去债务和个人宽免额后的净值征收的一种税，其典型形态是"财富税"（Wealth Taxes）。一般财产税税基的流动性较大，如果由地方政府来课征，就有可能因各地区间税收负担的不同以及各地区间的税收竞争而引起财富在不同地区间的非正常流动，从而降低资源的整体配置效率。将一般财产税划归中央政府就可以避免类似的情况发生，而且征收一般财产税也能够发挥较强的收入再分配作用，比较适合划归承担主要收入分配职能的中央政府课征。

选择性财产税是对特定财产项目就其数量、价值或收益额课征的一种税。土地税、房产税、土地与房产并征的房地产税或不动产税是选择性财产税的基本形态。选择性财产税税基的流动性较小，比较适合划归地方政府。由于具有信息方面的优势，地方政府能够对土地与房产的价值做出相对准确、客观的评估，并具有连贯性和一致性，因此由地方政府来课征选择性财产税比由中央政府集中课征更有效率。此外，地方政府在改进基础设施和完善投资环境方面的投入也会使土地和房产等的价值发生变化，将选择性财产税划归地方税不仅符合受益原则，而且有助于地方政府从长远的角度更加重视本地区的基础设施建设，培育自己的财源。

6. 工薪税的划分

课征工薪税或者说社会保障税的主要目的是为社会保障制度筹集资金，它实际上是对"工作"课征的一个税种。工薪税通常被视为只适合中央政府课征，如果由地方政府来课征工薪税，则税收负担各不相同的工薪税可能会驱使雇主或就业机会从高税区外流。

---

① 广义上的财产税内容非常庞杂，既包括"财产保有税"，也包括"财产转让税"，还包括"财产收益税"，而狭义上的财产税则将具有所得税性质的财产收益税排除在外。这里所说的财产税指的是狭义上的财产税。

目前,也有少数国家实行政府间工薪税收入共享的制度。

7. 资源税的划分

根据课税的目的和意义的不同,资源税(Natural Resource Taxes)可以分为"级差资源税"和"一般资源税"。

级差资源税是对开发和利用自然资源的经济活动主体因资源条件的差别所取得的级差收入课征的一种税。开征级差资源税,就是要将经济活动主体利用自然资源而多获得的级差收入直接收归政府所有,使经济活动主体的利润水平能够真实地反映其主观努力经营所取得的成果,排除因资源优劣造成企业利润分配上的不合理状况,有利于经济活动主体在同等水平上展开竞争,同时也有利于促使经济活动主体合理利用不同品质的资源。显然,只有将级差资源税划归中央政府课征,才能有效达成上述目标。

一般资源税是对使用自然资源的经济活动主体为取得应税资源的使用权而征收的一种税。一般资源税的税基具有不可流动性,因此由各个地方政府课征具有征管上的便利性。但是,自然资源在各个不同地区间的分布很不均匀,把一般资源税划归地方政府来课征,无疑又会使各地区自然资源分布的不均衡在财政上固化下来,这无助于地区间财政公平的实现。由于自然资源多数具有不可再生性,课征的自然资源的税收收入也具有不稳定性和不可预见性,因此一般资源税作为地方政府长期稳定的收入来源是不可靠的。通常把对那些在地区间分布不均匀的自然资源课征的一般资源税划归中央政府,以避免地区间税源的不均衡;而对那些在地区间分布相对均匀的自然资源课征的一般资源税,也可以划归地方政府。

8. 矫正税的划分

矫正税(Corrective Tax)是用于矫正市场失效的税收,它以改善或提高资源配置效率为目的。在市场经济条件下,矫正税是中性税收的一种补充,其适用对象主要局限于负外部性、自然垄断和劣值品等较小的范围内。对过量生产与消费不利于人们健康的烟、酒和鞭炮等课征的消费税以及为控制环境污染等课征的排污税等,就是典型的矫正税。

矫正税可以根据具体课税对象所产生的影响是全国性的还是地方性的,分别划归中央政府和地方政府课征。如以烟、酒等为课税对象的消费税一般划归中央政府来征收,而排污税等则适合由地方政府来课征。

9. 关税的划分

关税(Import and Export Taxes)是对进出关境的商品和劳务所课征的国际贸易税。在现代社会,进口关税是最基本的关税类型,只有少部分发展中国家仍在征收出口关税。

关税是一个国家统一对外主权的象征之一,因此世界各国基本都把关税划归统一对外代表国家主权的中央政府。① 如果地方政府有权课征关税,那么就有可能对一个国家内部不同地区之间的货物流通造成一定的阻碍。进口环节征收的增值税和消费税在一定程度上也具有关税的性质,所以它们也应划归中央政府。

不少联邦制国家的政府间税种划分(参见表 5-2),与上述理论分析的结论大体一致。

表 5-2 联邦制国家政府间税种划分的基本框架

税种	联邦政府	州政府	地方政府
个人所得税	Y	有可能采用同源课税方式开征	N
工薪税	Y	N	N
公司所得税	Y	有可能采用同源课税方式开征	N
自然资源税	Y	受限	N
增值税	Y	N	N
零售税	Y	Y	N
关税	Y	N	N
消费税	Y	有可能采用同源课税方式开征	N
财产税	N	N	Y

资料来源：Bird R M. Subnational Taxation in Developing Countries：A Review of the Literature. Journal of International Commerce, Economics and Policy, 2011(2)：139-161。

注：Y 代表该级政府可以征收,N 代表该级政府不可以征收。

5.2 政府间税权的划分

税权是政府在税收领域所拥有和行使的权力,具体由税收立法权、税收征管权和税收司法权所构成。在现代社会,税权会在不同级次的政府间进行划分,具体体现为税收立法权在中央立法机关与地方立法机关之间的划分、税收征管权在中央税务部门和地方税务部门之间的划分。②

5.2.1 政府间税收立法权的划分

税收立法权是国家权力机关按照一定的程序制定、修改、补充和废止税收法律的权力,它在实践中主要体现为税种的开征停征权、税基的决定权、税目和税率的调整权以及

---

① 也存在例外情况。如 20 世纪 70 年代以前,尼日利亚就曾一度把出口关税交由州政府负责(参见平新乔.财政原理与比较财政制度.上海：上海三联书店,1995：378),这种违背经济学基本原理的做法现已被纠正。

② 本节没有涉及政府间税收司法权的划分问题。有学者认为,政府间税权的纵向划分,本身就不包括税收司法权(参见刘剑文,熊伟.税法基础理论.北京：北京大学出版社,2004：63—67)。

税收优惠的确定权等,其中最为重要的是税基的决定权和税率的调整权。政府间税收立法权的划分有集权型和分权型两种模式。

任何一个国家都会在政府间税收立法权划分中将中央税种的立法权保留在中央政府手中,绝大部分国家也会将共享税种的立法权交由中央政府行使,至少中央政府会获得共享税种的优先立法权。在这种情况下,政府间税收立法权划分主要是将地方税种和同源课税税种的立法权在中央政府与地方政府以及各级地方政府之间进行配置,其核心问题在于地方政府在地方税和同源课税税种上获得多大的税收立法权。

在集权型政府间税收立法权划分模式下,无论是中央税种、共享税种还是地方税种,税种开征权、税目确定权以及征收范围调整权等主要的税权都由中央政府掌握;地方政府不享有税收立法权,而只在调整地方税税率、实施地方税优惠措施等方面有少许的机动权。而在分权型政府间税收立法权划分模式下,地方政府拥有地方税种完整的立法权和同源课税税种的部分立法权,这有助于地方政府自主地组织和支配财力,但也会形成统一的中央税系与有差别的地方税系并存的格局,这就对各级政府税收制度的协调和衔接提出了相当高的要求。如果各级政府之间的税收关系未能很好地协调,那么很可能产生各级政府间税收政策上的矛盾、中央税系与地方税系以及不同地区地方税系之间的制度摩擦。

在不同政府间税收收入划分模式下,政府间税收立法权的划分也不尽相同。在以共享税制为主体的政府间税收收入划分模式下,一般采用集权型的政府间税收立法权划分;而在以独立税制和同源课税为主的政府间税收收入划分模式下,则更多地采用分权型的政府间税收立法权划分,但独立税制模式下地方政府的税收立法权要大于同源课税模式下地方政府的税收立法权,因为在同源课税模式下,地方政府的税收立法权要受到中央政府较多的约束或限制。

5.2.2 政府间税收征管权的划分

税收征管权是政府税收职能部门执行税收法律、进行税收征收与管理的权力,具体体现为税款核定权、税款征收权、采取税收保全措施权、税收强制措施执行权、税收稽查权、税务行政处罚权和税收行政复议裁决权等。政府间税收征管权的划分有集权型的税收征管(Centralized Administration)和分权型或地方政府独立的税收征管(Independent Subnational Administration)两种类型。

在集权型的税收征管模式下,一个国家所有税种的征收管理工作都由中央政府税收职能部门及其分支机构承担,然后再将征收上来的税收收入按照财政体制的规定分别划归中央政府和地方政府。税收征管是具有规模经济效应的①,这使得集权型的税收征管模式在征管成本上具有相对优势。而从宏观经济的角度来看,集权型的税收征管模式也具有明显的优势,因为中央政府负责所有的税收征管,旨在稳定经济的税收政策就更有可能按计划执行,但如果还有地方政府参与税收征管,那么这些措施就有可能执行不力或者执行打一定的折扣。② 在集权型的税收征管模式下,地方政府的税收自主权相当小。

在分权型的税收征管模式下,中央政府和地方政府会分别建立各自的组织机构和工作程序,分别征收中央税、地方税和共享税。分权型的税收征管模式比集权型的税收征管模式要复杂一些,不仅税收征管成本高,而且纳税奉行成本也高。如果中央税务机构与地方税务机构之间未能进行很好的协调与配合,那么税收管理的有效性更是会受到损害。不必要的复杂性会带来沉重的管理负担、税收稽查的困难以及潜在的税收损失③,但分权型的税收征管赋予了地方政府更强的自主性和更大的灵活性。

5.2.3　政府间税收立法权划分与政府间税收征管权划分的衔接

总体上看,政府间税收立法权的划分与政府间税收征管权的划分,在实践中比较常见的组合有三种④:第一种是集权型的税收立法权划分与集权型的税收征管权划分的组合。在这种组合方式下,税收立法权和税收征管权高度集中在中央政府手中,地方政府基本丧失了税收自主权。高度集权的单一制国家往往采用这种组合。第二种是分权型的税收立法权划分与分权型的税收征管权划分的组合。在这种组合方式下,地方政府拥有较强的财政独立性和对税基、税率等的控制权,有利于其自主地组织和支配财力。采用这种组合的主要是高度分权的联邦制国家。第三种是集权型的税收立法权划分与分权型的税收征管权划分的组合,"税收立法权集中、税收征管权分散"是这一组合最主要的特征,如果处理得好,则可以实现"集权而不统揽,分权而不分散"。采用这种组合的,既有单一制国家,也有联邦制国家。

专栏 5-6　　　　　　　　　　　德国的政府间税权划分

德国在政府间税权划分上采用了"税收立法权相对集中、税收征管权相对分散"的组合模式。

德国将税收立法权分为"专属立法权"和"竞合立法权"。税收的专属立法权由联邦

---

① Mikesell J L. Developing Options for the Administration of Local Taxes: An International Review. Public Budgeting & Finance, 2007(1): 41-68.

② Ter-Minassian T. Fiscal Federalism in Theory and Practice. IMF, 1997: 109.

③ 同上。

④ 从理论上说,还存在分权型的税收立法权划分与集权型的税收征管权划分的组合,但这一组合在现实中基本不存在。

政府行使，各州均不得涉及这一领域。德国联邦政府享有专属立法权的税种主要是关税等联邦专享税。税收的竞合立法权指的是在规定的范围内，联邦政府拥有优先立法权，只有在联邦政府不行使优先立法权时各州才能够立法。德国的共享税一般都由联邦政府立法或由联邦政府优先立法。为保持税收制度的统一、各州和地方生活条件的基本一致以及避免各州税法中的相互干扰，大部分的州专享税也由联邦政府立法。在不与联邦政府税收立法权冲突的前提下，州和地方政府也拥有一定限度的税收立法权，由州立法的税种包括遗产和赠与税、机动车税、不动产转让税、啤酒税、博彩税和消防税等。部分小税种则由市议会立法，它可以自主决定营业税和不动产税的税率。德国还规定联邦政府立法的法律效力高于州及州以下立法的法律效力，州及州以下的税收立法不得违背联邦立法精神。目前，德国大约有95%的税收法律是由联邦议会制定的，仅有约5%的税收法律由州或市议会制定。

德国的税收征管有联邦征管、州代理联邦征管、州征管和地方征管四种形式。关税、消费税、消防税、保险税和机动车税等收入规模不大的部分税种的征管由联邦政府负责；除此之外的其他税种，包括共享税、联邦专享税和州政府专享税的征管都由州政府负责。各州财政总局内分设联邦管理局和州管理局两个系统，联邦管理局作为联邦政府的代理者负责其他联邦专享税的征管工作，州管理局则负责共享税和州专享税的征收管理，共享税收入征收上来后，按照法定的比例分别划缴联邦、州和地方财政金库。地方税务局负责狗税、娱乐税等地方专享税的征管，并向地方政府负责。联邦征管和地方征管的税收收入规模都比较小，州征管是德国税收征管的主要形式。与税收立法权相对集中格局不同的是，德国的税收征管权相对分散，这种政府间税收征管权的划分模式在经济发达国家中并不多见。

资料来源：作者整理自德国财政部网站相关资料。

具体到某一个税种，其税收立法权和税收征管权在各级政府间的划分有不同的组合方式。一个税种的税收立法权和税收征管权在各级政府间的划分可以是一致的，也可以是分离的。有的税种从税基、税率的确定和调整权到税收的征收管理权都划归同一级政府，这是一种"连贯式"的政府间税权划分方式。有的税种各项权限则分别划归不同级次的政府，如税收收入归属权和税收征管权划归地方政府，但制定和调整该税种税收政策的权力却掌握在中央政府手中，这就是"分割式"的政府间税权划分方式。中央政府控制包括地方税在内的大部分税种的立法权，但对税收征管权的控制程度要低一些，这是一些国家政府间税权划分的普遍做法。在许多国家的实践中，大部分地方税税种的税权划分采用的是"分割式"的政府间税权划分方式，而中央税的税权多采用的是"连贯式"的政府间税权划分方式,但也存在采用"分割式"政府间税权划分方式的可能性,主要是把税收征管权交给地方政府,税收立法权仍掌握在中央政府手中(参见表 5-3)。

表 5-3 政府间税权划分的一般框架

税种	税收立法权		税收征管权	理由
	税基的决定权	税率的决定权		
关税	F	F	F	国际贸易税
个人所得税	F	F,S,L	F	流动性要素、再分配和稳定工具
公司所得税	F	F,S	F,S,L	流动性要素、稳定工具
工薪税	F,S	F,S	F,S	受益税
销售税				
单一环节	F,S	F,S	F,S,L	较低的遵从费用
多环节	F	F	F	潜在的稳定工具
财富税	F	F,S	F	再分配
财产税	S,L	S,L	L	税基流动性弱、地方征管便利
土地税	S	L	L	税基不可流动、受益税
矫正税	F,S,L	F,S,L	F,S,L	共享责任

资料来源:沙.发展中国家的地方治理.刘亚军,周翠霞,译.北京:清华大学出版社,2010:11—12。

注:F 代表联邦(中央)政府,S 代表州(省、邦)政府,L 代表省(州)以下的地方政府。

重要概念

政府间税收划分　政府间税收收入划分　政府间税权划分　划分税额　收入分享　共享税　同源课税　划分税率　税收寄征　税收附加　划分税种

复习思考题

1. 不同的政府间税收收入的划分形式有什么区别?
2. 简述共享税和同源课税的异同。
3. 怎样理解政府间税种划分中的主观性和客观性?
4. 试述现代市场经济条件下政府间税种划分所应遵循的一般性原则。
5. 从一般意义上说,个人所得税、公司所得税、一般销售税、财产税和矫正税等应如何在各级政府之间进行划分?

课堂讨论题

运用相关理论,并结合所给案例材料,就数字经济的发展对政府间税收收入的划分过程中地区间收入分配的冲击及其对策进行课堂讨论。

 案例材料

平台经济中地区间税收收入的分配

中国的增值税是中央地方共享税。现阶段,中国的中央政府和地方政府按照50%∶50%的比例分享增值税收入。属于地方政府所有的增值税收入,归商品和劳务生产地政府所有。这一分配规则是在实体经济的背景下确立的。

数字经济的发展对属于地方政府所有的增值税收入在不同地区间的分配产生了较大的影响,或者说使得国内跨区域交易带来的增值税区域管辖和税收收入归属矛盾凸显出来。如 A 企业旗下的"X 出行"是一个移动出行平台,为乘客提供快车、专车和代驾等服务,其注册地在 M 市,而其代驾服务由在 N 市注册的 B 企业承担,B 企业通过网络平台管理异地代驾司机。王某是 Q 市居民,某天他通过"X 出行"软件雇用了代驾司机张某从 T 市载他回其位于 Q 市的家。显然,代驾服务需要缴纳增值税,其中属于地方所有的收入应属于 Q 市还是 M 市,N 市和 T 市能否参与分配,等等,这些都是数字经济发展过程中必须回答的问题。

资料来源:作者整理自公开资料。

 参考文献与延伸阅读资料

靳万军,付广军.区域税收分配调查.北京:中国税务出版社,2011.

McLure C E. Tax Assignment in Federal Countries. Australian National University Center for Research on Federal Financial Relations, 1983.

Shah A. The Reform of Intergovernmental Fiscal Relations in Developing and Emerging Market Economies. Washington D. C.:The World Bank, 1994.

OECD. Taxing Powers of State and Local Government. Paris:OECD Publishing, 1999.

Bizioli G, Sacchetto C. Tax Aspects of Fiscal Federalism:A Comparative Analysis. Amsterdam:IBFD, 2011.

网络资源

加拿大女王大学(Queen's University)政府间关系研究所(The Institute of Intergovernmental Relations)网站,http://www.queensu.ca/iigr.

美国纽约州立大学奥尔巴尼分校(State University of New York at Albany)洛克菲勒政府研究所(The Nelson A. Rockefeller Institute of Government)网站"州与地方财政"栏目,http://www.rockinst.org/government_finance.

印度公共财政与公共政策研究院(National Institute of Public Finance and Policy, India)网站,http://www.nipfp.org.in.

第 6 章

政府间财政转移支付

【本章学习目标】

- 掌握政府间财政转移支付的基本分类
- 掌握政府间财政转移支付形式的主要特点
- 掌握政府间财政转移支付形式的经济效应
- 掌握政府间财政转移支付形式与不同社会经济目标间的对应关系
- 掌握政府间财政转移支付资金的分配方法

政府间财政转移支付(Intergovernmental Fiscal Transfers)既是政府间财力配置的重要途径之一,也是处理政府间财政关系时有效平衡财政集权与分权关系的调节器。运行良好的政府间财政转移支付制度既会使财政分权的好处得以实现,同时又能够尽量消除其潜在的不利影响。[①]

6.1 政府间财政转移支付的内涵与外延

政府间财政转移支付不仅是地方政府的一个重要的收入来源,而且是中央政府对地方政府财政行为进行调控、调节地区间财政资源配置以及实现社会资源在全国范围内优化配置的主要手段。

6.1.1 政府间财政转移支付的内涵

政府间财政转移支付是财政资金在不同的政府主体之间单方面、无偿地转移。[②] 广义的政府间财政转移支付既包括政府间纵向转移支付,也包括政府间横向转移支付。

政府间纵向转移支付主要指的是财政资金从上级政府向存在隶属关系的下级政府无偿转移,但在部分国家也存在少数下级政府向上级政府无偿转移财政资金的情况;而政府间横向转移支付指的是财政资金在不存在隶属关系的不同地方政府之间的无偿转移。政府间纵向财政转移支付体现出的是一种"父子"关系(Paternal),而政府间横向财政转移支付更多表现为一种"兄弟"关系(Fraternal),其直接"劫富济贫"的色彩比较突出。

狭义的政府间财政转移支付仅指资金从上级政府向下级政府的无偿转移,这也是各国在实施政府间财政转移支付时最常见的资金流向。通常所说的政府间财政转移支付主要指的就是狭义的政府间财政转移支付,且并不包括政府间的横向财政转移支付,且它经常与财政拨款(Grant)、财政补助(Subsidy)等概念混用。

专栏6-1　　　　　　　　**德国横向财政平衡机制逐步退出历史舞台**

大多数国家的政府间财政转移支付都属于纵向财政转移支付。当今世界主要国家中,真正将政府间横向财政转移支付付诸实施并将其制度化的只有德国。

德国的横向财政平衡机制主要体现在两个方面:一是将属于州级财政所有的增值税收入中的一部分分配给那些财政收入能力弱的州,用于州级财政平衡;二是实施州际横向

---

① 鲍德威,沙安文.政府间财政转移支付:理论与实践.庞鑫,等,译.北京:中国财政经济出版社,2011:5.
② 除直接的政府间财政转移支付外,税式支出也可以被看作中央政府向地方政府提供财政补助的一种途径。如在美国,州和地方政府的债券利息可以"免交"联邦所得税,与之相关的经济活动实际上得到了联邦政府的"补贴"鼓励,或者说相当于美国联邦政府向州和地方政府提供了一定的财政援助(参见财政部财政制度国际比较课题组.美国财政制度.北京:中国财政经济出版社,1999:43)。

财力平衡机制,由富裕州按照法律规定的标准拿出一部分税收收入分配给贫困州。统一前,德国的横向财政平衡机制在缩小各州间的财力差距、实现不同地区生活条件的一致性(Uniform Living Standards)以及区域经济的均衡发展等方面产生了比较好的效果,为各国学者所称道。

统一后,根据德国《团结法案Ⅰ》(Solidarity PactⅠ)的规定,在采取了提高州分享增值税的比例、缩小横向财政平衡的规模等减小横向分配力度的措施后,德国于1995年将东部各州纳入横向财政平衡机制。此后,东部各州的财政和经济虽然在财政平衡机制的支持下取得了很大的进步,但其进程与预期仍有较大的差距,而且东、西部各州之间的利益冲突日益严重,这迫使德国出台《团结法案Ⅱ》(Solidarity PactⅡ),于2005年再次对州际横向财力分配方法进行重大调整,其中最重要的是采用"轴对称线性累进法"来确定各州在州际横向财力平衡过程中的贡献额或补助额,这些调整有效降低了州际横向财力平衡的再分配效应。2020年,德国开始实行新的财政体制,取消了州级财政增值税收入中的25%分配给财政弱州的政策,并停止州际横向财力平衡机制的实施,这意味着德国的横向财政平衡机制被废止。

为什么统一前德国的横向财政平衡机制能够有效运行,而统一后在不断减小再分配力度的情形下,德国的横向财政机制却最终退出历史舞台?原因当然是多方面的,但最主要的原因还是在于统一后德国的社会、经济和政治条件发生了一些变化,使得横向财政平衡体制面临的难度远比统一前要大得多,复杂程度要高得多,最终不仅导致德国东、西部各州之间财政关系较为紧张,而且也使得横向财政平衡体制缩小贫富地区间差距的积极效应得不到发挥。

德国只有少量外族人和外来移民,人口最主要还是由德意志民族组成,基本可以看作一个单一民族国家。民族的单一性衍生出高度的民族认同感和强大的内在凝聚力,会驱使不同地区的社会成员为实现民族团结而竭力相互帮助,横向财政平衡就是其在财政上制度化的一种体现。统一后,尽管德国单一民族国家的属性没有改变,但之前毕竟因为战争而分裂并在意识形态上相互对立长达半个世纪,民族感情长期被撕裂,由此而产生的隔阂和不信任感在短时间内不可能彻底消除。统一前因高度的民族认同感而产生的"同盟的团结"意识,统一后很难再达到以前的水平,这在相当大程度上影响了横向财政平衡机制在更大范围内的正常运行。

统一前,德国各州之间的社会经济发展水平虽然也有一定的差距,但并不是非常大,这就为顺利推行横向财政平衡机制提供了极为有利的前提条件。由于东部各州的加入,统一后德国州际社会经济差距拉大了许多,东、西部各州间税收能力的差距也随之凸显出来。1995年,西部10个州中只有4个州的人均税收收入低于全国平均水平,而且差距都控制在全国平均水平的20%以内,而东部6个州的人均税收收入全部低于全国平均水平,除柏林外,其他各州的人均税收收入都只相当于全国平均水平的30%~40%。虽然德国东、西部各州间存在巨大的经济差距和财政差距,但在东部各州正式加入财政平衡机制之后,就可以根据《财政平衡法》的规定要求西部各州通过州际财政平衡进行税收再分配,将东部各州原先只有全国平均水平30%～40%的税收能力提高到法定水准。这就意味着富裕地区要比统一前牺牲多得多的自有财力来援助贫困地区,这直接导致西部财力状况相对较差的几个州因为财政平衡机制较多地关注东部各州而得不到援助,从而不可避免地对获得较多财政平衡资源的东部地区产生不满。巴登-符腾堡和巴伐利亚、黑森等西部三州先后于1998年和1999年向德国联邦法院提起诉讼,要求对新的《财政平衡法》进行"规范审查"。2013年,黑森州和巴伐利亚州再次就横向财政均等化向宪法法院提起诉讼。这是东、西部各州之间财政利益冲突激化的具体体现。

资料来源:作者整理自王玮.多重约束条件下我国均等化财政制度框架的构建.北京:中国社会科学出版社,2011:122—126 和 Gunlicks A B. German Federalism and Recent Reform Efforts. German Law Journal, 2005(10): 1283-1295 等资料。

6.1.2 政府间财政转移支付的形式

政府间财政转移支付最基本的分类是根据上级政府在进行财政拨款时是否附加条件,将其区分为政府间无条件财政转移支付(Unconditional Grant)和政府间有条件财政转移支付(Conditional Grant)两类,每一类又可以进行进一步的细分(参见图6-1)。

1. 政府间无条件财政转移支付

政府间无条件财政转移支付指的是上级政府在对下级政府进行转移支付时不限定财政资金的使用范围和方向,也不提出具体的使用要求或附加其他条件,它也常常被称为一般性财政拨款(General Grant)或非选择性财政拨款(Non-selective Grant)。

如果政府间无条件财政转移支付是一笔拨款数额固定的款项,那么它就属于无条件定额财政转移支付(Lump-sum General Grant)。另一种形式的政府间无条件财政转移支付的数额不固定,而是由转移支付的提供者(Grantor)根据接受者(Recipient)的自有收入等因素来确定拨款的数额;在实践中,财政拨款接受者的自有收入往往又在很大程度上取决于其税收努力(Tax Effort)程度[1],所以它也被称为税收努力相关性无条件财政转移支付(Tax Effort-related General Grant)。在这种转移支付形式下,具体的财政拨款数额与税收努力程度呈正相关关系,拨款接受者的税收努力程度越高,其获得的财政拨款数额就越大。根据财政拨款是否有最高限额,政府间税收努力相关性无条件财政转移支付可以细

---

[1] "税收努力"反映的是税收征收额与课税能力之间的对比关系,具体可以用某一地区实际征收上来的税收收入占该地区GDP的比例与全国所有地区该比例的平均水平的比较来衡量。

分为封顶的税收努力相关性无条件财政转移支付和不封顶的税收努力相关性无条件财政转移支付。

因为转移支付的接受者可以按照自己的意愿自由地使用通过政府间无条件财政转移支付获得的财政资金,所以在不同形式的政府间财政转移支付中,地方政府或下级政府更加偏好获得无条件财政转移支付。

2. 政府间有条件财政转移支付

政府间有条件财政转移支付是一种附加有相关条件的政府间财政拨款形式,它也被称为专项财政拨款(Specific Grant)或选择性财政拨款。上级政府在设定转移支付项目时附加的条件有多有少、有宽有严,既包括附加条件较多的指定用途的财政拨款,也有附加条件较为宽松的部门拨款。部门拨款是拨付给下级政府用于提供特定公共服务的财政转移支付,它只规定了财政拨款大的用途方向,并未明确具体的用途,因此接受转移支付的下级政府使用起来相对自由一些。

根据限定条件的不同,政府间有条件财政转移支付可以分为基于投入的有条件财政转移支付(Input-based Grant)和基于结果的有条件财政转移支付(Output-based Grant)两种类型。在基于投入的有条件财政转移支付方式下,上级政府在提供财政拨款时通常会指定该笔政府间财政转移支付资金的用途,下级政府必须按规定的用途使用这笔资金,否则就会失去获得该项拨款的资格;而在基于结果的有条件财政转移支付方式下,上级政府在进行财政拨款时往往会对下级政府提供的某项特定公共服务的实际结果提出要求。

根据上级政府进行财政拨款时是否要求下级政府提供相应的配套资金,政府间有条件财政转移支付可以分为有条件配套的财政转移支付(Conditional Matching Grant)和有条件非配套的财政转移支付(Conditional Non-matching Grant)。在有条件配套的财政转移支付方式下,上级政府不仅指定政府间财政转移支付资金的具体用途,而且还要求接受财政拨款的下级政府按照规定的配套率①从自有财力中拿出一定的资金用于上级政府指定的用途,否则其就得不到该项拨款。有条件配套的政府间财政转移支付还可以进一步分为有条件封顶的配套财政转移支付(Conditional Closed-ended Matching Grant)和有条件不封顶的配套财政转移支付(Conditional Open-ended Matching Grant)。在有条件封顶的配套财政转移支付方式下,上级政府规定了接受财政拨款的下级政府可以获得的财政拨款的最高额度;在最高限额内,上级政府按照设定的条件以及下级政府投入的配套资金的多少提供相应数额的财政拨款;一旦达到规定的限额,不论下级政府是否继续投入配套资金,上级政府都不再增加财政拨款数额。在有条件不封顶的配套财政转移支付方式下,上级政

---

① 配套率=下级政府投入的配套资金/(上级政府提供的政府间财政转移支付+下级政府投入的配套资金)。

府不规定接受财政拨款的下级政府可以获得的财政拨款的最高额度,只要下级政府提供配套资金,就可以一直按照设定的条件从上级政府那里获得相应数额的财政拨款。可见,有条件配套的财政转移支付数额并不固定,它在很大程度上取决于财政拨款接受者的行为,在有条件不封顶的配套财政转移支付方式下更是如此。

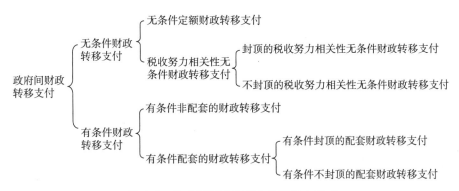

图 6-1　政府间财政转移支付的基本形式

由于指定了资金的具体用途或附加了条件,政府间有条件财政转移支付有利于强化上级政府对下级政府的调控,也可以促使接受拨款的下级政府按与原先不同的方式来运行,鼓励其按照在更大的范围内符合公共利益的方式来提供公共产品,因此上级政府更偏好选择政府间有条件财政转移支付。尽管如此,如果上级政府对每一项财政拨款都事无巨细地规定款项的使用方向,无疑会不利于下级政府因地制宜地使用财政资金,从而有损财政资金的使用效率;而且为了确保接受拨款的下级政府的政策目标符合拨款方的意图,上级政府必须建立复杂的管控机制来对下级政府的行为进行监督,这无疑提高了管理上的复杂性。虽然政府间有条件财政转移支付会尽量反映更大范围内的公共利益,但它的实施却不可避免地会扭曲下级政府的决策。这些因素共同决定了上级政府在进行财政拨款时不可能全部使用政府间有条件财政转移支付这种方式,政府间无条件财政转移支付也有其存在的必要性。

专栏6-2　　美国的分类拨款与切块拨款

20 世纪 60 年代,美国联邦政府曾经向州和地方政府提供了被称为"收入分享"的一般目的拨款(General Purpose Grants)。由于不具备有效体现联邦政府意图的功效,一般目的拨款在 20 世纪 80 年代被取消。目前,美国政府间财政转移支付由"分类拨款"(Categorical Grants)和"切块拨款"(Block Grants)组成,它们在性质上都属于政府间有条件财政转移支付的范畴。

美国的分类拨款是一种指定用途和范围都比较窄的财政拨款,它主要提供给特殊目的型政府。分类拨款不仅限制接受拨款的政府对财政拨款资金的自由裁量权,而且对项目的选择、绩效以及监管等都有严格的规定;此外,分类拨款还要求接受拨款的政府提供相应的配套资金,同时向联邦主管部门提交各项拨款计划执行情况的书面报告。美国分类拨款的使用范围主要集中在健康、收入保障、交通、教育、环境保护和能源开发等领域,具体包括医疗补助项目(Medicaid Program)、食品券项目(Food Stamp Program)、补充营养援助项目(Supplemental Nutrition Assistance Program)、儿童早期教育项目(Head Start Program)、林业援助项目(Forestry Assistance Program)和防洪援助项目(Flood Mitigation Assistance Program)等。自一般目的补助被取消以来,分类拨款一直是美国政府间财政转移支付的主体形式。

美国的切块拨款是一种宽范围用途财政拨款,它主要提供给一般目的型政府。联邦政府只确定了切块拨款大的使用方向,没有对具体的使用进行详细的规定,也不附加任何条件,州和地方政府可以根据自身的需要在框定的大方向内自主地使用这一资金。美国在20世纪六七十年代率先确立了5个切块拨款项目,并从20世纪80年代开始在美国全面推行。美国较为典型的切块拨款有社区发展计划(Community Development Program)、贫困家庭临时救助计划(Temporary Assistance to Needy Families Program)和地面交通计划(Surface Transportation Program)等。

资料来源:作者整理自 Dilger R J, Cecire M H. Federal Grants to State and Local Governments: A Historical Perspective on Contemporary Issues. Congressional Research Service, R40638, 2019 等资料。

6.2 政府间财政转移支付的经济效应

政府间财政转移支付对地方财政经济运行的影响,可以从收入效应和替代效应两个方面来分析。① 政府间财政转移支付的收入效应,指的是接受财政拨款的地方政府因拥有更多的资源归其支配和使用而增加了相关产品的提供;而政府间财政转移支付的替代效应,则是指由于转移支付改变了接受财政拨款的项目和未接受财政拨款的项目之间的相对价格,从而导致资源在不同项目之间重新进行配置。不同形式的政府间财政转移支付的收入效应和替代效应是不同的,因此它们对地方财政经济运行的影响也是各不相同的。

---

① 为了问题分析的简便,本节对不同政府间财政转移支付形式的经济效应进行的分析,至少需要做出以下三方面的假定:第一,分析中所涉及的地方性公共产品和私人产品都是"正常产品",它们的消费额都随着收入的增长而增加、随着价格的提升而减少;第二,地方政府提供地方性公共产品的资金全部来源于地方税收;第三,地方居民对地方性公共产品的消费偏好具有同质性。

6.2.1 政府间无条件财政转移支付的经济效应①

政府间无条件财政转移支付对地方政府如何使用财政拨款资金无具体的要求,也不附加相关条件,因此它一般不会改变地方政府的偏好,也不直接干预地方政府的财政决策。在政府间财政转移支付的几种基本形式中,无条件财政转移支付对地方政府的激励作用最弱。尽管如此,政府间无条件财政转移支付依然会影响接受拨款地区地方性公共产品的提供,同时也会影响接受拨款地区私人产品的提供。

在图 6-2 中,横轴表示地方性公共产品,纵轴表示私人产品,预算线 AB 反映了在某一地区资源总量和技术水平等因素既定的情况下,社会资源在地方性公共产品和私人产品之间的配置。预算线 AB 与该地区社会无差异曲线相切于 E_1 点,决定了在接受无条件财政拨款之前社会资源在该地区的最优配置格局,即生产和消费 OG 数量的地方性公共产品和 OF 数量的私人产品。市场经济条件下,所有资源的初始所有权都归私人部门所有,为了提供 OG 数量的地方性公共产品,该地区的社会成员就必须放弃 FA 数量的私人产品的生产和消费,也就是说,该地区要课征价值相当于提供 FA 数量的私人产品的税收,地方税的总体税率为 FA/OA。

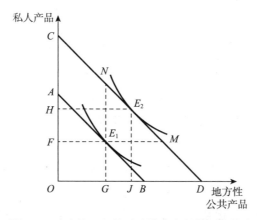

图 6-2 政府间无条件财政转移支付的经济效应

如果该地区获得来自中央政府价值相当于 BD 数量地方性公共产品的无条件财政拨款,就会使预算线由原来的 AB 向右上方平移至 CD,新预算线与该地区社会无差异曲线相切于 E_2 点,决定了在接受无条件财政拨款后社会资源在该地区的最优配置格局,即生产和消费地方性公共产品和私人产品的数量分别为 OJ 和 OH。与接受财政拨款之前相比,

---

① 虽然政府间无条件财政转移支付可以细分为政府间无条件定额财政转移支付、政府间封顶的税收努力相关性无条件财政转移支付和政府间不封顶的税收努力相关性无条件财政转移支付,但这三种形式的区别只是具体拨款数额的不同,这一差异并不会对接受拨款的下级政府的财政行为产生根本性的影响。在抽象的理论分析中,可以仅分析政府间无条件财政转移支付的效应。

该地区地方性公共产品的消费量增加了 GJ，与此同时私人产品的消费量增加了 FH。可见，无条件财政转移支付具有明显的收入效应，但财政转移支付资金并非全部用于增加地方性公共产品的提供，部分财政转移支付资金"漏入"私人部门用于增加私人产品的提供。这种"漏入"具体是通过降低地方税的方式实现的。在接受财政拨款之后，私人产品的消费从 OF 增加到 OH，但该地区居民所支付的税收却从 FA 降低到 HA，地方税总体税率也从 FA/OA 下降到 HA/OA。政府间财政转移支付资金"漏出"的程度，可以用均衡点 E_2 在预算线 CD 上的线段 MN 上的具体位置来表示。当 E_2 点越靠近 M 时，无条件财政拨款会导致地方政府提供数量更多的地方性公共产品，此时财政转移支付资金"漏入"私人部门的程度就越低；当 E_2 点越靠近 N 时，无条件财政拨款会越多地增加私人产品的提供，此时财政转移支付资金"漏入"私人部门的程度就比较高。此外，无条件财政拨款并不改变地方政府在地方性公共产品与私人产品之间的偏好，即它不产生替代效应。

6.2.2 政府间有条件非配套的财政转移支付的经济效应

政府间有条件非配套的财政转移支付的突出特征是规定了财政拨款资金的具体用途，但并不要求接受拨款的地方政府提供相应的配套资金，从而使得这种方式既能够很好地体现支持地方政府提供某种特定的地方性公共产品的政策意图，又不会扭曲地方政府在不同公共产品之间的选择，避免了在目标支出领域中无效率的资源配置。

在图 6-3 中，横轴表示接受财政拨款的地方性公共产品，纵轴表示除接受财政拨款的地方性公共产品以外的其他产品。某地区在接受财政拨款前社会资源在接受财政拨款的地方性公共产品与其他产品间的配置情况由预算线 AB 表示。预算线 AB 与该地区社会无差异曲线相切于 E_1 点，决定了该地区生产和消费接受财政拨款的地方性公共产品的数量为 OG，其他产品的生产和消费量为 OI。如果该地区获得一笔来自中央政府的价值相当于 AC 数量接受财政拨款的地方性公共产品的有条件非配套的财政转移支付，则预算线由原来的 AB 向右上方平移至 FC，新预算线与该地区社会无差异曲线相切于 E_2 点，决定了该地区的资源在接受财政拨款的地方性公共产品和其他产品之间的最优配置格局为生产和消费 OH 数量的接受财政拨款的地方性公共产品以及 OJ 数量的其他产品。与接受有条件非配套的财政转移支付之前相比，接受财政拨款的地方性公共产品的消费量增加了 GH，其他产品的消费量增加了 IJ。中央政府在进行财政拨款时，往往都不希望地方政府把拨款用于其他领域。然而，尽管在有条件非配套的财政转移支付方式下，财政转移支付资金必须用于指定的地方性公共产品，但这种形式的财政拨款也存在"漏出效应"，它既会影响接受财政拨款的地方性公共产品的提供，也会影响除接受拨款的地方性公共产品之外的其他产品的提供。

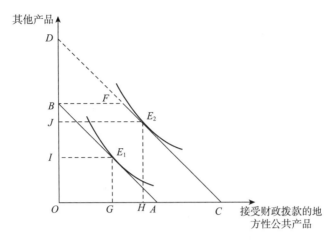

图 6-3 政府间有条件非配套的财政转移支付的经济效应

6.2.3 政府间有条件不封顶的配套财政转移支付的经济效应

有条件不封顶的配套财政转移支付通常由中央政府规定资金的用途,同时要求接受财政拨款的地方政府也要拿出一定比例的配套资金,但不对财政拨款的最高额度进行限制。从图 6-4 可知,在接受有条件不封顶的配套财政转移支付前该地区资源最优配置状态为生产和消费 OF 数量的接受财政拨款的地方性公共产品以及 OJ 数量的其他产品。

如果该地区获得了来自中央政府的有条件不封顶的配套财政转移支付,由于这一财政拨款需要地方政府提供配套资金,预算线将由原来的 AB 围绕着 B 点向右上方旋转至 BC,新预算线与该地区社会无差异曲线相切于 E_2 点,决定了在接受有条件不封顶的配套财政转移支付后社会资源在该地区的最优配置格局为生产和消费接受财政拨款的地方性公共产品与其他产品的数量分别为 OM 和 OG。与接受有条件不封顶的配套财政转移支付之前相比,接受财政拨款的地方性公共产品的消费量增加了 FM,其他产品的消费量也增加了 GJ。可见,有条件不封顶的配套财政转移支付具有收入效应。

有条件不封顶的配套财政转移支付也具有较强的替代效应。在没有接受有条件不封顶的配套财政转移支付之前,要生产和消费 OF 数量的接受财政拨款的地方性公共产品,就必须放弃 BJ 数量的其他产品,两者之间的替代率为 BJ/OF;但在接受有条件不封顶的配套财政转移支付之后,由于地方政府需要提供相应的配套资金,改变了接受拨款的地方性公共产品和其他产品间的相对价格,此时生产和消费 OM 数量的接受财政拨款的地方性公共产品只需要放弃 BG 数量的其他产品,两者之间的替代率变为 BG/OM,从而会对地方政府的资源配置产生较大的影响。有条件不封顶的配套财政转移支付的替代效应,取决于接受财政拨款的地方性公共产品与其他产品的相对优先程度。

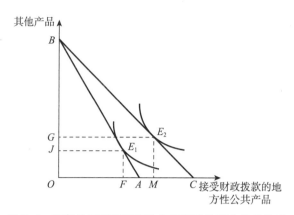

图 6-4　有条件不封顶配套政府间财政转移支付的效应

政府间财政转移支付的配套要求是一个两难的选择。如果不附加配套的要求,就难以体现出中央政府的政策意图或很难影响地方政府的行为。如果设定配套要求,对那些经济发展水平相对落后的地方政府来说,在自身财力本来就不足的情况下,地方政府提供配套资金会影响其他公共产品的提供,而不提供配套资金,地方政府又会失去获得财政拨款的机会;但对经济发达地区的地方政府来说,却因能满足配套要求而获得较多的财政拨款。在这种情况下,政府间财政转移支付反而有可能拉大地区间的财力差距。一种较为理想的解决办法就是根据各地区的人均财政能力按照反比例关系确定不同的配套率,从而为经济相对落后地区获得财政转移支付创造一个更加公平的竞争环境。

专栏 6-3　中国的中央财政扶贫不再强调地方配套

中央财政扶贫是中国政府间财政转移支付形式一个重要的组成部分。在很长一段时间里,中央财政扶贫资金的分配往往要求各级地方政府按照不低于 30% 的比例进行配套,其目的在于引导地方政府加大对扶贫开发的投入力度,以加快扶贫项目建设。然而,在具体的执行过程中,地方配套政策却未能充分按其初衷发挥作用。

在对中央财政扶贫资金的审计中,地方配套政策被发现在全国范围内普遍存在以下问题:

(1) 受地方财力限制或主观因素影响,地方配套资金不能完全到位。2008—2009 年,某省 A 市获得扶贫资金 3 827 万元,要求配套 1 684 万元,实际配套 479 万元;B 市获得扶贫资金 1 770 万元,要求配套 323 万元,实际配套 178 万元;C 县共有 2 613 万元应配套资金未到位。

(2) 为了不影响以后年度中央政府下达的扶贫资金额度,地方政府常常弄虚作假。2009 年,D 县易地扶贫搬迁试点工程项目投资 741 万元,其中地方应配套 325 万元,该县财政于当年 12 月 31 日以财政授权支付额度到账通知书付给县发展和改革局配套资金

325万元,并于当日收回,形成虚假配套。

(3) 地方政府配套资金不能完整及时到位,致使项目缩水。项目实施单位是按照上级拨款和地方配套资金总额编制项目计划和预算并确定工程量的,由于地方配套资金不到位或不能完全到位,项目实施时不得不变更计划,缩减工程量,调整建设内容,有的甚至无法实施。2008年,E县易地扶贫搬迁试点工程项目计划建设住房8 400平方米,平整土地700亩①,架设供电线路30千米,修建道路10千米;由于配套资金不到位,实际建设住房5 400平方米,平整土地700亩,架设供电线路2千米,批复计划大部分未完成;F县整村推进项目,计划新打机电井3眼,实际完成机电井1眼;G区整村推进项目计划新打机电井3眼,建养殖小区1处,实际仅打机电井1眼。

(4) 扶贫资金长期闲置。导致扶贫资金闲置的原因有很多,配套资金不能到位就是其中之一。有些扶贫资金下达时要求的配套比例较高,但地方财力有限,无法配套,仅靠中央下达的资金项目根本无法实施,导致资金长期闲置在财政部门,甚至挪作他用,严重影响了扶贫资金效益的发挥。

鉴于此,财政部、国家发展改革委与国务院扶贫办于2011年11月联合下发了新的《财政专项扶贫资金管理办法》,不再对地方政府资金配套比例做硬性要求。2014年出台的《国务院关于改革和完善中央对地方转移支付制度的意见》扩大了不要求地方政府配套政策的适用范围,明确"除按照国务院规定应当由中央和地方共同承担的事项外,中央在安排专项转移支付时,不得要求地方政府承担配套资金"。

资料来源:作者整理自内蒙古审计局网站及其他相关资料。

由于最终的财政拨款数额是不封顶的,因此只要地方政府提供配套资金,就可以获得有条件不封顶的配套财政转移支付,这会极大地刺激地方政府增加对接受财政拨款的地方性公共产品的投入以获得更多的财政转移支付;但不断增加配套资金,必然会影响地方政府其他方面的正常支出,甚至还可能导致地方政府预算安排上的困难。有条件不封顶的配套财政转移支付往往使得中央政府提供的拨款数额也是不确定的,这对中央政府来说也存在不便于安排预算等问题。

6.2.4 政府间有条件封顶的配套财政转移支付的经济效应

有条件封顶的配套财政转移支付规定了中央政府提供财政拨款的最高额度。从图6-5可知,在接受有条件封顶的配套财政转移支付前该地区资源最优配置状态为生产和消费OK数量的接受财政拨款的地方性公共产品以及OG数量的其他产品。

---

① 1亩约等于666.67平方米。

如果该地区获得了来自中央政府有条件封顶的配套财政转移支付,由于需要地方政府提供配套资金,而且中央政府财政转移支付的数额是有限制的[①],当财政拨款额低于最高限额时,中央政府将按设定的拨款条件提供财政拨款;但当财政拨款达到最高限额时,中央政府将不再增加财政拨款。因此,接受有条件封顶的配套财政转移支付后,该地区的预算线就由原来的 AB 以 B 点为中心向右旋转为折线 BCF。新预算线 BCF 与无差异曲线相切于 E_2 点,决定了该地区接受财政拨款的地方性公共产品和其他产品的生产和消费量分别为 OH 和 OI。与接受财政转移支付之前相比,接受财政拨款的地方性公共产品以及其他产品的生产和消费量均有所增加,然而与配套率相同但不封顶的政府间财政转移支付相比,接受财政拨款的地方性公共产品以及其他产品生产和消费量的增加额都要小一些,这在图6-5中表现为接受有条件封顶的配套财政转移支付后的预算线与该地区社会无差异曲线相切的均衡点 E_2 要低于接受有条件不封顶的配套财政转移支付后的预算线与该地区社会无差异曲线相切的均衡点 E_3。

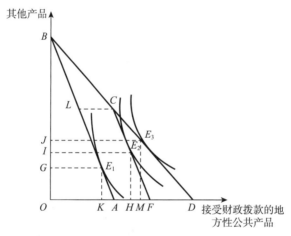

图6-5　政府间有条件封顶的配套财政转移支付的经济效应(1)

当财政拨款在限额(即图6-5中的 BC 段)之内时,由于地方政府增加配套资金就可以从中央政府那里获得更多的政府间财政转移支付,因此就会产生接受财政拨款的地方性公共产品对其他产品的替代。然而,一旦财政拨款超过限额(即图6-5中的 CF 段),即使地方政府继续提供配套资金,中央政府也不会再增加财政拨款,于是就失去了对地方政府提供接受财政拨款的地方性公共产品的进一步刺激,此时接受财政拨款的地方性公共产品与其他产品之间的替代率将恢复到接受政府间财政转移支付之前的状态。

由于有条件封顶的配套财政转移支付有利于中央政府对本级预算的安排和控制,因此在实践中提供财政拨款的中央政府更愿意采用这种方式。如果地方政府所需要的最大

---

① 假定最高限额与 CL 或 AF 数量的接受财政拨款的地方性公共产品的价值相当。

财政拨款数额低于政府间财政转移支付的限额,即接受有条件封顶的配套财政转移支付后的预算线与该地区社会无差异曲线相切的点 E_2 位于 BC 段而不在 CF 段(参见图6-6),那么规定有条件封顶的配套财政转移支付的最高限额也就失去了实际意义。

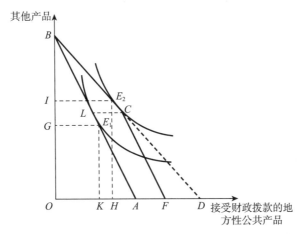

图6-6　政府间有条件封顶的配套财政转移支付的经济效应(2)

6.2.5　粘蝇纸效应

地方政府可支配财政资源的增加,毫无疑问会增加其财政支出。但地方政府财政支出的增加,不仅受其支配财政资源总量的约束,而且也受其支配财政资源结构的影响。在其他因素既定的情形下,地方政府相同规模但不同结构的财政收入会导致不同数额的财政支出。也就是说,地方政府获得相同数额的财政转移支付和地方税,在扩大财政支出方面并不等效,地方政府以政府间财政转移支付方式获得的收入要比同等数额地方自有收入增加带来的地方财政支出更多。相关的计量研究发现,在样本地区,地方政府以财政拨款方式增加1元的可支配收入将导致地方财政支出增加0.4元,而地区居民收入增加1元仅会导致地方财政支出增加0.1元[①],这就证明了转移支付对地方政府财政支出的扩张效应更明显一些。

地方政府获得财政转移支付之后会倾向于直接扩大其财政支出的现象被称为"粘蝇纸效应"(Flypaper Effect),即"钱粘在它所到达的地方"(Money Sticks Where It Hits)。从20世纪70年代早期开始,许多学者都对粘蝇纸效应进行了研究,提出了无谓损失模型、交易成本模型、低收入约束模型、官僚制模型、贪婪政治家模型和提议者模型等进行诠释,但至今还没有任何一种诠释在理论上和经验上均得以证实。[②] 尽管如此,一般还是认为,政府间财政转移支付割裂了地方性公共产品的成本与收益之间的联系,扭曲了地方性公

---

① 罗森,盖亚.财政学:第十版.郭庆旺,等,译.北京:中国人民大学出版社,2015:433.
② 贝利.地方政府经济学:理论与实践.左昌盛,等,译.北京:北京大学出版社,2006:284—306.

共产品的价格信号,使得社会成员对地方性公共产品的需求膨胀,这是产生粘蝇纸效应的一个重要原因。

6.3 政府间财政转移支付的目标与方式的选择

政府间财政转移支付要达成的主要目标,具体包括弥补地方财政缺口、辖区间正外部性的内部化、确保全国范围内实现最低标准的公共服务、减少各地区财政净利益的差异、鼓励地方性公共产品中优值品的提供以及稳定宏观经济运行等。不同目标的达成,需要采用不同的政府间财政转移支付形式。

6.3.1 弥补地方财政缺口

政府间纵向财政失衡(Vertical Fiscal Imbalance)是针对多级财政体制中上、下级政府之间财政收支差异的状况而言的,它指的是在政府间财政收支范围划定之后,某一级政府财政出现财力相对不足,而其他级次政府出现财力相对过剩的状态。

在各国的实践中,一般都把税基广、增长快和有利于宏观调控的税种划归中央政府,而将税基小、税源分散、与地方社会经济发展密切相关且易于征管的税种划归地方政府。在这种财政收入划分格局下,往往出现中央政府掌握相对较多的财力而地方政府收不抵支的状况,这是最为常见的一种政府间纵向财政失衡的表现形式。政府间纵向财政失衡的另一种表现形式是中央财力相对不足、地方财力相对过剩,但在现实中这种状况并不常见。

地方政府的财政收入小于其事权所需的财政支出额,就会形成"地方财政缺口"(Local Fiscal Gaps)。地方财政缺口在很大程度上只是各级政府间财政收支划分不匹配的产物,它反映的是多级财政体制下政府间财政支出责任与财政收入能力之间的结构性失衡,而不是地方财政运行的结果,它不等同于地方财政赤字,所以弥补地方财政缺口的方式也不同于解决地方财政赤字问题,通常情况下是通过政府间财政转移支付来实现的。由于地方财政缺口并不与特定的地方性公共产品联系在一起,因此一般选用政府间无条件财政转移支付来加以解决(参见表 6-1)。

表 6-1 政府间财政转移支付形式的选择及要避免的问题

目标	政府间财政转移支付形式的选择	要避免的问题
弥补财政缺口	无条件地进行财政转移支付或重新分配支出责任	赤字拨款;依具体税种进行分享
减少区域财政非均等	非配套财政能力均等化转移支付	多因子的一般收入分享

(续表)

目标	政府间财政转移支付形式的选择	要避免的问题
对外部性的干预	不封顶的配套转移支付,配套率与收益外溢程度保持一致	—
设立国家最低标准	有条件非配套的财政转移支付	只根据支出情况进行转移支付;特别拨款
在中央政府认为重要但地方政府不重视的领域影响地方偏好	不封顶的配套财政转移支付,配套率与财政能力相反	特别拨款

资料来源:沙.发展中国家的地方治理.刘亚平,周翠霞,译.北京:清华大学出版社,2010:14。

6.3.2 辖区间正外部性的内部化

与微观经济活动产生的外部效应导致无效率的资源配置需要进行必要的干预一样,各级地方政府提供地方性公共产品过程中产生的外部效应问题,也必须采取相应的措施来解决。在相关地方政府协商、调整地方行政辖区、设立公共服务特别区和政府间财政转移支付等多种应对措施中,相比较而言,政府间财政转移支付可能是解决辖区间正外部性所产生的低效率的一种较为有效的干预方式。

在政府间财政转移支付的各种基本形式中,政府间有条件配套的财政转移支付比较适合将辖区间的正外部性内部化。中央政府提供的财政拨款应与地方性公共产品在辖区间利益外溢的程度大体一致(参见表6-1),辖区间的正外部性越大,中央政府提供的财政拨款数额就越大;反之,就越小。

6.3.3 确保全国范围内实现最低标准的公共服务

确保全国范围内实现最低标准的公共服务,既有公平方面的考虑,也有效率方面的考虑。就公平而言,一个居民无论居住在什么地方,作为其基本生存条件重要组成部分的一定水平的公共服务必须得到满足,而不应存在过大的地区差异。从效率的角度看,共同的最低公共服务标准有助于减少地区间商品和要素流动的壁垒,促进国内统一市场的形成,并增进地区间资源配置的效率;否则,各辖区间基本公共服务水平的差异将诱使劳动力、资本和商品在不同地区间的非正常流动。

有些具有再分配特征的公共服务,比如基础教育和公共医疗等,也必须有中央政府的介入才能在全国范围内达到特定的共同最低标准。由于要素流动和税收竞争限制了地方政府履行再分配职能的有效性,因此地方政府不仅不愿意充足地提供这类公共服务,而且还有可能采取种种措施来限制其他地区的居民享受本地区提供的此类公共服务。在这种情况下,政府间财政转移支付是有助于保持各地区特定公共服务水平和数量标准的一致性的。当用政府间财政转移支付来保证各地区间特定公共服务的最低服务标准时,政府间有条件非配套的财政转移支付和政府间有条件配套的财政转移支付都是比较合适的手段。

6.3.4 减少或降低各地区财政净利益的差异

财政净利益(Net Fiscal Benefits)指的是财政支出与财政收入之间的差额,就个人而言,其所感受到的财政净利益是人均财政收支之间的差额。由于各地区的自然资源禀赋和经济发展水平各不相同,再加上人口方面的因素,各地区的税基与可征税潜力必然会有差异,而且有的地区还存在不利的高费用因素,因此地区间财政净利益出现差异就是必然的。

经济活动主体在进行地区间资源配置决策时,既要考虑各地区市场条件等方面的因素,又要考虑各地区的财政净利益情况。在市场条件大体相同但各地区财政净利益存在差异的情况下,经济活动主体无疑会选择财政净利益大的地方。甚至可能出现从市场角度来看在甲地进行投资比在乙地更为有利,但由于甲、乙两地的财政净利益差异较大,最终的投资转向乙地的情况,这就扭曲了市场资源配置机制的区位决策。虽然地区间财政净利益的差异对资源区位选择一定程度上的干扰是不可避免的,但国内统一市场却要求将这种干扰降到最低限度,这是资源配置区位中性原则的具体体现。如果不对地区间财政净利益方面的差异加以矫正,就会导致地区间资源配置的低效率。

各地区财政净利益存在差异,也不符合公平原则。地区间财政净利益的差异是政府间横向财政失衡(Horizontal Fiscal Imbalance)的一种重要表现形式。政府间横向财政失衡在很大程度上是地区间经济发展差异在财政上的体现。当出现政府间横向财政失衡问题时,经济发达地区能够为本地区居民提供较高水平的地方性公共产品和服务,而贫困地区却可能连基本的地方性公共产品和服务都难以保证。显而易见,政府间横向财政失衡的存在和加剧,不利于各地区间的均衡发展和整个社会的共同进步。此外,政府间财政关系中的财政地位均等化原则也要求减少或降低各地区财政净利益的差异。

尽管实现地区间绝对的财政平衡是不现实的,但是采取相应的措施来减少横向财政失衡还是很有必要的。对地区间财政净利益差异进行矫正,需要中央政府提供旨在减少或降低各地区财政净利益差异的均等化政府间财政转移支付,其具体措施是运用政府间无条件财政转移支付。在制订政府间无条件财政转移支付的具体方案时,要将人均收入、人均税基、公共产品单位提供成本等客观性指标作为参考依据。

专栏6-4　　财政转移支付使得中国西部人均财力接近东部

1994年分税制财政体制改革后,随着中央政府财力的增强和宏观调控能力的提高,中国逐步建立并完善了中央对地方的财政转移支付制度。在四十多年的实践中,中国政府间财政转移支付的资金分配主要面向财力相对薄弱的中西部地区,在缩小地区间财力差异、促进公共服务均等化等方面发挥了重要作用。

近年来,中国中央政府对地方的财政转移支付规模逐年攀升,由2008年的约2.3万亿元增至2022年的约9.8万亿元,逼近10万亿元,创历史新高。此外,中国还积极探索优化转移支付资金的分配方式,完善支出成本差异、财政困难程度评价方法等工具,探索建立区域均衡度评估机制及指标体系,逐步加大常住人口权重,并实施了财政资金直达机制。财政转移支付的实施大大提高了中西部地区的人均财力水平。2021年,东部、中部、西部和东北地区的人均财政收入分别为100∶46∶46∶43,经过财政转移支付调节后四地区人均财政支出变为100∶73∶92∶92。

其实,即使西部地区人均财力水平与东部地区相当,也不意味着西部地区就能够提供与东部地区同样水平的公共服务,因为西部地区地广人稀,再加上自然地理条件相对复杂,西部地区公共服务的人均提供成本要远高于东部地区。尽管如此,政府间财政转移支付在缩小中国地区间公共服务的差距、解决横向财政失衡问题等方面的贡献是不容忽视的。

资料来源:作者整理自中央财政转移支付超4万亿 西部人均财力接近东部.(2012-03-19)[2024-09-30].https://www.yicai.com/news/1539441.html。

6.3.5 鼓励地方性公共产品中优值品的提供

正如不同的人对同一产品或服务的评价会不同一样,分别代表整体利益和局部利益的中央政府和地方政府对地方性公共产品的效用评价也不会完全相同。如果中央政府对某一地方性公共产品的效用评价高于地方政府对它的评价,则该地方性公共产品在中央政府眼中就是全国性优值品(Local Public Goods as Central Merit Goods),中央政府认为这种地方性公共产品的提供应当加以鼓励。地方性公共产品中的基础教育、博物馆、图书馆和美术馆等,就是典型的全国性优值品。与全国性优值品相对应的是全国性劣值品(Central Demerit Goods),如地方政绩工程等,其生产和消费在中央政府看来应当受到抑制。

对地方性公共产品效用评价的不同,会导致不同的决策。当地方政府和中央政府对地方性公共产品的评价大体一致时,地方政府在地方性公共产品提供上的决策不仅符合本地区的利益,而且符合全社会的利益。而当地方政府和中央政府对地方性公共产品的评价出现分歧时,虽然地方政府的决策有可能使地方短期利益实现最大化,但从全社会的角度来看,它仍然没有实现资源的最优配置。地方政府决策的改变不可能由地方政府自觉来实现,而需要中央政府进行必要的干预。政府间财政转移支付就是一种适合改变地方政府决策,使之更符合中央政府偏好的手段。

为了鼓励地方性公共产品中优值品的提供,一般应采用有条件不封顶的配套财政转移支付方式。如果中央政府认为地方性公共产品中的优值品不需要无限度地提供或者一定额度的财政拨款就能够促使地方性公共产品中优值品的提供达到它所期望的水平,那么也可以采用政府间有条件封顶的配套财政转移支付方式。

6.3.6 稳定宏观经济运行

在现代社会,越来越多的国家把政府间财政转移支付作为刺激需求、增加就业的一个重要手段。在经济危机时期,中央政府往往会增加各种反周期的财政拨款,用以帮助地方政府增加对失业者的补助、延长对失业者提供补助金的期限,或加大对地方政府兴办公共工程的资金支持力度,这对于恢复和增加就业、提升经济景气程度具有积极意义;而在经济繁荣时期,中央政府往往会减少反周期的财政拨款,以限制地方财政支出、防止经济过热。

6.4 政府间财政转移支付的资金分配

资金分配是政府间财政转移支付制度的核心内容,它直接关系到政府间财政转移支付各项目标能否顺利达成。在现代社会,政府间财政转移支付的资金分配,或是基于地方政府财政支出需求,或是基于地方政府财政收入能力,或者两者都考虑进来。

6.4.1 地方政府财政支出需求

地方政府财政支出需求(Subnational Fiscal Needs)是地方政府为提供一定数量和质量的地方性公共产品和服务而掌握相应财政资源的需要。

影响地方政府财政支出需求的因素主要有人口、自然条件、经济发展、社会发展和特殊因素等。人口因素主要包括人口规模、人口结构和人口增长率等;自然条件因素具体包括地理面积、气候、资源和交通运输条件等;经济发展因素具体包括居民收入总量、人均居民收入、财政收入总额、人均财政收入和经济增长速度等;社会发展因素具体包括教育、医疗卫生、城市化水平等;而特殊因素则是指民族地区、特区、不同地区的成本价格差异和通货膨胀因素等。上述因素可以归并为影响财政支出的需求因素和影响提供标准水平公共服务的成本因素两大类(参见表6-2)。

人口是影响地方政府财政支出需求的关键性因素。地方性公共产品和服务的受益对象主要是本地区的居民。人口总量和结构不同的地区,相应的财政支出需求也不同。如果某一地区学龄人口比较多,则该地区教育方面的支出需求就会比较大;如果某一地区老龄人口比重大,则该地区医疗保健、养老方面的支出需求就会大一些。

在不同地区提供相同数量和质量的地方性公共产品的成本也是不同的,这主要是由不同地区自然地理条件和社会经济发展水平等因素的不同造成的。仅以地方政府的行政管理为例,山区的交通费用就要比平原地区高一些,而南方地区冬季的办公取暖费用就要比北方地区低许多。

表 6-2 地方政府财政支出需求的影响因素

支出需求因素	澳大利亚	德国	印度	巴西	成本因素	澳大利亚	德国	印度	巴西
人口	√	√	√	√	地理面积	√	√	√	√
人口比例的倒数	√				温度、降雨量、土壤等	√		√	
人口密度		√			自然灾害	√			
人口分布	√		√		道路长度	√			
特定人口占总人口的比重	√				次级路面的比例	√			
性别			√		地区公路的弯道因素	√			
人口控制措施	√				桥梁、涵洞和隧道面积	√			
低收入家庭和个人	√				港口设施		√		
社会保险受益人	√				地市县数量				√
低英语熟练程度补贴	√				非政府单位平均工资	√			
非官方语言背景	√				平均有效出租率	√			
学生数	√				电力比率及成本	√			
识字率			√		上网价格	√			
人道主义移民	√				3 分钟通话费的平均价格	√			
土著或少数民族人口	√				50 千克货物的运输价格	√			
城市人口	√	√			国内经济舱平均机票价格	√			
边远地区人口	√				商业场所数量	√			
农业人口	√				住宅区数量	√			
					拥有第一套住宅的人数	√			
					公园游客数量	√			

资料来源:Vaillancourt F, Bird R M. Expenditure-Based Equalization Transfers. Andrew Young School of Policy Studies, Georgia State University, Working Paper 04-10, 2004.

6.4.2 地方政府财政收入能力

地方政府财政收入能力(Subnational Fiscal Capacity)是地方政府为满足公共需求在既定财政体制和税收制度框架下筹集财政资源的能力,它是地方政府获取财政资源的潜在能力,并不等同于地方政府实际的财政收入。

影响地方政府财政收入能力的因素主要体现在经济发展和税收制度等方面,具体包括经济发展水平、经济结构、自然资源禀赋和城镇化水平等。其中,地区经济发展水平是地方政府财政收入能力最主要的影响因素,直接决定着地方政府财源的规模;一般来说,经济发展落后地区政府的财政收入能力要明显低于富裕地区。

6.4.3 政府间财政转移支付资金的分配方法

政府间财政转移支付资金的分配,在相当大程度上取决于对地方财政支出需求和地方财政收入能力的评估。在各国的实践中,评估地方财政支出需求和地方财政收入能力的方法主要有"基数法"和"因素评估法"两种。

1. 基数法

在基数法下,政府间财政转移支付资金的分配以各地区以往年度实际财政收支额为依据,并适当考虑增长因素来确定。基数法的最大优势在于简便易行,但从具体执行情况来看,这种方法存在的问题也很明显。

第一,基数法根据静态的历史资料确定财政收支指标,既缺乏科学依据,又无法适应复杂多变的社会经济状况。决定地方财政收支的各种因素是经常变化的,随着时间的推移,对以往的实际财政收支略加调整来确定收支指标的准确性便会大打折扣,而且基数确定过程中也比较容易受人为等非客观因素的影响,尤其是对一些地区的特殊需要和特殊情况设置的专项补助的确定具有较大的随意性。

第二,基数法不符合公平原则。基数法没有解决历史原因造成的地区间财力分配不均和公共服务差距较大的问题,其将原有的利益分配格局固化下来,人为造成苦乐不均,使各地区无法处于同一起跑线上。

第三,基数法常常扭曲地方政府的行为。采用基数法确定财政收支指标,使得增收节支的地方吃亏,少收多支的地方占便宜,致使各地区争相藏富于企业,该收的不收,人为压低收入基数,同时也人为扩大支出基数,这不仅不利于调动地方政府增收节支和收支平衡的积极性,而且会给地方经济发展和人民生活带来一定的负面影响。

由于基数法无论是在财政均衡方面还是在资源配置方面都无法达到令人满意的效果,因此在分级财政体制较为健全的国家,普遍运用因素评估法来分配财政转移支付资金。

2. 因素评估法

因素评估法(Factor Assessment Method)是对地方财政收入能力和财政支出需求的各种影响因素进行全面分析,制定全国统一的客观标准和匡算地方财政收支的公式,并根据一些特殊因素加以修正,计算出各地区的标准财政收入能力(Standardized Revenues)及标准财政支出需求（Standardized Expenditures），并以此来分配财政转移支付资金的一种方法。相当多国家都采用因素评估法来进行政府间财政转移支付的资金分配。

在因素评估法下，一般选择不易受人为因素影响的客观性因素，各地区财政收支指标根据全国统一的标准来核定，与此同时也对各地客观存在的差异进行适当的调整，这既体现了公平原则，又减少了随意性、提高了透明度，有利于各地区公平竞争。与基数法相比，因素评估法要复杂得多，它的有效实施必须以能够及时、准确地获得各地区完备的相关信息为前提条件，而且如果评估因素选择不恰当，也会像基数法一样造成地方财政收支的双向扭曲。

6.4.4 因素评估法下政府间财政转移支付的资金分配

为了产生好的效果，相当多国家都采用因素评估法来进行政府间财政转移支付的资金分配。根据分配依据的不同，政府间财政转移支付资金的分配可以区分为财政支出均等化模式、财政收入能力均等化模式和财政收支均等化模式三种。

1. 财政支出均等化模式

财政支出均等化模式下的政府间财政转移支付不考虑各地区财政收入能力的差异，而是出于满足各地区相同的人均财政支出需求的目的来分配财政转移支付资金，力求通过使各地区具有相同的人均财政支出来达到不同社会成员享有水平大体相同的公共服务的目的。这一模式要求根据各地方政府承担的职能，准确地测算出其履行职能所需的标准财政支出。

选择什么因素来测算地方标准财政支出以及该因素占多大权重，直接影响着政府间财政转移支付的数额。想要更精准地测算出标准财政支出以有助于均等化目标的达成，就要考虑更多的地方财政支出需求影响因素，如均等化程度接近100%的澳大利亚财政转移支付制度中考虑的地方财政支出需求影响因素就远多于均等化程度为70%左右的德国（参见表6-2）。当然，考虑的影响支出需求的因素越多，政府间财政转移支付制度就越复杂，实施成本也就越高。不同国家在财政管理水平、信息的可获得性以及要达到的均等程度等方面存在很大的差异，所以不同国家的财政转移支付制度考虑的财政支出需求影响因素也各不相同。一般来说，经济发达国家的财政转移支付制度考虑的财政支出需求影响因素要多于发展中国家。

在具体测算过程中，不同的财政支出项目应分别根据其自身特性采用不同的计算公式，并在公式中引入调整系数对部分地区在不同地理环境或人口密度等因素下形成的与标准财政支出背离较多的公共服务提供成本和其他成本进行调整，以使得政府间财政转移支付额尽可能地反映不同地区的自然特征等特殊因素对公共服务需求和公共服务提供成本的影响。当某一地区的人均标准财政支出高于全国平均水平时，该地区就可以获得中央政府的财政转移支付，转移支付额等于该地区的人均标准财政支出与全国人均财政支出水平之间的差额乘以该地区人口数，这可以用式(6-1)来表示。

某地区应得财政转移支付额 = ∑（该地区某财政支出项目人均标准财政支出×

调整系数 - 全国某财政支出项目人均标准财政支出）×

该地区人口数   (6-1)

2. 财政收入能力均等化模式

财政收入能力均等化模式下的政府间财政转移支付不考虑不同地区的财政支出需求差异，而是基于实现不同地区财政收入的均等化来分配财政转移支付资金，力图通过使不同地区具有相同的财政收入能力来达成不同社会成员享有水平大体相同的公共服务的目标。

这一模式需要根据经济发展水平和税收征管等因素来确定各地区的标准财政收入。① 当某一地区的人均标准财政收入低于全国平均水平时，该地区就可以获得中央政府的财政转移支付，转移支付额等于该地区的人均标准财政收入与全国人均财政收入水平之间的差额乘以该地区人口数，这可以用式(6-2)来表示。

某地区应得财政转移支付额 = ∑（全国某税种税基总和÷全国总人口数 -

该地区某税种税基÷该地区人口数）×

该地区人口数×标准税率   (6-2)

3. 财政收支均等化模式

财政收支均等化模式下的政府间财政转移支付同时考虑各地区财政收入能力和支出需求的差异，通过测算各地区的人均标准财政收入和人均标准财政支出之间的差额来分配财政转移支付资金。某个地区能获得的政府间财政转移支付额等于该地区的人均标准财政支出与人均标准财政收入之间的差额乘以该地区人口数，这可以用式(6-3)来表示。

某地区应得财政转移支付额 =（该地区人均标准财政支出 - 该地区人均财政标准收入）×

该地区人口数   (6-3)

重要概念

政府间财政转移支付 财政拨款 政府间无条件财政转移支付 政府间有条件非配套的财政转移支付 政府间有条件封顶的配套财政转移支付 政府间有条件不封顶

---

① 美国政府间关系咨询委员会(ACIR)多年来一直致力于税收收入能力的研究，并提出了多种估测税收能力的方法，如个人平均所得税法(PCI)、地区生产总值法(GSP)、完全可税收入法(TTR)、代表性税制法(RTS)和代表收入法(RRS)等。

的配套财政转移支付　财政失衡　纵向财政失衡　地方财政缺口　横向财政失衡　粘蝇纸效应　地方财政收入能力　地方财政支出需求　地方标准财政支出　地方标准财政收入

复习思考题

1. 为什么中央政府或上级政府更倾向于使用有条件财政转移支付,但在实践中无条件财政转移支付仍然有存在的空间?

2. 结合图示,分析政府间有条件非配套的财政转移支付的经济效应。

3. 结合图示,分析政府间有条件不封顶的配套财政转移支付的经济效应。

4. 为什么在政府间有条件不封顶的配套财政转移支付和封顶的配套财政转移支付中,中央政府或上级政府更倾向于使用封顶的配套财政转移支付?

5. 结合下表分析政府间财政转移支付形式与目标之间的对应关系。

目标	政府间无条件财政转移支付	有条件非配套的政府间财政转移支付	有条件封顶的配套政府间财政转移支付	有条件不封顶的配套政府间财政转移支付
弥补地方财政缺口				
辖区间正外部性的内部化				
确保全国范围内实现最低标准的公共服务				
减少或降低各地区财政净利益的差异				
体现中央政府意图				
影响地方政府决策				
地方政府运用资金的自由度				

课堂讨论题

正式建立分税分级财政体制后,几乎每年都有学者提出中国要借鉴德国的经验建立"纵向为主、纵横交错"的政府间财政转移支付制度,只不过他们各自提出问题的角度或立足点不同而已,有的立足于横向财政平衡,有的致力于民族团结,有的是为了实现共同致富,有的则出于生态补偿的考虑。请联系现实,就中国能否真正建立起政府间横向财政转移支付制度并有效付诸实施进行课堂讨论。

参考文献与延伸阅读资料

鲍德威,沙安文.政府间财政转移支付:理论与实践.庞鑫,等,译.北京:中国财政经济出版社,2011.

Gramlich E M. Financing Federal Systems. Cheltenham:Edward Elgar Publishing, 1997.

Ahmad E, Brosio G. Handbook of Fiscal Federalism. Cheltenham:Edward Elgar Publishing, 2006.

Martinez-Vazque J, Searle B. Fiscal Equalization:Challenges in the Design of Intergovernmental Transfers. Boston:Springer, 2007.

Yilmaz S, Zahir F. Intergovernmental Transfers in Federations. Cheltenham:Edward Elgar Publishing, 2020.

网络资源

中华人民共和国财政部"中央对地方转移支付管理平台",http://www.mof.gov.cn/zhuantihuigu/cczqzyzfglbf/.

日本财务省财政政策研究所(Policy Research Institute, Ministry of Finance, Japan)网站,http://www.mof.go.jp/english/pri/index.htm.

韩国财政研究所(Korea Institute of Public Finance)网站,http://www.kipf.re.kr/eng/index.do.

21世纪经济与管理规划教材
财政学系列

第7章

中国财政体制的变迁

【本章学习目标】

- 掌握中国1994年以前财政体制变迁的基本轨迹
- 了解"统一领导、分级管理"财政体制和"分级包干"财政体制的基本特点
- 掌握1994年分税制财政体制改革的主要内容及之后的主要调整
- 掌握分税制财政体制下一步改革的方向
- 掌握省以下财政体制改革的内容

财政体制是政府间财政关系的承载体,而财政集权与分权是政府间财政关系的主线。透过财政体制的变迁,可以清楚地看到一个国家的政府间财政关系围绕着财政集权与分权这条主线运行变化的轨迹。

7.1 中国1994年以前财政体制的演进

中国1994年以前的财政体制,先后经历了"统收统支""统一领导、分级管理"和"分级包干"三个阶段。尽管在不同的阶段中国财政体制的具体制度安排各不相同,但其中体现出的由"统"到"分"的轨迹却非常清晰(参见表7-1)。

表7-1 中国1994年以前财政体制的变迁

体制类型与实施时间		主要特点
统收统支	1949—1950	高度集中、统收统支
统一领导、分级管理	1951—1957	划分收支、分级管理
	1958	以收定支、五年不变
	1959—1970	收支下放、计划包干、地区调剂、总额分成、一年一变
	1971—1973	定支定收、收支包干、保证上缴(或差额补贴)、结余留用、一年一定
	1974—1975	收入按固定比例留成、超收另定分成比例、支出按指标包干
	1976—1979	定收定支、收支挂钩、总额分成、一年一变,部分省(市)试行"收支挂钩、增收分成"
分级包干	1980—1985	划分收支、分级包干
	1985—1988	划分税种、核定收支、分级包干
	1988—1993	财政承包

资料来源:李萍.财政体制简明图解.北京:中国财政经济出版社,2010:1。

7.1.1 "统收统支"的财政体制

为了克服中华人民共和国成立初期财政经济工作所面临的严重困难,中央政府做出了统一国家财政经济工作的决定,并从中华人民共和国成立到1950年间实行了"统收统支"的财政体制。"统收统支"财政体制的基本特征主要体现为:

第一,财政收支高度集中。全国各地区的主要财政收入,统一上缴中央金库,没有中央政府的拨付命令不得动用。地方政府所需的一切开支均需由中央政府统一审核,按月逐级拨付。

第二,财政管理权限基本集中在中央政府手中。国家财政制度由中央政府统一制定和执行,中央政府对各项财政收支实行严格的预算管理。

第三,严格实行"收支两条线"。地方政府组织的财政收入要全额上缴中央,地方政府所需支出均由中央财政另行拨付,地方财政收入与地方财政支出不发生直接联系。

在中华人民共和国成立初期的特殊时期实行高度集权的财政体制,不论是从当时还是从现在来看,都是非常必要的,因为要在短期内稳定通货、实现财政平衡以及尽可能地满足恢复经济的资金需要,就必须采取统一的财经管理决策,把国家预算管理的权限集中到中央政府手中。

在"统收统支"的财政体制下,地方财政并非真正独立的一级财政,而是中央财政在地方负责组织收入的一个派出机构,地方财政的各项支出均由中央政府核定,地方政府根本无法对本级预算资金进行统筹安排。尽管"统收统支"并不是绝对的,仍然留给地方政府少许财力用于满足农村、文教卫生事业和城镇市政建设以及其他临时性的需要,但地方财政机动财力数额极少,使得它们难以因地制宜地履行职责。在"统收统支"的财政体制下,大量纷繁复杂的财政收支事务都集中于中央政府,极大地分散了中央财政的注意力,弱化了中央政府对重大财经问题的决策能力。正因为中央政府不可能面面俱到地管理好每一笔财政资金,所以随着经济状况的好转,"统收统支"的财政体制很快就被取代。

7.1.2 "统一领导、分级管理"的财政体制

1951年,政务院颁发了《关于一九五一年度财政收支系统划分的决定》,把国家财政的收支由高度集中于中央人民政府改为在中央的统一领导下的分级管理,整个财政被分为中央财政、大行政区财政和省(市)财政三级;财政支出按照企业、事业和行政单位的隶属关系和业务范围分为中央财政支出和地方财政支出;财政收入被区分为中央财政收入、地方财政收入以及中央和地方比例解留收入。地方政府的财政收支,每年由中央政府核定一次,其支出首先用地方财政收入抵补,不足部分由比例解留收入抵补。与之前相比,1951年的财政体制有利于调动地方政府的积极性,但它仅仅是财政分级管理的开始,财政资金仍集中在中央政府手中,地方政府的财权、财力仍然很小。

从1953年起,中国开始实行国民经济与社会发展第一个五年计划。为了适应社会形势的变化与经济发展的需要,财政体制高度集权的态势有所松动,将原先地方财政的大行政区和省(市)两级财政改为省、县两级财政,并逐步扩大了地方财政的管理权,由此奠定了中国分级财政管理的基础。在确定中央、省和县三级财政体制的同时,中国开始在中央和地方财政收支的划分上实行"分类分成"的办法,财政收入被划分为中央财政固定收入、地方财政固定收入、固定比例分成收入和调剂收入四块,调剂收入由中央财政用于对地方"入不敷出"时的调剂。与"统收统支"的财政体制相比,"分类分成"模式留给地方财政一笔固定收入,在一定程度上调动了地方政府的积极性。尽管中国在"一五"时期开始实行分级管理的财政体制,但总的来说财政体制的集权性仍然非常高,财权、财力向中央财政集中的趋势依然十分明显。"一五"时期,中央财政收入占全国财政收入的比重为

77.7%，中央财政支出占全国财政支出的比重也达到73.2%。权力集中于中央政府，虽然可以保证国家集中主要财力进行重点建设，但也难免存在统得过死、集中过多的弊端。

1956年4月，毛泽东同志发表了著名的《论十大关系》，提出"应当在巩固中央统一领导的前提下，扩大一点地方的权力，给地方更多的独立性，让地方办更多的事情"。在这一精神的指引下，中国于1958年对财政体制进行了调整，改以前"以支定收、一年一变"的办法为"以收定支、五年不变"的财政体制，其主要精神是在把大部分中央企业下放给地方政府管理的同时，扩大地方财权。在1958年的财政体制调整中，地方分得的机动财力大大超过了原来的设想，而且各地区很不平衡，地方的财力多了，就自主扩大了基本建设的规模，这不可避免地同国家经济建设的统一布局产生矛盾。与此同时，中央政府直接管理的企事业单位大批下放给地方政府管理，这大幅缩小了中央财政的机动财力，不利于国家有计划地发展国民经济。这些问题导致1958年以放权为主的财政体制改革只执行了一年就停止了。

1959年，中国开始实行"收支下放、计划包干、地区调剂、总额分成、一年一变"的财政体制，其基本精神是在继续下放财政收支的同时适当收缩一部分地方政府的机动财力。与1958年的财政体制相比，这一办法的主要变化是把"以收定支、五年不变"改为"总额分成、一年一变"，把地方政府负责组织的全部收入和地方财政支出挂钩，把基本建设支出由中央专案拨款改为列入地方预算支出，参与收入分成，国家通过预算指标一年一定的办法，适当地集中财力。但从实际执行结果来看，1959年和1960年财力并未适当集中，而且地方财政工作中依然存在财经纪律松弛、财政管理偏松、任意改变资金用途、用流动资金搞基本建设、乱上计划外建设项目等许多问题，这严重影响了整个国家的财政运行，不利于国家经济建设的顺利进行。为了解决这些问题，中央于1961年提出了"调整、巩固、充实、提高"的八字方针，强调财政管理的集中统一、扩大中央固定收入、基本建设支出全由中央专案拨款，同时对地方财政加以整顿。在1962年及之后的几年里，根据加强财政集中管理的精神，中央对地方财政又进行了适当缩小财权、加强财政统一管理和压缩预算外资金等调整。这一体制在1965年之后，又做过旨在"调动地方积极性"的小改进，除在1966年"文化大革命"的非常时期暂时实行"收支两条线"外，一直执行到1970年。

1971年，中央政府决定把大部分企事业单位下放给地方政府管理，与此同时财政管理体制也进行了较大的改动，转而实行"定支定收、收支包干、保证上缴（或差额补贴）、结余留用、一年一定"的体制（简称"财政收支包干"），扩大了地方财政的收支范围，按核定的绝对数包干，超收全部归地方。"财政收支包干"体制调动了地方政府增收节支的积极性，然而受"文化大革命"的影响，国民经济遭受了很大的损失，很多地区的生产停滞，财政收入无法完成，致使这一体制难以执行。针对这种状况，1974年又改为实行"收入按固定比例留成、超收另定分成比例、支出按指标包干"的财政体制，以保证地方政府必不可少的财政支出。1976年，为了解决固定比例留成体制收支不挂钩、不能体现地方财政权责关系的问题,中央政府决定实行"定收定支、收支挂钩、总额分成、一年一变"的财政体制,部分省(市)试行"收支挂钩、增收分成"的财政体制。

1951—1979年,中国虽然多次调整财政体制,但都没有从根本上改变这一时期财政体制"统一领导、分级管理"的基本性质。这一时期的财政体制在中央政府统一政策、统一计划和统一制度的前提下,按照国家行政区划分预算级次,实行分级管理;原则上是"一级政府、一级预算",按中央政府和地方政府的职责分工以及企事业和行政单位的隶属关系确定各级预算的支出范围,财政收入也被分为固定收入和比例分成收入,但地方政府实际的收支支配权和管理权却很小,并不构成一级独立的预算主体。

从中华人民共和国成立到改革开放之前的财政体制,无论是"收支两条线"模式还是"总额分成"模式,都具有明显的"吃大锅饭"的特征,中央财政与地方财政之间未能严格分开;即使是在"分类分成"模式下,也仍未能摆脱各级财政混在一起甚至几乎彼此不分的状况。这样的制度选择有着深刻的历史和经济根源,虽在计划经济体制下具有可行性,但缺陷也十分明显。由于财权、财力高度集中于中央,管理中的信息不对称和监督失灵往往导致决策失误和资源配置效率低下,而且也不利于调动各方面的积极性和推动社会经济的持续发展。由于高度集中的财政体制在运行中总是难以摆脱"一统就死、一死就放、一放就活、一活就乱、一乱又统"的恶性循环,因此改革开放以后启动的经济体制改革,在理顺中央与地方财政关系方面所面临的首要问题,就是打破"大锅饭",朝分级财政体制的方向迈进。

7.1.3 "分级包干"的财政体制

"分级包干"的财政体制是中国开始实行经济体制改革到1994年分税制财政体制改革之前所实施的财政体制的总称。在此期间,中国分别于1980年、1985年和1988年对财政体制进行了三次大的调整,每一次调整都具有"在划分收支的基础上分级包干、自求平衡"的特点,所以被统称为"分级包干"或"分灶吃饭"的财政体制。

专栏 7-1 江苏:第一个吃"财政包干"螃蟹的省份

20世纪70年代末,中国启动了改革开放的进程,财政体制成为其中的切入点。1977年,江苏在全国率先试行"固定比例包干"的财政体制,根据江苏历史上地方财政支出占收入的比例,确定一个收入上缴和留用的比例,并保持四年不变。与改革之前相比,"固定比例包干"的财政体制具有以下几方面的特点:第一,打破了吃"大锅饭"的局面。收入和支出都有明确划分,经济搞上去了,地方收益就多;谁的支出超了,就由谁负责。这种尝试是在中央统一领导下各过各的日子,有利于调动两方面的积极性。第二,财力分配由"条条"为主改为"块块"为主。过去各项财政支出,原则上都由"条条"分配,地方很难统筹安排使用。改革之后,对应由江苏安排的支出,中央不再"条条"下达指标,改由江苏根据中央的方针政策、国家计划和地方的财力统筹安排,这就大大提升了江苏的财政权限,有利于因地制宜地发展地方生产和建设事业。第三,分成比例由一年一定改为四年一定。过去每年要核定收支,经常是年初吵指标、年中吵追加、年底吵遗留,矛盾很多。改为四年一定后,便于地方政府制定和执行长远规划,有利于地方经济和社会事业的发展。

江苏试行的"固定比例包干"财政体制不仅扩大了地方的财权,同时也强化了地方的经济责任,促使各级地方政府加快经济结构的调整步伐,努力挖掘本地区生产、物资和资金潜力,不断增加财政收入,同时注意节约支出,合理、有重点地安排和使用资金,提高了资金的使用效率。试行"固定比例包干"的财政体制后,江苏的社会经济发展步伐明显加快,财政收入从 1976 年的 44.01 亿元增加为 1980 年的 62.45 亿元,财政支出从 1976 年的 18.70 亿元提高到 1980 年的 28.95 亿元。

江苏的"固定比例包干"财政体制试点,充分体现了改革开放"摸着石头过河"的特色。在总结试点经验的基础上,1949 年以来中国财政体制的一次重大变革——"分灶吃饭"体制于 1980 年在全国范围内推行。

资料来源:作者整理自公开资料。

1. 1980 年的财政体制改革

从 1980 年开始,为了扩大地方财权、调动地方政府的积极性,国务院颁布了《关于实行"划分收支、分级包干"财政管理体制的暂行规定》,对财政收入进行"分类分成",划分成固定收入、固定比例分成收入和调剂收入三类;而财政支出主要按照企事业单位的行政隶属关系进行划分;地方财政在划定的收支范围内多收可多支,少收则少支,自求平衡。

全国各个不同地区视情况的不同,分别实行四种不同的"分灶吃饭"办法:

① 对辽宁、四川等大多数省,实行典型的"划分收支、分级包干"办法。"划分收支"是指按照行政隶属关系划分中央和地方政府间的财政收支范围;"分级包干"则是指以 1979 年财政收支预计数为基数,地方财政收入大于地方财政支出的,多余部分按比例上缴,地方财政支出大于地方财政收入的,不足部分由中央从工商税中确定一定比例进行调剂。在体制有效期内,地方多收可多支,少收则少支,自行安排,靠自身努力求得财政平衡。江苏继续实行从 1977 年起试行的"固定比例包干"办法,但从 1981 年起,江苏也开始实行四川等省采用的办法。

② 广东和福建两省实行"划分收支、定额上缴或定额补助"的特殊优惠办法。

③ 新疆、内蒙古、西藏、宁夏和广西等五个民族自治区以及青海、云南和贵州等几个视同民族自治区的省,实行特殊的民族自治地方预算体制,除保留原有的特殊照顾外,也划分财政收支范围,确定中央财政的补助数额,并由"一年一定"改为"五年不变",中央补

助额每年递增10%,地方收入增长部分全部留归地方。

④ 北京、上海和天津三个直辖市继续实行原来的"总额分成、一年一定"的办法。

在"划分收支、分级包干"体制的实施过程中,根据中共十二大提出的"集中资金、保证重点建设"的精神,中国于1983年对财政体制又进行了若干调整,以改变几年来资金过于分散和中央预算收不抵支的状况:第一,除广东、福建两省外,其他省、自治区、直辖市一律实行收入按固定比例总额分成的包干办法。第二,将中央财政向地方财政的借款改为调减地方的支出包干基数。第三,将卷烟、酒两种产品的工商税上划中央,以限制其盲目发展。第四,中央投资兴建大中型企业的收入归中央所有;中央与地方共同投资的,按投资比例进行分成。第五,县办工业企业的亏损由原先的中央财政负担80%、县财政负担20%改为中央和县财政各负担一半。

1980年开始推行的"划分收支、分级包干"的财政包干体制,是中华人民共和国成立以来财政体制的一次重大变革,它将过去的"吃大锅饭"改为"分灶吃饭",将以前的"条条"分配为主改为"块块"分配为主①,分成比例和补助数额也由过去的"一年一定"改为"五年一定",由"总额分成"改为"分类分成"。实践证明,"分灶吃饭"财政体制不仅扩大了地方政府的财权、调动了地方政府的积极性,同时也加强了地方政府的经济责任,使地方政府有了发展本地区经济的内在动力和能力。不过,这一体制打破了"统收"局面,却没有打破"统支"局面,地方财政发生赤字还是得由中央来解决,中央财政的负担较重,而且在该体制下中央财政收入增长缺乏弹性,导致中央财政能力下降,收支难以平衡。

2. 1985年的财政体制改革

1983年和1984年,中国先后推行了两步"利改税"改革,使得原来实行的"划分收支、分级包干"的财政体制已不能适应新的经济形势发展的需要。为此,国务院决定对1980年后实行的财政体制进行调整,从1985年起实行"划分税种、核定收支、分级包干"的办法。

"划分税种、核定收支、分级包干"的财政体制以两步"利改税"后设置的税种为划分收入的依据,将财政收入划分为中央固定收入、地方固定收入和中央地方共享收入三类(参见表7-2);而财政支出仍按行政隶属关系划分为中央财政支出和地方财政支出,中央财政支出主要包括中央经济建设支出、国防、外交及中央科教文卫事业费支出等,地方财政支出主要包括地方经济建设支出、地方科教文卫事业费支出等。地方财政支出基数按照1983年的既得财力确定,地方财政收入的包干基数以1983年的决算数为依据。凡地方固定收入大于地方财政支出的,定额上解中央;地方固定收入小于地方财政支出的,从中央地方共享收入中确定一个分成比例,留给地方政府;地方固定收入和中央地方共享收

---

① 在中国,从上到下的垂直部门关系被称为"条条",而"块块"则针对的是"属地"管理,如某地方政府在其辖区内管理各项工作。"条条""块块"也可以理解为一个是"职能管辖",另一个是"地域管辖"。

入全部留给地方还不足以抵拨支出的,由中央定额补助。在这一体制下,收入的分成比例、上解或补助数额确定后,五年不变,地方多收可多支,少收则少支,自求平衡。

表 7-2　1985 年财政体制改革中的中央地方收入划分

收入类别	具体项目
中央固定收入	中央国营企业所得税,中央国营企业调节税,铁道部和各银行总行、保险总公司的营业税,军工企业的收入,中央包干企业的收入,中央经营的外资企业的亏损,粮、棉、油超购加价补贴,烧油特别税,关税和海关代征的产品税、增值税,专项调节税,海洋石油、外资合资企业的工商统一税、所得税和矿区使用费,国库券收入,国家能源交通重点建设基金,石油部、电力部、石化总公司、有色金属总公司所属企业的产品税、营业税、增值税的 70%,其他收入
地方固定收入	地方国营企业的所得税、调节税和承包费,集体企业所得税,农牧业税,车船使用牌照税,城市房地产税,屠宰税,牲畜交易税,集市交易税,契税,地方包干企业收入,地方经营的粮食、供销、外贸企业亏损,税款滞纳金、补税罚款收入,城市维护建设税和其他收入,石油部、电力部、石化总公司、有色金属总公司所属企业的产品税、营业税、增值税的 30%
中央地方共享收入	产品税、营业税、增值税(均不含石油部、电力部、石化总公司、有色金属总公司四个部门所属企业和铁道部以及各银行总行、保险总公司缴纳的部分),资源税,建筑税,盐税,个人所得税,国营企业奖金税,外资、合资企业的工商统一税、所得税(不含海洋石油企业缴纳的部分)

资料来源:李萍.财政体制简明图解.北京:中国财政经济出版社,2010:16。

1985 年开始实行的财政体制在旧体制的基础上有一些突破,它改变了过去按企业隶属关系划分政府间财政收入的做法,而是以税种作为划分各级财政收入的依据,进一步明确了各级财政的权利与责任,较好地体现了注重公平、兼顾一般的原则。

3. 1988 年的财政体制改革

20 世纪 80 年代中后期,在中国经济体制改革与发展过程中掀起了一股"承包"热潮,企业承包经营责任制的意识和方法也逐步被引入财政体制改革中来,于是就有了 1988 年全方位推行"财政承包制"的改革。在"财政承包"体制下,财政收入被划分为中央财政固定收入、地方财政固定收入、中央和地方财政固定比例分成收入和共享收入;而财政支出仍然按照行政隶属关系进行划分。

全国 39 个省、自治区、直辖市和计划单列市,除广州、西安两市的预算关系仍与广东、陕西两省联系外,对其余的 37 个地区分别实行了六种不同形式的"财政承包制"(参见表 7-3)[①]:

[①] 在各种形式的"财政承包制"中,不同类型的包干基数中均不包括中央对地方的专项补助。在每年的预算执行中,这部分财政资金根据专款的用途和各地的实际情况另行分配。

① 北京、河北等 10 个省（市）实行"收入递增包干"。这一方式以 1987 年的决算收入和地方应得财力为基数，参照各地区近几年的收入增长情况，确定各地区的收入递增率（环比）、地方留成或上解比例；在递增率以内的收入，按确定的留成或上解比例实行中央与地方分成，超过递增率的收入，全部留给地方，收入达不到递增率而影响上解中央的部分，由地方的自有财力补足。

② 天津、山西和安徽 3 个省（市）实行"总额分成"。这一方式根据各地区 1986 年和 1987 年两年的预算收支情况核定收支基数，以地方预算总支出占其预算总收入的比重确定地方留成或上解中央比例。

③ 大连、青岛和武汉 3 个计划单列市实行"总额分成加增长分成"。这一方式以上年实际收入作为基数，基数以内的部分按总额分成比例分成，实际收入比上一年增长的部分，除按总额分成比例分成外，另加增长分成。

④ 广东和湖南 2 个省实行"上解额递增包干"。这一方式以 1987 年上解中央的收入为基数，每年按照一定比例递增上解。

⑤ 上海、黑龙江和山东 3 个省（市）实行"定额上解"。这一方式按原来核定的收支基数，收入大于支出的部分，确定固定的上解数额。

⑥ 吉林、江西等 16 个省（自治区）实行"定额补助"，这一方式按原来核定的收支基数，支出大于收入的部分，实行定额补助。

表 7-3　中国 1988 年"财政承包"体制的类型

	实行的地区	留成比例(%)	收入递增率(%)
收入递增包干	北京	50.0	4.0
	河北	70.0	4.5
	辽宁（不含沈阳市和大连市）	58.25	3.5
	江苏	41.0	5.0
	沈阳	30.29	4.0
	哈尔滨	45.0	5.0
	浙江（不含宁波市）	61.47	6.5
	宁波	27.93	5.3
	重庆	33.5	4.0
	河南	80.0	5.0
	实行的地区		留成比例(%)
总额分成	天津		46.5
	山西		87.55
	安徽		77.5

(续表)

	实行的地区	留成比例(%)	增长分成比例(%)
总额分成加增长分成	大连	27.74	27.26
	青岛	16.0	34.0
	武汉	17.0	25.0
	实行的地区	上解基数(亿元)	递增比例(%)
上解额递增包干	广东(含广州市)	14.1	9.0
	湖南	8.0	7.0
	实行的地区		上解额(亿元)
定额上解	上海		105.0
	黑龙江(不含哈尔滨市)		2.99
	山东(不含青岛市)		2.89
	实行的地区		补助额(亿元)
定额补助	吉林		1.07
	江西		0.45
	陕西(含西安市)		1.2
	甘肃		1.25
	福建(始于1989年)		0.5
	内蒙古		18.42
	广西		6.08
	西藏		8.98
	宁夏		5.33
	新疆		15.29
	贵州		7.42
	云南		6.73
	青海		6.56
	海南		1.38
	湖北(不含武汉市)	按当年武汉市决算收入的4.78%给予补助	
	四川(不含重庆市)	按当年重庆市决算收入的10.7%给予补助	

资料来源：李萍.财政体制简明图解.北京:中国财政经济出版社,2010:19—20。

除总额分成外,"财政承包"体制中其他几种承包方式都具有"地方可以从增收或超收中多留"的特点,如"定额上解"和"定额补助"是超收和增收部分地方全留,"上解额递增包干"是固定上解数额,超过上解数额的增收部分地方全留。这样就调动了地方特别是上解比例大的地方组织收入的积极性,保证了财政收入的稳步增长。就体制效应而言,各种承包方式体现出的激励作用和风险承担也是不同的。如"定额上解"和"定额补助"对地方增收的激励作用就非常大,因为这两种方法对地方来说没有什么风险。

1988年的财政体制原定实行到1990年结束。由于酝酿和构建一个全新的财政体制需要一个过程,因此1991—1993年除实行分税包干、分税制试点地区外的其他所有地区继续沿用"财政承包"体制。

4. "分级包干"财政体制的积极效应

"分级包干"财政体制虽然是一个过渡性的体制,但经过十多年的运行,其还是在原有体制的基础上取得了实质性的突破,在不少方面都发挥了积极作用。

(1)"分级包干"财政体制下,地方财政初步成为责、权、利相结合的分配主体和一级相对独立的财政

"分级包干"财政体制在进一步明确中央与地方财政收支范围的前提下,扩大了地方财政的收支范围,而且多收可多支,自主支配,自求平衡。地方财政收支范围的扩大本身就是权力扩大的体现,而权力的扩大又是以责任的加重为前提的,多支是以多收和自求平衡为前提的,这样地方财政就可以不再过分地依赖中央。

(2)"分级包干"财政体制在很大程度上以税种为基础进行政府间财政收入划分

过去,中国各级政府间财政收入的范围完全按行政隶属关系来划分,而"分级包干"财政体制初步引入了以税种为基础来进行政府间收入划分的方式,朝着摆脱行政隶属关系的方向迈进了一大步。

(3)"分级包干"财政体制延长了体制的有效时间

以前的财政体制基本上是"一年一变",而"分级包干"财政体制却是"几年不变"。有效时间的相对稳定,是扩大地方财政预算自主权的首要前提,也是有效发挥体制效应的必要前提。

(4)"分级包干"财政体制扩大了地方政府的财政自主权

在以前的财政体制下,地方财政目标单一,就是为国家集中财政收入。至于如何分配这些财力并提高经济效益,则基本上与地方财政无关。"分级包干"财政体制实施以后,地方财政除要为国家集中财政收入外,还负有通过财力分配在本地区实现资源优化配置、调整产业结构,实现公平分配,促进地区经济持续、稳定和协调发展的职责。

(5)"分级包干"财政体制初步实现了激励机制与约束机制的有效结合

多收多支是有效的激励机制,过去地方财政利益主要在于争基数、争分成比例,而"分级包干"财政体制则是以地方财政为导向增收节支。自求平衡是有效的约束机制,而且这种制约是双向的,在体制既定的前提下,不仅要求地方财政自求平衡,不再向中央政府伸手要钱,而且也要求中央财政自求平衡,不得随意从地方集中财力。

5. "分级包干"财政体制的制度缺陷

尽管在许多方面都取得了一些积极效果,但随着经济体制改革不断向纵深发展,"分

级包干"财政体制与社会经济发展不相适应的地方也充分暴露出来。

(1) "分级包干"财政体制下的财政分配秩序比较混乱

在"包干制"财政体制下,一些地方完成包干任务后,便通过自行制定的各种优惠政策和减免税办法,不断地将预算内收入转化为预算外收入,力图逃避中央政府的预算监督,从而造成财政收入大量流失、财政分配秩序极度紊乱。

(2) "分级包干"财政体制随意性大

"分级包干"财政体制的具体适用方式由中央政府通过与地方政府谈判确定,其中讨价还价的意味非常重,随意性较大,也缺乏必要的公开性。而且,不同地区适用不同形式的"分级包干"财政体制,对地方财政收入增长的影响也不一样,体制形式的选择存在机会不均等、信息不对称以及决策不透明等问题,这些都会导致地区间财力分配的不合理,造成各地区间的苦乐不均和竞争不平等。更为严重的是,财政体制的决策程序采用的是一对一的谈判方式,中央政府对地方政府的财政行为缺乏有效的监管手段。

(3) "分级包干"财政体制抑制了中央财政调控作用的发挥

"分级包干"财政体制固定了地方财政上缴中央财政的收入,使中央财政收入的增长缺乏弹性,在变化的环境中处于累退状态。1988年以后,地方财政每年新增收入上缴中央的部分还不到10%,90%以上的新增收入都留在了地方。与此同时,由于税收收入基本上都靠地方税务机构组织征收,地方政府又掌握了相当大的减免税的权力,也难免造成中央政府分享收入的下降,其结果是中央政府财力不足,难以支撑起宏观调控职能。此外,中央政府因年年发生财政赤字而不断向中央银行透支借款,加大了通货膨胀的压力,最终对国民经济的稳定增长构成威胁。

(4) "分级包干"财政体制形成"包盈不包亏"的格局

"分级包干"财政体制规定,地方政府增加的财政收入,除按规定上缴中央财政外,其余的都留给了地方。但在具体的实施过程中,有的地区的财政收入基于某种原因达不到递增包干水平,中央也只得给予照顾,减免其应上缴的数额;而本属于地方政府财政支出包干范围之内的开支,地方也经常要求中央给予专项拨款进行补助,这就更加重了中央财政的困难。这一状况,实际上是财政体制改革仅仅打破了"统收"局面而没有打破"统支"局面的一个具体表现。

(5) "分级包干"财政体制不利于全国统一市场的形成

"分级包干"财政体制是按企业隶属关系来划分企业所得税、按属地原则来划分流转税的,从而把工商企业的税收同地方财政收入紧密联系起来。这样,"分级包干"财政体制一方面使各地区都具有相对独立的经济利益,形成了各自不同的局部利益;另一方面各地为了扩大自己的财源,往往以本地区财政利益最大化为目标竞相发展见效快、税高利大的项目,并保护本地产品的销售,这不仅助长了地区保护和封锁,分割了市场,阻碍了全国统一市场的形成,而且还对产业政策产生了逆向调节作用,地方政府受利益驱动支持高税率产业发展,导致重复建设、产业结构趋同和资源浪费。

由于"分级包干"财政体制存在的弊端与继续深化经济体制改革的目标不相适应,因此对其进行改革就是不可避免的。1992年,中国选择在天津、辽宁、浙江、新疆、沈阳和大连等部分省、自治区、直辖市和计划单列市进行分税制财政体制改革试点,并决定在试点地区取得一定经验后在全国范围内推广。

7.2 中国的分税分级财政体制改革

根据《国务院关于实行分税制财政管理体制的决定》的基本精神,中国从1994年1月起全面实行分税制财政体制改革。在经过大大小小的调整后,中国的政府间财政关系逐步朝着"权责清晰、财力协调、区域均衡"的方向迈进。

7.2.1 中央与地方财政事权与支出责任的划分

1994年分税制财政体制改革对中央与地方财政事权与支出责任的划分,基本沿用原有体制的做法。此后相当长一段时间内,中国的政府间财政事权与支出责任划分的改革一直处于停滞状态,直到2016年才逐步被提上日程。

1. 1994年分税制财政体制对中央与地方财政支出责任的划分

根据1994年分税制财政体制改革方案对中央政府和地方政府之间事权的划分,中央财政主要承担国家安全、外交和中央政权机关运转所需的经费,调整国民经济结构、协调地区发展、实施宏观调控必需的支出以及由中央直接管理的事业发展支出。属于中央财政支出范围的支出项目具体包括国防费,武警经费,外交和援外支出,中央级行政管理费,由中央负担的国内外债务还本付息支出,中央统管的基本建设投资,中央直属企业的技术改造和新产品试制经费,地质勘探费,由中央财政安排的农业支出以及中央本级负担的公、检、法支出和文化、教育、卫生、科学等各项事业费支出。

地方财政主要承担本地区政权机关运转以及本地区经济、事业发展所需的支出。属于地方财政支出范围的支出项目具体包括地方行政管理费,公、检、法支出,部分武警经费,民兵事业费,地方统筹的基本建设投资,地方企业的技术改造和新产品试制经费,农业支出,城市维护和建设经费,地方文化、教育、卫生、科学等各项事业费、价格补贴支出以及其他支出。

2. 1994年以后政府间财政事权与支出责任划分的改革

《中共中央关于完善社会主义市场经济体制若干问题的决定》(2003)、《中共中央关于全面深化改革若干重大问题的决定》(2013)、《深化财税体制改革总体方案》(2014)、《关于推进中央与地方财政事权和支出责任划分改革的指导意见》(2016)和《中共中央关于进一步全面深化改革、推进中国式现代化的决定》（2024）等对中国政府间财政事权与支出责任划分改革的深化和细化做了明确的部署。① 近年来，中国政府间财政事权与支出责任划分的改革方向主要体现在以下几个方面：

（1）适度加强中央政府的事权

加强中央政府在保障国家安全、维护全国统一市场、体现社会公平正义、推动区域协调发展等方面的事权。要逐步将国防、外交、国家安全、出入境管理、国防公路、国界河湖治理、全国性重大传染病防治、全国性大通道、全国性战略性自然资源使用和保护等基本公共服务确定或上划为中央的事权。

（2）加强地方政府公共服务、社会管理等职责

属于面向本行政区域的地方性事务，作为地方事权由地方管理。要逐步将社会治安、市政交通、农村公路、城乡社区事务等受益范围地域性强、信息较为复杂且主要与当地居民密切相关的基本公共服务确定为地方的财政事权。地方的财政事权由地方行使，中央对地方的财政事权履行提出规范性要求，并通过法律法规的形式予以明确。

（3）减少并规范中央与地方共同的财政事权

中国人口和民族众多、幅员辽阔、发展不平衡等国情，要求更多地发挥中央政府在保障公民基本权利、提供基本公共服务方面的作用，由此也决定了中国应保有比成熟市场经济国家相对多一些的中央与地方共同财政事权。

现阶段，针对中央与地方共同财政事权过多且不规范的情况，必须逐步减少并规范中央与地方共同财政事权。中国政府已决定逐步将义务教育、高等教育、科技研发、公共文化、基本养老保险、基本医疗和公共卫生、城乡居民基本医疗保险、就业、粮食安全、跨省（自治区、直辖市）重大基础设施项目建设和环境保护与治理等体现中央战略意图、跨省（自治区、直辖市）且具有地域管理信息优势的基本公共服务确定为中央与地方共同财政事权，并明确各承担主体的职责。应根据基本公共服务的受益范围、影响程度，按事权构成要素、实施环节，分解细化各级政府承担的职责，避免由于职责不清造成互相推诿。

专栏 7-2　　　　　中国义务教育领域共同事权与支出责任的划分

2018 年 2 月，国务院办公厅发布《基本公共服务领域中央与地方共同财政事权和支出责任划分改革方案》，将义务教育等八大类 18 项纳入中央与地方共同财政事权范围，其支出责任由中央与地方政府按比例分担，并保持基本稳定。考虑到各地区经济社会发展不平衡、基本公共服务成本和财力差异较大的国情，义务教育实行中央与地方分档差别化分担的办法。全国省级行政单位和计划单列市被分为五档。不同的档级，中央政府和地

---

① 2018—2020 年，中国还先后发布医疗卫生、科技、教育、交通运输、生态环境、公共文化、应急救援和自然资源等 11 个领域中央与地方财政事权和支出责任划分改革方案。

方政府各自承担的支出责任是不同的。河北省属于第二档级,义务教育领域的公用经费,中央政府承担60%,河北省承担40%。

根据中央政府的相关规定,河北省人民政府制定了《基本公共服务领域省与市、县共同财政事权和支出责任划分改革实施方案》,将需要地方政府承担的义务教育支出责任在省、市、县三级政府之间也作出了一个明确的划分。在由河北省承担的40%义务教育领域的公用经费中,河北省与直管县按30%∶10%的比例分担,河北省与市、市管县(市)按20%∶10%∶10%的比例分担,河北省与市、市辖区按15%∶15%∶10%的比例分担。义务教育领域的其他支出,也采取了类似的区别分担的办法。

资料来源:作者整理自《国务院办公厅关于印发基本公共服务领域中央与地方共同财政事权和支出责任划分改革方案的通知》(国办发〔2018〕6号)和《河北省人民政府办公厅关于印发基本公共服务领域省与市、县共同财政事权和支出责任划分改革实施方案的通知》(冀政办字〔2018〕79号)。

中央政府与地方政府按照政府间事权划分相应承担和分担财政支出责任。中央政府的事权由中央政府承担财政支出责任,地方政府的事权由地方政府承担财政支出责任,中央与地方共同财政事权根据基本公共服务的属性,区分情况划分财政支出责任。中央政府可通过安排转移支付将部分事权的财政支出责任委托地方政府承担①;对于跨区域且对其他地区影响较大的公共服务,中央政府可以通过财政转移支付承担一部分地方财政支出责任。

7.2.2 中央与地方财政收入的划分

政府间财政收入的划分,是中国1994年分税制财政体制改革的重点。此次财政体制改革首次全面实现了主要按税种归属将财政收入分为中央固定收入、中央地方共享收入和地方固定收入。

1. 1994年分税制财政体制对中央与地方财政收入范围的划分

分税制财政体制改革确定的政府间税收收入划分的原则,是将维护国家权益、实施宏观调控所必需的税种划为中央税,将与经济发展直接相关的主要税种划为中央与地方共享税,将适宜地方征管的税种划为地方税。

(1)中央固定收入

中央固定收入包括关税,海关代征消费税和增值税,中央企业所得税,地方银行和外资银行及非银行金融企业所得税,铁道部门、各银行总行、各保险总公司等集中缴纳的收入(包括营业税、所得税、利润和城市维护建设税),中央企业上缴利润等。

---

① 中共二十届三中全会强调,中央财政事权原则上通过中央本级安排支出,减少委托地方代行的中央财政事权;不得违规要求地方安排配套资金,确需委托地方行使事权的,通过专项转移支付安排资金。

中国将外贸企业出口退税作为负收入,也划作中央固定收入。除1993年地方已经负担的20%部分列入地方上缴中央基数外,以后发生的出口退税全部由中央财政负担。

(2) 中央地方共享收入

中央地方共享收入包括增值税、资源税、证券交易税。① 其中,增值税由中央分享75%,地方分享25%;资源税按不同的资源品种划分,海洋石油资源税划为中央收入,其他资源税划为地方收入;证券交易税,中央和地方各分享50%。

(3) 地方固定收入

地方固定收入包括营业税(不包括铁道部门、各银行总行、各保险总公司等集中缴纳的营业税),地方企业所得税(不含地方银行和外资银行及非银行金融企业所得税),地方企业上缴利润,城镇土地使用税,个人所得税,固定资产投资方向调节税,城市维护建设税(不含铁道部门、各银行总行、各保险总公司等集中缴纳的城市维护建设税),房产税,车船使用税,印花税,屠宰税,筵席税,农牧业税,农业特产税,耕地占用税,契税,遗产和赠与税,土地增值税,国有土地有偿使用收入等。

在主要按税种划分政府间税收收入的同时,分税制财政体制改革还对原先的税务机构设置进行了调整,分别设立了国家税务局和地方税务局两套相对独立的税务机构,中央税种和共享税种的征收管理由国家税务局负责,地方税种的征收管理由地方税务局负责。

2. 1994年之后中央与地方财政收入划分的局部调整

1994年分税制财政体制改革之后,由于社会经济形势发生了较大的变化,中国对财税制度先后做了一些调整,这些调整也直接改变或间接影响了中央与地方政府之间财政收入划分的格局。

(1) 先后开征、停征或调整了一些税种

2000年,中国暂停征收固定资产投资方向调节税,并于2013年正式停征;2004年,中国停征了农业特产税(除烟叶外),并在部分地区停征了农业税;2006年,中国在全国范围内全面停征农业税。屠宰税和筵席税也分别于2006年和2008年停征。部分税种的停征虽然并未触及政府间财政收入范围的调整,但也对相关级次政府的财政收入产生了实质性的影响。

2001年,中国新开征车辆购置税,并将其划归中央税体系。2006年,中国用烟叶税取代对烟叶征收的农业特产税,仍然归属地方政府所有。2018年,中国正式开征环境保护税。由于环境保护税是由收入原属于地方政府所有的环境保护费经过"费改税"而来,因此环境保护税自然也归并到地方税的范畴。

---

① 根据1994年的税制改革方案,中国拟开征证券交易税、遗产和赠与税。这两个税种都未独立开征,但其中的证券交易税以印花税"证券交易"税目的形式付诸实施,即通常所说的"证券交易(印花)税"。

1997年，金融保险业营业税税率由5%提高到8%。税率提高后，除各银行总行、保险总公司缴纳的营业税仍全部归中央政府所有外，其余金融、保险企业缴纳的营业税，按5%的税率征收的部分归地方政府，提高3个百分点征收的部分归中央政府。从2001年起，金融保险业营业税税率每年下调1个百分点，分三年降至5%，中央政府分享的部分也随之取消。

2012年1月，营业税改征增值税试点（即"营改增"）在上海市正式启动，试点范围在年内扩大至北京市、天津市、江苏省、浙江省（含宁波市）、安徽省、福建省（含厦门市）、湖北省、广东省（含深圳市）等8个省（直辖市）；2013年8月，交通运输业和部分现代服务业"营改增"试点在全国范围内推开。2016年5月，"营改增"在全国范围内全面推开，营业税完全停征。"营改增"的实行，改变了原本的收入归属，但为了便利于改革的推进，"营改增"试点期间仍维持中央与地方原有收入分配关系不变，试点地区对交通运输业、现代服务业等试点行业征收的增值税即原营业税收入，仍归地方政府所有。"营改增"全面推开后，增值税收入在中央与地方政府间的分享比例由原来的75%∶25%调整为50%∶50%。

（2）所得税收入分享改革

2001年，中央政府决定除铁路运输、国家邮政、四大国有商业银行、三家政策性银行以及石油天然气企业缴纳的企业所得税和对储蓄利息征收的个人所得税作为中央财政收入外[①]，其他企业所得税和个人所得税在中央与地方财政之间按统一比例实行共享，2002年分享比例为50%∶50%，2003年及以后年份的分享比例为60%∶40%。中央财政因所得税收入分享办法改革增加的收入全部用于对地方的一般性转移支付。

为了保证所得税收入分享改革的顺利实施，妥善处理地区间利益分配关系，中央政府还规定跨地区经营企业集中缴纳的所得税，按分公司（或子公司）所在地的企业经营收入、职工人数和资产总额三个因素在相关地区间分配。

（3）证券交易（印花）税的分享比例与归属的调整

1997年，证券交易（印花）税收入的分享比例被调整为中央80%、地方20%。随后由于证券交易（印花）税的税率由原来对买卖双方各征收3‰调高为5‰，调高税率增加的财政收入全部作为中央财政收入，因此中央财政和地方财政证券交易（印花）税的分享比例经过折算后实际为中央88%、地方12%。

2000年，国务院决定分三年将证券交易（印花）税分享比例逐步调整到中央97%、地方3%，即2000年调整为中央91%、地方9%，2001年调整为中央94%、地方6%，2002年调整为中央97%、地方3%，中央财政由此增加的收入主要用于支持西部贫困地区发展，并

---

① 2008年11月，中国再次暂停征收对居民储蓄利息所得课征的个人所得税。

作为补充社会保障资金的一个来源。从2016年开始,证券交易(印花)税收入全部归中央政府所有,地方政府不再参与分享。

(4)出口退税机制改革

分税制财政体制改革后的一段时间里,出口退税由中央政府全部负担,这与增值税收入实行中央与地方共享的体制不相符,中央政府的财政负担较为沉重。为此,国务院决定从2004年起实施出口退税机制改革,由中央和地方共同承担出口退税是其中一项重要内容,以2003年出口退税实退指标作为基数,对超基数部分应退税款由中央和地方财政按照75%:25%的比例承担。

2005年,中国对出口退税负担机制又做了进一步的调整,在维持2004年经国务院批准核定的各地出口退税基数不变的基础上,超基数部分由中央、地方按照92.5%:7.5%的比例分担,同时出口退税改由中央统一退库,地方负担的部分改为"年终专项上解"。从2015年起,出口退税全部改由中央财政负担,地方2014年原负担的出口退税基数,定额上解中央。

(5)资源税改革

2016年,中国全面推开资源税改革。此次纳入改革的矿产资源税收入全部为地方财政收入,水资源税仍按水资源费中央和地方1:9的分成比例不变,但河北省在缴纳南水北调工程基金期间,水资源税收入全部留在省内。

(6)增值税留抵退税分担机制的调整

2019年3月,中国建立了增值税增量留抵退税制度。由于"营改增"后,增值税收入在中央与地方政府间按50%:50%的比例分享,因此增值税留抵退税也由中央与地方政府按照相同比例进行分担。

2019年9月,为了缓解部分地区的留抵退税压力,中央政府决定地方政府增值税留抵退税地方分担的比例由50%调整为先负担15%,其余35%暂由企业所在地一并垫付,再由各地按上年增值税分享额占比均衡分担,垫付多于应分担的部分由中央财政按月向企业所在地省级财政调库。

现阶段,中央与地方政府间财政收入划分如表7-4所示。

表7-4 中国现行中央与地方财政收入划分

收入类别	具体项目
中央固定收入	关税,海关代征消费税和增值税,消费税,车辆购置税,船舶吨税,铁道部门、各银行总行、各保险公司总公司等集中缴纳的收入(包括利润和城市维护建设税),未纳入共享范围的中央企业所得税,证券交易(印花)税,中央企业上缴的利润等

（续表）

收入类别	具体项目
地方固定收入	城镇土地使用税,城市维护建设税(不含铁道部门、各银行总行、各保险公司总公司集中缴纳的部分),房产税,车船税,印花税[不含证券交易(印花)税],耕地占用税,契税,烟叶税,土地增值税,环境保护税,地方企业上缴利润,国有土地有偿使用收入等
中央地方共享收入	增值税（中央分享50%,地方分享50%）;纳入共享范围的企业所得税和个人所得（中央分享60%,地方分享40%）;资源税（按不同的资源品种划分,海洋石油资源税和水资源税收入的10%为中央收入,其余资源税为地方收入）

在2018年的国家机构改革中,分税制财政体制改革所确定的国税、地税两套税务机构分设的体制被废止,国家税务局和地方税务局系统合并,中央政府和地方政府分别征税的格局亦被一元化的征管体系所取代。

专栏7-3　中国政府性基金预算中的政府间收入划分

尽管一般公共预算是分税制财政体制改革的"主战场",但中国的政府间财政收入划分,在政府性基金预算、国有资本经营预算和社会保险基金预算中同样存在。在过去相当长一段时间内,中国的政府性基金预算收入一直都保持较大的规模,仅次于一般公共预算收入。与一般公共预算中的政府间收入划分一样,中国的政府性基金预算收入也被划分为中央固定收入、地方固定收入和中央地方共享收入三个部分:

• 中央固定收入:铁路建设基金收入、民航发展基金收入、旅游发展基金收入、中央特别国债经营基金财务收入、核电站乏燃料处理处置基金收入、可再生能源电价附加收入、船舶油污损害赔偿基金收入、废弃电器电子产品处理基金收入。

• 地方固定收入:海南省高等级公路车辆通行附加费收入、国有土地使用权出让金收入、国有土地收益基金收入、城市基础设施配套费收入、车辆通行费收入、专项债务对应项目专项收入、其他政府性基金收入。

• 中央地方共享收入:农网还贷资金收入、国家电影事业发展专项资金收入、农业土地开发资金收入、彩票公益金收入、水库移民扶持基金收入、国家重大水利工程建设基金收入、彩票发行和销售机构业务费收入、污水处理费收入。

资料来源:作者整理自财政部预算司网站相关资料。

7.2.3　政府间财政转移支付

1994年的分税制财政体制改革初期,中国的政府间财政转移支付制度主要由原财政包干体制中的体制补助和体制上解①、税收返还(Revenue Returned)、中央财政对地方财政的专项补助、中央财政与地方财政年终结算补助、结算上解、其他补助以及过渡期转移支付等构成。在随后的三十多年里,中国逐步建立健全了规范的政府间财政转移支付制度;在此过程中,中国政府间财政转移支付在名称、规模、结构和资金分配等方面都发生了很大的变化。

1. 中央对地方的税收返还②

分税制财政体制改革将原先财政体制下地方政府支柱财源产品税③的大部分收入划给了中央政府,如果不采取措施对地方政府予以补偿,必然会损害地方政府的既得利益,招致地方政府的反对和不合作。为了保证分税制财政体制改革的顺利推进,中央政府决定通过税收返还的方式来保证地方政府的既得利益。

增值税和消费税返还(简称"两税"税收返还)是中国税收返还的主体。在相当长一段时间里,"两税"税收返还额都以1993年为基期年采用基数法来核定,1993年中央从地方净上划的收入全额返还地方,以保证地方政府的既得财力,并以此作为中央财政对地方政府的税收返还基数。1994年的税收返还额根据式(7-1)来确定。

$$R = C + 75\%V - S \tag{7-1}$$

其中,R表示1994年中央财政对地方"两税"税收返还的核定数,C表示消费税收入,V表示增值税收入,S表示1993年中央财政对地方政府的下划收入。$C+75\%V$是1994年税制改革和分税制财政体制改革后将原财政体制下的共享财政收入转化为中央财政收入的数量,S是原财政体制下地方已得的份额,两者的差额就是按照新财政体制的规定中央财政从地方财政净上划的收入,也就是中央应返还给地方的"两税"税收收入。

1994年以后,中央财政对地方政府的"两税"税收返还额在1993年基数上实行逐年递增,递增率按全国增值税和消费税平均增长率的1:0.3的系数确定,即全国"两税"税收收入平均每增长1%,中央财政对地方政府的税收返还增加0.3%。若1994年以后中央净上划收入达不到1993年的基数,则相应扣减税收返还额。1994年以后中央财政对地

---

① 由于利益格局一旦形成就很难轻易改变,为了保证分税制财政体制改革的顺利出台,中国在1994年实行分税制财政体制改革时决定财政包干体制下形成的分配格局暂时维持不变,过渡一段时间后再逐步规范化。原财政包干体制中的体制补助和体制上解就是在这样一种背景下保留下来的。如果在中央财政对地方核定的收支基数中,地方财政支出基数大于财政收入基数,其差额由中央财政给予补足。原财政包干体制下地方上解仍按不同体制类型执行,原实行递增上解的地区,按原规定继续递增上解;原实行定额上解的地区,按规定的上解额,继续定额上解;原实行总额分成的地区和原分税制试点地区,暂按递增上解办法,即按1993年实际上解数,并核定一个递增率,每年递增上解。1995年,中央财政取消了各地区体制上解递增的做法,开始实行定额上解的办法。原来中央财政拨给地方政府的各项专款,该下拨的继续下拨。地方财政在1993年承担的20%部分出口退税以及其他年度结算的上解和补助项目相抵后,确定一个数额,作为一般上解或一般补助处理,以后年度按此定额结算。

② 在中国政府财政统计口径上,税收返还曾一度与政府间财政转移支付并列,但2019年政府间财政转移支付分类调整之后,税收返还被纳入一般性转移支付之中。

③ 在1994年的税制改革中,原先的产品税被取消,取而代之的是增值税和消费税。

政府的税收返还额按式(7-2)进行确定。

$$R_n = R_{n-1} + R_{n-1} \times 0.3 \times \frac{(C+0.75V)_n - (C+0.75V)_{n-1}}{(C+0.75V)_{n-1}} = R_{n-1}(1+0.3r_n) \quad (7-2)$$

其中,R_n 是 1994 年以后第 n 年的中央财政对地方财政的税收返还额;R_{n-1} 是第 n 年的前一年中央财政对地方政府的税收返还额;r_n 是第 n 年全国增值税和消费税收入的平均增长率。

为了配合"营改增"的全面推开,"两税"税收返还的办法进行了相应的调整。从 2016 年起,增值税返还不再沿用 1994 年分税制财政体制改革时确定的办法,改为以 2015 年为基数实行定额返还(参见表 7-5),对增值税增长或下降地区不再实行增量返还或扣减。①中央对地方政府的消费税返还也不再实行增量返还,改为以 2014 年消费税返还数为基数,实行定额返还。

除增值税和消费税返还之外,为了配合所得税分享改革和成品油税费改革,中国还先后增加了所得税基数返还和成品油税费改革税收返还。所得税基数返还以 2001 年为基期,对按所得税分享改革方案确定的分享范围和比例计算出的地方政府分享的所得税收入小于改革前地方政府实际所得税收入的部分,由中央作为基数返还给地方。成品油税费改革税收返还以 2007 年公路养路费等"六费"收入为基数,具体额度考虑地方实际情况按一定的增长率确定。2009 年,出口退税超基数地方负担部分专项上解等地方上解收入也被纳入税收返还,做对冲处理。

表 7-5　中央对地方的税收返还　　　　　　　　　　　单位:亿元

项目	1994 年	2000 年	2008 年	2016 年	2017 年	2023 年
增值税和消费税返还	1 799	2 410	2 859	5 798	7 124	7 124
其中:增值税返还	—	—	—	4 787	6 113	6 113
消费税返还	—	—	—	1 011	1 011	1 011
所得税基数返还	—	597	910	910	910	910
成品油税费改革税收返还	—	—	1 531	1 531	1 531	1 531
合计	1 799	3 007	5 300	8 239	9 565	9 565

资料来源:全国财政决算(2010—2023);李萍.财政体制简明图解.北京:中国财政经济出版社,2010:32。

在"两税"税收实行定额返还之前,中央对地方税收返还的绝对额一直在不断增长,从最初的不到 2 000 亿元增长到 2021 年的 9 500 多亿元(参见表 7-5)。从相对规模来看,中央对地方的税收返还曾经是中央财政补助地方支出的主体。1996 年中央对地方的税收返还额为 1 949 亿元,占中央财政补助地方支出的比重高达 71.8%。此后,虽然税收

---

① 《国务院关于实行中央对地方增值税定额返还的通知》(国发〔2016〕71 号)。

返还的数额仍在逐年增长,但其相对规模却不断下降,2001年中央财政对地方的税收返还占中央财政补助地方支出的比重降到45.1%①,2008年又降为18.6%,2015年税收返还占中央对地方税收返还与转移支付的比重进一步下降为9.11%。"两税"税收实行定额返还之后,税收返还的相对规模会随着时间的推移持续下降。

2. 中央政府对地方政府的财政转移支付②

1995年,中国出台了《过渡期财政转移支付办法》。"过渡时期财政转移支付"是为了弥补税收返还无法均衡各地财政能力的固有缺陷,按照规范化的公式计算给予地方政府的补助,它由中央财政从每年的收入增量中拿出一部分资金,逐步调整地区利益分配格局。2002年,中国不再使用"过渡时期财政转移支付"的概念,并将其合并到中央财政因所得税分享改革增加的收入中进行分配,并统称为"一般性转移支付"。2009年,原"一般性转移支付"改称为"均衡性转移支付",同时将原"财力性转移支付"改称为"一般性转移支付"。目前,中国的政府间财政转移支付由一般性转移支付、共同财政事权转移支付和专项转移支付构成。③

(1) 一般性转移支付

一般性转移支付是中央政府对有财力缺口的地方政府,按照较为规范的办法给予的补助,它不规定具体的使用用途,由地方政府根据本地区实际情况统筹安排使用。④一般性转移支付主要用于均衡地区间财力配置,保障地方政府日常运转和推动区域协调发展。

目前,中国一般性转移支付具体包括均衡性转移支付、重点生态功能区转移支付、县级基本财力保障机制奖补资金、资源枯竭城市转移支付、老少边穷地区转移支付、产粮大县奖励资金、生猪(牛羊)调出大县奖励资金等,均衡性转移支付是其中的主体形式。

均衡性转移支付以增强财力薄弱地区的财力、促进地区间公共服务均等化为目标,它选取影响各地财政收支的客观因素,考虑地区间支出成本差异、收入努力程度以及财政困难程度等,按统一公式向地方进行财政拨款。以均等化为基本目标的均衡性转移支付,在分配拨款数额的过程中,以公式化为基础,既考虑标准收入能力又考虑标准支出需求,是对中国长期采用的"基数法"的一次革命,较之传统的体制补助,在规范性、公平性、科学性等方面都有突破性的进步。

---

① 黄佩华,迪帕克.中国:国家发展与地方财政.北京:中信出版社,2003:44.
② 除了一般公共预算中有中央对地方的财政转移支付,中国还存在中央对地方的政府性基金转移支付、中央对地方的国有资本经营转移支付,但规模都不大。
③ 2020年,为应对重大突发公共卫生事件对社会经济发展的负面影响,中国出台了临时性的"特殊转移支付"。
④ 在中国现行政府间转移支付统计口径中,被列入一般性转移支付范畴的项目从经济性质看并不都是无条件转移支付,其中一些具有专项转移支付的性质。

(2) 共同财政事权转移支付

2019年,为了加强共同财政事权经费保障、更好地推进基本公共服务均等化,中国对财政转移支付分类进行调整,新设了共同财政事权转移支付,将原一般性转移支付和专项转移支付中属于中央与地方共同财政事权的项目全部纳入共同财政事权转移支付。

共同财政事权转移支付主要用于履行中央承担共同财政事权的支出责任,增强地方对基本民生和基本公共服务的保障能力。目前,共同财政事权转移支付在中国政府财政统计中暂时列入一般性转移支付,但在《中华人民共和国预算法》修订后,共同财政事权转移支付列在一般性转移支付名目之下的情况会做调整。

(3) 专项转移支付

专项转移支付是中央政府对地方政府承担符合中央政府导向事务和中央委托事务进行的补助,接受拨款的地方政府必须按照规定的用途使用资金。专项转移支付主要用于办理特定事项,引导地方贯彻落实中央政府重大决策部署。

中国政府间财政转移支付体系中的专项转移支付项目一度非常多,2009年就有200多项。从2015年开始,中国对专项转移支付项目进行压缩,2016年压减到94项,2018年减至73项。2019年财政转移支付分类调整之后,专项转移支付的口径有所收窄,项目数量进一步减少。① 目前,专项转移支付主要包括基建支出、土地指标跨省域调剂收入安排的支出、农村综合改革转移支付、大气污染防治资金和重大传染病防控经费等。

专栏7-4　　中国政府间财政转移支付制度的改革

中共十八届三中全会以来,中国政府间财政事权与支出责任划分改革取得明显突破,确立了现代财政转移支付制度的基本框架,在促进政府间财力均等化、基本公共服务均等化以及推动国家宏观调控政策目标的贯彻落实等方面发挥了重要作用。然而,中央对地方财政转移支付制度仍然存在一些问题和不足,主要体现在:第一,财政转移支付结构不够合理;第二,一般性转移支付项目种类多、目标多元、均等化功能弱化;第三,专项转移支付涉及领域过宽。针对这些问题和不足,中国政府间财政转移支付制度下一步改革的重点是规范政府间财政转移支付的分类设置、厘清各类转移支付的边界和功能定位。

2019年,中国设立共同财政事权转移支付后,三类财政转移支付的定位更加明确、边界更加清晰。一般性转移支付以均衡区域间基本财力配置为目标,结合财政状况扩大规模,并向中西部财力薄弱地区倾斜,向革命老区、民族地区、边疆地区、欠发达地区以及担负国防、粮食、能源、生态等安全职责的功能区域倾斜,促进财力分布更加均衡。共同财政

---

① 中共二十届三中全会再次提出"清理规范专项转移支付",与此同时增加一般性转移支付。

事权转移支付具有鲜明的中国特色,以保障和改善民生为目标,增强地方基本公共服务保障能力。应合理安排共同财政事权转移支付,实行差异化补助政策,推进地区间基本公共服务水平更加均衡。专项转移支付以保障中央重大决策部署落实为目标,资金定向精准使用,强化对地方的引导激励,并逐步退出市场机制能够有效调节的领域。专项转移支付据实安排,不强调数量多寡。

中共二十大报告和中共二十届三中全会通过的《中共中央关于进一步全面深化改革、推进中国式现代化的决定》都明确要求"完善财政转移支付体系",也提出到2025年,基本公共服务均等化水平明显提升,到2035年,基本公共服务实现均等化的目标。三大类转移支付功能定位的明确,实际上就勾勒出了中国财政转移支付制度未来的改革方向。

资料来源:作者整理自中国财政部网站相关资料。

随着制度的逐步完善,中央对地方财政转移支付的规模持续扩大。1994年,中央对地方的财政转移支付仅有590亿元,1998年上升为1 239亿元,2000年超过2 000亿元,达到2 459亿元;随后以每年上千亿元的速度增长,到2009年增长为23 677亿元,2011年中央对地方的财政转移支付超过了30 000亿元,为34 881亿元,2016年已经增长至52 573亿元,到2022年进一步增长到96 942亿元。

1994年以来,中国政府间财政转移支付的结构也发生了较大的变化。最初一段时间,专项转移支付是中国政府间财政转移支付的主体,一般性转移支付居次要位置。从2000年开始,一般性转移支付占全部转移支付的比重逐年攀升,2005年达到54%,首次超过专项转移支付,此后在曲折中继续提升,从而初步确立起以一般性转移支付为主体、一般性转移支付和专项转移支付相结合的转移支付制度。2017年,一般性转移支付所占比重达到62%,而专项转移支付的相对规模缩小到38%。财政转移支付分类调整之后,一般性转移支付所占的比重进一步提升至90%,而专项转移支付只占10%左右。[1]

3. 中国的横向财政转移支付

除政府间纵向财政转移支付外,中国实际上还存在政府间横向财政转移支付,主要体现为"对口支援"体制和生态补偿性横向转移支付的实施。[2] 从总体上看,中国政府间横向财政转移支付非制度化的特征较为明显。

---

[1] 经过财政转移支付分类调整之后,前后年份的数据不具有完全的可比性。
[2] 2024年6月,中央全面深化改革委员会第五次会议审议通过了《关于健全种粮农民收益保障机制和粮食主产区利益补偿机制的指导意见》,决定要建立粮食产销区省际横向利益补偿机制。

（1）对口支援体制

中国最早的"对口支援"体制是地区间的对口支援，它是根据1979年召开的全国边防工作会议提出的"组织内地发达省、市实行对口支援边境地区和少数民族地区"的精神确立的。

地区间"对口支援"指的是在中央政府的统一领导下，组织和安排经济发达地区对指定的经济欠发达地区或民族地区给予人、财、物方面的帮助和支持。地区间"对口支援"体制建立之后，其实施范围不断扩大、力度不断加大。1983年，国家经委、国家计委和国家民委等部门，共同组织召开了经济发达省、市同少数民族地区对口支援和经济技术协作工作座谈会，明确了"对口支援"工作的重点、任务和原则，扩大了"对口支援"的范围，并确定了新的对口支援关系。1994年召开的中央第三次西藏工作座谈会，确定由北京、江苏和上海等13个省市（后增加重庆市）分别对口支援西藏的拉萨、日喀则、山南等7个地市。2001年召开的中央第四次西藏工作座谈会，不仅将原定10年期限的"对口援藏"计划再延长10年，而且将原来未列入受援范围的29个县以不同方式纳入"对口支援"的范围。2010年，中央新疆工作座谈会则启动了1996年以来"对口支援"历史上支援地域最广、涉及人口最多、资金投入最大、资助领域最全的一次"对口援疆"行动。

除地区间的"对口支援"外，三峡工程、扶贫工作和加快高等教育发展等特定的项目，也先后被纳入"对口支援"的范围。1993年，三峡工程移民计划工作会议确定了50多个部委以及21个省、自治区、直辖市和10个计划单列市对口支援三峡库区；1996年，国务院扶贫开发领导小组确定了由北京与内蒙古、天津与甘肃、上海与云南、广东与广西、江苏与陕西、浙江与四川、山东与新疆、辽宁与青海、福建与宁夏、大连、青岛、深圳、宁波与贵州，开展对口扶贫协作；2001年，教育部组织实施了"对口支援西部地区高等学校计划"，指定北京大学、清华大学和中国农业大学等13所高校为支援高校，采取"一对一"的方式实施对新疆石河子大学、西藏大学与内蒙古农业大学等高校的对口支援。

2008年四川汶川发生特大地震后，为了加快灾区灾后的恢复重建，国务院决定建立灾后恢复重建对口支援机制，按照"一省帮一重灾县"的原则，组织北京、广东、江苏、上海、山东、浙江等以及西部地区的重庆市等19个省市，对四川省北川羌族自治县、汶川县和青川县等18个县（市）以及甘肃省、陕西省受灾严重地区进行对口支援；此外，几乎所有的中央政府部门都组织实施了本部门对地震灾区的对口支援工作。2020年，应急性对口支援在应对重大突发公共卫生事件的过程中再次启用。

从改革开放之初开始实施到现在，"对口支援"体制已经运行了四十多年，在范围、规模和力度上都有了很大的扩展。目前中国的"对口支援"涉及工业、农业、商贸、科技、人才、文教、卫生、扶贫和劳务等诸多领域，有资金援助、物资援助、技术援助和智力支持等多种手段，主要用于受援地区的经济发展、教育、医疗和卫生等社会事业以及基础设施建设等多个方面。"对口支援"体制在促进经济欠发达地区和民族地区的社会经济发展、增强地区间的沟通与交流、加强民族团结以及促进灾后重建等方面发挥了积极的作用,但它也存在缺乏应有的规范性和科学性、多头管理等问题,需要对其进行进一步的改革。

(2) 生态补偿性横向转移支付

中国是一个地域广阔、地理环境差异大、发展不平衡的国家。很多重要江河流域的上游地区都是生态敏感区域,其社会经济发展相对滞后,而下游地区的经济发展水平相对较高。上游地区保护生态环境,提供良好的生态产品,在很大程度上是以牺牲其经济发展为代价的,但产生的利益并不完全由上游地区获得,下游地区也获得了保护生态环境的好处。一方面,在地区间经济发展差距越来越大的背景下,上游地区要求得到一定补偿的呼声越来越强烈;另一方面,下游地区的经济越发达,人民群众要求进一步改善和保护生态环境的愿望就越迫切。在发展经济与保护生态环境本身就很难完全统一起来的情形下,生态补偿性横向转移支付就成为一种选择。生态补偿性横向转移支付是生态环境保护受益地区政府对为保护和恢复生态环境及其功能而做出牺牲或付出代价的地区政府给予的经济补偿。这种"利益共享、成本共担"的机制,使得保护自然资源、提供良好生态产品的地区得到一定补偿,能在一定程度上化解经济发展与生态环境保护之间的矛盾。

2012年,中国在新安江流域启动了首个跨省流域生态补偿机制试点工作,在财政部、环境保护部等有关部委的推动下,浙江省与安徽省签订了新安江流域生态补偿协议,开始了新安江生态补偿第一轮试点。2015年、2018年,安徽、浙江两省分别启动了为期三年的第二轮和第三轮试点。新安江生态补偿试点是中国首个成功实施的跨流域生态环境补偿性横向财政转移支付。2016年,跨流域生态补偿试点扩展到九洲江和东江流域。截至2024年3月,中国共建立了20个跨省流域生态保护补偿机制。[①]

7.3 中国省以下财政体制改革

中国1994年分税制财政体制改革的重心是规范中央与省的政府间财政关系,其着力点在于增强中央政府的宏观调控能力。由于当时尚做不到同步确定省与省以下各级地方政府之间的财政分配框架,于是寄希望于先启动中央与省之间的财政体制改革,然后再逐步深化省以下财政体制改革。然而,在此后的十多年里,中国省以下财政体制改革一直处于停滞状态。直到2002年之后,全国范围内的省以下财政体制改革才真正启动。

---

① 生态环境部召开4月例行新闻发布会.(2024-04-28)[2024-09-30].https://www.mee.gov.cn/ywdt/xwfb/202404/t20240428_1071914.shtml.

| 专栏 7-5 | 中国省以下财政体制改革的顶层规划 |

虽然省以下财政体制改革相对滞后,但中国的决策层一直都很重视理顺省以下各级政府间财政的关系,先后多次以各种形式对省以下财政体制改革进行顶层设计。

- 1996 年,财政部发布《关于完善省以下分税制财政管理体制意见的通知》,提出为了保证分税制财政体制框架的完整性,各地区要参照中央对省分税制模式,结合本地区的实际情况,将分税制财政体制落实到市、县级,有条件的地区可落实到乡级。
- 2000 年,财政部下发《改革和完善农村税费改革试点县、乡财政管理体制的指导性意见》,要求各地明确划分县、乡政府的支出责任。
- 2002 年,国务院批转财政部《关于完善省以下财政管理体制有关问题的意见》,针对所得税收入分享改革后的新形势,对省以下财政体制改革提出了指导性意见,要求逐步缩小辖区内地区间财力差距。
- 2005 年,财政部下达《关于切实缓解县乡财政困难的意见》的通知,明确提出要创新省对县、县对乡财政管理方式。
- 2008 年,中共中央、国务院在《关于 2009 年促进农业稳定发展农民持续增收的若干意见》中要求,推进省直接管理县(市)财政体制改革和"扩权强县"改革试点。
- 2009 年,财政部发布《关于推进省直接管理县财政改革的意见》,明确提出 2012 年年底前力争全国除民族自治地区外全面推进省直接管理县财政改革的总体目标。
- 2010 年,中共中央、国务院在《关于加大统筹城乡发展力度进一步夯实农业农村发展基础的若干意见》中要求,继续推进省直管县财政管理体制改革,提高县乡基本财力保障水平。
- 2013 年,中共中央、国务院在《中共中央关于全面深化改革若干重大问题的决定》中提出,有条件的地方探索推进省直接管理县(市)体制改革。
- 2020 年,中共十九届五中全会提出"健全省以下财政体制,增强基层公共服务保障能力"。
- 2022 年,国务院办公厅发布《关于进一步推进省以下财政体制改革工作的指导意见》,提出要清晰界定省以下财政事权和支出责任,理顺省以下政府间收入关系,完善省以下转移支付制度,建立健全省以下财政体制调整机制,规范省以下财政管理。

资料来源:作者整理自中国政府网相关资料。

7.3.1 中国省以下财政体制的主要内容

在很长一段时间里,中国省以下财政体制改革并未取得明显进展,很多省份对省以下财政体制依然沿用过去"财政包干"体制时期的一些做法,也有些省份对省以下财政体制做了一些调整,但其中仍保留了相当多旧体制的痕迹。2009年,中国开始大力推进省直管县财政体制改革,然而在实行几年后,省直管县财政体制改革趋于沉寂;2022年,《关于进一步推进省以下财政体制改革工作的指导意见》出台,省以下财政体制改革再次被提上议程。

1. 省以下财政事权和支出责任划分

由于分税制财政体制改革没有对中央与省级政府之间的事权和财政支出责任划分进行大的调整,因此在相当长一段时间里省以下各级政府间财政支出的划分也基本沿袭了之前的格局。省级财政主要承担省级国家机关运转所需经费,调整全省国民经济结构、协调地区发展、实施宏观调控方面的支出以及由省级直接管理的事业发展支出。市级财政主要承担市级国家机关运转所需经费以及本市经济、事业发展所需的支出。县(市)级财政主要承担县(市)级国家机关运转所需经费以及本县(市)经济、事业发展所需的支出。

2016年《关于推进中央与地方财政事权和支出责任划分改革的指导意见》发布后,省以下财政事权和支出责任划分改革的步伐明显加快。各省省以下财政事权和支出责任划分改革的总体思路是加强省级政府的财政事权和支出责任①,保障县市事权,差异化确定省与县市的共同财政事权和支出责任。具体来看,对需要跨区域统筹协调或外部性较强的事务,适度强化省级责任,更好发挥省级政府在全域统筹、跨区协调、综合调控、统一管理等方面的作用;对由基层政府发挥信息、管理优势的基本公共服务,明确为市县级政府事权,充分发挥市县政府贴近基层、就近管理的优势;而共同财政事权则要明确划分省、市、县各级财政支出责任,根据经济发展水平、财力状况、支出成本等,差别化确定不同区域的市县级财政支出责任。

2. 省以下财政收入划分

由于各地区经济发展水平和产业结构等因素有很大差异,分税制财政体制改革后很长一段时间内中国采用了多种省以下政府间收入划分形式,主要有分税加增量提成、分税加共享、增量分成以及分税加增长分成等几种,其中被各省采用较多的是按税种划分收入和总额分成两种形式。大多数省将规模较大、收入稳定的税种划为省与地市或省与县(市)共享收入。省与县(市)实行共享的税种主要包括增值税(地方分享的50%部分)、企业所得税和个人所得税(地方分享的40%部分)等,但不同省份分享的方式不尽相同,有的是按比例分享,有的是按隶属关系分享。一些省份划归地市或县(市)固定收入的税种较多,主要有资源税、城市维护建设税、房产税、车船税、耕地占用税、印花税、契税、土地增

---

① 近些年来,中国积极推进各项社会事业改革,出台了一系列惠及民生的重大支出政策,如农村义务教育经费保障机制改革、政法经费分类保障机制改革、新型农村合作医疗、农村养老保险试点和城乡公共卫生服务体系建设等,省、市财政负担重点民生支出比例大幅提高,财政支出责任上移趋势明显。

值税等,但收入规模都较小。也有部分省份在按照以上两种方式划分收入的同时,将主要行业或支柱产业收入划归省级独享,市县不参与分成。

在下一步的省以下财政体制改革中,中国省以下政府间财政收入划分具体将从参照税种属性划分收入、规范收入分享方式和适度增强省级调控能力等三个层面来推进[①]:

第一,参照税种属性划分收入。坚持以税种属性作为收入划分的基本依据,将税基流动性强、区域间分布不均、年度间收入波动较大的税收收入作为省级收入或由省级分享较高比例;将税基较为稳定、地域属性明显的税收收入作为市县级收入或由市县级分享较高比例。金融、电力、石油、铁路、高速公路等领域税费收入,可作为省级收入,也可在相关市县间合理分配。

第二,规范收入分享方式。主体税种实行按比例分享,税收收入应在省以下各级政府间进行明确划分,结合各税种税基分布、收入规模、区域间均衡度等因素,合理确定各税种分享比例。推动同一税费收入分享比例逐步统一,引导地方政府根据自身财力合理制定政策,避免超越自身承受能力出台政策。落实退税减税降费政策,依法依规征税收费,严禁虚收空转、收"过头税费"、乱收费。

第三,适度增强省级调控能力。基层"三保"保障压力较大的地区以及区域间人均支出差距较大的地区,应逐步提高省级收入分享比例,增强省级统筹调控能力。省级可适度参与资源税收入分享,使资源税收入在更广范围内实现共享,以促进基本公共服务均等化。省级财政因规范财政体制集中的收入增量,原则上主要用于对下级特别是县级的一般性转移支付。

3. 省以下财政转移支付

随着中央政府对地方财政转移支付体系的逐步完善和规模的不断扩大,近年来各省份都比照中央对省财政转移支付的做法,并结合自身实际,陆续建立了省以下财政转移支付制度。省以下财政转移支付也是由一般性转移支付和专项转移支付构成的。省以下一般性转移支付包括均衡性转移支付、调整工资转移支付、农村税费改革转移支付、政策性转移支付和激励性转移支付等项目;省以下专项转移支付则由省以下生态转移支付等构成。中国省以下财政转移支付下一步的改革,将主要从厘清各类财政转移支付的功能定位、优化转移支付结构和科学分配各类转移支付资金等三个方面来推进。

7.3.2 "省直管县"财政体制改革

20世纪80年代"市管县"行政管理体制确立以来,中国绝大部分省(自治区、直辖市)的省以下财政体制在很长一段时间内实行的都是与省以下行政管理体制完全一致的"省管市、市管县"模式。但浙江等少数省份的省以下财政体制与行政管理体制并不完全一

---

① 《关于进一步推进省以下财政体制改革工作的指导意见》(国办发〔2022〕20号)。

致,实行的是所谓的"省直管县"模式。目前,中国省以下财政体制是"省管市、市管县"和"省直管县"两种模式并存。

1."省管市、市管县"财政体制

在"省管市、市管县"财政体制下,省首先与地市划分事权,明确省与地市的支出责任,划分省与地市的收入,确定省与地市的税收返还。省对下一般性转移支付、专项拨款、结算补助、预算资金调度等均由省直接对地市,不直接对县市。在省对地市财政体制框架下,由地市确立其与县的财政体制,划分地市与县(市)的事权和支出责任,明确各自的收入范围。地市财政负责对县(市)实施一般性转移支付、专项拨款、结算补助和预算资金调度。

从各地的实施情况来看,"省管市、市管县"财政体制有两种情况:一种是省级财政只管到市级,县级财政完全由市级管理;另一种是县级财政的收支范围和上缴或补助数额由市负责核定,市级财政也负责汇总报表和调度国库资金,但财政转移支付由省直接测算到县,市级财政一般不进行调整。

在实施初期,"省管市、市管县"财政体制对密切城乡关系、加强城乡合作起到了一定的推动作用,然而这一模式也加剧了对微观经济行为主体的多重行政干预,在很大程度上限制了县域经济的发展。

2."省直管县"财政体制

在"省直管县"财政体制下,省级财政直接管理地(市)级和县(市)级财政,地方各级政府间在支出责任和收入的划分、省对下财政转移支付和预算资金调度等方面,都由省级财政直接对地(市)级和县(市)级财政。

不同地区"省直管县"财政体制的具体制度安排各具特色,但在预算管理体制、转移支付及专项资金补助、财政结算、资金报解及调度、债务偿还等方面的基本做法上仍是大体一致的:第一,"省直管县"财政体制主要是改变省管市、市管县的财政管理模式,基本上不调整财政收支范围。也有一些省对不符合支持县域经济发展要求的市、县(市)收支范围划分进行了适当的调整。第二,省对下各项财政转移支付按照规范的办法直接分配到县(市),专项补助资金也由省财政部门会同其他职能部门直接分配下达到县(市)。第三,年终财政结算项目、结算数额,由省财政部门直接结算到县(市)。对县(市)的原各项结算、转移支付及资金往来扣款等,由省财政部门根据相关规定分别与县(市)财政办理结算。第四,各市、各县(市)国库根据规定,直接对中央、省报解财政库款,同时省财政部门直接确定各自的资金留解比例,预算执行中的资金调度,由省财政部门直接拨付到县(市)。第五,原县(市)举借的各种债务,由市和县(市)两级核实后,由省财政部门分别转账到县(市),到期后由省财政部门直接对县(市)扣款,未核对清楚的继续作为市级政府债务处理。新增债务分别由市、县财政部门直接向省财政办理有关手续并承诺偿还。①

"省直管县"财政体制有两种情况：一种是县级财政完全由省直接管理；另一种是县级财政收支范围和体制上缴或补助数均由省核定，县级转移支付资金也由省级财政负责分配，市级财政只负责汇总报表、调度国库资金和进行业务指导。目前，北京等四个直辖市、大连等五个计划单列市和海南省实行的是与行政管理体制直接衔接的"省直管县"财政体制；河北、山西、山东和河南等省选择在农业大县、生态保护县、资源枯竭县等实行"省直管县"财政体制；浙江、湖北、江苏和吉林等省则全面实行"省直管县"财政体制。

"省直管县"财政体制减少了财政管理层次，在一定程度上降低了行政成本。由于跨过了中间管理环节，实行"省直管县"财政体制后，省级财政在省辖区域内对各市县财力差异的调控能力明显增强，有助于加快辖区内的基本公共服务均等化进程。在"省直管县"财政体制下，财政资金调度和专项资金直接拨付到县（市），保证了财政资金的及时拨付到位，不仅加快了资金周转速度、提高了财政支出效率，而且有利于避免市级财政截留、挤占县财政资金，有助于缓解县级财政困难。"省直管县"财政体制还可以促进县域经济的发展，有利于实现城乡共同发展。但是，"省直管县"财政体制改革积极效应的发挥，也是有前提条件的，并不是所有的省份都适合实行；而且"省直管县"财政体制改革加剧了市县之间的矛盾，也产生了大量财政体制与行政管理体制的摩擦成本。

专栏 7—6　　　　**中国的财政"省直管县"改革：徘徊中前行**

中国"省直管县"的实践，最早是从浙江省和海南省开始的。浙江省自20世纪80年代初就一直实行省直管县财政体制，1992年，浙江省又推出了一系列的"强县扩权"的改革，这些举措对浙江省的社会经济发展产生了巨大的促进作用，从而在相当大程度上推动了"省直管县"财政体制实施范围的扩大。海南自1988年建省以来就一直实行"省直管县"的行政管理体制和财政管理体制。2002年以后，江苏、湖北、河南、福建、广东、辽宁、云南、山东、湖南等省份陆续将地级市的管理权限下放给一些重点县（市），启动了"省直管县"财政体制改革。2009年，财政部明确提出2012年年底前，力争全国除民族自治地区外全面推进省直接管理县财政改革的要求。截至2012年年底，全国28个省份在1 087个县（市）实行了"省直管县"财政体制改革，约占全国县级总数的54%。

在试点过程中，随着改革的深入，部分省份缩小了"省直管县"改革试点的范围，甚至有的省取消了改革试点，回归"省管市、市管县"模式。

---

① 谢旭人.中国财政改革三十年.北京：中国财政经济出版社，2008：108.

- 2011年和2012年,辽宁省先后在绥中县和昌图县实行"省直管县"财政体制。2016年,辽宁省取消对绥中县和昌图县实行"省直管县"财政体制。
- 2013年,茅台酒厂所在的仁怀市作为贵州省首批试点县(市)之一,开始实行"省直管县(市)"财政体制。2019年7月,仁怀市由"省直管"调整为由遵义市管理。
- 2015年3月,河北省新增迁安市、宁晋县等8个县(市)进行省直管县(市)体制改革试点。约半年后,河北省决定迁安市、宁晋县等8个试点县(市)不再开展财政"省直管县"试点工作,恢复到试点前的财政管理体制。
- 2017年,广西对经济辐射能力较强的南宁市、柳州市以及纳入北部湾城市群规划的北海市、钦州市和防城港市不再实行"省直管县"财政体制,而改为全部实行"市管县"财政体制。

与上述改革不同的是,也有部分省份全面启动"省直管县"财政体制改革。最典型的是,河南省从2022年1月开始将"省直管县"的范围由原有的24个县(市)扩大至全部102个县(市)。2022年出台的《关于进一步推进省以下财政体制改革工作的指导意见》在提出"推进省直管县财政改革"的同时,也为"市管县"财政体制保留了一定的空间。

资料来源:作者整理自中国财政部网站和河南省人民政府网站相关资料。

7.3.3 "乡财县管"改革

"乡财县管"是在乡镇政府管理财政的法律主体地位、财政资金的所有权和使用权,乡镇政府享有的债权和承担的债务及乡镇事权范围与支出责任等不变的前提下,县级财政部门在预算编制、账户统设、集中收付、采购统办和票据统管等方面对乡镇财政进行管理的一种方式,其目的在于缓解乡镇财政困难、加强乡镇财政收支管理和规范乡镇财政支出行为。①

"乡财县管"改革的内容具体包括五个方面:一是县对乡镇比照县直单位编制部门预算,乡镇政府在县级财政部门指导下编制本级预算、决算草案和本级预算的调整方案,组织本级预算的执行。二是统一设置财政收支结算账户,乡镇财政总预算会计被取消,改为在乡镇财政所设置乡镇政府单位预算会计,负责乡镇政府机关的支出管理。三是实行国库集中支付,乡镇财政收入全部纳入县级财政管理,乡镇财政支出以预算为依据,按"先工资、后重点、再一般"的原则,通过国库直接支付或授权支付。② 四是实行政府采购统办,

---

① 2003年,"乡财县管"改革率先在安徽五河等县进行试点,并于2004年在安徽全省范围内推行。随后,江苏、江西、河南等省份也选择部分区县进行"乡财县管"改革试点。2006年,"乡财县管"开始在全国范围内推开。截至2012年年底,全国共有2.93万个乡镇实行"乡财县管",约占全国乡镇总数的86%。

② "乡财县管"改革第二项和第三项的内容,实质上是对乡镇财政实行"统收统支"。

编制乡镇政府采购预算,由乡镇根据预算提出申请和计划,经县相关职能部门审核后,由县政府采购经办机构集中统一办理。五是票据县级统管。乡镇使用的乡镇行政事业性收费票据及其他税费征缴凭证等的管理权收归县财政部门,实行票款同行、以票管收。①2006年以来,各地积极推进"乡财县管"。目前,除部分经济财政实力较强的乡镇外,全国大部分乡镇均已实行"乡财县管"。

作为中国财政管理体系中最基层的一级,乡镇财政在促进农村经济和社会事业发展、巩固和加强农村基层政权建设等方面发挥了重要的作用,但"乡财县管"改革中预算代(共)编、账户统设、收支统管等措施的实施,使得乡镇财政已不再是严格意义上的一级财政预算。"乡财县管"在一定程度上推动了中国省以下财政体制的"扁平化",但也存在加剧县乡矛盾、不利于调动乡镇政府的积极性和乡镇财政资金使用效率低下等问题。

重要概念

统收统支财政体制　分级包干财政体制　分税分级财政体制　税收返还　一般性转移支付　均衡性转移支付　专项转移支付　共同财政事权转移支付　"省直管县"财政体制　"市管县"财政体制　"乡财县管"

复习思考题

1. 简述中国1994年以前财政体制的变迁过程。
2. 简述中国1994年分税制财政体制改革的主要内容及其积极效应。
3. 中国现行政府间财政支出责任划分中存在哪些问题?应如何弥补这些不足?
4. 中国现行政府间税收收入划分中存在哪些问题?如何解决这些问题?
5. 中国现行政府间财政转移支付制度中存在哪些问题?应如何弥补这些不足?
6. 如何加快中国省以下财政体制改革?

课堂讨论题

运用相关理论并结合中国省以下财政体制改革的实践,就如何通过推进省以下财政体制改革来促进县域经济高质量发展这一主题进行课堂讨论。

---

① 谢旭人.中国财政改革三十年.北京:中国财政经济出版社,2008:109—110.

参考文献与延伸阅读资料

楼继伟.中国政府间财政关系再思考.北京:中国财政经济出版社,2013.

吕冰洋.央地关系:寓活力于秩序.北京:商务印书馆,2022.

Shah A. The Practice of Fiscal Federalism: Comparative Perspectives. Montreal: McGill-Queen's University Press, 2007.

OECD/KIPF. Institutions of Intergovernmental Fiscal Relations: Challenges Ahead. Paris: OECD Publishing, 2015.

Tremblay J F. The Forum of Federations Handbook of Fiscal Federalism. London: Palgrave Macmillan, 2023.

网络资源

中国财经网,http://www.cfen.com.cn.

中国经济时报网站,https://jjsb.cet.com.cn/.

新浪网财经频道,http://finance.sina.com.cn.

第 8 章

地方财政支出

【本章学习目标】

- 掌握中央政府对地方财政支出进行控制的原因和路径
- 掌握不同情形下地方财政支出的自主性
- 掌握政府间强制性支出对地方财政的影响
- 掌握中国 1994 年以来地方财政支出规模和结构变化的趋势及原因
- 了解近年来中国主要地方财政支出项目的变化

地方财政支出(Subnational Expenditure)是各级地方政府按照经法定程序批准的地方政府预算,将归其所支配的财力分配和使用到各种用途的活动中。地方财政支出是地方政府提供地方性公共产品和服务的成本,反映了地方政府活动的范围和方向。

8.1 地方政府支出维度的自主性

在现实中,不管是在联邦制国家还是在单一制国家,中央政府都力图从不同角度、不同方面对地方政府支出的规模和结构进行一定的控制;与此同时,一个国家只要实行某种程度的财政分权,地方政府在财政支出上就会有一定的财政自主性。

8.1.1 中央政府对地方财政支出的控制

中央政府对地方财政支出进行控制,既有经济方面的原因,也有社会方面的权衡,还有政治方面的考量。在不同的国家或者一个国家不同的时期,中央政府对地方财政支出进行控制的程度、采用的手段是不完全相同的。

1. 中央政府对地方财政支出进行控制的原因

中央政府对地方财政支出进行控制,首先是基于宏观经济稳定方面的考虑。在现代财政分权体制下,各国地方政府都有一定规模的财政支出,它的任何变动都有可能影响或改变整个财政收支的平衡,进而对宏观经济的平稳运行产生影响。中央政府需要控制地方财政支出规模来对各地区的总需求进行管理,以达到稳定国民经济运行的目的。

地方政府承担的地方性公共产品和服务的提供与本地区社会成员的利益紧密相关,地方财政支出结构直接决定着地方性公共产品和服务的利益归宿。为了更好地在地方层次实现社会公平,中央政府往往会规定部分地方性公共产品和服务的最低标准,而这最终会体现在对地方财政支出的控制上。

由于各国的地方政府都在一定程度上依赖中央政府的财政支持,而且地方财政支出又具有较强的支出刚性,因此如果不对地方财政支出进行必要的约束和限制,那么对规模庞大的地方财政支出提供财政支持将成为中央政府沉重的财政负担。

除经济方面的考虑外,各国中央政府也常常出于政治和意识形态等方面的原因对地方财政支出进行一定程度的控制。如有的国家的中央政府就通过干预来确保地方政府的财政支出政策及其运用与中央政府政治哲学的一致性。[①]

---

① 戴维.地方财政.滕忠勤等,译.武汉:湖北人民出版社,1989:183.

2. 中央政府对地方财政支出进行控制的途径

中央政府对地方财政支出的控制,不仅可以从支出层面着手,而且能够从收入角度来进行。

(1) 从支出层面对地方财政支出的控制

在有的国家,中央政府从支出层面控制地方财政支出是通过要求地方政府的预算要经过中央政府审查、批准后才能交付实施来实现的,这是对地方财政支出进行控制最直接的一种方式。但在财政分权的大背景下,采用这种方式的国家越来越少。

越来越多的国家都转而通过相关的法律或政策来规定地方财政支出的总量、结构、目标或标准以最终控制地方政府的财政支出。这种控制既可以针对地方所有的财政支出,也可以只针对特定的支出,如仅针对经常性支出、仅针对资本性支出、仅针对指定类别的支出、仅针对指定项目的支出或仅针对一定规模以上的支出。运用法律手段来对地方财政支出进行控制,最典型的措施就是中央政府为地方政府设置强制性支出(Intergovernmental Mandates)项目。

在各国的政府间关系中,都存在中央政府或上级政府以法律或法令等形式要求下级政府承担某项职责或实施某种行为的情况,地方政府由此而不得不进行的支出对其来说就是一种"强制性支出"(Mandatory Spending),它不能随意削减。地方强制性支出的设定一般基于两方面的原因:一是法律规定地方政府必须在给定的基本水平上提供某种公共服务,二是作为从中央政府取得财政转移支付或贷款的一个条件。根据中央政府是否给予资助,强制性支出可以分为"无资助的强制性支出"(Unfunded Mandates)和"有资助的强制性支出"(Funded Mandates)两种类型,在各国的实践中比较常见的是无资助的强制性支出。无资助的强制性支出主要是为了更好地达成中央政府的目标(Promote National Goals),然而在反对者的眼里,无资助的强制性支出通常是没有效率的。

专栏 8-1   美国的强制性支出

第二次世界大战结束后,美国联邦政府开始设立无资助的强制性支出。20 世纪六七十年代,美国的无资助强制性支出发展得较快,主要设定在环境保护、教育、民权和国土安全等领域。1980 年,美国一共有 36 部联邦法律引致了强制性支出。尽管对无资助的强制性支出持反对意见,但里根和老布什当政期间仍然有 27 部新出台的联邦法律设定了强制性支出。

美国联邦政府设置的强制性支出的膨胀,激起了州和地方政府的反抗,并最终导致 1995 年《无资助的强制性支出改革法案》(Unfunded Mandates Reform Act)和 2015 年《无资助的强制性支出和信息透明法案》(Unfunded Mandates and Information Transparency Act)的出台,要求关注无资助的强制性支出的真实成本、提升相关法律制定过程中的透明度,并对其进行限制。

除联邦无资助的强制性支出外,美国各州也会设定无资助的强制性支出。如1982年以来,伊利诺伊州为州内各市设定了266项强制性支出;1992年以来,伊利诺伊州为州内各学区设定了145项强制性支出;2015年,伊利诺伊州通过的法律新增了59项无资助的强制性支出。

资料来源:作者整理自 Dilger R J. Unfunded Mandates Reform Act: History, Impact, and Issues. Congressional Research Service. R40957, 2019 等相关资料。

(2) 从收入层面对地方财政支出的控制

地方政府的财政支出必须有一定的财力做保障。如果中央政府能够控制住地方政府的收入来源,那么就在很大程度上控制住了地方财政支出的规模,也能在一定程度上影响地方财政支出的结构。

通过地方税取得的收入,地方政府一般都可以自主地安排财政支出。然而在一些国家,中央政府往往不允许地方政府随意调整地方税的税率,地方政府开征新的地方税税种要经过复杂的审批程序,这就限制了地方政府通过扩大地方税的规模来扩大地方财政支出的规模。许多国家还采取相关措施对地方政府的债务融资进行监管,尽管这一举措的目的是多维的,但都会在一定程度上导致限制地方财政支出规模进一步扩大的结果。

政府间财政转移支付是地方政府另一个重要的收入来源,中央政府调整政府间财政转移支付的规模也会直接影响地方财政支出的规模。不仅如此,中央政府在进行财政拨款时还可以通过指定拨款的用途或要求地方政府提供配套资金等来影响地方财政支出的结构。

在实践中,中央政府对地方财政支出的控制,极有可能造成中央政府与地方政府间关系的紧张。中央政府与地方政府在财政支出目标取向上的分歧越大,二者爆发潜在冲突的可能性就越大。

8.1.2 地方政府财政支出的自主性

在不同的情形下,地方政府支出维度的自主性是各不相同的。地方财政支出的自主性可以与中央政府对地方财政支出的控制程度相映衬。中央政府的控制程度越低,地方政府在财政支出上的自主性就越强;反之,则越弱。以下是按地方政府支出处置的自主程度递减的顺序排列的地方财政支出[①]:

(1) 中央政府不对地方财政支出做任何限制

中央政府不对地方财政支出的规模和结构等设置任何约束性条款,也不对地方财政

---

① 戴维.地方财政.滕忠勤,等,译.武汉:湖北人民出版社,1989:141—142.

支出进行任何细节上的限制。地方政府在财政支出上具有完全的处置权,可以根据本地区的实际情况来自行安排。

（2）中央政府为地方政府设定财政支出目标

中央政府虽然不对地方财政支出的规模和结构进行相应的约束和限制,却为地方政府设定了财政支出所要达成的目标。只有在中央政府规定的财政支出目标范围内,地方政府才可以自行安排财政支出。

（3）中央政府为地方政府设定财政支出总量

中央政府直接设定了地方政府的财政支出总量,地方政府的财政支出规模不能突破限额。在中央政府限定的财政支出总量内,地方政府可以在各个财政支出目标之间自主分配资金。

（4）中央政府为地方政府设定强制性财政支出项目

在各国的实践中,中央政府常常会为地方政府设置一些强制性支出项目。只有在完成中央政府所设定的强制性支出项目之后,地方政府才能够依据本地区的社会经济发展状况自主地在各支出目标之间分配资金。

（5）中央政府为地方政府设定各项职能的支出总额

中央政府为地方政府每一项具体的职能设定财政支出总额。只有在由中央政府为各项职能所规定的支出总额范围内,地方政府才能自行分配资金。

（6）中央政府为地方政府设定各项财政支出的总额并规定具体的分配细节

中央政府不仅为地方政府每一项具体的职能设定了财政支出总额,而且规定了具体的细节。地方政府仅仅负责执行中央政府制定的预算,只在一些小的问题上才有少量的自由裁量权。

8.2　中国地方财政支出的规模与结构

地方财政支出规模与结构的确定及调整[①],对地方政府财政职能的实现具有至关重要的影响。

8.2.1　中国地方财政支出的规模

中国地方财政支出的规模,可以从绝对规模和相对规模两个层面来分别加以度量。

1. 中国地方财政支出的绝对规模

地方财政支出的绝对规模通常用当年的地方财政实际支出额来反映。在经济体制开始改革的1978年,中国地方财政支出额仅为589.97亿元,1985年为1 209.00亿元,到分

---

① 如不做说明,本小节中的"地方财政支出"仅指地方财政一般公共预算支出。

税制财政体制改革前的 1993 年,中国的地方财政支出额增长到 3 330.24 亿元,15 年间增长了 2 740 多亿元。

1994 年分税制财政体制改革之后,中国地方财政支出的绝对额开始以比此前快得多的速度增长。1995—1998 年,中国地方财政支出年均增幅接近 1 000 亿元;1999—2003 年的年均增幅接近 2 000 亿元;2004—2007 年的年均增幅增长到 5 000 亿元左右。此后,中国地方财政支出每年的增幅更大。2008 年到新冠疫情发生之前,中国地方财政支出的年增幅每年都在 10 000 亿元以上,2011 年的增幅达到 18 800 多亿元[①],2015 年的增幅更是突破了 20 000 亿元。2012 年,中国地方财政支出首次超过 10 万亿元,2019 年的地方财政支出超过 20 万亿元(参见表 8-1)。进入"经济新常态"后,随着经济增速的放缓,中国地方财政支出的增长速度也随之慢了下来。2020 年以来,由于受到新冠疫情等的冲击,许多社会经济事业的发展都受到很大影响,地方财政支出的增长速度进一步放缓,与 2020 年相比,2021 年中国的地方财政支出增长不到 40 亿元。近年来,伴随着新冠疫情对社会经济负面影响的减弱,中国地方财政支出的增幅再次超过 10 000 亿元,但已无法与新冠疫情之前同日而语。

表 8-1　中国地方财政支出的规模

年份	地方财政支出（亿元）	地方财政支出/全国财政支出（%）	地方财政支出/GDP（%）	年份	地方财政支出（亿元）	地方财政支出/全国财政支出（%）	地方财政支出/GDP（%）
1978	589.97	52.6	16.3	2013	119 740.34	85.4	21.0
1980	562.02	45.7	12.4	2014	129 215.49	85.1	20.1
1985	1 209.00	60.3	13.5	2015	150 335.62	85.5	21.8
1990	2 079.12	67.4	11.2	2016	160 351.36	85.4	21.5
1993	3 330.24	71.7	9.6	2017	173 228.34	85.3	20.0
1994	4 038.19	69.7	8.6	2018	188 196.32	85.2	20.5
1995	4 828.33	70.8	8.3	2019	203 743.46	85.3	20.7
2000	10 366.65	65.3	11.6	2020	210 583.46	85.7	20.9
2005	25 154.31	74.1	13.6	2021	210 623.04	85.7	18.3
2010	73 884.43	82.2	18.4	2022	224 981.29	86.3	18.6
2011	92 733.68	84.9	19.6	2023	236 354.42	86.1	18.7
2012	107 188.34	85.1	20.6				

资料来源:作者整理自历年《中国统计年鉴》。

---

① 自 2011 年 1 月起,中央和地方各级政府部门的预算外支出全部纳入政府预算进行管理,这是 2011 年地方财政支出比上年增长将近 2 万亿元的一个重要原因。前后年份的地方财政支出不具有完全的可比性。

2. 中国地方财政支出的相对规模

地方财政支出的相对规模,具体可以用地方财政支出占全国财政支出的比重以及地方财政支出占 GDP 的比重来衡量。

(1) 中国地方财政支出占全国财政支出的比重

在改革开放到 2023 年的四十多年间,除个别年份外,中国地方财政支出占全国财政支出的比重,从总体上看呈现出不断上升的趋势(参见图 8-1)。1978—1993 年中国地方财政支出占全国财政支出比重的非加权平均值为 58%,而分税制财政体制改革以后的二十多年间地方财政支出占全国财政支出比重的非加权平均值为 78.1%。

在经济体制改革中前期,中国在政府间财政关系方面还存在打破了统收格局但未打破统支格局等问题。在分税制财政体制改革中,中央政府统得过多等问题在一定程度上得到了解决,然而却又有些矫枉过正,把较多的财政事权下放给了地方政府,导致地方政府承担了过多的财政支出责任。2009 年以来,中国地方财政支出占全国财政支出的比重一直在 80% 以上,2012—2023 年更是超过了 85%。① 近年来,中国一直在推进政府间财政事权与支出责任划分的调整,力图加强中央财政事权、强化中央政府的支出责任,但目前还未见到明显效果。

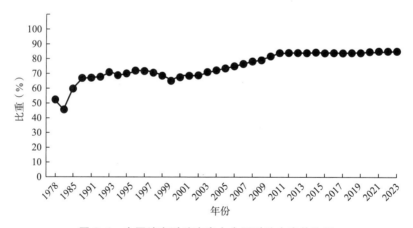

图 8-1　中国地方财政支出占全国财政支出的比重

资料来源:作者整理自相关资料。

(2) 中国地方财政支出占 GDP 的比重

1978—2023 年,中国地方财政支出占 GDP 的比重在总体上呈现出先下降后上升的态势(参见图 8-2),这与全国财政支出占 GDP 的比重的变化趋势大体一致。

---

① 与绝大部分经济发达国家和发展中国家相比,中国地方财政支出占全部财政支出的比重都是比较高的,但这并不表明中国在政府间财政关系方面的分权程度也是比较高的。中国的地方政府虽然承担了相当大部分的财政支出责任,但中央政府却能够通过行政和经济等手段对地方财政支出进行较强的控制或施加较大的影响。

1978年中国地方财政支出占GDP的比重高达16.3%,此后这一比重持续下降,直到1995年降到8.3%的最低点,这是这一时期中国从中央到地方各级政府财政均陷入困境的一种体现。在经济体制改革以来的相当长一段时间里,原有的分配规范被打破而新的分配规范又尚未建立起来,使得中国整个财政分配秩序一度处于一种无序状态,财政分配被肢解,许多应当由地方政府预算支出的项目被拿到预算外甚至制度外来进行支出,这是导致地方财政支出占GDP的比重持续下降的直接原因。①

1994年分税制财政体制改革后,中国采取规范分配格局的一些措施逐渐奏效,政府缺位的问题也逐步得到解决,再加上财政体制的调整,地方财政支出占GDP的比重亦稳步回升,1999年恢复到11.0%,到2005年达到13.6%,2010年为18.4%;2015年,中国地方财政支出占GDP的比重进一步提高到21.8%的水平。随后,在经济下行和新冠疫情等因素的共同影响下,地方财政支出占GDP的比重在徘徊中回落到20.0%以下的水平。

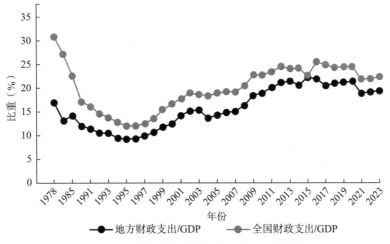

图8-2 中国地方财政支出占GDP的比重

资料来源:作者整理自相关资料。

分税制财政体制改革以来,中国地方财政支出占GDP比重的非加权平均值为15.7%,高于英国、法国等一些实行单一制国家结构形式的经济发达国家同时期地方财政支出占GDP的比重,但低于美国、德国等实行联邦制国家结构形式的经济发达国家同时期的水平。2008年以来,中国地方财政支出的增长速度相当快,新冠疫情发生前其占GDP的比重在大部分年份都保持在20.0%以上的水平,如果再把地方政府性基金预算支出、地方国有资本经营预算支出等加进来,那么中国地方财政支出的规模就更大了,已经远远超过分

---

① 当然,包括地方财政支出在内的全部财政支出的相对规模下降也有一定的客观必然性,因为没有政府在一些领域的退出或收缩,就不会有市场机制的发育。

权程度较高的美国的同期水平(参见表 8-2)①,这也从一个侧面表明了中国适度减轻地方政府财政支出责任的必要性。

表 8-2 部分国家地方财政支出占 GDP 的比重　　　　　　　　　　单位:%

财政年度	美国	德国	英国	法国
1995	18.24	18.36	10.25	9.41
2000	17.73	17.98	10.20	9.36
2005	18.78	17.75	11.57	10.39
2010	20.21	18.40	12.85	11.23
2015	18.63	17.67	10.39	11.21
2020	19.36	20.39	10.88	11.39
2021	18.45	20.61	10.17	11.05
2022	19.07	19.62	9.21	11.01

资料来源:OECD Fiscal Decentralization Database。

(3) 中国不同地区地方财政支出占 GDP 的比重

具体到各个不同的地区,其财政支出占本地区 GDP 比重的变化趋势与全国地方财政支出占 GDP 比重的变化趋势大体一致,但由于经济发展水平、人口规模与结构等方面存在较大的差异,不同地区的地方财政支出占本地区 GDP 的比重也各不相同。一般来说,经济发展程度越高的省份,其地方财政支出占本地区 GDP 的比重就越高。图 8-3 显示了中国东部地区的上海市、中部地区的湖北省和西部地区的四川省 1994—2021 年地方财政支出占本地区 GDP 的比重。从图中可以清楚地看到,经济较发达的上海市的地方财政支出占本地区 GDP 的比重,在绝大部分年份都高于同期全国平均水平 2~3 个百分点。

虽然经济发展水平与财政支出规模呈正相关关系,但并不意味着经济发展水平相对落后的地区,其地方财政支出占本地区 GDP 的比重就必然低。很多情形下,经济发展水平相对落后地区也能通过中央政府大规模的转移支付和保持一定规模的地方政府债务等途径维持一定规模的财政支出,如分税制财政体制改革以来,四川省地方财政支出占本地区 GDP 的比重在大部分年份都高于全国同期平均水平。如果得不到大规模的转移支付,地方政府是无法维持一定水平的地方财政支出的,湖北省地方财政支出占本地区 GDP 的比重在大部分年份都低于全国同期平均水平就是例证(参见图 8-3)。

2008—2010 年,四川省地方财政支出占本地区 GDP 的比重出现跳跃式提升,这主要是汶川地震救灾和灾后重建过程中地方财政支出迅猛增加所致。虽然 2011 年有明显回落,但在随后的几年里,四川省地方财政支出的相对规模在 2011 年的基础上缓慢扩大(参

---

① 这种状况本身在一定程度上反映出中国现阶段的政府间财政支出责任划分存在相当大的问题。

见图 8-3),但始终没有恢复到汶川地震发生之前地方财政支出的水平。这一变化态势符合英国经济学家 A. T. 皮科克(A. T. Peacock)和 J. 怀斯曼(J. Wiseman)提出的"梯度渐进增长理论"。

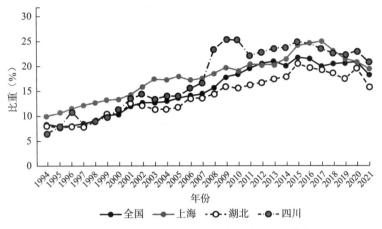

图 8-3　中国部分地区地方财政支出占 GDP 的比重

资料来源:《中国统计年鉴》(1999—2023)、《上海统计年鉴》(1999—2023)、《湖北统计年鉴》(1999—2023)和《四川统计年鉴》(1999—2023)。

专栏 8-2　中国地方政府的全口径财政支出

除一般公共预算支出外,中国地方政府实际的财政支出还包括地方政府性基金预算支出、地方国有资本经营预算支出和地方社会保险基金预算支出。中国地方财政支出的真实规模,必须用将上述四项支出都涵盖在内的全口径的财政支出来衡量。近年来,中国地方一般公共预算支出占地方政府全口径财政支出的比重保持在 50% 左右,根本不足以反映中国地方财政支出的真实规模。

表 8-3 中显示了 2019 年和 2022 年中国地方政府全口径财政支出的规模。

表 8-3　中国地方政府全口径财政支出规模

支出项目	2019 年			
	全国	四川省	湖北省	上海市
地方一般公共预算支出(亿元)	203 743.22	10 348.17	7 970.2	8 484.00
地方政府性基金预算支出(亿元)	88 534.38	4 378.79	4 042.7	2 813.40
地方国有资本经营预算支出(亿元)	1 308.86	47.99	34.20	112.60
地方社会保险基金预算支出(亿元)	74 077.47	4 376.70	3 957.20	4 005.90
地方政府全口径财政支出(亿元)	367 663.93	19 151.65	16 004.30	15 415.90
地方政府全口径财政支出/GDP(%)	37.27	41.08	34.92	40.40

（续表）

支出项目	2022 年			
	全国	四川省	湖北省	上海市
地方一般公共预算支出（亿元）	224 981.3	11 914.66	8 623.87	9 393.2
地方政府性基金预算支出（亿元）	73 772.38	6 595.84	4 593.1	3 736.5
地方国有资本经营预算支出（亿元）	1 734.21	81.47	72.6	146.0
地方社会保险基金预算支出（亿元）	90 230.56	5 107.76	3 871.8	4 903.6
地方政府全口径财政支出（亿元）	390 718.45	23 699.73	17 161.37	18 179.30
地方政府全口径财政支出/GDP(%)	32.29	41.76	31.94	40.71

注：表中只是对地方政府全口径财政支出规模的简单估算，并没有考虑不同预算之间相互调入和调出形成的支出。

2019 年，中国地方政府全口径的财政支出为 367 663.93 亿元，占当年 GDP 的比重为 37.27%；四川省、湖北省和上海市全口径地方政府财政支出分别为 19 151.65 亿元、16 004.30 亿元和 15 415.90 亿元，占本地区 GDP 的比重分别为 41.08%、34.92% 和 40.40%。2022 年，中国地方政府全口径的财政支出为 390 718.45 亿元，占当年 GDP 的比重为 32.29%；四川省、湖北省和上海市全口径地方政府财政支出分别为 23 699.73 亿元、17 161.37 亿元和 18 179.30 亿元，占本地区 GDP 的比重分别为 41.76%、31.94% 和 40.71%。可见，中国地方政府全口径财政支出的规模远大于小口径地方财政支出的规模。

资料来源：作者整理编写自财政部预算司、四川省财政厅、湖北省财政厅和上海市财政局网站相关资料等。

8.2.2 中国地方财政支出的结构

在中国现行财政体制下，属于地方财政支出范围的支出项目具体包括地方一般公共服务支出、公共安全支出、教育支出、科学技术支出、文化体育与传媒支出、社会保障和就业支出、医疗卫生支出、节能环保支出、城乡社区事务支出、农林水事务支出、交通运输支出及其他支出。表 8-4 显示了 2014—2022 年中国地方财政支出的基本构成。

表 8-4 中国地方财政的主要支出项目　　　　　　　　　　　　　　单位：亿元

地方财政支出项目	2014 年	2016 年	2018 年	2020 年	2022 年
一般公共服务支出	12 217.07	13 581.37	12 492.49	18 325.89	19 300.87
外交支出	1.45	2.28	3.54	1.37	1.60
国防支出	234.40	219.87	219.33	238.85	252.59
公共安全支出	6 879.47	9 290.07	7 795.79	12 026.99	12 455.56

(续表)

地方财政支出项目	2014 年	2016 年	2018 年	2020 年	2022 年
教育支出	21 788.09	26 625.06	24 913.71	34 686.30	37 923.33
科学技术支出	2 877.79	3 877.86	3 384.18	5 801.86	6 816.50
文化体育与传媒支出	2 468.48	2 915.13	2 804.65	3 995.34	3 740.00
社会保障和就业支出	15 268.94	20 700.87	18 295.62	31 448.53	35 775.94
医疗卫生支出	10 086.56	13 067.61	11 868.67	18 873.41	22 316.16
节能环保支出	3 470.90	4 439.33	4 402.48	5 989.14	5 235.84
城乡社区事务支出	12 942.31	18 374.86	15 875.53	19 868.66	19 422.00
农林水事务支出	13 634.16	17 808.29	16 641.71	23 445.14	22 250.21
交通运输支出	9 669.26	9 686.59	11 503.27	11 031.95	11 409.38
地方财政支出合计	129 215.49	160 351.36	150 335.62	210 583.46	224 981.29

资料来源:全国财政决算(2014—2022)。

注:表中并未列出全部的地方财政支出项目。

1. 中国地方财政支出中的强制性支出与自主性支出

以地方政府能否依据当年的社会经济发展状况来调整财政支出为标准,地方财政支出可以区分为"强制性支出"和"自主性支出"(Discretionary Spending)。从性质上看,中国的"法定支出"属于强制性支出的范畴。列入法定支出的项目,大都是长期投入不足或不受重视、在一定时期必须加大投入的领域,所以相关的法律法规通常会要求这些领域的财政支出达到一定的水平或其增幅大于财政支出的平均增幅。

目前,中国在农业、教育、科技、文化、卫生、社会保障等方面均有强制性支出方面的规定,既有中央政府设定的,也有各地方政府自行设定的,还有其他一些硬性配套和达标升级活动要求的支出,如扶贫资金配套、农发资金配套等。在四级地方财政中,县级财政支出中的强制性支出所占的比重最高。根据审计署 2012 年对 18 个省的 54 个样本县的审计结果,为满足国家有关农业、教育、科技等法定支出的增长要求和中央有关部门出台的达标增支政策安排的支出是其当年一般公共预算支出的 77.23%[①],留给县级政府自主安排的财力规模较小,造成县级政府部分财政性支出存在较大压力。

专栏 8—3　　**中国地方政府的法定支出:以浙江省杭州市为例**

浙江省杭州市及其下属各市、县、区在一些领域财政支出的预算安排上必须严格按照国家、浙江省和杭州市的相关法律法规及政策来进行。

---

① 《54 个县财政性资金审计调查结果》,中华人民共和国审计署审计结果公告 2012 年第 26 号。

- 农业支出:《中华人民共和国农业法》第三十八条规定,国家逐步提高农业投入的总体水平。中央和县级以上地方财政每年对农业总投入的增长幅度应当高于其财政经常性收入的增长幅度。《中共浙江省委、浙江省人民政府关于进一步完善农业投入机制增加农业投入的决定》规定,各级政府每年财政预算用于农业支出的计划安排和实际完成数的增长幅度,必须分别高于财政经常性总支出计划安排和实际完成数的增长比例,确保财政每年对农业总投入的增长幅度高于财政经常性收入的增长幅度。

- 教育支出:《中华人民共和国教育法》第五十六条规定,各级人民政府教育财政拨款的增长应当高于财政经常性收入的增长。

- 科技支出:《中华人民共和国科学技术进步法》第八十六条规定,国家财政用于科学技术经费的增长幅度,应当高于国家财政经常性收入的增长幅度。《杭州市科学技术进步条例》第十五条规定,市和区、县(市)人民政府应当逐步增加财政用于科学技术经费的投入,其增长幅度应当高于本级财政经常性收入的增长幅度一个百分点以上。

- 社会保障支出:《关于完善城镇社会保障体系的试点方案》规定,要逐步将社会保障支出占财政支出的比重提高到15%~20%。

- 文化支出:《杭州市人民政府关于加快文化产业发展若干经济政策的意见》规定,从2001年起各级财政要逐年增加对文化事业的资金投入,每年增长幅度应高于经常性财政支出的增长幅度。

- 体育支出:《中共杭州市委、杭州市人民政府关于加强体育工作发展体育事业创建体育强市的若干意见》规定,各级财政对体育事业的资金投入,每年增长幅度应高于经常性财政支出的增长幅度。

资料来源:作者整理自杭州市政府网站相关资料。

强制性支出有利于地方政府加大对相关项目的财政扶持力度,在特定发展阶段为促进有关领域事业发展发挥了积极作用。然而,如果强制性支出在地方财政支出中所占的比重过高,随着支出的逐年固化递增,也会导致财政支出结构僵化,使得地方预算平衡和调整的余地极小,这不仅限制了地方政府能动作用的发挥,而且有可能使地方财政陷入捉襟见肘的境地。地方财政支出中强制性支出泛化的趋势,必须得到应有的重视并逐步加以解决。

2. 中国不同地区财政支出结构的比较

由于不同地区经济发展水平和社会经济结构等方面存在较大的差异,而且各地区社会经济发展亟须解决的问题也不相同,因此不同地区的财政支出结构也存在一些差别。表8-5显示了2011年和2022年上海市、湖北省和四川省的财政支出结构。

2011—2022年,虽然三个省市一般公共服务支出占本地区一般公共预算支出的比重都有所下降,但湖北省和四川省一般公共服务支出的相对规模始终高于上海市同期的水平。2022年,上海市一般公共服务支出占地方财政支出的比重为4.8%,而四川省和湖北省这一比重分别为8.7%和9.2%。农业和林业在上海市国民经济中的地位低于四川省和湖北省,这在地方财政支出结构中体现为上海市农林水事务支出占本地区一般公共预算支出的比重低于四川省和湖北省的同期水平。2022年,上海市、湖北省和四川省农林水事务支出在本地区一般公共预算支出中所占的比重分别为4.1%、10.7%和11.4%。上海市的城市化水平要远高于湖北省和四川省,所以上海市一般公共预算支出中城乡社区事务支出所占的比重均高于湖北省和四川省同期的水平。2022年,上海市将15.2%的财政支出用于城乡社区事务,湖北省将8.7%的财政支出投入城乡社区事务,而四川省仅安排了6.2%的财政支出用于城乡社区事务。由于新冠疫情的影响,全国各地都在不同程度上增加了医疗健康支出,四川省和湖北省2022年的医疗健康支出所占的比重均高于2011年的水平;由于2022年上海市面临的疫情防控压力较大,因此2022年上海市医疗健康支出占全部财政支出的比重高达13.9%,远高于2011年(4.9%)。

表8-5 上海市、湖北省和四川省财政支出结构　　　　　　单位:%

支出项目	2011年			2022年		
	上海市	湖北省	四川省	上海市	湖北省	四川省
一般公共服务支出	6.0	12.3	10.4	4.8	9.2	8.7
公共安全支出	5.3	5.9	5.3	5.1	5.3	4.7
教育支出	14.0	15.2	14.6	12.0	14.8	15.7
科学技术支出	5.6	1.4	1.0	4.1	4.4	1.9
文化旅游体育与传媒支出	1.8	1.5	1.9	1.7	1.5	1.7
社会保障和就业支出	10.7	14.0	13.8	11.9	18.1	18.8
医疗健康支出	4.9	7.7	8.0	13.9	9.3	9.8
节能环保支出	1.3	3.1	2.5	2.2	2.0	2.0
城乡社区事务支出	14.8	5.0	5.7	15.2	8.7	6.2
农林水事务支出	4.1	11.7	11.7	4.1	10.7	11.4
交通运输支出	3.5	7.9	7.8	4.7	5.4	6.6

资料来源:《上海统计年鉴》(2012,2023)、《湖北统计年鉴》(2012,2023)和《四川统计年鉴》(2012,2023)。

3. 中国地方财政支出的级次结构

中国目前实行的是四级地方政府体制,地方财政支出也相应地划分为省级财政支出、地市级财政支出、县级财政支出和乡镇级财政支出。1998—2001年,中国地方财政支出级次结构的总体格局为地市级财政支出的规模最大,省级和县级财政支出的规模次之,乡镇级财政支出的规模最小。然而,此后地方财政支出级次结构的总体格局变为县级财政支出的规模最大,地市级和省级财政支出的规模次之,乡镇级财政支出的规模最小。这一变化的发生,主要源于"省直管县"财政体制改革和"乡财县管"改革。

2002年,县级财政支出在地方财政支出中所占的比重仅为31.5%。从2002年开始,陆续有省份开始由"市管县"财政体制转而实行"省直管县"财政体制,这提高了县级财政的重要性,也在一定程度上弱化了地市级财政。正是从这一年开始,县级财政支出的相对规模超过了地市级财政支出的规模。"乡财县管"改革在弱化乡镇级财政的同时,也强化了县级财政,随着"乡财县管"改革于2006年在全国范围内推开,县级财政支出在地方财政支出中所占的比重提高到38.3%,2011年为45.6%,2014年进一步提升至48.3%。2016年,乡镇级财政支出完全纳入县级财政支出,使得县级财政支出在地方财政支出中所占的比重进一步提升至54.5%。此外,地市级财政支出的相对规模逐年下降,地市级财政支出占地方财政支出的比重从1998年的33.9%降为2012年的26.7%;此后,由于部分省份调减了"省直管县"改革的试点范围,地市级财政支出在地方财政支出中所占的比重稍微有所回升,2016年为28.7%。

8.3 中国主要的地方财政支出项目

2007年政府收支分类改革以来,中国地方政府规模较大的财政支出项目主要有教育支出、一般公共服务支出、社会保障和就业支出以及农林水事务支出等,下面重点讨论关注较多的地方财政教育支出以及地方财政一般公共服务支出。

8.3.1 地方财政教育支出

地方财政教育支出(Subnational Educational Expenses)是地方政府用于本地区教育领域的经费开支。分税制财政体制改革以来,地方政府承担了主要的教育支出责任,地方财政教育支出占全国教育支出的比重一直保持较高的水平。

教育支出多年来一直是中国地方财政规模最大的支出项目,其绝对额一直呈现出不断增长的态势。2007年中国地方财政教育支出为6 727.06亿元,2016年提高为26 625.06亿元,到2022年进一步增长为37 923.33亿元(参见表8-6),十多年间增长了5倍多。

表8-6 地方财政教育支出的规模

	地方财政教育支出	2007年	2010年	2013年	2016年	2019年	2022年
全国	绝对额(亿元)	6 727.06	11 829.06	20 895.78	26 625.06	32 961.06	37 923.33
	占地方财政支出的比重(%)	17.5	16.0	17.5	16.6	16.2	16.9

(续表)

地方财政教育支出		2007年	2010年	2013年	2016年	2019年	2022年
上海市	绝对额（亿元）	283.33	417.28	679.54	840.97	995.70	1 122.60
	占地方财政支出的比重（%）	12.9	12.6	15.0	12.2	12.2	11.6
湖北省	绝对额（亿元）	217.20	366.57	690.63	1 047.37	1147.1	1 279.08
	占地方财政支出的比重（%）	17.0	14.7	15.8	16.3	14.4	14.8
四川省	绝对额（亿元）	292.86	540.65	1 036.41	1 301.85	1 578.88	1 865.04
	占地方财政支出的比重（%）	16.6	12.7	16.7	16.3	15.3	15.7

资料来源：全国财政决算（2007—2022）、《上海统计年鉴》（2008—2023），《湖北统计年鉴》（2008—2023）和《四川统计年鉴》（2008—2023）。

尽管绝对规模一直在扩大，但地方财政教育支出的相对规模在有的年份仍出现了较大的波动。2007年中国地方财政教育支出占地方财政总支出的比重为17.5%，2009年降为16.2%，2010年再次下降0.2个百分点；2011年地方财政教育支出的相对规模有所回升，但依然没有恢复到2007年的水平；2012年地方财政教育支出的相对规模提高到18.8%的最高水平，也正是在这一年中国首次达成了财政性教育经费支出占GDP 4%的目标。此后，教育支出在地方财政支出中所占的比重再次下滑，到2019年已经降到16.2%。

政府收支分类改革以来，地方财政教育支出的增长速度出现了较大波动。2008—2022年，地方财政教育支出的年增长率最高的年份超过了30%，而最低的年份仅为4%；除2011年和2012年之外，地方财政教育支出的年增长率均低于地方财政支出的增长率。这种波动直接导致了地方财政教育支出在地方财政支出中所占的比重逐年下降。

专栏8-4　　达成"4%"的目标，地方政府要更加"给力"

早在1993年，中共中央和国务院印发的《中国教育改革和发展纲要》就提出了国家财政性教育经费支出占GDP的比例在20世纪末达到4%的目标。然而，受经济发展水平等因素的影响，直到2012年中国才首次达成这一目标。中共十八大以来，在以习近平同志为核心的党中央的坚强领导下，中国已经连续十多年实现国家财政性教育经费支出占GDP的比例保持在4%以上。由于地方政府承担了大部分的教育支出，因此财政性教育经费支出占GDP的比例能否达成4%的目标，地方政府是关键。

4%是一个国家性概念，是中央和地方各级政府教育支出的总和占GDP的4%，因此地方财政性教育支出占本地区GDP的比重这一指标的实际意义并不大。有些地方即使财政性教育支出占到GDP的4%，也远远不能满足教育发展的基本需要，有些地方达成这一目标又不现实，甚至是不必要的。实际上，衡量地方教育投入是否合理，主要是看财政性教育支出占地方财政支出的比例。根据中国目前的情况，如果地方财政性教育支出占地方财政支出的比重能够接近甚至超过20%,那么整个国家财政性教育支出占GDP 4%的目标就能够达成。政府收支分类改革以来,中国地方教育支出占地方财政总支出的比重一直低于20%,说明中国地方政府对教育投入不足的状况并没有得到根本改变。

目前,中国财政性教育经费支出占GDP的比重与世界平均水平(4.3%)、OECD国家平均水平(4.9%)相比,还有一定差距。中国应根据社会发展阶段、经济发展水平和国家财力状况等因素持续加大对教育的投入。要达成"教育强国"的目标,除中央政府的重视外,地方政府在财政投入上要更加"给力"才行。

资料来源:作者整理自公开资料。

8.3.2 地方财政一般公共服务支出

地方财政一般公共服务支出(Subnational General Public Services Expenses)是用于保障各级地方立法、行政和司法机关履行其职能的支出。

政府收支分类改革后,中国地方财政一般公共服务支出的绝对规模一直在扩大(参见表8-4)。2007年中国地方财政一般公共服务支出额为6 354.07亿元,2010年增长为8 499.74亿元,2016年为13 581.37亿元,2022年进一步提升为19 300.87亿元(参见表8-7),十多年间增长了12 000亿元。虽然绝对规模仍在扩大,但地方财政一般公共服务支出的相对规模呈现出逐步缩小的态势。2007年中国地方财政一般公共服务支出占地方财政支出的比重为16.6%,2010年降为11.5%,2013年降为10.7%,2015年进一步降为8.3%,但随后几年又稍微有所回升。从不同省市的情况来看,也大体如此。这与政府收支分类改革之前规模不断膨胀的地方行政管理支出形成了鲜明的对比。① 中国地方财政一般公共服务支出的相对规模下降,主要是因为在中央政府的要求下各级地方政府都开始控制行政运行成本,地方财政一般公共服务支出增长率均被限制在同期地方财政支出的增长率以下。

表8-7 地方财政一般公共服务支出规模

地方财政一般公共服务支出		2007年	2010年	2013年	2016年	2019年	2022年
全国	绝对额(亿元)	6 354.07	8499.74	12 753.67	13 581.37	18 359.50	19 300.87
	占地方财政支出的比重(%)	16.6	11.5	10.7	8.5	9.0	8.6
上海市	绝对额(亿元)	182.61	226.02	246.57	302.09	365.08	452.60
	占地方财政支出的比重(%)	8.3	6.8	5.4	4.4	4.5	4.8

---

① 地方财政一般公共服务支出与政府收支分类改革前的"地方财政行政管理支出"有很大的相似性,但两者的统计口径有一定差别,不具有完全的可比性。

（续表）

地方财政一般公共服务支出		2007年	2010年	2013年	2016年	2019年	2022年
湖北省	绝对额（亿元）	221.27	314.93	546.49	639.60	795.05	802.21
	占地方财政支出的比重（%）	17.4	12.6	12.5	10.0	10.0	9.2
四川省	绝对额（亿元）	321.37	407.31	610.86	682.78	955.62	1 038.78
	占地方财政支出的比重（%）	18.3	9.6	9.8	8.5	9.2	8.7

资料来源：全国财政决算（2007—2022）、《上海统计年鉴》（2008—2023），《湖北统计年鉴》（2008—2023）和《四川统计年鉴》（2008—2023）。

专栏8-5　中国地方政府的"三公经费"

地方财政一般公共服务支出中有一项颇受社会公众关注的支出，那就是通常所说的地方"三公经费"，即地方政府在出国（境）、公务车购置及运行、公务招待方面的财政支出。改革开放以后相当长一段时间，地方政府"三公经费"一直居高不下。除很小一部分用于自身建设发展外，其余的"三公经费"都被用作公款吃喝、公费旅游、公车消费等方面，这不仅助长了地方公职人员的奢靡之风，还滋生了各种腐败行为。"几十个文件管不住一张嘴""几十条禁令管不住一辆车"，是当时民众对此现象的感叹。

2012年，中共中央出台了"八项规定"，要求地方政府严格控制"三公经费"，一般情况下按照零增长来安排；2013年，习近平总书记对厉行勤俭节约、反对铺张浪费做出重要批示；国务院也对公开"三公经费"预算进行了部署。由于"八项规定"设定了红线，再加上公开"三公经费"既提高了透明度，也引入了公众监督，不少地方的"三公经费"支出已经大幅减少。北京市是全国首个公开"三公经费"的省级单位。"八项规定"出台后，北京市一直在压缩"三公经费"。2013年北京市市级"三公经费"支出为9.4亿元，2017年降为6.6亿元，2021年进一步减至2.85亿元。2018—2022年，北京市"三公经费"减少了42.9%。也有的地方以约束公务接待为突破口来控制"三公经费"，并以此来践行"厉行节约、反对浪费"。

资料来源：作者整理自公开资料。

重要概念

地方财政支出　地方财政本级支出　地方强制性支出　无资助的强制性支出　有资助的强制性支出　地方财政支出控制　地方财政教育支出　地方财政一般公共服务支出

复习思考题

1. 为什么不同类型国家的中央政府都力图对地方财政支出进行控制？
2. 应如何认识地方强制性支出的作用？
3. 如何评价中国地方财政支出的规模？
4. 试分析中国地方财政支出的级次结构。
5. 地方政府如何才能持续增加对教育的投入？

课堂讨论题

请结合所给案例材料，并联系现实，就地方政府应如何使用有限的财政资金以及应建立怎样的地方财政支出约束机制等问题进行课堂讨论。

案例材料

国家级贫困县是否应重奖职业拳王？

每当重大体育比赛过后，各级地方政府都会对成绩优秀的运动员进行现金与物质奖励。这种奖励也从以前大多是对体制内运动员的奖励，延伸到对所有优秀运动员的奖励。2013年，中国第一个职业拳王熊朝忠"衣锦还乡"。熊朝忠的家乡云南省文山壮族苗族自治州马关县给予其75万元人民币的奖励。马关县官员说，对职业拳王进行奖励的初衷是希望用"拳王精神"激励干部群众。但这一奖励却在社会上引发了很大的争议。

75万元奖励争议的核心并不是给与不给，而是因为马关县当时是一个国家级贫困县，在贫困县的帽子底下，窘迫的民生工程永远都只能受困于捉襟见肘的财政资金。很多人说，拿这么多钱奖励一名职业拳王，不如干点民生工程。有人尖锐地指出："请问这75万元是从哪里出的？经过谁的同意？各行各业成功的人多了去了，政府是不是都应该奖励？"面对争议，马关县官员称，75万元的奖励肯定还是会给马关县这个贫困地区的财政带来一些压力，之前马关县的办公经费都是十分精简的，不过宁肯其他地方压缩一些，奖励资金还是要拿出来的，就是再心疼也要拿出来。

资料来源：作者整理自公开资料。

参考文献与延伸阅读资料

满燕云,康宇雄.转型中的中国地方公共财政.北京:经济管理出版社,2012.

Posner P L. The Politics of Unfunded Mandates: Whither Federalism? Washington D. C.: Georgetown University Press, 1998.

United Cities and Local Governments. Local Government Finance: The Challenges of the 21st Century. Cheltenham: Edward Elgar Publishing, 2013.

Mikesell J L. Fiscal Administration: Analysis and Applications for the Public Sector. NY: Cengage, 2017.

OECD/KIPF. Local Public Finance and Capacity Building in Asia: Issues and Challenges. Paris: OECD Publishing, 2020.

网络资源

财政部预算司网站,https://yss.mof.gov.cn/.

上海市财政局网站,http://www.czj.sh.gov.cn/.

四川省财政厅网站,https://czt.sc.gov.cn/.

第 9 章

地方财政收入

【本章学习目标】

- 掌握不同地方财政收入形式的自主性
- 掌握中国地方财政收入规模与结构的变化趋势
- 掌握良好的地方税标准
- 掌握地方政府收费的性质与作用
- 掌握中国土地财政的基本状况

地方财政收入(Subnational Revenue)是在既定财政体制下归地方政府支配和使用的资源,它是各级地方政府履行职能的财力保障,而且地方财政收入中的相当一部分是社会成员为享用地方性公共产品和服务而直接付出的代价。

9.1 地方政府财政收入维度的自主性

地方政府的财政收入,有"自有财力"和"外部收入"两种类别,有地方税收收入、地方收费收入、地方财产性收入、地方债务收入和转移性收入等多种不同的形式。① 地方政府不同类别和不同形式的财政收入,具有不同的财政自主性。

9.1.1 不同地方财政收入形式的自主性

地方政府财政收入维度的自主性,首先取决于地方政府取得财政收入的具体形式。

1. 地方政府税收自主性

地方政府税收收入是地方政府自有收入的主体②,它包括地方税收入、地方政府同源课税取得的税收收入和地方政府从共享税中分享的税收收入。地方政府的税收自主性是地方政府财政收入自主性的核心,它的大小取决于地方政府自主决定或掌握其税收收入的能力。

当地方政府独立课征地方税时,如果不需要经过中央政府的同意,地方政府就可以调整地方税的税率和税基,那么地方政府在税收方面就享有完全的财政自主性③;如果地方政府必须经过中央政府的同意才能调整地方税的税率和税基,那么地方政府的税收自主性就不那么完整了。当地方政府以同源课税方式课征地方税时,地方政府只能调整地方税的税率而不能调整税基,此时地方政府的税收自主性就要弱一些。即使地方政府独立课征地方税,如果地方政府只能通过税收优惠等措施调整地方税的税基而不能调整税率,那么地方政府的税收自主性就更弱一些。地方政府从共享税中分享的税收收入的自主性比前几种情形都要弱。不管是地方税还是同源课税,如果地方政府不能对地方税的税率与税基进行任何调整,那么地方政府的税收自主性就是最弱的。

在地方税、同源课税和共享税的不同情形下,地方政府的税收自主性也存在一些差异。以同源课税为例,如果中央政府不对地方政府调整税率做任何限制,那么地方政府的税收自主性就要强一些;然而,如果中央政府对地方政府调整税率做一些限制,如设定地

---

① 从理论上说,债务收入是地方政府自有财力的一个组成部分,地方政府的债务自主性(Borrowing Autonomy)也是地方政府财政收入自主性的一个组成部分,但由于债务收入具有一定的特殊性,因此本书将单独设章分析。
② 在现代社会,税收是最主要的财政收入形式,税收收入占财政收入的比重都在90%以上,因此在"地方政府自有财力"和"政府间财力配置"中不考虑税收以外的其他收入形式,不会影响问题分析的实质。
③ Ter-Minassian T. Fiscal Federalism in Theory and Practice. IMF, 1997: 165.

方税税率的上限或下限,地方政府只能在规定的范围内调整税率,那么地方政府的税收自主性就要弱一些。

表 9-1 列举了不同情形下地方政府取得财政收入的自主性,a1—e 等多种情形是按照地方政府税收自主性递减的顺序进行排列的。

表 9-1 OECD 对税收自主性的划分

地方税收自主性的强弱		具体情况
a. 地方政府决定税率与税基	a1	无须经过中央政府同意,地方政府就可以调整地方税的税率和税收减免
	a2	在经过中央政府同意后,地方政府可以调整地方税的税率和税收减免
b. 地方政府决定税率	b1	中央政府没有设定地方税税率的上限或下限,地方政府自主决定税率
	b2	在中央政府设定的地方税税率的上、下限范围内,地方政府自主决定税率
c. 地方政府决定税基	c1	地方政府只能调整地方税的税收扣除
	c2	地方政府只能调整地方税的税收抵免
	c3	地方政府可以同时调整地方税的税收扣除和税收抵免
d. 税收共享安排	d1	地方政府有权决定收入分成比例
	d2	中央政府调整收入分成比例时必须经过地方政府的同意
	d3	收入分成比例由立法确定,中央政府可以单方面调整分成比例,但一般不会一年内多次调整
	d4	中央政府每年决定当年的收入分成比例
e. 中央政府决定地方税的税基和税率		地方政府不能对地方税的税率与税基进行任何调整

资料来源:Blöchliger H, Nettley M. Sub-central Tax Autonomy:2011 Update. OECD Working Papers on Fiscal Federalism, No. 20, OECD Publishing, 2015.

地方政府的税收自主性也表现在税收征管上。地方税的征管一般都由地方政府自行负责,地方政府通过同源课税方式取得的财政收入,有可能由地方政府自行征管,但在很多情形下也会委托中央政府代征;而地方政府通过共享税方式取得的财政收入,其征管主要由中央政府负责。可见,地方税收入、地方政府同源课税取得的税收收入和地方政府从共享税中分享的税收收入在税收征管方面的自主性是递增的。

2. 地方政府转移性收入的自主性

作为一种"外部收入",地方政府通过中央政府的转移支付获得收入的自主性要明显弱于地方自有收入。在其他因素既定的情况下,一个国家地方政府自有财力的规模越大,地方政府财政收入的自主性越高;地方政府转移性收入的规模越大,说明地方政府对中央政府的财政依赖程度就越高。在转移性收入内部,相比较而言,地方政府以一般性转移支付形式获得收入的财政自主性要强于通过专项转移支付获得的财政收入。

9.1.2 不同政府间财力配置模式下地方财政收入的自主性

地方政府财政收入自主权的大小,也取决于一个国家的政府间财力配置模式。各国的政府间财力配置,主要是通过政府间税收收入划分和政府间财政转移支付来实现的。政府间税收收入不同形式和规模的划分,与不同形式和规模的政府间财政转移支付可以形成不同的组合。就可能性而言,政府间财力配置可以有数十种模式,但在实践中采用较多的主要有以下四种[①]:

(1) 以地方税为主体的政府间财力配置模式

这一模式由自主性较强的地方税、较小规模的共享税或不设共享税和中等规模的转移支付组合而成。在这一模式下,地方税在地方政府可支配财力中约占50%～75%的份额,来自共享税的收入规模较小,一般不到地方政府可支配财力的10%,而转移支付的规模约为地方政府可支配财力的25%～45%。

(2) 以共享税为主体的政府间财力配置模式

这一模式由较大规模的共享税、自主性较弱的地方税和中等规模的转移支付组合而成。在这种模式下,地方政府来自共享税的收入规模较大,占地方政府可支配财力的40%～85%,地方税的收入规模不超过地方政府可支配财力的20%,而转移性收入的规模约为地方政府可支配财力的20%～55%。

(3) 以转移支付为主体的政府间财力配置模式

这一模式由较大规模的转移支付、自主性较弱的地方税、较小规模的共享税或不设共享税组合而成。在这一模式下,地方政府转移性收入的规模非常大,大多在地方政府可支配财力的55%以上,地方税在地方政府可支配财力中的份额往往低于20%,而来自共享税的收入规模更小,仅为地方政府可支配财力的0～5%。

(4) 地方税、共享税和转移支付的规模大体相当的政府间财力配置模式

这一模式由中等规模的地方税、中等规模的共享税和中等规模的转移支付组合而成。在这一模式下,地方税在地方政府可支配财力中占40%～45%的份额,来自共享税的收入规模为其可支配财力的20%～30%,而转移支付的规模约为其可支配财力的25%～40%。

在上述四种政府间财力配置模式中,第一种模式下地方政府财政收入的自主性最强,第四种模式次之,第二种模式居第三位,第三种模式下地方政府财政收入的自主性最弱。

地方政府财政收入的自主性可以用"税率和税基地方政府都有控制权的税收收入占地方总税收收入的比重""税率或税基地方政府有控制权的税收收入占地方总税收收入

---

① Charbit C. Explaining the Sub-national Tax-Grants Balance in OECD Countries, OECD Working Papers on Fiscal Federalism, No. 11, 2010.

的比重""转移性收入占地方财政收入的比重"和"非专项转移支付占转移支付的比重"等多个指标来具体度量。①

9.2 中国地方财政收入的规模与结构

地方财政收入的规模体现了地方公共部门占有的社会资源数量②,而地方财政收入结构则反映了地方公共部门资源获取的渠道。

9.2.1 中国地方财政收入的规模

中国地方财政收入的规模,可以从绝对规模和相对规模两个层面来分别加以度量。

1. 中国地方财政收入的绝对规模

地方财政收入的绝对规模,通常用当年的地方财政实际收入额来测度。1978—2022年,中国地方财政收入的绝对规模,除少数年份因财政体制改革对地方财政收入范围进行调整或受新冠疫情影响而下降之外,大部分年份呈现出逐年增加的态势。

改革开放伊始,中国地方财政收入的增长速度并不是非常快。1978 年,中国地方财政收入为 956.49 亿元,七年后的 1985 年才超过 1 000 亿元;1991 年,中国地方财政收入超过 2 000 亿元,达到 2 211.23 亿元;又过了五年,中国地方财政收入的规模开始超过 3 000 亿元,达到 3 746.92 亿元。此后,中国地方财政收入的增长速度不断加快。1999—2003 年,中国地方财政收入的年均增幅接近 1 000 亿元,到 2003 年达到 9 849.98 亿元。2004—2006 年,中国地方财政收入的年均增幅为 3 000 亿元左右。随着经济发展水平的提高和征管力度的加大,2007 年以后地方财政收入的年均增幅更大,先后增长至 5 000 亿元和 8 000 亿元,2011 年更是在上年的基础上增长了 12 000 亿元。③ 从 2012 年起,中国 GDP 增速开始回落,与此同时尽管地方财政收入每年的绝对额仍然在持续增长,但增幅已经大幅下降(参见表 9-2)。2017 年,中国地方财政收入为 91 469.41 亿元,与 2016 年相比增长了 4 230 亿元左右,与之前的增幅不可同日而语。受新冠疫情的影响,2020 年中国地方财政收入出现了近年来少有的负增长,2021 年却出现超过 10 000 亿元的增幅,但 2022 年再次出现负增长。

---

① Blöchliger H, King D. Less than You Thought: The Fiscal Autonomy of Sub-central Governments, OECD Economic Studies, 2006(8): 155-188.
② 如不做说明,本小节中的"地方财政收入"仅指地方财政一般公共预算收入。
③ 自 2011 年 1 月起,中央和地方各级政府部门的预算外收入全部纳入预算管理,这是 2011 年地方财政收入比上年增长 1 万多亿元的一个重要原因。前后年份的地方财政收入不具有完全的可比性。

表 9-2 中国地方财政收入的规模

年份	地方财政收入（亿元）	地方财政收入/全国财政收入（%）	地方财政收入/GDP（%）	年份	地方财政收入（亿元）	地方财政收入/全国财政收入（%）	地方财政收入/GDP（%）
1978	956.49	84.5	26.4	2013	69 011.16	53.4	12.1
1980	875.48	75.5	19.4	2014	75 876.58	54.1	11.8
1985	1 235.19	61.6	13.8	2015	83 002.04	54.5	12.1
1990	1 944.68	66.2	10.5	2016	87 239.35	54.7	11.7
1993	3 391.44	78.0	9.8	2017	91 469.41	53.0	11.1
1994	2 311.60	44.3	4.9	2018	97 903.38	53.4	10.6
1995	2 985.58	47.8	5.1	2019	101 080.61	53.1	10.2
2000	6 406.06	47.8	7.2	2020	100 143.16	54.7	9.9
2005	15 100.76	47.7	8.2	2021	111 084.23	54.8	9.7
2010	40 613.04	48.9	10.1	2022	108 762.15	53.4	9.0
2011	52 547.11	50.6	11.1	2023	117 218.55	54.1	9.3
2012	61 078.29	52.1	11.7				

资料来源：作者整理自历年《中国统计年鉴》。

2. 中国地方财政收入的相对规模

地方财政收入的相对规模，可以用地方财政收入占全国财政收入的比重以及地方财政收入占 GDP 的比重来衡量。

（1）中国地方财政收入占全国财政收入的比重

1978 年中国地方财政收入占全国财政收入的比重高达 84.5%。虽然 1978—1993 年中国地方财政收入占全国财政收入的比重有所波动，但这一比重在大部分年份都保持在 70% 以上的水平上（参见图 9-1）。这一时期地方财政收入规模较大，在相当大程度上是由经济体制改革后原有"统收"的分配秩序被打破以及政府间财政分配关系极不规范造成的，并不意味着此时中国的财政分权程度比较高。

分税制财政体制改革初步按照建立现代市场经济的要求对中央政府与地方政府之间的财政收入范围重新进行界定，直接导致地方财政收入的相对规模出现较大幅度的下降。实施分税制财政体制改革的当年，地方财政收入占全国财政收入的比重为 44.3%，与改革前的 1993 年相比下降了 30 多个百分点。分税制财政体制改革前后地方财政收入的相对规模急剧下降，并不意味着中国重新走上了财政集权的道路，这一变化仅仅是对原先极不正常的政府间财政收入分配格局的一种矫正,是力图规范政府间财政分配关系的结果。1994—2023年,中国对分税制财政体制进行了多次调整,但地方财政收入占全国财政收入的比重基本稳定在50%的水平上下。而近十年间这一比重基本稳定在53%以上(参见表9-2和图9-1)。

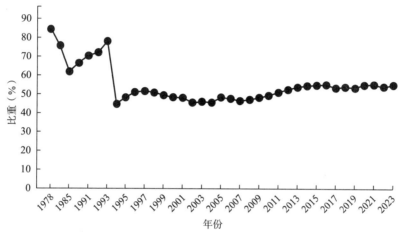

图9-1 中国地方财政收入占全国财政收入的比重

资料来源:作者根据表9-2中的数据绘制。

(2)中国地方财政收入占GDP的比重

在改革开放到2023年的40多年里,中国地方财政收入占GDP的比重呈现出先下降后上升的态势(参见表9-2和图9-2),这与全国财政收入占GDP比重的变化趋势是基本一致的。1978年地方财政收入占GDP的比重高达26.4%,此后这一比重持续下降到1994年4.9%的最低点。地方财政收入占GDP的比重不断下降,是这一时期中国从中央到地方各级财政均陷入困境的一种表现。

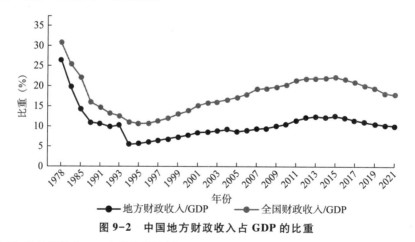

图9-2 中国地方财政收入占GDP的比重

资料来源:作者根据表9-2中的数据绘制。

1994年税制改革和分税制财政体制改革以后,中国采取的旨在解决财政困境的一些措施逐渐开始发挥作用,地方财政收入占 GDP 的比重也逐步提升。1994 年地方财政收入占 GDP 的比重为 4.9%,2000 年提高到 7.2%,2005 年达到 8.2%,2010 年提高到 10.1%,2015 年又进一步提高到 12.1%。2016 年之后,受经济下行、国际政治经济形势的变化和新冠疫情等外部冲击的影响,中国地方财政收入占 GDP 的比重持续回落,2022 年已降到 9.0%。

分税制财政体制改革以来,中国地方财政收入占 GDP 比重的非加权平均值为 9.8%,高于英国、法国等采用单一制国家结构形式的经济发达国家同时期的水平,但低于美国、德国等实行联邦制国家结构形式的经济发达国家同时期的水平(参见表 9-3)。进入经济新常态之前,中国税收收入曾经经历过一段时间的高速增长,这直接带动了地方财政收入规模的扩张。2015 年,中国地方财政收入已经相当于 GDP 的 12.1%,与美国、德国等国地方财政收入相对规模之间的差距已经缩小至 2～3 个百分点。如果再把地方政府性基金预算收入、地方国有资本经营收入等加进来,那么中国地方财政收入的实际规模就大大超过经济发达国家的水平了。

表 9-3 部分国家地方财政收入占 GDP 的比重   单位:%

财政年度	美国	德国	英国	法国
1995	14.11	15.37	2.68	6.79
2000	13.95	16.09	3.01	7.24
2005	14.34	15.17	3.38	7.50
2010	13.96	15.53	3.66	6.75
2015	13.94	16.37	3.31	8.43
2020	14.77	16.94	3.55	8.82
2021	14.24	17.85	3.49	8.72
2022	15.10	17.80	3.26	8.83

资料来源:OECD Fiscal Decentralization Database。

(3) 中国不同地区地方财政收入占 GDP 的比重

具体到中国各个不同的地区,其财政收入占本地区 GDP 比重的变化趋势与全国地方财政收入占全国 GDP 比重的变化趋势大体相同。尽管如此,由于经济发展水平和经济结构等方面存在较大的差异,因此不同地区地方财政收入占本地区 GDP 的比重也不相同。在经济发展水平较高的省份,其 GDP 中税收负担能力相对强一些的第二产业和第三产业所占的份额要更大一些,因此其地方财政收入的相对规模也相应大一些。

图 9-3 显示了东部地区的上海市、中部地区的湖北省和西部地区的四川省 1994—2021 年地方财政收入占 GDP 的比重。经济较发达的上海市的地方财政收入占本地区

GDP 的比重,明显高于同期全国平均水平,其中 2016 年高了将近 11 个百分点;中部地区的湖北省和西部地区的四川省,由于经济发展水平相对低一些,因此两省的地方财政收入占本地区 GDP 的比重,则在绝大部分年份低于同期全国平均水平(参见图 9-3)。

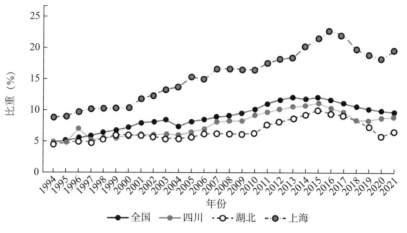

图 9-3 中国部分地区地方财政收入占 GDP 的比重

资料来源:《中国统计年鉴》(1999—2023)、《上海统计年鉴》(1999—2023),《湖北统计年鉴》(1999—2023)和《四川统计年鉴》(1999—2023)。

专栏 9-1　中国地方政府的全口径财政收入

除一般公共预算收入外,中国地方政府实际支配的财政收入还包括地方政府性基金预算收入、地方国有资本经营预算收入和地方社会保险基金预算收入。仅一般公共预算收入,根本不足以反映中国地方财政收入的真实规模,必须采用将上述四项收入都涵盖在内的全口径的财政收入来衡量。

表 9-4 显示了 2019 年和 2022 年中国地方政府全口径财政收入的规模。

表 9-4　中国地方政府全口径财政收入规模

收入项目	2019 年			
	全国	四川省	湖北省	上海市
地方一般公共预算收入(亿元)	101 080.61	4 070.83	3 388.60	7 165.10
地方政府性基金预算收入(亿元)	80 477.94	4 184.74	3 474.90	2 418.10
地方国有资本经营预算收入(亿元)	2 335.86	94.16	43.00	166.60
地方社会保险基金预算收入(亿元)	82 455.19	4 748.66	4 400.50	4 607.60
地方政府全口径财政收入(亿元)	266 349.60	13 098.39	11 307.00	14 357.40
地方政府全口径财政收入/GDP(%)	27.00	31.88	24.67	37.63

(续表)

收入项目	2022 年			
	全国	四川省	湖北省	上海市
地方一般公共预算收入	108 762.15	4 880.55	3 281.00	7 608.20
地方政府性基金预算收入(亿元)	73 772.38	4 780.49	2 870.80	4 041.50
地方国有资本经营预算收入(亿元)	3 352.67	142.75	120.50	195.00
地方社会保险基金预算收入(亿元)	102 098.55	5 862.43	4 108.80	5 817.40
地方政府全口径财政收入(亿元)	287 985.75	15 666.22	10 381.10	17 662.10
地方政府全口径财政收入/GDP(%)	23.80	27.60	19.32	39.55

注:表中只是对地方政府全口径财政收入规模的简单估算,并没有考虑不同预算之间相互调入和调出形成的收入。

2019 年,中国地方政府全口径财政收入为 266 349.60 亿元,占当年 GDP 的比重为 27.00%,而地方政府小口径财政收入占当年 GDP 的比重仅为 10.20%。同年,四川省、湖北省和上海市全口径财政收入分别为 13 098.39 亿元、11 307.00 亿元和 14 357.40 亿元,占本地区 GDP 的比重分别为 31.88%、24.67% 和 37.63%。三个省(市)小口径财政收入占本地区 GDP 的比重分别为 8.73%、7.39% 和 18.78%。可见,中国地方政府全口径财政收入的规模远大于小口径地方财政收入的规模。

在重大突发公共卫生事件的冲击下,中国所有地区的社会经济发展均受到极大的影响,部分省份的地方财政收入额甚至出现负增长,除少数地区外,地方财政收入占 GDP 的比重也普遍下降。2022 年,全国、四川省和湖北省全口径地方财政收入占 GDP 的比重,就比新冠疫情前的 2019 年分别降低了 3.20%、4.28% 和 5.35%,但仍远高于小口径地方财政收入的规模。

资料来源:作者整理自财政部预算司、四川省财政厅、湖北省财政厅和上海市财政局网站等相关资料。

9.2.2 中国地方财政收入的结构

在中国现行财政体制下,城镇土地使用税、房产税、车船税、耕地占用税、契税、烟叶税、土地增值税、环境保护税等税种的收入全部归地方政府所有;增值税、资源税、企业所得税和个人所得税等税种的收入,地方政府以一定的比例分享;此外,城市维护建设税和印花税虽然名义上是地方税,但其收入实际上也是由中央政府与地方政府共享。中国地方财政收入中的非税收入,主要包括行政事业性收费、罚没收入和专项收入等。表 9-5 反映了 2014—2022 年中国地方财政收入的基本构成。

表 9-5　中国的地方财政收入项目　　　　　　　　　　　　　　　　单位:亿元

项目	2014 年	2016 年	2018 年	2020 年	2022 年
税收收入	59 139.91	64 691.69	75 954.79	74 668.06	76 643.03
国内增值税	9752.33	18 762.61	30 777.45	28 438.10	24 461.90
营业税	17 712.79	10 168.80	—	—	—
企业所得税	8 828.64	10 135.58	13 081.6	13 168.28	15 827.77
个人所得税	2 950.58	4 034.92	5 547.55	4 627.27	5 969.07
资源税	1 039.38	919.40	1 584.75	1 706.53	3 280.13
城市维护建设税	3 461.82	3 880.32	4 680.67	4 443.10	4 815.84
房产税	1 851.64	2 220.91	2 888.56	2 841.76	3 590.35
印花税	893.12	958.82	1 222.48	1 313.80	1 630.82
城镇土地使用税	1 992.62	2 255.74	2 387.60	2 058.22	2 225.62
土地增值税	3 914.68	4 212.19	5 641.38	6 468.51	6 349.11
车船税	541.06	682.68	831.19	945.41	1 071.96
耕地占用税	2 059.05	2 028.89	1 318.85	1 257.57	1 256.84
契税	4 000.70	4 300.00	5 729.94	7 061.02	5 793.80
烟叶税	141.05	130.54	111.35	108.67	133.13
环境保护税	—	—	151.38	207.06	211.22
其他税	0.45	0.29	0.04	22.76	25.47
非税收入	16 736.67	22 547.66	21 948.59	25 475.10	32 119.12
地方财政本级收入	75 876.58	87 239.35	97 903.38	100 143.20	108 762.15

资料来源:全国财政决算(2014—2022)。

1. 中国地方财政收入中的税收收入与非税收入

地方财政收入可以区分为地方税收收入和地方非税收入(Non-tax Revenue)两部分。税收是市场经济条件下的基本财政收入形式,不管是对中央政府还是对地方政府来说,税收收入在其财政收入中所占的比重都比较高。尽管如此,非税收入在地方财政收入中所占的比重普遍高于非税收入在中央财政收入中所占的份额。

1994 年,税收收入在中国地方财政本级收入中所占的比重高达 99.28%。分税制财政体制改革以后,税收收入占中国地方财政本级收入的比重一直呈下降态势,而非税收入的规模却在不断扩大(参见图 9-4)。2000 年,税收收入和非税收入在中国地方财政本级收入中所占的比重分别为 88.8%:11.2%,2007 年变为 81.7%:18.3%,2014 年又变为 77.9%:22.1%。2022 年,非税收入在中国地方财政本级收入中所占的比重进一步提高到 29.5%。虽然非税收入在地方财政本级收入中所占的比重一直在上升,但并没有改变税收收入仍是中国地方一般公共预算收入主体形式的状况。①

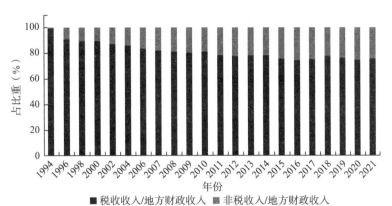

图 9-4 税收收入和非税收入在中国地方财政收入中所占的比重

资料来源:作者根据中国财政年鉴(1999—2023)中相关数据绘制。

在不同的地区,非税收入在地方财政收入中所占的比重也是不同的。经济较为发达的省份,由于地方税收收入相对充裕,因此对非税收入的依赖度就要低一些,如 2000—2022 年,上海市非税收入在地方一般公共预算收入中所占比重的非加权平均值为 9.9%,有的年份甚至低至 2.8%②;而经济发展水平相对低一些的省份对非税收入的依赖度就要高许多,如 2000—2022 年,非税收入在安徽省一般公共预算收入中所占比重的非加权平均值就高达 27.4%,最低的年份也有 14.6%,最高的年份甚至达到 37.4%③,远高于上海同期的水平。

2. 中国地方财政自有收入与转移性收入

地方政府自有财政收入和转移性收入的相对规模,既取决于各地区的经济发展水平和财政收入能力,也取决于现行财政体制对政府间收支划分和对政府间财政转移支付的制度安排。

随着政府间财政转移支付制度的逐步完善,中央政府不断加大财政转移支付的力度,2007 年、2014 年和 2022 年中央税收返还和转移支付分别为 18 137.89 亿元、51 591.04 亿元和 96 941.82 亿元,十多年间增长了 7 万多亿元。转移性收入在地方财政总收入中所占的比重也随之提升。2003 年,转移性收入在地方财政可支配收入中所占的比重为 39.5%,此后这一比重逐年提高,2009 年达到 46.7%。从 2010 年开始,转移性收入在地方财政可支

---

① 纳入一般公共预算收入的非税收入,只是中国地方政府非税收入中的一小部分。"非税收入占地方一般公共预算收入的比重"这一指标,实际上严重低估了中国地方政府非税收入的实际规模。
② 《上海统计年鉴 2023》。
③ 《安徽统计年鉴 2023》。

配收入中所占的比重出现下降态势,到2015年降为39.9%;随后的几年,这一比重又有所反弹,2020年恢复到45.4%的水平,并在2022年进一步提高到47.1%(参见表9-6)。

表9-6 地方财政转移性收入的规模

年份	地方财政本级收入（亿元）	中央税收返还和转移支付（亿元）	地方财政总收入（亿元）	转移性收入占比（%）
2007	23 572.62	18 137.89	41 710.51	43.5
2008	28 649.79	22 990.76	51 640.55	44.5
2009	32 602.59	28 563.79	61 166.38	46.7
2010	40 613.04	32 341.09	72 954.13	44.3
2011	52 547.11	39 921.21	92 468.32	43.2
2012	61 078.29	45 361.68	106 440.00	42.6
2013	69 011.16	48 019.92	117 031.10	41.0
2014	75 876.58	51 591.04	127 467.60	40.5
2015	83 002.04	55 097.51	138 099.60	39.9
2016	87 239.35	59 400.70	146 640.10	40.5
2017	91 469.41	65 051.78	156 521.20	41.6
2018	97 903.38	69 680.66	167 584.00	41.6
2019	101 080.61	74 359.86	175 440.47	42.4
2020	100 143.16	83 217.93	183 361.09	45.4
2021	111 084.23	82 152.34	193 236.57	42.5
2022	108 762.15	96 941.82	205 703.97	47.1
2023	117 228.73	102 836.32	22 065.05	46.7

资料来源:全国财政决算(2007—2022)。

在不同的地区,地方财政可支配收入中转移性收入所占的比重有很大差别,东部经济发达地区由于经济发展水平要高一些,地方政府自有财力相对充足,因此转移性收入占其地方财政可支配收入的比重要低一些,如上海市2022年转移性收入为1 348.1亿元,①在地方一般公共预算收入中所占的比重为15.1%,远低于同期全国平均水平;而在西部省区,较低的经济发展水平决定了地方政府有限的自有财力难以覆盖本地区庞大的财政支出,存在较大的收支缺口,需要中央政府进行较大规模的转移支付,所以转移性收入在地方财政可支配收入中所占的比重一般都比较高。如四川省2022年的转移性收入为

---

① 《上海市2022年一般公共预算收入决算情况表》。

6 484.33亿元①,在其地方一般公共预算可支配收入中占到57.1%,高于同期全国平均水平;部分西部省区转移性收入所占的比重更高,超过了60%,比重最高的西藏已经接近80%。

3. 中国地方财政收入的级次结构

在四级地方政府体制下,中国地方财政收入也相应地分为省级财政收入、地市级财政收入、县级财政收入和乡镇级财政收入。1998—2008年,中国地方财政收入级次结构的总体格局是地市级财政收入的规模最大,县级和省级财政收入的规模次之,乡镇级财政收入的规模最小。然而,县级财政收入的规模从2009年开始超过了地市级财政收入的规模,这种变化在相当大程度上要归因于"省直管县"财政体制等改革措施。

2002年,陆续有省份由原来的市管县财政体制转而实行"省直管县"财政体制,这直接引起市、县两级政府间财力分配格局的调整,也正是从这一年起县级财政收入的相对规模开始逐步上升。2002年,县级财政收入在地方财政收入中所占的比重为24.4%,2006年提高到29.3%。2009年,财政部提出了在全国范围内(除民族自治地区外)全面推进"省直管县"财政改革的总体目标。也正是在这一年,县级财政收入的规模超过了地市级财政收入。2012年,县级财政收入的相对规模上升至36.5%。2013年,乡镇级财政收入完全纳入县级财政收入,使得县级财政收入在地方财政收入中所占的比重进一步提升至49.6%。此外,地市级财政收入在地方财政收入中所占的比重逐年下降,2004年这一比重为37.0%,到2013年降为30.3%。此后,由于部分省份调减了"省直管县"财政体制改革的试点范围,地市级财政收入在地方财政收入中所占的比重稍微有所回升,2016年为32.0%。

9.3 地方税收入

严格说来,只有由地方权力机构立法、收入归地方政府所有,并且由地方政府组织征收管理的各种税才属于地方税范畴。这种意义上的地方税只存在于极少数国家,在许多国家,大多数地方税税种都由中央权力机构立法,甚至由中央税务机关组织征收,因此在实践中,常常从并不严格的意义上把收入全部或大部分归地方政府所有的税种称为"地方税"。②

9.3.1 良好地方税种的基本特征

选择恰当的地方税种,对于确保地方财政收入和地方财政正常运行来说都是至关重要的。虽然并没有完美无瑕的地方税,但在选择地方税种时仍然需要确立一些标准作为取舍和判断的参照。一般认为,良好的地方税种应具有充足、公平、征管便利等诸多方面

---

① 《关于四川省2022年预算执行情况和2023年预算草案的报告》。
② 马国强.税收概论.北京:中国财政经济出版社,1995:32—33.

的特征。①

第一,地方税收入应当充足而且稳定。地方税是地方政府的主要财政收入来源,通过地方税取得的财政收入应当能够在很大程度上满足提供地方性公共产品和服务的资金需求。要实现这一点,不仅地方税税基应具有一定的弹性,能够随经济增长和人口规模的扩大而增长,而且地方政府也应有权对地方税的税率进行调整。② 此外,由于正常情况下提供地方性公共产品所需的资金变化幅度通常不会太大,因此也相应地要求地方税收入较为稳定,那些收入受经济周期影响的税种不适合划作地方税。

第二,地方税要有助于公平的实现。地方税税收负担的分配要较好地贯彻受益原则和支付能力原则,让受益多或支付能力强的社会成员负担较多的地方税。与此同时,地方税的课征也应有利于实现地区间横向财政均衡方面的要求。

第三,地方税应具有区位中性(Geographic Neutrality)。不同地区地方税税收负担的差异,无疑会诱使税基在不同地区间流动,从而影响经济活动主体的区位决策。通常认为,良好的地方税的税基应具有非流动性,只有这样才能使地方税的课征不会过多地干扰经济活动主体消费、储蓄、投资、工作等方面的地域选择决策,也才能保证筹集到充足而稳定的地方税收入。

第四,地方税应具有较强的自主性和可视性(Visibility)。要真正获得财政分权带来的资源配置方面的比较优势,地方税的税收负担与地方性公共产品的利益归宿之间的关联就应当是明晰可见的,而且地方政府也应在地方税权上具有一定的自主性。

第五,地方税的征管成本和遵从成本不应太高。地方税的征收管理不应超越地方政府的税务行政能力,否则征管成本就会非常高。从纳税人的角度看,地方税制既要比较容易理解和遵从,又要具有政治上的可接受性。政治上的可接受性,也是地方税制成功与否的重要因素。

9.3.2 地方所得课税

作为现代社会的重要税种,个人所得税和公司所得税通常都由中央政府课征和管理,极少有国家允许地方政府独享所得税的课征。然而,很多国家的地方政府也会通过各种途径课征所得税或获得一定规模的所得税收入。经济发达国家的地方政府更多地采用同源课税的方式课征所得税,而相当一部分发展中国家的地方政府则以共享税的方式取得所得税收入。

同源课征所得税最为典型的国家是美国。以个人所得税为例,在同源课税体系下,美

---

① Bailey S J. Local Government Economics: Princides and Practice. London: Macmillan, 1999:154-155.
② 著名财政学家理查德·伯德(Richard Bird)甚至认为,地方政府有决定地方税税率的权力是地方税最重要的特征。税率的高低在很大程度上决定了地方税税收负担的轻重,相当于私人产品市场中的价格。

国州政府可以自主决定是否开征,地方政府是否开征则需要州的授权,州和地方政府自行决定州和地方个人所得税的税基和税率,并负责其征收管理。较大的自主权使得美国不同州和地方政府的个人所得税制存在较大的差别。在美国41个课征综合个人所得税的州和特区中,大部分州个人所得税的税基都是依据联邦个人所得税的课税范围来确定的,有的州将联邦个人所得税经调整后的总收入(Federal Adjusted Gross Income)作为本州个人所得税的税基,部分州将联邦个人所得税应税所得(Federal Taxable Income)作为本州个人所得税的税基,只有少数州自行决定本州个人所得税的税基(Own Base),依照本州税法规定的课税范围来计征个人所得税。州个人所得税是可以从联邦个人所得税的纳税义务中扣除的,但各州对联邦个人所得税可否从州个人所得税中予以扣除持不同态度。在开征个人所得税的州中,只有十余个州允许联邦个人所得税从州个人所得税纳税义务中扣除。与联邦政府对州与地方政府发行的债券利息不征税一样,州对联邦政府债券利息也不征税。美国各州个人所得税的税率不仅形式上有差别,而且高低不一。大部分州采用累进税率,少数州实行比例税率。在多级政府同源课征个人所得税体制下,美国很多地区的居民需要同时向三级政府缴纳个人所得税,但三级政府课征的个人所得税实行统一申报。在这一体制下,跨地区的人口流动不可避免地会带来重复课税,并导致地区间的利益矛盾与冲突。为保证同源课征个人所得税体制的顺利运行,美国州和地方政府出台了"非居民税"(Commuter Tax)和"州际税收互惠协定"(State Tax Reciprocal Agreements)等措施来加以应对。

9.3.3 地方商品课税

在实践中,各国的地方政府常常以多种形式课征一般商品税和选择性商品税,或参与一般商品税和选择性商品税的收入分配。具体来看,主要有地方政府独立或以同源课税的方式课征一般商品税、独立课征选择性商品税以及共享一般商品税和选择性商品税的税收收入等。

一般商品税有多环节课征的增值税和单环节课征的一般销售税两种形态。多环节课征的增值税是各国课征一般商品税的主要形态,目前已有遍及欧洲、亚洲、非洲和拉丁美洲的170多个国家或地区开征了增值税。① 在开征增值税的国家中,大多是由中央政府或联邦政府来进行课征,其中中国、德国等国家的地方政府以共享税的方式获得增值税收入,英国等国家的地方政府不能参与增值税的收入分配,只有加拿大、巴西和印度等少数国家在联邦政府课征增值税的同时,地方政府也单独开征增值税(Subnational VAT)。少部分国家的商品税制以一般销售税为主体。美国等国家的联邦政府或中央政府基本放弃了一般销售税,主要由州和地方政府来课征。

---

① 在主要国家中,只有美国没有开征增值税。

专栏 9-2　　　　　　　　　　印度的地方增值税

2005年,印度正式引入增值税,但实行的是有区别的联邦增值税制和邦增值税制,这被认为是当今世界最支离破碎的增值税制度。2017年4月,印度联邦议会通过了《联邦增值税法》《综合增值税法》《联邦直属区增值税法》和《增值税对各邦补偿法》,31个邦级立法机关也于2017年4—7月先后通过各自的邦增值税法,基本建立起了全国统一的增值税制度。

为了保障各邦和联邦直辖区的利益,印度采用了非常复杂的"双轨增值税制"。邦增值税(SGST)主要对邦内货物和劳务征收,各邦分别课征本邦的增值税,收入归邦所有。联邦政府也要对邦内货物和劳务征收联邦增值税(CGST)。对联邦直辖区内的货物和劳务提供,由联邦政府和联邦直辖区政府分别征收联邦增值税和联邦直辖区增值税;对跨邦(中央直辖区)的交易,不征收邦增值税或联邦直辖区增值税,而是由联邦政府征收综合增值税(IGST),收入归联邦政府所有。

在"双轨增值税制"下,进项税额需要按照不同的增值税类型进行抵扣,同一种类型的增值税优先抵扣,然后再用其他类型的增值税抵扣,具体顺序是:CGST首先用CGST抵扣,然后用IGST抵扣,不能用SGST抵扣;SGST首先用SGST抵扣,然后用GST抵扣,不能用CGST抵扣;IGST首先用IGST抵扣,然后用CGST抵扣,最后用SGST抵扣。印度的进项税额抵扣制度非常复杂,给纳税人造成沉重的核算负担,也给税务机关造成沉重的审核负担。

资料来源:作者整理自Kompassindia网站相关资料和陈俐.增值税改革:中国与印度的异同.中国税务报,2018-09-19。

有着较强调控作用的选择性商品税,绝大部分国家都是不允许地方政府染指的。但一些国家的地方政府也常常课征不是非常重要的选择性商品税,主要是对卷烟产品、机动车燃料、酒精饮料、餐饮住宿等特定的商品征收。也有国家的地方政府以税收附加的形式课征商品税,如美国就有20多个州允许县和市对销售税征收附加税。

9.3.4　地方财产课税

地方政府课征的财产税更多的是选择性财产税,而不是一般性财产税。许多国家的地方政府都选择土地和房屋等作为课税对象来课征财产税,并且覆盖房地产的取得、保有、转让和受益等多个环节,涉及土地税、房屋税、不动产税、登记税、印花税和土地增值税等税种,其中最重要的是在保有环节对土地和房屋课征的不动产税(Real Estate Tax)。在一些国家,不动产税对地方政府来说有着非常重要的意义,不仅是因为土地及之上的建筑物与地方政府提供的公共产品和服务之间存在着清楚而实质的联系,使得不动产税有着明显的地方特色,而且在于不动产税收入在地方税收入中所占的比重都不低。

虽然是许多国家地方政府征收的一个重要税种,但由于财产税税收负担的可见性、分担的不公平性以及税负的沉重性等,各国民众对财产税的抗拒心理日益加剧。在这种情况下,美国等国家建立了财产税约束机制,对财产税的课征进行适当的限制。① 财产税约束机制具体包括限制税率、限制财产评估和限制征管等方面的内容。

专栏9-3　　　　　　　　　　美国不完全统一的州税体系

美国并不存在一套全国统一适用的州税制度。尽管各州政府可以征收除联邦和州宪法明确禁止课征税种以外的所有税种,但不同的州具体开征的税种却存在一些差别。各州普遍开征而且收入规模较大的税种主要有个人所得税、公司所得税、财产税、一般销售税、遗产税和赠与税、采掘税等。

在美国的50个州和1个特区中,有45个州开征了一般销售税,44个州开征了公司所得税,41个州开征了个人所得税,37个州开征了财产税,34个州开征了采掘税,18个州开征了遗产税和赠与税(参见表9-7)。虽然美国大多数州都以一般销售税和个人所得税为主体税种,但仍然有几个州没有开征个人所得税,有5个州没有开征一般销售税。

表9-7 美国各州开征的主要税种

州	个人所得税	公司所得税	财产税	一般销售税	遗产税和赠与税	采掘税
亚拉巴马州	√	√	√	√		√
阿拉斯加州		√	√			√
亚利桑那州	√	√	√	√		√
阿肯色州	√	√	√	√		√
加利福尼亚州	√	√	√	√		√
科罗拉多州	√	√	√	√		√
康涅狄格州	√	√		√	√	
特拉华州	√	√			√	
佛罗里达州		√	√	√		√

---

① 1978年,美国加利福尼亚州通过了宪法13号修正案,即"人民倡议限制财产税"(People's Initiative to Limit Property Taxation),其主要内容为:限制财产税税率不得超过全部价值的百分之一;要求财产的评估价值不得超过其1975年3月1日的价值或者以后交易日或建造日实际价值;没有本地区居民2/3多数票的同意,州和地方政府不得新开征任何财产税。目前,全美共有46个州和哥伦比亚特区推出了本州的财产税限制措施。

（续表）

州	个人所得税	公司所得税	财产税	一般销售税	遗产税和赠与税	采掘税
佐治亚州	√	√	√	√		
夏威夷州	√	√		√	√	
爱达荷州	√	√		√		√
伊利诺伊州	√	√	√	√	√	
印第安纳州	√	√	√	√		√
艾奥瓦州	√	√	√	√	√	
堪萨斯州	√	√	√	√		√
肯塔基州	√	√	√	√	√	√
路易斯安那州	√	√	√	√		√
缅因州	√	√	√	√	√	
马里兰州	√	√	√	√	√	
马萨诸塞州	√	√	√	√	√	
密歇根州	√	√	√	√		√
明尼苏达州	√	√	√	√	√	
密西西比州	√	√	√	√		√
密苏里州	√	√	√	√		√
蒙大拿州	√	√	√			√
内布拉斯加州	√	√		√	√	√
内华达州			√	√		√
新罕布什尔州		√	√			
新泽西州	√	√	√	√	√	
新墨西哥州	√	√	√	√		√
纽约州	√	√		√	√	
北卡罗来纳州	√	√		√		√
北达科他州	√	√		√		√
俄亥俄州	√			√		√
俄克拉何马州	√	√		√		√
俄勒冈州	√	√	√		√	√
宾夕法尼亚州	√	√	√	√	√	
罗得岛州	√	√	√	√	√	

(续表)

州	个人所得税	公司所得税	财产税	一般销售税	遗产税和赠与税	采掘税
南卡罗来纳州	√	√	√	√		
南达科他州				√		√
田纳西州		√		√		√
得克萨斯州				√		√
犹他州	√	√		√		√
佛蒙特州	√	√	√	√	√	
弗吉尼亚州	√	√				
华盛顿州			√	√	√	√
西弗吉尼亚州	√	√	√	√		√
威斯康星州	√	√		√		√
怀俄明州			√	√		
合计	41	44	37	45	18	34

不同州的社会经济情况有很大的不同,所以美国不同州的主要税收收入来源也存在一些差别。有的州,如俄勒冈州和马里兰州,非常依赖个人所得税,这两个州2020财政年度个人所得税收入占州和地方税收入的比重分别为40.5%和39.1%,远高于全美平均水平。俄勒冈州不课征一般销售税,是其尤其依赖个人所得税的主要原因。也有的州,如华盛顿州和南达科他州,一般销售税收入的规模非常大。2020财政年度,华盛顿州和南达科他州一般销售税收入占州和地方税收入的比重分别高达47.1%和40.0%。华盛顿州既不课征个人所得税,也不征收公司所得税,所以不得不依靠一般销售税来筹集财政收入。还有少数州,如新罕布什尔州和阿拉斯加州,对财产税的依赖程度非常高。2020财政年度,新罕布什尔州和阿拉斯加州财产税收入占州和地方税收入的比重分别高达64.0%和50.3%,而北达科他州和亚拉巴马州财产税收入占州和地方税收入的比重分别只有20.4%和16.8%。

资料来源:作者整理自美国税收政策研究中心(Tax policy center)网站等相关资料。

9.3.5 地方税体系中的主体税种

地方税体系中主体税种取得的收入在整个地方税收入中所占的比重,一般要远高于其他税种。由于政治、经济和历史文化等方面的因素有很大的不同,不同国家地方税体系选择的主体税种是不同的,有的国家以财产税为地方税系的主体税种,有的国家以所得税为地方税系的主体税种，也有的国家以商品税为地方税系的主体税种。

在英国、美国、加拿大、澳大利亚、新西兰和爱尔兰等深受盎格鲁-撒克逊传统影响的国家，不动产税是地方税体系中绝对的主体税种。不动产税收入在这些国家地方税收入中所占的比重一般都在70%以上，英国甚至高达99%。然而，在其他国家，即使是德国、日本和瑞典等经济发达国家，不动产税收入的规模也要小许多，这些国家的地方税收入主要来自财产税以外的税种。

个人所得税是北欧国家地方政府最重要的收入来源，它在北欧国家地方政府税收收入中所占的比重一般都在80%以上，有的国家甚至高达95%。虽然个人所得税是北欧国家地方税系的主体税种，但北欧国家也不是由地方政府独立课征个人所得税，而是地方政府在中央政府课征个人所得税的基础上设定自己的税率，进行同源附加课税。此外，在不少发展中国家，主要的地方税收入来自商品税或其他税种。

专栏9-4　在以共享税为主体的收入划分体系下推进中国的地方税制改革

中国1994年分税制财政体制改革首次全面以税种为基础进行政府间税收收入划分，并确立了以营业税为主体的地方税体系。在改革后最初一段时间内，地方税是中国地方政府税收收入的主体，地方税收入在地方政府税收收入中所占比重的非加权平均值高达74.69%。然而，伴随着相关改革措施的实施，中国地方税的收入规模逐渐萎缩。

2001年的所得税分享改革，将原本属于地方税范畴的个人所得税和原来按照企业行政隶属关系划入地方税系的地方企业所得税调整为中央地方共享税。就在改革的当年，我国地方税收入从前一年的4 430.61亿元降至3 135.43亿元，其占地方政府一般公共预算财力的比重也骤降将近18个百分点。2012年启动试点、2016年在全国范围内推开的"营改增"，将原属于地方税范畴的营业税纳入属于共享税体系的增值税，它使得地方税的收入规模再次大幅下降。2016年，地方税收入在地方政府一般公共预算财力中所占的比重由2015年的32.7%降为24.9%，到2017年进一步降到16.95%，并在最近几年稳定在17%的水平上。

在地方税收入萎缩的同时，中国共享税收入的规模却大幅扩大了。2001—2015年间，共享税收入占全部税收收入比重的非加权平均值由之前的44.13%提高到58.98%；其中2001年及此后的6年共享税收入占全部税收收入的比重都超过了60%。所得税分享改革之后的十多年间，地方税收入在地方政府税收收入中所占比重的非加权平均值下降为57.18%。虽然"营改增"是一场税制改革，并未直接调整政府间税收收入的划分，但实际上却再次扩大了共享税的外延和收入规模。2017—2022年，共享税收入占全部税收收入的比重都接近或超过70%（参见表9-8）。

表 9-8 中国共享税收入的规模　　　　　　　　　　　　　单位:%

年份	共享税的构成	共享税/税收总收入	地方税/地方税收收入	属于地方所有的共享税收入/地方税收总收入
1994	增值税 资源税 证券交易(印花)税	49.25	68.24	31.76
1995		46.32	72.01	27.99
1996		47.81	72.35	27.65
1997		43.45	77.12	22.88
1998		42.05	77.58	22.42
1999		39.57	77.62	22.38
2000		40.49	77.88	22.12
2001	增值税 企业所得税 个人所得税 资源税 证券交易(印花)税	61.00	45.03	54.97
2002		60.44	53.66	46.34
2003		60.58	56.69	43.31
2004		62.00	52.01	47.99
2005		64.08	52.99	47.01
2006		65.12	53.58	46.42
2007		65.10	55.36	44.64
2008		63.03	55.62	44.38
2009		58.49	60.17	39.83
2010		54.28	61.43	38.57
2011		53.63	61.65	38.35
2012		52.77	63.01	36.99
2013		53.56	63.17	36.83
2014		54.23	61.80	38.20
2015		56.39	61.50	38.50
2016	增值税 资源税 企业所得税 个人所得税	61.83	47.67	52.33
2017		70.52	33.01	66.99
2018		71.84	32.87	67.13
2019		70.80	34.23	65.77
2020		69.04	35.80	64.20
2021		70.54	34.32	65.68
2022		66.45	35.36	64.64

地方税与共享税之间实际上存在着一种此消彼长的关系。伴随着共享税收入规模的扩大,地方税的生存空间也被挤压。地方政府税收收入中来自地方税收入的份额继续降

低。全面实施"营改增"后至2022年间,地方税收入在地方政府税收收入中所占比重的非加权平均值已降至35%左右的水平。目前,中国的地方税系不仅独立性差、收入规模小、地区间非均衡程度高,而且地方税收入不能维持地方政府的基本运转,使得相当多的地方政府不得不寻求通过税收之外的非规范渠道来取得财政收入。

中共二十届三中全会提出的"增加地方自主财力,拓展地方税源,适当扩大地方税收管理权限",为中国的地方税制确定了改革方向。在以共享税为主体的政府间税收收入划分模式下,地方税制的空间非常有限。要想推进地方税制改革并提升地方政府财政自主权,一个重要的前提条件就是适当压缩共享税的规模。在此前提下,一种可能的改革路径是引入中央与地方政府同源课税。与独立课征一样,同源课税也是建立地方税制的一种途径。中共二十届三中全会提出的"研究把城市维护建设税、教育费附加、地方教育附加合并为地方附加税,授权地方在一定幅度内确定具体适用税率",与这一思路是完全契合的。

资料来源:作者整理自公开资料。

9.4 地方政府收费收入

地方政府收费是各级地方政府在一定的范围内提供某些特定的公共服务或规制某些经济行为,而向相关经济主体收取的一种货币资金,它是市场经济条件下地方政府最重要的非税财政收入形式。

9.4.1 地方政府收费的定位

政府要承担起公共产品和一部分混合产品的提供职责,就必须占有和支配一定的经济资源,税收和政府收费就是政府占有及支配经济资源的两种主要方式。从经济实质上看,政府收费是对混合产品费用的一种补偿方式。

1. 政府收费的性质

政府提供公共产品所发生的费用,只能以税收来补偿,而不能用政府收费来补偿。公共产品具有消费上的非竞争性和非排他性的特点,任何一个理性的使用者都会选择不付出代价却又享受由此带来的利益,即所谓的"免费搭车"。如果要用政府收费来补偿提供公共产品所发生的费用,就必须将不付费者排除在外,但这在技术上不可行,或者即便在技术上能够实现排他,也要付出高昂的排他成本。为了解决这一问题,就只有采取税收形式在所有社会成员之间强制地分摊公共产品的费用。

政府提供混合产品所发生的费用,不能全部以税收来补偿。混合产品的效用在一定程度上是可以分割的,并且使用者对混合产品的消费无论是在范围上还是在程度上都存在差异,有的人从混合产品的提供中获益大,有的则获益少。如果用税收形式来补偿提供混合产品所发生的费用,实际上是让所有的社会成员共同负担混合产品的费用。这一方面会侵犯没有或较少消费混合产品的社会成员的利益,破坏公平负担原则;另一方面也会剥夺社会成员根据自己的偏好选择混合产品的规模和种类的权利,使混合产品的供应偏离最优状态,降低经济效率。与此同时,政府提供混合产品所发生的费用,也不能完全用政府收费来补偿。这是因为混合产品的效用具有外部性,仅通过政府收费来补偿混合产品的生产费用,同样不符合公平和效率原则的要求,因此混合产品的生产费用应当由税收和政府收费来共同补偿。①

2. 政府收费的适用范围

至于某一具体混合产品的费用,在多大范围或程度上用税收形式来补偿,在多大范围或程度上用政府收费形式来补偿,或者说混合产品的成本费用应如何分摊,则需根据具体的情况来确定。

(1) 混合产品自身的特征

混合产品的消费是否具有竞争性和排他性,是决定政府是否收费的重要前提条件。混合产品的消费具有一定的竞争性,则消费该混合产品的边际成本不为零,根据价格应等于边际成本的定价原则,政府向混合产品的具体受益者直接收费就是非常必要的。只有在技术上可以实现排他且排他成本不是很高的情况下,向混合产品的受益者直接收费才具有实际可操作性。不同混合产品的受益对象和范围也是有差别的。一般来说,受益范围不确定、受益差异不明显的混合产品的成本费用,主要用税收来补偿;而受益范围相对确定、受益差异也比较明显的混合产品的成本费用,主要用政府收费来补偿。

(2) 混合产品的"生产"成本

不同混合产品的"生产"成本的变动趋势是各不相同的,产品的成本费用分摊机制也应不同。在收益规模递增的行业,生产的边际成本费用呈递减趋势,在收益规模递减的行业,生产的边际成本费用呈递增趋势。然而,税收制度是法定的,具有较强的稳定性,不能经常变动,而政府收费则可根据生产成本与供求关系的变化相应进行调整,具有相对较强的灵活性。对于边际成本基本不变的混合产品,其成本主要用稳定性程度较高的税收来补偿,而对于边际生产成本递减或递增的混合产品,其成本则宜主要采取灵活性较强的政府收费来补偿。

---

① 政府收费与税收之间的界限并不是时时刻刻都清楚的。政府收费是特定公共服务受益者所做的直接支付,一般被用于弥补服务的全部或部分成本。尽管收费会落在受益者头上,但当收费的标准并不完全与公共服务的消费量相一致时,收费就有了税收的性质(参见戴维.地方财政.滕忠勤,等,译.武汉:湖北人民出版社,1989:21)。

(3) 政府收费制度与税收制度成本的大小

作为政府提供混合产品费用的弥补机制,税收和政府收费的行政成本也是不同的。采用税收方式,其成本包括税收的立法以及税收征管过程中发生的费用;采用政府收费方式,其成本包括政府收费制度的建立与执行费用。如果某一混合产品采用税收方式分摊其生产费用所需的成本大于采用政府收费方式所引发的成本,那就应采用政府收费方式;反之,则应采用税收方式,以降低成本。

综合上述几方面的情形可知,政府收费主要用于弥补那些具有消费上的竞争性和排他性,同时又具有消费上的弱外部性和弱再分配性的混合产品的生产费用。

3. 地方政府收费的规模

政府收费具有的直接有偿性、非普遍性和非规范性等特征,决定了政府收费只能是一种处于补充地位的财政收入形式。从总体上看,政府收费收入在财政总收入中所占的比重并不高。

由于中央政府提供的产品和服务中绝大部分都是或接近于纯公共产品,其中的混合产品相对较少,而地方政府提供的产品和服务,相当大一部分都是混合产品,其"公共性"相对较弱,因此地方政府更多地使用政府收费形式来为其支出融资。也正因为如此,不管是在经济发达国家还是在发展中国家,政府收费收入在地方财政收入中所占的比重都相对要高一些,但政府收费收入在各国中央政府财政收入中所占的比重一般都较低。甚至可以说,现实中的政府收费主要表现为地方政府收费。

9.4.2 地方政府收费的形式

在市场经济条件下,规范的地方政府收费只有使用者收费(User Charges)和规费(Fees)两种。

1. 使用者收费

使用者收费是地方政府对特定公共服务或特许权收取的价格,以用于支付提供这些服务的全部或部分成本。① 使用者收费具体包括水费、电费、煤气费、公立大学学费、公立医院诊疗费、停车费等,使用者收费体现的主要是一种市场交易关系。

在经济发达国家中,除英国以外,相当多的国家都存在"通过使用者收费获得的财政收入的增长速度远远快于其他收入来源"这样一个明显而又连贯的趋势。② 之所以会这样,主要是因为使用者收费可以较好地实现公平,而且能够促进公共服务质量的提高。

---

① Fisher R C. State and Local Public Finance. London: Routledge, 2023: 156.
② 贝利. 地方政府经济学: 理论与实践. 左昌盛, 等, 译. 北京: 北京大学出版社, 2006: 168.

2. 规费

规费是政府在履行社会管理职能的过程中,为国民提供某种特别行为或服务时所获得的特别报偿。① 规费体现出的主要是管理者与被管理者之间的关系。规费通常包括行政规费和司法规费两类。

规费的收取是随着政府的特别行为或服务而实现的,它的取得是基于政府的行为或服务给予特定个人以特别的利益,或是免除一种禁止,或是保证一种既存的权利身份以及辅助其权利的行使等。政府的这种特别行为或服务既可以达到公共目的,又裨益于特定的个人,所以政府职能活动所需的经费一方面由税收来供应,另一方面也需要向特定受益人收取规费作为补充。这样不仅保证了政府的财源,而且也比较公平合理。如不收取任何费用,那么对政府特别行为或服务的需求极有可能膨胀,结果将因少数个人的特殊利益与需要而增加全体社会成员的负担。

9.4.3 地方政府收费的作用

地方政府收费在提高混合产品的效率、解决公共产品与服务所面临的"拥挤"问题以及筹集财政收入等方面能够发挥其他财政收入形式无法替代的作用。政府收费的这些特殊作用决定了其存在的合理性和必然性。

1. 提高公共资源的配置、提供和使用效率

通过政府收费方式为公共服务筹资时,政府收费直接有偿征收的特征,为公共部门提供了一种类似于私人产品市场的货币投票机制,即在保证政府收费相对自愿性的前提下,若某项公共服务项目的收入增加,意味着社会成员对该项公共服务的需求增加。公共服务项目收入的丰裕程度,在一定程度上可以作为社会成员公共需求的信号。可见,政府收费方式有助于揭示社会成员的真实公共需求、提高公共资源的配置效率。

如果免费向社会成员提供公共设施和服务,政府就要从税收或其他预算项目中支出这些公共设施的成本费用。一些国家的实践表明,公共设施完全依赖税收来筹集资金,往往会造成公共服务的供应不足和服务质量的低劣。政府收费不仅可以减轻政府的财政负担,而且由于资金来源有保障,可以促使公共服务的供应增加。同时,在通过政府收费方式提供公共服务时,公共服务部门也将受到缴费者更为严格的监督与制约,从而促使公共服务部门不断提高公共服务的质量。

由政府提供的在消费上具有竞争性的混合产品的边际消费成本往往不为零,若完全用免费方式提供,将使得人们对该项公共资源的消费过度,不符合社会福利最大化的原则。经济效率原则决定了政府有必要按消费的边际成本向使用者收取费用以促进社会成

---

① 李厚高.财政学.台北:三民书局,1984:113.

员这对些混合产品的合理使用。

2. 减轻或避免公共产品和服务的"拥挤"

就某些公共产品和服务而言,使用者的不断增加会给其他使用者造成额外成本,最终影响该公共产品和服务所有使用者的利益。当政府所提供的公共产品和服务出现"拥挤"问题时,为了保证一定的消费质量,可以采用收取使用费的办法。在收取一定数量的使用费的情况下,必然会有部分使用者退出,从而在一定程度上缓解"拥挤"现象。为了更好地实现减轻拥挤的目标,可以在不同的时间段进行差别定价。在高峰需求期,收取相对高的费用,而在非高峰期,则应降低收费标准或不收费。可见,政府收费可以起到在竞争性需求中配置稀缺资源的作用。①

3. 弥补政府财政收入不足

公共产品具有供给上的无偿性,这就决定了人们对公共产品的需求具有"无限性"的特征,然而现实中政府能够获得的资金却是有限的,因此公共产品供给与需求间的矛盾始终是存在的。与此同时,社会公众对公共产品的需求却越来越大,使得各级政府承受着极大的财政压力。政府收费根据直接受益原则向受益者收取,是一种社会和受益人都能接受的筹集财政收入的方式。通过设置必要的收费项目可以在一定程度上改善财政状况,缓和财政收支矛盾。

9.5　地方政府财产性收入

经过多年的经济体制改革,中国依然存在大量的国有资产。在目前实质上具有"分级所有"性质的国有资产管理体制下,中国地方财政收入中仍包含有地方政府拥有的国有资产和国有资源带来的产权收入。

9.5.1　中国地方政府财产性收入的构成

中国地方政府的财产性收入或产权收入,主要体现在归地方政府所有的国有产权收益分配、国有资产有偿使用费和国有资产有偿转让费等三个方面,具体包括地方政府的土地使用权出让收入、地方国有企业利润的上缴、地方政府从股份有限公司分得的股利、地方政府作为出资者按出资比例从有限责任公司分得的红利、地方政府授权的投资部门或机构以国有资产投资形成的收益上缴的部分、地方国有企业的产权转让收入以及其他非国有企业占用地方国有资产上缴的国有资产收益等。中国地方政府的财产性收入主要体现在地方政府性基金预算和地方国有资本经营预算之中。

中国地方政府性基金预算中具有财产性收入性质的项目并不多,却存在规模庞大的

---

① Fisher R C. State and Local Public Finance. London: Routledge, 2023: 162.

财产性收入,其中最重要的是国有土地使用权出让金收入。1998年,全国国有土地使用权出让金收入仅为507亿元。此后十多年间,随着房地产市场的发展和土地挂牌拍卖政策的建立,地方政府国有土地使用权出让金收入的规模以惊人的速度扩张。2010年,中国地方政府国有土地使用权出让金收入为28 197.7亿元,占地方政府性基金本级收入的83.9%,相当于地方政府一般公共预算收入的69.4%;2014年,地方政府国有土地使用权出让金收入为40 385.86亿元,占地方政府性基金本级收入的80.8%,相当于地方政府一般公共预算收入的53.2%;2022年,地方政府国有土地使用权出让金收入为65 326亿元,占地方政府性基金本级收入的88.6%,相当于地方政府一般公共预算收入的60.1%。① 从规模上看,土地使用权出让金收入几乎成为中国许多地方政府的"第二财政"。

中国地方国有资本经营预算中的利润收入、股利股息收入、产权转让收入、清算收入等,从性质上看均属于财产性收入,虽然项目数量不少,但收入规模却不是很大。2012年,中国地方国有资本经营预算收入为525.22亿元,仅相当于同年地方政府一般公共预算收入的0.86%;2022年,中国地方国有资本经营预算收入增长至3 352.67亿元,相当于同年地方政府一般公共预算收入的比重虽有所提高,但也只有3.08%。

9.5.2 土地财政

土地财政是中国经济体制改革进行到一定阶段后出现的一种现象,它反映的是中国地方政府的实际可支配收入严重依赖国有土地使用权出让收入的现实。小口径的土地财政仅指国有土地使用权的出让金收入;中口径的土地财政除涵盖小口径的土地财政外,还包括与土地和房地产相关的税费;而大口径的土地财政不仅包括中口径的土地财政,还包括地方政府设立融资平台依靠土地抵押所进行的各类融资活动(即"土地金融")。

1. 土地财政的形成机理

一般认为,1994年的分税制财政体制改革奠定了地方政府走向"土地财政"的制度基础。分税制财政体制改革一方面将更多的财力集中到中央政府手中,另一方面却将越来越多的支出责任下放给地方政府,导致地方政府普遍出现较大的财政缺口;与此同时,分税制财政体制改革还将当时收入规模尚且较小的国有土地使用权出让金划给了地方政府。在中央政府的财政转移支付未能有效弥补地方财政收支缺口的情形下,地方政府必然要寻找相应的增加财政收入的途径,于是收入全部归地方政府所有的国有土地使用权出让金就成为地方政府的必然选择。

中国实行的是城乡二元土地制度,城市市区的土地属于国家所有,农村和城市郊区的土地(除法律规定属于国家所有的以外)属于农民集体所有,而且相关法律还规定"国家为了公共利益的需要,可以依照法律规定对土地实行征收或者征用并给予补偿"。这就为土地财政的形成和发展提供了必要的条件。在现行土地制度下,土地一级市场由政府垄断,

---

① 全国财政决算(2010年、2014年和2022年)。

特别是现行法律没有赋予国有土地和集体土地同权和同价,城市郊区和农村的集体土地如果要被用于城市建设,必须经过政府征收,这就造成了地方政府对级差地租的绝对垄断。

一段时期内房地产市场的快速增长,为土地财政的成长提供了另一个必不可少的前提条件。城乡二元土地制度与快速增长的房地产市场的组合,使得地方政府坐收巨额的土地垄断收益和与土地相关的其他收益成为可能。市场化改革进行到一定阶段后,在相当长一段时间内,中国地方政府官员的政绩考核主要看地方GDP和财政收入,这是地方政府官员升迁的重要依据。很多地方政府官员为晋升而盲目追求本地区GDP的增长,也在一定程度上推动了土地财政的形成与发展。

土地财政的发展,在很大程度上支撑着中国一定时期内的经济高速增长,有效缓解了财政收入和城市建设发展资金短缺的问题,极大地加速了城市化进程,不仅促进了城市社会经济的全方位发展,而且还带动了周边农村地区社会经济的转型和发展。然而,中国的土地财政并不具有可持续性,本身就带有不小的社会经济风险,必须尽快转型。

专栏9-5　　　　中国的"土地财政"风险

在现实经济运行中,土地财政暗藏着巨大的社会和经济风险。如果忽视这些风险,将给以后的社会经济发展造成相当大的负面影响。

第一,土地财政加剧了地方财政的风险。国有土地使用权出让金是一次性收入,它只能解决地方政府一时的财政困难。而地方财政支出具有刚性,若将一次性收入作为经常性支出的财源,其后果不但加剧了地方政府对土地财政的依赖,而且当房地产和土地市场出现波动时,地方政府的收入就会出现不稳定,进而增加地方财政风险。

第二,土地财政不利于促进产业结构的升级。土地财政的收入主要投向城市建设,这一方面刺激了建筑与房地产业的繁荣,带动了装修、建材等相关行业的发展,并拉动了就业;另一方面,在短期暴利的示范作用下积聚竞争,不仅致使这些处于产业链低端的产业产能大量过剩,并且其过度发展还会占用大量的社会资源,更有甚者,还会引导高科技企业和制造业企业等实体经济转向追逐暴利的房地产行业,扭曲产业结构的升级。

第三,土地财政机制使得保护耕地流于空谈,危及粮食安全。在土地使用权出让带来的巨大利益驱动下,各地时常发生违法占用耕地的情况,这使得原本就存在的耕地流失和耕地不合理开发利用问题都被进一步放大,直接冲击国家规定的18亿亩耕地红线,长此以往势必危及国家粮食安全。

第四,土地财政增加了金融体系的风险。土地收购、出让、开发过程中的每一个环节都需要大量的流动资金,每一个环节的资金都是与银行捆绑在一起的,整个资金链的风险都与银行相关,从而增大了金融体系的不稳定性。

第五,土地财政影响了民生。地方政府往往以低廉的价格从农民手中征地,再转手以较高的价格出让给开发商,形成了巨大的"剪刀差"。土地使用权出让所引发的地价飞涨和房价过高,导致居民的支付能力严重透支,破坏了消费与收入的结构平衡,使得广大中低收入者的住房问题很难得到解决。另外,土地财政引起的土地纠纷不仅损害了群众利益,同时也激化了社会矛盾,严重影响了社会的和谐稳定。

资料来源:作者整理自许安拓,修竣强.破解地方依赖土地财政的畸形发展模式.人民论坛,2012(8):30—32等资料。

2. 土地金融

土地财政构建的"土地—房地产—城市建设"的模式,为地方政府筹集了不少资金,加快了地方基础设施的建设和经济的发展。虽然地方政府的土地出让收入在进入21世纪的第一个十年里不断增长,但仍被认为不能满足地方社会经济快速发展的需要,于是便出现了由土地抵押而撬动的银行信贷。"土地财政"嫁接资本市场,再加上杠杆,就成了"土地金融"。

在实践中,土地金融基本采用"注入土地—土地抵押—城市建设—土地升值—土地出让—还债"的模式。许多地方政府都选择将大量土地注入地方政府融资平台来扩大融资平台的资产规模以增强其运作能力,并以隐性担保的方式提升融资平台的信用,使其能够从金融机构借入大量资金用于基础设施建设。城市建设的改善又提升了土地价值、增加了投资流入,从而使得城投公司能够进一步融得更多资金,这也有利于其债务的清偿。

以地融资模式的内涵逐步从土地财政转变为土地金融后,"土地征收—土地出让—土地抵押"的模式派生出了大量信用,推动各地区社会经济的快速扩张,但也使得地方政府积累了越滚越多的债务,引发了一系列的宏观经济问题,其中隐含了极大的系统性金融风险。

重要概念

地方财政收入　地方财政本级收入　转移性财政收入　地方税　地方政府税收收入　地方政府非税收入　地方政府收费收入　土地财政　土地出让金

复习思考题

1. 结合中国当前的财政运行状况,分析中国地方财政收入的规模和结构。
2. 为什么非税收入在地方财政收入中所占的比重一般要高于在中央财政收入中所占的比重?
3. 良好的地方税应具有哪些特征?应如何完善中国地方税体系?

4. 在市场经济条件下,政府收费应如何定位?对地方政府而言,应如何理顺税费关系?

5. 简述"土地财政"与"土地金融"之间的关系。

课堂讨论题

请结合所给案例材料,并联系当前的社会经济形势,就中国如何推动"土地财政"转型问题进行课堂讨论。

案例材料

中国地方政府的"土地财政"依赖

进入 21 世纪后,中国很多地方国有土地出让金收入的规模非常大,有的甚至超过了一般公共预算收入,形成了较为严重的土地财政依赖。"土地财政依赖度"可以用国有土地使用权出让金收入与地方政府一般公共预算收入之比来衡量。2015—2019 年,全国近九成城市土地财政依赖度超过 50%,主要城市中有不少土地财政依赖度超过 100%,其中,杭州为 140%(2019 年)、南京为 136%(2017 年)、武汉为 111%(2017 年)。

2020 年以来,中国土地出让金的增速出现了明显放缓。2021 年,国有土地出让金仅增长了 3.46%,相比前几年有大幅回落。2022 年,由于房地产市场表现低迷,国有土地出让金更是大幅下降 23.2% 至 6.69 万亿元。2023 年前四个月,国有土地出让收入同比下降 21.66%,已连续 13 个月维持负增长。如何应对国有土地出让金下滑带来的地方财政资金缺口,成为一些高度依赖"土地财政"的地方政府不得不面对的问题。

资料来源:作者整理自公开资料。

参考文献与延伸阅读资料

Oates W E. 财产税与地方政府财政. 丁成日, 译. 北京: 中国税务出版社, 2005.

候一麟, 任强, 马海涛. 中国房地产税税制要素设计研究. 北京: 经济科学出版社, 2016.

Bland R L. A Revenue Guide for Local Government. Second Edition. Washington D. C.: ICMA 2005.

Brunori D. Local Tax Policy: A Primer. Fourth Edition. London: Rowman & Littlefield Publishers, 2019.

Swenson C W, Karayan J E, Gupta S, Neff J. State and Local Taxation: Principles and Practices. Third Edition. Florida: J. Ross Publishing, 2020.

网络资源

财政部税政司网站,https://szs.mof.gov.cn/.

湖北省财政厅网站,https://czt.hubei.gov.cn/.

密歇根州立大学地方政府财政与政策研究中心(Center for Local Government Finance and Policy)网站,http://msue.anr.msu.edu/program/info/center_for_local_government_finance_and_policy.

第 10 章

地方政府债务

【本章学习目标】

- 掌握地方政府债务的构成
- 掌握地方政府债务制度的主要内容
- 掌握对地方政府债务进行监管的必要性和具体的监管方式
- 了解中国地方政府债务的产生和发展
- 掌握《中华人民共和国预算法》修订后中国地方政府债务政策的走向

地方政府债务(Subnational Government Liabilities)不仅是地方政府财政活动中的一个重要环节,而且是整个政府债务体系的有机组成部分。随着地方政府开展规模越来越大、形式越来越复杂的举债活动,其对地方财政运行、地方社会经济发展乃至整个国民经济运行的影响也越来越广泛和深刻。

10.1 地方政府债务制度

地方政府债务融资(Subnational Debt Financing)既是加快地区社会经济发展的需要,也是代际公平分担地方政府资本性财政支出的要求,因为它有助于在地方性公共产品跨期成本与收益间建立起关联关系。① 各国一般都根据本国国情建立相应的地方政府债务制度。健全的地方政府债务制度,不仅可以规范和约束地方政府的举债行为,而且对于防范地方政府债务风险以及提高地方政府资源配置效率等都具有积极的意义。

10.1.1 地方政府债务的内涵与外延

狭义的地方政府债务主要是指地方政府以债务人的身份,采取信用的方式发行的债券或举借的债务。然而,伴随着社会经济生活的日益复杂化,现实中出现了一些狭义上的地方政府债务概念难以涵盖的地方政府债务形态,这就要求从更宽泛的角度去界定"地方政府债务"范畴。广义上的地方政府债务包含了所有由地方政府财政承担最终偿还责任的债务,它可以从直接债务与或有债务、显性债务与隐性债务等不同的维度来考察。

1. 地方政府直接债务与或有债务

地方政府直接债务(Subnational Direct Liabilities)是地方政府承担现实义务而产生的债务,它具有确定性,可以根据一些特定的因素进行控制和预测。

地方政府或有债务(Subnational Contingent Liabilities)是基于有可能发生的不连续事件而产生的责任,它由某一或有事项所引发,是否会成为现实则要看或有事项是否发生以及由此引发的债务是否最终要由地方政府来承担。或有事项发生的可能性以及履行未来责任所需地方政府支出的规模难以预测,其可能性和规模依赖于某些外部情况。或有债务不是地方政府能够完全控制的,它可能会也可能不会完全转化为地方财政的负担。

2. 地方政府显性债务与隐性债务

地方政府显性债务(Subnational Explicit Liabilities)是地方政府在基于某一法律或者契约的债务到期时应承担的法定偿付义务。

地方政府隐性债务(Subnational Implicit Liabilities)不以某一法律或者契约为基础,而

---

① Bartle J R, Hildreth W B, Marlowe J. Management Policies in Local Government Finance. Sixth Edition. Washington D. C.: ICMA, 2013: 280.

是基于公众预期、政治压力或社会道义应由地方政府承担的任务,它是地方政府的一种道义或者预期责任。①

3. 地方政府债务的构成

地方政府债务矩阵(Subnational Liabilities Matrix)显示了显性债务、隐性债务、直接债务和或有债务等四个维度的不同组合(参见表10-1),具体包括地方政府直接显性债务、地方政府直接隐性债务、地方政府或有显性债务和地方政府或有隐性债务等四种形式。

表 10-1　地方政府债务矩阵

	直接债务	或有债务
显性债务	地方政府直接显性债务	地方政府或有显性债务
隐性债务	地方政府直接隐性债务	地方政府或有隐性债务

资料来源:Polackova H. Contingent Government Liabilities:A Hidden Risk for Fiscal Stability. Policy Research Working Paper Series,World Bank, No. 1989, 1998。

不同国家地方政府债务的构成有很大的差异。许多经济发达国家的法律都允许地方政府发行公债或借款,再加上这些国家的地方政府债务制度相对健全,监管措施也比较到位,因此其地方政府债务中或有债务和隐性债务的规模并不大,主要是以地方政府公债为主体的显性直接债务,其中地方政府公债所占的份额大多在90%以上,地方政府借款的相对规模一般都不大。然而,在一些发展中国家和转轨国家,虽然因为法律禁止地方政府举债而基本不存在地方政府直接债务,却有大量通过各种方式形成的地方政府或有债务和隐性债务。

专栏 10-1　　　　　　　　　　美国的市政债

美国州和州以下地方政府发行的债券通常被称为"市政债"(Municipal Bonds,简称Munis),其主要目的是为教育、交通、通信、路桥等公共设施筹措资金,美国近2/3的城市基础设施和城市发展都是依靠市政债融资的;有时,市政债也会被用来弥补短期和长期预算赤字。

美国的市政债券主要有一般责任债券和收益支撑债券两种形式。一般责任债券(General Obligation Bonds)通常以州、市、镇和学区等拥有的征税权为保障,其偿还资金来源于税收收入,基本不会出现违约现象;收益支撑债券(Revenue-backed Bonds)则是为建设桥梁、港口、机场、供水设施等收费性公共设施而发行的债券,并通过这些公共设施的经营收入来偿还债务。较之一般责任债券,收益支撑债券的还款资金来源较为单一,其违约

---

① Polackova H. Contingent Government Liabilities:A Hidden Risk for Fiscal Stability. Policy Research Working Paper Series,World Bank, No. 1989, 1998.

风险要大一些,因此发行利率也较高。两种形式市政债的发行都必须经过听证、公决或议会的批准,其中一般责任债券的发行往往要经过议会或全体选民的批准,而批准收益支撑债券发行机构的层次相对要低一些。收益支撑债券是美国市政债的主体,其在市政债中所占的比重一般都在60%以上,有的年份还达到70%。

美国市政债的发行主体有5万多个,种类繁多,期限也多种多样,短的1年,长的达30年,皆为附息债券,利息每半年或每年支付一次。美国市政债的利息免征联邦所得税,在债券发行的州也免征本州和地方所得税。市政债的利率一般参照市场利率水平和发行人的资信情况确定,由于市政债的利息收入通常免税,因此其利率低于同质的联邦债和公司债。

美国拥有世界上规模最大、最发达的市政债市场,其规模相当于公债市场的一半左右。美国市政公共事业和资本市场的发展及繁荣,与市政债的大量发行和交易密不可分。不仅如此,在债券种类、质量等级和利率等方面都有较大的选择余地的市政债也满足了数百万投资者的需要。

资料来源:作者整理自 Bartle J R, Hildreth W B, Marlowe J. Management Policies in Local Government Finance. Washington D. C.: ICMA, 2013: 281 和财政部预算司. 发展中的美国市政债券. 中国财政, 2008(23): 66—68。

10.1.2 地方政府债务制度的基本要素

地方政府债务制度由地方政府债务的举借主体、地方政府债务的用途、地方政府债务的举借与偿还、地方政府债务风险的防范、地方政府债务的信息披露等基本要素构成。

1. 地方政府债务的举借主体

但凡国土面积稍大一些的国家,都设有两级或两级以上的地方政府。是每一级地方政府都可以举借债务,还是只允许其中某一级或几级地方政府举借债务,是地方政府债务制度首先必须明确的一个问题。一些经济发达国家允许多级地方政府举债,如美国就允许包括州、市、县等一般目的型政府和学区、交通区等特殊目的型政府在内的多种类型的地方政府单位发行地方公债;而一些发展中国家仅允许最高级次的地方政府举债,如《中华人民共和国预算法》就规定只允许省、自治区、直辖市政府发行公债。

2. 地方政府债务的用途

地方政府债务资金的使用一般都应严格遵循"财政金箴规则"(Fiscal Golden Rule)。除地方短期公债外,地方政府债务资金的使用范围应限定在基础设施和公用设施建设等项目内,具体包括城市道路、交通、环境保护、煤气管道、水利工程、医疗保险设施和社会福利设施等。地方政府债务资金不应介入竞争性领域的投资,更不能用来补偿经常性支出项目。

3. 地方政府债务的举借与偿还

一些国家的地方政府在经过本级代议机构批准后就可以自行决定在什么时间、以什么样的条件举借既定数量的债券,不需要上级政府的批准。如美国州政府发行债券就无须联邦政府批准,州以下地方政府发行市政债也不需要州政府的同意。而有些国家的地方政府债务的举借时间、期限、额度、利率和用途等,都需要经过中央或上级政府的审批。

在地方政府债务规模越来越大的情形下,如果没有建立较为健全的债务偿还机制,那么债务偿还就有可能对地方财政产生较大的支出压力,甚至还会威胁地方财政的平稳运行。地方政府债务偿还最为关键的环节就是筹集偿债资金,一个可供选择的方法是建立地方偿债基金。根据实际的财力状况和债务负担,各级地方财政可通过预算拨款、债务投资项目收益一定比例的划转等途径建立偿债基金。考虑到债务偿还的长期性,地方偿债基金应该保持资金来源的稳定性,可以将预算拨款作为偿债基金的一个固定来源,在财力允许的情况下每年还应有所增长。对于那些自身有部分偿债能力的债务项目,各级地方政府应对其经营状况和财务收支进行监控,要求项目单位制订偿债计划,并督促其按时将偿债资金汇入专门设置的偿债基金账户,统一由财政部门负责资金的管理和还本付息。

4. 地方政府债务风险的防范[①]

地方政府债务风险可以通过建立相应的风险防范机制来加以控制。建立地方政府债务风险防范机制的关键就是构造一套预警指标体系来对地方政府债务及地方财政收支状况进行监控。地方政府债务风险预警指标体系,主要包括地方债务负担率、地方财政负债率、地方财政偿债率、地方内外债比例、地方债务期限结构以及地方直接债务与或有债务之间的比例等。除从静态的角度考察地方政府债务风险的情况外,还应从动态层面来考察上述指标。可以根据其他国家的经验并结合自身的特点,框定出各项指标的安全线范围。一旦某一指标越过了安全线,各级地方财政就应立即采取适当的应对措施。

建立地方政府债务风险基金也是地方政府债务风险防范机制的一个重要组成部分。鉴于地方政府债务存在一定的风险,各级地方财政在安排财政预算支出时要把各种不确定因素考虑进去,预算安排要留有一定的余地。可以考虑在每年的财政预算中按财政支出或本级政府债务余额的一定比例,安排风险基金滚存使用。

5. 地方政府债务的信息披露

建立地方政府债务信息披露制度是加强地方政府债务管理的一项重要举措。地方政府债务信息的公开,使得社会公众能够对地方政府的举债行为进行监督,从而促进地方政府债务融资决策的透明化,进而对地方政府滥用债务方式融资的现象产生一定的抑制作

---

① 地方政府债务监管是防范地方政府债务风险的关键,这部分内容主要在下一节中进行详细介绍。

用。信息的公开披露也可以抑制地方隐性债务和或有债务的形成,或者使一些隐性债务和或有债务显性化、直接化,这些都将有助于降低地方政府的债务风险。没有充分的公开信息,无疑为各级政府举债活动中的低效、不公平甚至腐败提供了机会和条件。

10.2 地方政府债务监管

在允许地方政府举借债务的国家,尽管具体的制度安排各不相同,但各国中央政府都对地方政府债务采取了相应的监管措施。对地方政府公债的监管主要是对其规模、发行方式和时机、发行担保、风险以及偿债来源等的监督与控制。

10.2.1 对地方政府债务进行监管的必要性

允许地方政府自主地举借债务是财政分权改革的一项重要内容。有效的财政分权,必须辅之以相应的制衡措施。对地方政府债务进行监管,正是"分权与制衡相结合"基本思想的具体体现。

1. 对地方政府债务的监管有助于保持宏观经济稳定

各国对地方政府债务进行监管,首先是基于宏观经济稳定方面的考虑。在禁止地方政府举借债务的情况下,地方财政收支必须自求平衡或者借助于政府间财政转移支付来实现平衡。这样,地方政府的财政活动可能就不会对宏观经济稳定产生非常大的影响。然而,当地方政府可以自主举借债务时,地方财政支出的规模就可能突破地方财政收入的限制而进行扩张,于是地方财政对宏观经济的影响力就会大为提高,再加上地方政府债务本身就蕴藏着一定的财政风险,从而极有可能对整个宏观经济的平稳运行构成威胁。在那些允许地方政府举借债务的国家,地方政府债务已累计达到了一定的规模,其总量或结构上的变化都有可能对宏观经济的平稳运行产生不利的影响,因此必须加以适当的监管。

与在国内市场上举借债务是一种结构性调整不一样的是,在国外市场上举借债务对国民经济是一种增量式调整,它会对宏观经济的平稳运行产生更大的影响。如果对地方政府在国外举借债务不加以控制,那么国民经济走向失衡的风险就更大。地方政府在国外举借债务也属于"主权债务"的范畴,不管中央政府是否在其发行时做出担保,事实上都将不得不承担最终的偿还责任。如果能够对其进行有效的监管,那么至少可以规避一些由此而产生的风险。正因为外债有诸多的特殊性,许多国家都对地方政府在国外市场上举借债务采取了比在国内市场上举借债务更为严格的监管措施。

2. 对地方政府债务的监管可以减少地方财政外部性的发生

地方政府举借债务可能产生的外部性,也要求对其进行监管。在要素高度流动的条件下,地方政府债务融资产生的影响根本不可能被限制在本行政区域内,往往也会对本辖区以外的经济活动主体产生不同程度的影响,如中央政府为无力偿债的地方政府"兜底",最终将由全体纳税人而不仅仅是该地区的纳税人承担成本。如果对这种外部性不加以控制,那么无疑会带来诸多不良的后果。

3. 对地方政府债务的监管有助于解决地方预算软约束

在很多国家,地方政府的预算软约束(Soft Budget Constraints)问题并没有得到很好的解决,这就要求对地方政府债务进行相应的监管。一般认为,地方政府官员往往有不顾地方财力的限制,用债务的方式为能够显示政绩的项目融资的倾向。在缺乏有效预算约束的情况下,这种倾向能够比较容易就变为现实,这一问题在发展中国家尤为突出。中央政府的监管措施在一定程度上可以起到弥补地方预算约束无力的作用。

4. 对地方政府债务的监管可以规范政府间财政竞争

在社会闲散资金总量一定的情况下,对应债主体而言,中央政府举借的债务与地方政府债务的发行以及各地方政府举借的债务之间,无疑存在较强的替代关系,这样举借债务无疑就会成为中央政府和地方政府以及各地方政府之间围绕扩大资金来源进行竞争的一个焦点。为了避免中央政府与地方政府之间的直接利益冲突影响中央政府债务,许多国家都在制度上对中央政府债务做出一些倾斜,或者对地方政府债务采取限制甚至禁止的政策。

各级地方政府在国内外市场上举借债务,极有可能为了便利于本地债券的发行,在利率、期限等发行条件上进行竞争,这无疑将加大地方财政的负担和风险,并最终殃及中央财政。若中央政府采取必要的干预措施,那就有可能防止此种现象的发生,至少可以起到一定的抑制作用。与此同时,对地方政府债务的适当监管,也可以起到协调社会闲置资金在各地方政府之间的分配的作用,防止民间资本在竞争中过度流向经济发达地区,从而确保资金的地域分布不因地方政府举借债务而进一步失衡。

此外,若一个国家的中央政府债务和地方政府债务在国外市场上以合作的方式发行,将比其以非合作的方式发行取得更好的结果,从而减轻本国发行外债所带来的财政负担、降低风险,这也需要中央政府在其中发挥相应的作用。

10.2.2 对地方政府债务的事前监管

各国对地方政府债务的事前监管(Ex-ante Regulation)方式,主要有合作监管、规则监管、行政监管以及市场约束四种。[①] 对地方政府债务进行监管的不同方式,适用的前提条件和效果是不同的,所体现出的财政集权、分权程度也存在一些差异。

---

① Ter-Minassian T. Fiscal Federalism in Theory and Practice. IMF, 1997: 157-171. 从某种宽泛的意义上说,禁止地方政府举借债务也是一种监管方式。

1. 合作监管方式

合作监管(Cooperative Approach to Debt Controls)指的是中央政府与地方政府之间通过谈判、对话和信息交流等途径来实现对地方政府债务的监管。在合作监管的谈判过程中,中央政府与地方政府不仅要达成地方预算总赤字目标的协议,而且要确定地方财政主要收支项目的指导方针。① 在这种监管方式下,地方政府债务的举借条件、规模和结构等不仅因为地方政府实际参与达成宏观经济目标的财政变量的确定而融合了地方政府的意愿,而且体现了中央政府的意图。

合作监管方式的有效实施,一般要求中央政府具有较强的财政管理能力以及严格的财政纪律(Fiscal Discipline)、中央政府与地方政府之间不存在信息不对称、地方政府没有机会主义行为倾向以及政府间存在相互协商和协作的传统等。② 如果不具备这些条件,合作监管方式反而会削弱中央政府的领导力,诱使地方政府向中央政府索取更多的财政转移支付,预算软约束问题进一步恶化。

2. 规则监管方式

一些国家用以法律形式确定下来的财政规则来对地方政府债务进行监管,这些规则通常涉及地方政府债务的规模、举借条件、目的和用途、偿债能力、债务存量或支出水平等。③ 有的国家由中央政府制定财政规则,也有的国家由地方政府自行确定相应的规则。只要符合相应的财政规则,地方政府举债就不需要另行经过中央政府的批准。

以既定的规则作为监管的基础,较为透明和公正,在相当大程度上能够避免随意性大和讨价还价等问题。但规则监管方式缺乏弹性,地方政府也能通过预算外操作、以国有企业的名义举债等手段绕开规则而逃避监管,而且依托规则对地方政府债务进行监管产生的效果无法快速显现。

3. 行政监管方式

行政手段是对地方政府债务进行监管的一种较为直接的方式。在行政监管(Administrative Constraints)方式下,中央政府往往要求地方政府举债必须经过中央政府的批准或授权,并对地方政府债务的举借条件、规模和结构等设置限定条件,对地方政府债务的运行过程进行检查,或者对地方政府债务进行集中举借再转贷给地方等。

在行政监管方式下,地方政府的债务管理自主权要小许多,中央政府能够在较短的时间内有效控制住地方政府举债行为的宏观经济影响。然而,行政监管中也会出现随意性大以及中央政府与地方政府之间的讨价还价等问题,讨价还价的结果更多地取决于短期

---

① Ter-Minassian T. Decentralization and Macroeconomic Management, IMF Working Paper No.1997/155, 1997.
② Ter-Minassian T. Fiscal Federalism in Theory and Practice, IMF, 1997:164-165.
③ 不同国家基于规则的指标的限度或阈值会有所不同,这反映了不同国家的国情和财政政策权衡(参见 Saxena S. How to Manage Fiscal Risks from Subnational Governments, IMF Working Paper No.2022/003, 2022)。

的政治因素,并没有将宏观经济稳定方面的考虑放在首要的位置上①;对地方政府举借的债务采用行政监管的做法,也可能使中央政府难以拒绝在地方政府陷入困境时施以援助。②

4. 市场约束方式

在现代社会,政府债务的运作一般要依托于金融市场。与其他金融工具一样,地方政府债务从举借到最终的偿还,都必须按照市场既有的法则行事,接受市场机制运作的结果。一个成熟的金融市场往往会要求进行债务融资的地方政府及时披露相关的经济、财政和债务信息,并通过市场力量决定哪些地方政府可以进入金融市场进行债务融资、以什么条件进行债务融资以及融资的规模有多大等。严格来说,市场约束方式(Reliance on Market Discipline)并不是对地方政府债务进行的一种监管,它实际上是利用市场机制的作用对地方政府债务施加一定的约束。

在市场约束方式下,中央政府一般不对地方政府的举债行为进行直接的干预,地方政府具有完全的举债权,可以根据金融市场行情和自身的资金需求来决定是否举债、何时举债以及举债的规模等。市场约束方式的有效实施,往往要求具备自由开放的市场体系、债权人能够及时获取有关地方政府债务状况及其支付能力的相关信息、中央政府不承担由地方政府举借债务所带来的风险等。③ 正因为如此,采用市场约束方式对地方政府债务进行监管的一般是经济发展水平比较高、市场体系尤其是金融市场比较完善的国家。

5. 各国对地方政府债务监管方式的现实选择

对地方政府债务监管方式的选择,在很大程度上体现了一个国家政治权力的分配格局和政府间财政关系的基本框架,同时也受本国财政经济状况以及市场体系的发展等因素的影响。其中任何一个因素不同或发生变化,都会对一个国家地方政府债务监管方式的选择产生影响。

纵观世界各国对本国地方政府债务的监管实践,许多国家往往是几种监管方式结合使用,但基本上都以其中的某一种方式为主。由于具体的国情不同,不同国家对地方政府债务的主要监管方式也各不相同。加拿大和新西兰等少数国家采用市场约束方式对地方政府债务进行监管④;美国、德国和英国等工业化国家以及巴西等发展中国家都是用既定的规则来对地方政府债务进行监管;澳大利亚、丹麦和比利时等国家采用的是合作监管方式;运用行政手段对地方政府债务进行监管的主要是一些单一制国家,也有部分非典型的

---

① 世界银行.迈进 21 世纪:1999/2000 年世界发展报告.北京:中国财政经济出版社,2000:112.
② Ter-Minassian T. Fiscal Federalism in Theory and Practice, IMF, 1997:169.
③ 同上,第 157 页.
④ 由于不具备或不完全具备市场约束方式有效运行的条件,因此采用这一方式的国家并不多。但这一方式却是地方政府债务监管的有效辅助途径,可以在一定程度上阻止地方政府以某种方式规避中央政府对其举债行为的管控。

联邦制国家,包括法国、韩国和印度尼西亚等。随着财政分权改革的不断深入,一些国家对地方政府债务的主要监管方式发生了改变,总的趋势是由集权向分权迈进,如原先对地方政府债务主要采用行政监管方式的英国和日本分别在2004财政年度和2006财政年度转而实行规则监管方式和合作监管方式。

与在国内市场上举借债务相比,在国外市场上举借债务对整个宏观经济的运行将产生更大的影响。正因为如此,一些国家对地方政府在国外市场上举借债务采取比在国内市场上举借债务更加严格的监管方式,以免其威胁宏观经济的稳定。如部分国家对地方政府在国内市场上举借债务实行的是合作监管,而对地方政府在国外市场上举借债务实行中央政府的行政监管;也有一些国家对地方政府在国内市场上举借债务实行直接的行政监管,而禁止地方政府在国外市场上举借债务。

一些国家对不同级次地方政府举债采用的监管方式是不一样的。如加拿大对省政府的债务采用的是市场约束方式,省政府举债不受联邦政府的限制,只需要在举债前由一个或多个国际投资机构评定其可授信债务额度,至于能否举债以及举债的规模则完全受制于市场;但加拿大基层地方政府的债务却要受省政府的行政监管,涉及长期借款的资本性支出必须获得省政府的批准。德国对州政府的债务采用的是规则监管方式,而基层地方政府举债则需要得到州政府的批准,具有行政监管的特征。

10.2.3 地方政府债务风险的事后处置

在资本市场发育成熟、地方政府债务监管制度较为健全和法治化程度较高的经济发达国家,地方政府陷入债务危机的情况屡次发生;在发展中国家,地方政府丧失债务清偿能力的现象更是难以完全避免的。不管是在哪一个国家,只要地方政府有较大规模的举债,就有债务风险出现恶化的可能。即使一个国家地方政府债务风险总体可控,地方债务危机局部发生的可能性也是存在的。一旦部分地方政府出现无力偿债的情形,就必须进行相应的处置。正因为如此,地方政府债务风险的防范仅靠事前监管是不够的,完整的地方政府债务风险管理过程还包括事后处置机制。中央政府救助和地方政府财政破产,是对陷入财政危机的地方政府进行事后处置的最主要的两种制度安排。

1. 中央政府救助

当地方政府陷入财政危机,连债务都无力偿还时,地方性公共产品和服务必然无法及时、足额地提供,而地方性公共产品和服务的缺乏又会严重影响相当多居民正常的生产和生活。不对濒临财政破产的地方政府进行救助,可能会引发一定的政治风险或者说在政治上的可行性并不强。

中央政府救助(Subnational Government Bailouts)是帮助地方政府走出财政困境最直接的方法。然而,中央政府无条件的救助意味着对地方政府的举债行为进行"兜底",这极有可能助长地方政府举债过程中的机会主义倾向,地方政府不负责任的举债行为就会泛滥。正是考虑到这方面的原因,一些国家的中央政府明确不对地方政府债务危机进行救助。

2. 地方政府财政破产

对无力偿债的地方政府来说,财政破产(Subnational Insolvency)也是一个备选方案。由于政府服务具有公共性,因此地方政府财政破产不能简单地参照企业破产的做法,否则就会产生保护债权人利益与维持必要的地方性公共产品和服务之间的矛盾。地方政府财政破产并不是地方政府职能的破产,更不意味着破产的地方政府就不存在了,它仅仅是地方政府财政的破产。地方政府财政破产的基本机制是重新组织债务而非清盘全部资产①,以确保地方性公共产品和服务提供的连续性。

专栏 10-2　　并不鲜见的地方政府财政破产

19世纪和20世纪上半叶,地方政府财政破产是美国等经济发达国家反复出现的事件。此间,美国先后经历了三次大规模的地方政府债务违约潮。美国第一次大规模的地方政府债务违约现象发生在19世纪40年代,违约主体主要为州政府,涉及阿肯色、伊利诺伊、印第安纳、路易斯安那、马里兰、密歇根、密西西比、宾夕法尼亚八个州和佛罗里达领地,起因在于州政府投资建设的运河、铁路和公路等项目,在债务到期时大都没有建成,在既没有项目收入又得不到新贷款的情况下,大面积出现了债务违约。第二次发生在19世纪70年代,违约主体主要为州以下地方政府,地方政府将债务资金主要用于土地开发项目和铁路建设等投机性投资,并主要依靠土地升值后的房产税来偿债。但1873年的经济萧条导致大量投资项目失败,过分依赖土地收入还债的模式难以为继,造成地方政府大量债务违约。第三次发生在20世纪30年代,由于汽车的兴起和城市化进程的加快,公共基础设施建设需求急速增加,美国地方政府通过发行一般责任债券大量进行资本投资,并以房产税收入作为担保。然而,经济大萧条的到来使得地方政府房产税税收收入急剧降低,同时,用于低收入家庭服务和失业救济方面的支出却大量增加,一降一升也使得地方政府债务违约大量出现。

第二次世界大战结束后,随着资本市场及其监管体系的成熟,以美国为代表的经济发达国家的地方政府债务违约现象变得不那么普遍。尽管如此,地方政府债务危机仍时有发生,20世纪90年代最典型的例子是美国1994年奥兰治县的财政破产和1995年哥伦比

---

① 破产有债务重整、和解和破产清算三种程序。破产的企业在三种程序中有一定的选择自由。如果企业进入破产清算程序,那么其资产会被清算还债,并最终被注销。由于自然人和地方政府都不能因无力偿债就"不复存在",因此破产清算的做法并不适用于个人破产和地方政府财政破产。

亚特区的财政破产。进入21世纪后,由于2008年国际金融危机的爆发,美国又有多个地方政府宣布财政破产或濒临破产:2011年11月,亚拉巴马州杰斐逊县政府宣布财政破产;2012年6月,加利福尼亚州斯托克顿市地方议会通过了该市的破产保护计划,正式进入破产重组流程;2012年8月,罗得岛州中央瀑布城宣布财政破产,成为继亚拉巴马州普里查德市之后第二个因退休金计划破产的地方政府;2013年3月,著名的"汽车城"底特律市宣布财政破产。

近年来,受国际经济下行等因素的影响,英国地方政府(地方委员会)财政破产发生率明显上升。2021年,位于英国英格兰东南部的自治市斯劳(Slough)的市政委员会因财务管理不善和商业投资亏损而宣告破产;2023年6月,英国萨里郡下辖的沃金(Woking)市政委员会因改造商业综合体计划投资风险管理不善被迫宣告财政破产;2023年9月,英国第二大城市伯明翰市政委员会(地方议会)宣告财政破产。

资料来源:作者整理自刘珊珊.地方政府债务融资及其风险管理:国际经验.北京:经济科学出版社,2011:98—100;刘瀚波.美国地方政府破产制度探析.经济与管理研究,2015(12):99—108;马翙宇.英第二大城市伯明翰为何破产.经济日报,2023-09-08。

地方政府财政破产包括破产启动、债务重组和财政调整、破产终结三个阶段。在允许财政破产的国家,一般都会设定地方政府进行破产申请的前置性条件,只有符合前置性条件的地方政府才能启动破产程序,进入债务重组与财政调整阶段。债务重组(Reorganization)是指债权人与作为债务人的地方政府之间就债务调整和潜在的债务救济进行协商,常见手段包括债务展期、免除一部分本息和对存量债务进行再融资等。为确保债务重组目标的达成,地方政府通常要进行财政调整,以便调整后的支出与收入一致、借款与偿还能力一致。地方财政调整既可以是消极调整,如通过削减公务人员等措施来减少支出或变卖地方政府资产以取得现金收入等;也可以是积极调整,如设立新的税种或者调高原有税种的税率以增加税收、提高公共设施和公共服务的收费标准等。如果通过债务重组和财政调整之后,地方政府对已到期和未到期债务做出了较为稳妥的安排,基本摆脱了财政危机,实现了良性运转,则可以向中央政府或法院申请终结破产状态。地方政府只有结束了破产状态,才能重新获得相应的财政自由,否则就只能维持提供基本公共服务的能力,在投资新公共事业、购买公共资产以及新聘用公务人员等方面受到诸多限制。

虽然地方政府财政破产给地方性公共产品和服务的提供带来了不利的影响,造成的损失也巨大,但从积极的方面来说,其是一道制度屏障,可以保护社会经济发展免受不负责任的地方政府的进一步侵害,而且破产风险的存在也迫使地方政府的财政行为更为谨慎,当地民众也会强化对地方政府的监督。

10.3 中国的地方政府债务

在中华人民共和国成立后的不同时期,中央政府对地方政府债务融资的政策是不同的,相关的法律规定也各不相同。事实已经证明,地方政府债务对加快中国地方社会经济的发展是有一定促进作用的,因此在中华人民共和国成立后相当长一段时间内,中国各级地方政府都通过多种债务形式来融资。

10.3.1 中国计划经济时期的地方政府债务

在1949年到改革开放之前的计划经济时期,地方政府在许多方面都较多地受中央政府的控制,自主权很小,但这一时期中国的地方政府仍先后两次大规模地发行公债。1950年,为了迅速恢复和发展东北地区的社会经济建设,经政务院批准,东北人民政府发行了"东北生产建设折实公债"来筹措生产建设资金,用于东北地区的生产投资。

在1958年财政体制改革"层层下放财权、扩大地方财政管理权限"的背景下,中国发布了《关于发行地方公债的决定》,允许各省、自治区、直辖市在确有必要的时候发行地方建设公债,同时决定于1959年起停止发行全国性公债。为了配合地方公债的发行,全国人民代表大会常务委员会还颁布了《中华人民共和国地方经济建设公债条例》。1959—1961年,甘肃、辽宁、吉林、黑龙江、四川、江西、福建和安徽等省区根据本地实际发行了"地方经济建设公债"。此后,由于受"左"倾思想的影响,"政府公债"在理论上被彻底否定;在实践中,地方经济建设公债偿还完后,中国的地方政府就没有再发行过公债。

10.3.2 中国改革开放后至2014年间的地方政府债务

改革开放之初,为了推动经济发展并弥补历史欠账,各级地方政府普遍在地方财政困难的情形下突破财力限制通过举债来加快基础设施建设。1979年至1984年,全国累计共有28个省级政府、60个市级政府和351个县级政府举借了债务。① 规模不断扩大的基本建设投资加剧了通货膨胀。为了控制地方基本建设投资的规模、抑制日趋严重的通货膨胀,国务院办公厅于1985年发布了《关于暂不发行地方政府债券的通知》,明确禁止地方政府自行发行公债。此后,政府公债的发行权一直保留在中央政府手中。然而,随着分权化改革的深入,社会经济运行中的矛盾也越来越复杂,地方政府为应对不断增加的财政支

---

① 《全国地方政府性债务审计结果》,中华人民共和国审计署审计结果公告2011年第35号。

出需求不得不寻求举借其他形式的债务,如财政周转金借款①、政策性借款和商业性借款等。

面对规模越来越大、形式越来越复杂的地方政府债务,20世纪90年代中期颁布的《中华人民共和国预算法》《中华人民共和国担保法》和《中华人民共和国中国人民银行法》等一系列法律法规,均限制地方政府的债务融资行为。② 尽管如此,1994年的分税制财政体制改革后,财权财力不断上移、事权不断下放,直接造成地方财政收支缺口越来越大,这在很大程度上驱使地方政府去寻求债务融资。到1996年年底,全国所有的省级政府、90.05%的市级政府和86.54%的县级政府都以不同形式举借了债务。③ 这一时期,中国地方政府的债务具体可以分为三大类。

1. 地方政府直接举借的债务

地方政府直接举借的债务,主要是地方政府及其职能部门通过借款和发行债券等方式形成的。

(1) 地方政府的借款

各级地方政府都有由各种借款所形成的债务,其中最为重要的就是政策性借款。地方政府的政策性借款主要是向国际金融组织、外国政府和国内政策性银行等的借款,这类借款一般期限较长,条件优惠,带有援助开发的性质。

(2) 中央国债转贷

从1998年积极财政政策付诸实施开始,为支持地方经济建设,中央政府每年都将部分新增国债资金转贷给地方政府,用于国家确定的国债资金建设项目,转贷给地方政府的国债由地方财政承担偿还责任。④

(3) 地方政府债券

在相关的法律法规解禁地方政府举借债务之前,中国的地方政府债券主要有两种:一种是2009年为解决应对国际金融危机新增中央投资公益性项目的地方政府配套资金的困难由财政部代理地方政府发行的债券;另一种是2011年上海、广东、浙江和深圳四省市试点自主发行的地方政府债券。

---

① 财政周转金在20世纪60年代就已出现,但直到20世纪80年代初中国才正式建立财政周转金借款制度。由于在性质上与市场经济的要求相背离,20世纪90年代后期中国不再向地方政府发放新的财政周转金借款而只进行财政周转金的偿还。出于管理等方面的原因,各地财政周转金借款的偿还工作一直没有做好,逐年沉淀下来,累积成数额不小的债务。

② 1994年颁布的《中华人民共和国预算法》规定地方各级预算按量入为出、收支平衡的原则编制,不得列赤字,这就意味着地方政府不能举借债务;1995年通过的《中华人民共和国担保法》规定各级政府部门不能为经济活动主体之间的经济合同进行担保,也不得对经济合同发生的债务承担连带的经济责任;1995年通过的《中华人民共和国中国人民银行法》中也有"中国人民银行不得向地方政府、各级政府部门提供贷款"的规定。

③ 《全国地方政府性债务审计结果》,中华人民共和国审计署审计结果公告2011年第35号。

④ 如1998—2011年,宁夏回族自治区共获得中央政府的国债转贷资金29.47亿元,截至2011年年底,宁夏由国债转贷本金形成的地方政府债务余额为10.65亿元。

2. 地方政府行为引致的债务

中国各级地方政府及其职能部门的一些具体行政行为,如提供担保、投资或拖欠应付款等,都在不同程度上使其承担了一定数额的债务。

（1）地方政府担保形成的债务

在各地的招商引资过程中,许多外国政府、国际金融组织和一些国内外的经济组织在签订融资合同时,通常都要求地方财政予以担保。尽管中国法律不允许地方政府及其职能部门对经济合同进行担保,但在各级地方政府的授意或默许下,地方财政的违规担保屡见不鲜。由于借款单位在市场调查、项目论证、银行贷款以及项目投资回报等方面都游离于地方财政监控之外,一旦被担保方不能如约履行还款义务,债权人就会通过法律程序要求地方财政承担担保责任,通过划拨财政资金来偿还被担保方的债务。

此外,为了在招商引资中取得更好的政绩,只要到本地区进行投资,不管投资效果好坏,一些地方政府都保证或承诺投资者每年获得较高水平的固定收益。一旦这些投资项目回报率不高,地方政府就不得不兑现承诺,其中一部分有可能转化成地方政府的债务。

（2）地方政府投资所欠债务

尽管市场化改革以后,部分国有企业逐步从竞争性领域内退了出来,但仍有一定数量的国有企业留在了竞争性领域。一段时间内,各级地方财政依然对在竞争性领域活动的国有企业进行投资,有些地方政府甚至还举债来兴办各种国有企业,这就使得各种市场风险给国有企业造成的经营性亏损有很大一部分转化为地方财政的负债,在投资决策失误的情况下更是如此。

除竞争性领域内投资所欠债务外,各级地方政府在公共投资领域内也形成了不少债务。随着中国城市化建设步伐的加快,地方各级政府在自身财力有限的情况下,普遍借助于举债融资来加大对基础设施的投入,投融资平台就是其中的重要形式。基础设施等公共投资过多依赖于政府举债所形成的债务,使得部分地区积累了规模不小的债务。

专栏 10-3　　中国地方政府投融资平台的产生与发展

地方政府投融资平台（Local Government Finance Vehicles，LGFV）是地方政府通过划拨的土地、股权等资产或以财政补贴、政府担保为还款承诺组建的资产和现金流均达到融资标准的公司,具体有城市建设投资公司、开发公司、资产经营公司等多种类型。地方政府投融资平台以为城市基础设施融资为主要目的,并将融入的资金重点投向市政建设、公用事业等项目。

地方政府组建投融资平台可谓由来已久,它的产生和发展贯穿中国政府投融资体制改革的全过程。1988 年,中国的政府投融资体系由单一的中央投资模式向中央与地方共同投资的模式转变,各省、自治区、直辖市和计划单列市相继成立了地方投资公司。1994

年分税制财政体制改革成为一个重要的转折点,财力不足导致地方政府支持地方社会经济建设乏力。为了突破资金瓶颈和法律障碍,各级地方政府纷纷开始建立专业投融资公司或由事业单位承担建设任务,并利用这些单位法人承接银行或信托资金,从而成为地方政府获取资金的主要平台。2004年国务院发布的《关于投资体制改革的决定》在拓宽项目融资渠道方面的规定,为地方投融资公司建立更广泛的融资渠道打开了便利之门。

中国地方政府投融资平台的数量和融资规模的快速膨胀,是2008年以来应对国际金融危机的结果。国际金融危机爆发后,中国政府出台了4万亿元投资规划,并明确规定了地方政府的资金配套比例。然而,地方政府资金来源有限,无法提供足额的配套资金。为了解决这一问题,中央政府多次提出要加快投融资体制的改革。2009年,中国人民银行和中国银监会发布的《关于进一步加强信贷结构调整促进国民经济平稳较快发展的指导意见》,更是明确提出"支持有条件的地方政府组建投融资平台,发行企业债、中期票据等融资工具,拓宽中央政府投资项目的配套资金融资渠道"。正是在此背景下,各级地方政府依托原有的城投公司和新建的投融资公司,打造出了更大规模的投融资平台。有的省份甚至直接提出建立省、市、县三级政府投融资体系。到2010年年底,全国省、市、县三级政府共设立投融资平台公司6 576家。而迅速膨胀的投融资平台也带来了很大的风险。2010年,中国银监会出台《关于加强融资平台贷款风险管理的指导意见》,要求对地方政府投融资平台进行分类管理,并评估其风险状况,地方政府投融资平台的发展速度也因此放慢。

从某种意义上说,地方政府投融资平台是中国地方政府债务管理体制不健全、融资渠道匮乏而城镇化建设需求持续旺盛的产物。从中国地方政府债务自发自还试点开始,中国就加速推进地方政府投融资体制的改革。2014年9月,国务院在《关于加强地方政府性债务管理的意见》中确立了建立以政府债券为主体的地方政府举债融资机制的改革方向,实际上就宣告地方政府投融资平台基本走完了"起步—缓慢发展—快速发展—调整发展"的历程,并将告别历史舞台。然而,地方政府投融资平台的"退出"并非一蹴而就的,直至今日仍然存在。2024年,中共二十届三中全会再次提出"加快地方融资平台改革转型"。可以预期的是,在未来几年里,中国地方融资平台的改革步伐将加快。

资料来源:作者整理自叶建国,谈佳隆,王红茹,刘永刚.地方债务危机.中国经济周刊,2010(8):8—13和《关于加强地方政府性债务管理的意见》等资料。

(3) 地方政府的延期支付

分税制财政体制改革以来的相当长一段时期里,中国地方财政一直在困境中运行。在这种情形下,地方政府,尤其是县、乡两级基层政府,往往采用拖欠的办法来"缓解"收支矛盾。地方政府不仅拖欠公务员和教师等本地财政供养人员的工资,而且大量拖欠本地区公共工程的结算款。在许多地方,政府拖欠应付款的情况已经非常严重。

3. 地方政府的社会性债务

出于维护社会经济稳定发展、满足公众期望以及缓解政治压力等方面的考虑,中国各级地方政府有时不得不承担一些社会性债务。社会性债务虽然并非由地方政府的行为所引致,而且其中也可能只有一部分会转化为地方政府的直接债务,但它给地方财政带来的风险和负担却不容忽视。

（1）社会保障资金缺口

中国的养老保险体制存在巨大的转轨成本,而且中国已经步入老龄化社会,养老保险金缺口在未来一个时期将保持持续上升的趋势,如果考虑到医疗保险和失业保险存在的资金不足的问题,那么全口径的社会保障资金缺口的规模将更大。不论今后社会保障统筹如何调整,都将有相当一部分支出责任由地方财政来承担,并最终形成地方政府的债务。

（2）地方金融机构债务

相当长一段时间里,各地区的信用合作社、农村合作基金会、乡镇企业发展公司等名目繁多的投融资组织十分活跃。这些机构非法融资、高息揽储、违规拆借等问题相当严重,加之自身经营面临很大的困难,许多贷款都成为呆账和不良资产,无法收回。当地方金融机构出现支付危机甚至面临破产时,地方政府往往为了保持本地区社会的稳定而不得不承担起偿还责任。

专栏 10-4 中国地方政府性债务的规模与结构（2010—2013 年）：国家审计的结果

从 2011 年开始,国家审计署连续三年对地方政府性债务进行了全面的审计。根据审计公报,截至 2010 年年底,全国地方政府负有偿还责任的债务达 67 109.51 亿元,地方政府负有担保责任的或有债务为 23 369.74 亿元,地方政府可能承担一定救助责任的其他相关债务为 16 695.66 亿元；截至 2012 年年底,地方政府负有偿还责任的债务达 96 281.87 亿元,地方政府负有担保责任的或有债务为 24 871.29 亿元,地方政府可能承担一定救助责任的其他相关债务为 37 705.16 亿元；截至 2013 年 6 月底,地方政府负有偿还责任的债务达 108 859.17 亿元,地方政府负有担保责任的或有债务为 26 655.77 亿元,地方政府可能承担一定救助责任的其他相关债务为 43 393.72 亿元。与以前年度相比,2013 年 6 月底地方政府各种性质债务的规模都有不同程度的扩大(参见表 10-2)。

表 10-2　中国 2010—2013 年地方政府性债务余额　　单位：亿元

截止时间	地方政府负有偿还责任的债务	地方政府或有债务	
		负有担保责任的或有债务	可能承担一定救助责任的其他相关债务
2010 年年底	67 109.51	23 369.74	16 695.66
2012 年年底	96 281.87	24 871.29	37 705.16
2013 年 6 月底	108 859.17	26 655.77	43 393.72

从地方政府债务的层级分布看,截至 2013 年 6 月底,地方政府负有偿还责任的债务主要集中在市级和县级政府,分别占地方政府负有偿还责任的债务的 44.49% 和 36.35%。而政府负有担保责任的或有债务和可能承担一定救助责任的其他相关债务都集中在省级政府,分别占地方政府负有担保责任的或有债务的 58.62% 和地方政府可能承担一定救助责任的其他相关债务的 42.71%(参见表 10-3)。

表 10-3 2013 年 6 月底中国地方政府性债务余额层级分布

债务项目	省级 金额(亿元)	省级 比重(%)	市级 金额(亿元)	市级 比重(%)	县级 金额(亿元)	县级 比重(%)	乡镇 金额(亿元)	乡镇 比重(%)
负有偿还责任的债务	17 780.84	16.33	48 434.61	44.49	39 573.60	36.35	3 070.12	2.83
负有担保责任的或有债务	15 627.58	58.62	7 424.13	27.85	3 488.04	13.09	116.02	0.44
可能承担一定救助责任的其他相关债务	18 531.33	42.71	17 043.70	39.28	7 357.54	16.96	461.15	1.05

在地方政府存量债务中,举借主体包括融资平台公司、地方政府部门和机构、事业单位、国有独资或控股企业等。融资平台公司、地方政府部门和机构、经费补助事业单位是地方政府负有偿还责任债务的主要举借主体,截至 2013 年 6 月底,它们分别举借了 40 755.54 亿元、30 913.38 亿元、17 761.87 亿元(参见表 10-4),其中举债规模最大的是融资平台公司,占比达 37%;而地方融资平台(以融资平台公司为代表)、地方政府部门和机构是地方政府负有担保责任的或有债务的主要承担者。

表 10-4 2013 年 6 月底中国地方政府性债务举借主体情况表　　　　单位:亿元

举债主体类别	地方政府负有偿还责任的债务	地方政府或有债务 负有担保责任的或有债务	地方政府或有债务 可能承担一定救助责任的债务
融资平台公司	40 755.54	8 832.51	20 116.37
地方政府部门和机构	30 913.38	9 684.20	0.00
经费补助事业单位	17 761.87	1 031.71	5 157.10
国有独资或控股企业	11 562.54	5 754.14	14 039.26
自收自支事业单位	3 462.91	377.92	2 184.63
其他单位	3 162.64	831.42	0.00
公用事业单位	1 240.29	143.87	1 896.36

从债务资金来源看,银行贷款、BT(Building Transfer,建设-移交)、债券是中国地方政府负有偿还责任的债务的主要来源,截至2013年6月底分别为55 252.45亿元、12 146.30亿元和11 658.67亿元(参见表10-5);在地方政府负有担保责任的或有债务和可能承担一定救助责任的其他相关债务中,银行贷款也占有较大的份额。

表10-5　2013年6月底中国地方政府性债务来源情况　　　　单位:亿元

债务人类别	地方政府负有偿还责任的债务	地方政府或有债务	
		负有担保责任的或有债务	可能承担一定救助责任的其他相关债务
银行贷款	55 252.45	19 085.18	26 849.76
BT	12 146.30	465.05	2 152.16
债券	11 658.67	1 673.58	5 124.66
其中:地方政府债券	6 146.28	489.74	0.00
应付未付款项	7 781.90	90.98	701.89
信托融资	7 620.33	2 527.33	4 104.67
其他	14 399.52	2 813.65	4 460.58

尽管从整体上看,中国地方政府性债务各项风险指标均处于国际通常使用的控制标准参考值范围内,风险总体可控,但也有部分地区债务负担较重。截至2012年年底,就有3个省级、99个市级、195个县级、3 465个乡镇级政府负有偿还责任的债务的债务率高于100%,其中,有2个省级、31个市级、29个县级、148个乡镇政府2012年负有偿还责任的债务的借新还旧率(举借新债偿还的债务本金占偿还债务本金总额的比重)超过了20%。

资料来源:《36个地方政府本级政府性债务审计结果》,中华人民共和国审计署审计结果公告2013年第24号;《全国政府性债务审计结果》,中华人民共和国审计署审计结果公告2013年第32号。

10.3.3　中国2014年之后的地方政府债务

一味禁止地方政府举借债务、无视地方政府性债务大量存在的事实,并不是一个好的政策选择。用规范、透明、有利于控制风险的地方债去置换和替代那些不规范、不透明、风险不容易控制的债务形式,才是对待地方债务融资的正确态度。正因为如此,2014年8月《中华人民共和国预算法》进行修订,赋予了地方政府债务融资的权力。

专栏10-5　　中国地方政府自主举债:从"关闸"到"放行"

从中国对地方政府债务融资政策多年来的调整中可以清楚地看到"禁止地方政府发债——中央国债转贷给地方——中央代发代还——地方自发、中央代还——地方自发自还"的演进轨迹,对地方政府债务逐步"放行"的趋势在其中显现得非常明晰。

- 1998年8月,国务院决定增发一定数量的国债,通过财政部转贷给省级政府用于地方社会经济发展,由省级人民政府决定和落实还款资金的来源,在本省范围内统借、统筹、统还。
- 2009年3月,国务院决定由财政部代发地方政府债,虽然此次地方政府债以省、自治区、直辖市和计划单列市政府为发行和偿还的主体,但仍然由财政部代理发行并代办还本付息。
- 2011年10月,国务院批准上海、浙江、广东、深圳开展地方政府自行发债试点,试点省市在国务院批准的发债规模限额内,自行组织发行本省市政府债券,由财政部代办还本付息。
- 2014年5月,国务院批准上海、浙江、广东、深圳、江苏、山东、北京、江西、宁夏和青岛等地试点地方政府债券自发自还,试点地区在国务院批准的发债规模限额内,自行组织本地区政府债券发行、支付利息和偿还本金。
- 2014年8月,《中华人民共和国预算法》完成了第一次修订工作,从而为地方政府举借债务扫清了最后的法律障碍。

资料来源:作者整理自公开资料。

《中华人民共和国预算法》《国务院关于加强地方政府性债务管理的意见》《地方政府性债务风险应急处置预案》和《地方政府性债务风险分类处置指南》等相关的法律法规,对中国地方政府债务融资进行了规范,从而搭建起中国地方政府通过发行债券的方式融资的制度框架。

1. 中国地方政府债务的举借主体与用途

在经过国务院批准之后,各省、自治区、直辖市政府可以举借地方政府债务。确需举借债务的市、县级政府,由各省、自治区、直辖市政府代为举借。地方政府债务只能通过地方政府及其各职能部门举借,不得通过企事业单位等举借。

地方政府举债取得的资金,只能用于公益性资本支出和适度归还存量债务,不得用于经常性支出。地方政府对其举借的债务负有偿还责任;在举债时,地方政府就应当制订偿还计划、确定稳定的偿还资金来源;对偿债违约的地方政府,中央政府不进行救助。

2. 中国地方政府债券的形式及其管理

根据修订后的《中华人民共和国预算法》,中国的地方政府债务只能采取"政府债券"的方式举借,禁止以其他任何方式举借债务或提供担保,同时要求剥离地方融资平台公司的政府融资职能。

根据债务资金用途和债务偿还资金来源,中国的地方政府债券可分为"一般债券"和

"专项债券"两种类型。没有收益的公益性事业发展确需地方政府举借债务的,由地方政府发行一般债券融资。地方政府一般债券是地方政府为了缓解资金紧张或解决临时经费不足而发行的债券,它通常以本地区的财政收入为担保,以一般公共预算收入偿还。有一定收益的公益性事业发展确需地方政府举借债务的,由地方政府通过发行专项债券融资。① 地方政府专项债券往往以项目建成后取得的收入为保证,用对应的政府性基金或专项收入偿还。

中国的地方政府债券应根据性质的不同,分门别类纳入预算管理。一般债务收支纳入地方一般公共预算进行管理;专项债务收支纳入地方政府性基金预算进行管理;政府与社会资本合作项目中的财政补贴等支出,按性质分别纳入相应的地方政府预算中进行管理;或有债务确需地方政府或其职能部门、单位依法承担偿债责任的,偿债资金也要纳入相应的地方预算进行管理。将地方政府债券纳入预算管理,有助于强化地方立法机构、上级行政机关和社会公众对地方政府发债权的制约和监督。

3. 中国地方政府债务规模的控制

中国对地方政府的债务规模实行限额管理(Debt Limit/Ceiling Management),地方政府债务规模由国务院报全国人大或全国人大常委会批准后分别下达限额。分地区限额由财政部在全国人大或其常委会批准的地方政府债务规模内根据各地区债务风险、财力状况等因素测算并报国务院批准。地方政府举债不得突破批准的限额,只能在批准的限额内举借债务,同时还必须报本级人大或其常委会批准。

经第十三届全国人民代表大会第六次会议审议批准,2023 年中国地方政府债务限额为 421 674.30 亿元,其中一般债务限额为 165 489.22 亿元,专项债务限额为 256 185.08 亿元。截至 2023 年 12 月末,中国地方政府债务余额为 407 370.29 亿元,其中一般债务余额为 158 685.16 亿元,专项债务余额为 248 685.13 亿元,均控制在全国人大批准的限额之内(参见表 10-6)。

表 10-6　2014—2023 年中国地方政府债务限额与余额　　　　　　单位:亿元

年份	地方政府债务限额			地方政府债务余额		
	合计	一般债务	专项债务	合计	一般债务	专项债务
2014	—	—	—	154 074.30	94 272.40	59 801.90
2015	160 074.29	99 272.40	60 801.89	147 568.37	92 619.04	54 949.33

---

① 中国地方政府专项债券的支持范围主要包括交通基础设施、能源、农林水利、生态环保、社会事业、物流基础设施、市政和产业园区基础设施、国家重大战略项目、保障性安居工程等领域。根据中共二十届三中全会提出的"合理扩大地方政府专项债券支持范围,适当扩大用作资本金的领域、规模、比例"的精神,中国地方政府专项债券支持范围将会扩大到独立新型储能、重点流域水环境综合治理等领域,而且地方政府也将加大对国家级产业园区基础设施、5G融合应用设施、城中村改造、保障性住房、普通高校学生宿舍等领域的支持力度。

(续表)

年份	地方政府债务限额			地方政府债务余额		
	合计	一般债务	专项债务	合计	一般债务	专项债务
2016	172 000.00	107 000.00	65 000.00	153 557.59	98 312.88	55 244.71
2017	188 174.30	115 489.22	72 685.08	165 099.80	103 631.79	61 468.01
2018	209 974.30	123 789.22	86 185.08	184 618.67	110 484.51	74 134.16
2019	240 774.30	133 089.22	107 685.08	213 097.78	118 670.79	94 426.99
2020	288 074.30	142 889.22	145 185.08	256 610.77	127 393.40	129 217.37
2021	332 774.30	151 089.22	181 685.08	304 700.49	137 706.81	166 993.68
2022	376 474.30	158 289.22	218 185.08	350 652.91	143 961.67	206 691.24
2023	421 674.30	165 489.22	256 185.08	407 370.29	158 685.16	248 685.13

资料来源：作者整理自财政部网站信息。

4. 中国地方政府债务风险的管控

建立涵盖地方政府直接债务、显性债务、或有债务和隐性债务的全口径地方政府债务监测监管体系，是对地方政府债务风险进行有效管控的关键一环。[①] 中国对地方政府债务风险的管控具体体现在建立地方政府债务风险评估和预警机制、应急处置机制以及责任追究机制等方面。

地方政府债务风险评估与编制地方政府综合财务报告，是中国地方政府债务风险管控的重要环节。财政部会根据债务率、新增债务率、偿债率、逾期债务率等指标，评估各地区债务风险状况，对债务高风险地区进行风险预警。债务高风险地区要积极采取降低风险的措施。各级地方政府财政部门还要编制以权责发生制为基础的政府综合财务报告，并公布政府资产负债表，这一提升财政透明度的举措有助于地方政府债务风险的监测与控制。

中国也确立了地方政府性债务风险应急处置的办法。按照性质、影响范围和危害程度等的不同，中国将地方政府债务风险事件划分为特大、重大、较大和一般等四个等级，并根据等级的不同制定了分级响应和应急处置的措施。地方政府债务应急处置的核心，是实施地方财政重整计划。地方财政重整指的是债务高风险地区，在保障必要的基本民生支出和地方政府运转基本支出的基础上，通过实施拓宽财源渠道、优化支出结构、处置政府资产、申请上级政府救助、加强预算审查和改进财政管理等一系列增收、节支、资产处置等短期和中长期措施安排，使债务规模和偿债能力相一致，并恢复财政收支平衡状态。对

[①] 中共二十届三中全会尤其强调，要建立长效机制来防范和化解地方政府隐性债务风险。

市县政府而言,当年度一般债务付息支出超过当年一般公共预算支出 10% 或专项债务付息支出超过当年政府性基金预算支出 10% 时,就必须启动财政重整计划。①

专栏 10-6　鹤岗市:中国第一个"财政重整"的地级市②

2021 年 12 月,黑龙江省鹤岗市决定实施"财政重整"计划,这是中国第一个启动财政重整的地级市。截至 2020 年年底,鹤岗市地方政府债务余额达 131.13 亿元。与其他地级市相比,鹤岗市的政府债务规模其实并不大,为什么偏偏鹤岗市要进行财政重整?

2020 年,鹤岗市实现地区生产总值 340.2 亿元,按可比价格计算,比上年增长 0.3%。2020 年,鹤岗市全口径财政收入为 38.8 亿元,比上年下降 10.3%,其中一般公共预算收入 23 亿元,比上年下降 7.8%,仅完成预算的 89.4%;政府性基金预算收入完成 21 096 万元,虽然与 2019 年相比增长 40%,却是在 2019 年的政府性基金收入下降了 19% 的基础上实现的。一方面是较低的财政收入,另一方面却是仍在增长的财政支出。2020 年,鹤岗市全口径财政支出为 157.7 亿元,比上年增长 0.3%。为了弥补财政缺口,鹤岗市很大程度上依赖上级政府的救助,2020 年鹤岗市转移支付收入为 104.6 亿元。

启动财政重整,已经触发了必须实施财政重整计划的"红线"。无论是一般债务付息还是专项债务付息,若超过一般公共预算或政府性基金预算的 10%,背后要么是债务增长过快,要么是收入下降,抑或两者兼有。

需要特别注意的是,中国的地方财政重整并不等于"地方财政破产"。地方财政重整只是阶段性应急措施,只要债务风险得到缓解,财政重整措施即可得到撤销。鹤岗市此次触发重整计划是对Ⅳ级(一般)债务风险事件的法定应对,应重视风险苗头但不必过于担心,尤其不必以西方国家"政府破产"的风险程度来判断中国的地方财政重整计划。

资料来源:郑新钰.黑龙江省鹤岗市"财政重整"背后:"收缩型城市"如何化解债务风险.中国城市报,2022-01-17。

当发生一般及以上级别的地方政府性债务风险事件时,就要启动债务风险责任追究机制。没有责任追究,地方政府举债行为就失去了约束。在这种情形下,地方政府不负责任的举债行为就会普遍出现。地方债务风险责任追究机制的建立,对抑制地方政府债务规模的扩大、减少地方政府盲目举债的行为有着相当积极的作用。

---

① 《地方政府性债务风险应急处置预案》(国办函〔2016〕88 号)。
② 其实,鹤岗市并不是中国第一个实施"财政重整"的地方政府。2018 年,四川省资阳市的两个县级行政单位雁江区和安岳县就启动了"财政重整",2019 年资阳两个县区财政重整完毕。

重要概念

地方政府债务　地方政府直接债务　地方政府或有债务　地方政府隐性债务　地方政府性债务　市政债　地方政府债务监管　地方政府债务风险　中央政府救助　地方政府财政破产　地方债务限额管理　地方政府财政重整计划

复习思考题

1. 广义上的地方政府债务包括哪些内容？
2. 试分析中国当前的地方政府债务的构成。
3. 允许地方政府举借债务有什么利弊？
4. 对地方政府债务进行监管的不同方式各有什么优势和不足？
5. 新形势下，中国应如何健全地方政府债务管理制度？

课堂讨论题

2014年中国首次以法律形式明确地方政府举债的唯一合法渠道是发行地方政府债券，同时以债务置换方式清理存量债务，并对地方政府债务实行限额管理。尽管中央政府不断加强对地方政府债务的常态化监管，然而一些地方政府受政绩冲动等影响仍然违法违规举债。2018年，《中共中央国务院关于防范化解地方政府隐性债务风险的意见》将地方政府在法定债务限额之外直接或者承诺以财政资金偿还以及违法提供担保等方式举借的债务界定为"地方政府隐性债务"。请联系所给案例，就中国地方政府隐性债务的形成原因、影响及其治理等问题进行课堂讨论。

案例材料

中国现阶段地方政府隐性债务的表现形式

现阶段，中国的地方政府隐性债务主要有以下三种类型：

（1）地方政府（含相关部门和机构）以发行地方债以外的方式违规举借并约定由财政资金偿还的债务

地方政府部门直接向企事业单位（以平台公司居多）借款并承诺偿还，这是最直接、最显而易见也是最典型的违规举债方式。2017年1月至7月，陕西省韩城市住房和城乡规划建设局、市旅游发展委员会等4个部门向韩城市城市投资(集团)有限公司和韩城市旅游投资有限责任公司借款3.57亿元,用于市政基础设施建设和古城基础设施建设等支出,形成了3.57亿元政府承诺以财政资金偿还的债务。

地方政府通过国企平台、事业单位进行债务融资,用于本应由财政资金安排的公益性项目或者用于偿还前期隐性债务等,并最终由地方政府偿还。2016年1月至2018年3月,陕西省延安市新区投资开发建设有限公司、延安新区市政公用有限公司将银行贷款等融资资金共69.07亿元交由延安市新区管理委员会统筹使用,用于延安新区基础设施、道路工程等建设,截至2018年5月底,形成政府承诺以财政资金偿还的债务36.8亿元。

(2) 政府违规提供担保的债务

地方政府以政府决议、会议纪要和函件等形式为企业、单位和个人的融资提供担保或承诺形成的债务。2015年11月至12月,重庆市黔江区人民政府批复同意重庆市黔江区城市建设投资(集团)有限公司向原贵州中黔金融资产交易中心有限公司融资0.55亿元,黔江区财政局为该笔融资提供了协调资金支付融资产品本息的承诺函,造成新增隐性债务。

(3) 违规操作形成的地方政府中长期支出事项

地方政府在设立政府投资基金、开展PPP项目、政府购买服务等过程中,通过约定回购本金、承诺保底收益等违规操作形成的政府中长期支出事项,也属于地方政府隐性债务。

2016年6月,湖南省长沙市望城经济技术开发区管理委员会全资子公司望城经开区建设开发公司与中国农发重点建设基金有限公司签订10年期、年投资收益率1.2%的基金投资协议,借款1.4亿元用于望城经开区电子信息化产业园配套基础设施建设项目,望城区人民政府出具承诺函,承诺以财政资金回购中国农发重点建设基金有限公司投入的资本金,形成了固化的财政支出责任。

从PPP支出责任特征来看,它是基于法律合同的公开透明的支付责任,纳入预算限额管理(不超过一般公共预算支出的10%);其未来支付数额与公共服务的产品质量、功效紧密相连,需要在未来公共功能实现并通过绩效考核后进行支付,并不是直接的现时支付义务。如果某PPP项目社会资本方实际只承担项目建设,而不承担项目运营责任,或地方政府支出事项与项目产出绩效脱钩的,则形成地方政府隐性债务。

地方政府利用政府购买服务违法违规举债融资。2017年7月和9月,浙江省杭州市余杭区将禁止类建设项目作为政府购买服务,余杭区所属部门与相关单位签订包括农居房整治、道路修缮及建筑物拆除等内容的政府购买服务协议合同,协议金额52.78亿元,协议约定购买服务资金纳入财政预算。截至2018年6月底,杭州市余杭区通过政府购买服务形成政府隐性债务40.07亿元。

资料来源:作者整理自公开资料。

参考文献与延伸阅读资料

陈志勇,庄佳强,等.地方政府性债务管理与风险防范研究.北京:经济科学出版社,2017.

毛振华等.中国地方政府债券发展报告.北京:社会科学文献出版社,2021.

Baldassare M. When Government Fails: The Orange County Bankruptcy. Berkeley: University of California Press, 1998.

Feldstein S G, Fabozzi F J. The Handbook of Municipal Bonds. NY: John Wiley & Sons Inc, 2008.

Canuto O, Liu L. Until Debt Do Us Part: Subnational Debt, Insolvency, and Markets. World Bank, 2013.

网络资源

中华人民共和国财政部网站"地方债管理"专题,http://yss.mof.gov.cn/zhuantilanmu/dfzgl.

中国地方政府债务信息公开平台,http://www.celma.org.cn.

OECD组织公共债务管理网站,https://www.oecd.org/daf/fin/public-debt/.

第 11 章

地方财政管理

【本章学习目标】

- 掌握地方政府预算体系的构成
- 掌握地方政府预算与决算的基本流程
- 掌握地方财政信息公开的必要性
- 掌握中国地方绩效预算改革的发展趋势
- 了解地方中期财政规划

地方财政管理(Subnational Fiscal Management)是地方政府对地方财政收支及其相关经济活动进行的决策、计划、组织、协调和监督。地方财政管理将地方政府的财政收支和举债活动落到实处,贯穿地方财政的全过程,它在相当大程度上决定着地方财政的最终成效及其在社会经济生活中所发挥的作用。

11.1 地方政府预算与决算管理

狭义的地方财政管理通常仅指地方政府预算的编制管理、地方政府预算的执行管理和地方政府决算管理。所有依托地方政府的行政权力、信用、国有资源资产获取的收入及相关的支出,均应纳入地方政府预算体系进行管理。

11.1.1 中国地方政府预算体系的构成

根据《中华人民共和国预算法》的规定,中国地方政府预算体系由省(自治区、直辖市)、设区的市(自治州)、县(自治县、不设区的市、市辖区)和乡(民族乡、镇)四级预算共同组成。不具备条件的乡、民族乡、镇,经所在省、自治区、直辖市政府批准,可以暂不设立预算。目前,中国各级地方政府预算都采用复式预算形式,由地方一般公共预算、地方政府性基金预算、地方国有资本经营预算和地方社会保障预算等共同组成。

按照预算的编制形式,地方政府预算体系可分为地方政府总预算、地方政府本级预算、地方政府部门预算和单位预算。地方政府总预算由地方政府本级预算和汇总的下一级政府总预算组成。地方政府部门预算由地方政府部门所属各单位的预算组成。单位预算是列入部门预算的地方政府职能部门、社会团体和其他单位在某一预算年度内的财政收支计划,它是部门预算编制的基础,也是地方政府预算的重要组成部分。

11.1.2 中国地方政府预算的编制与审批

地方政府预算的编制是地方财政管理的开始,是一项复杂而又细致的工作。为了保证地方政府预算编制的质量,在正式编制前必须做好一系列的前期准备。在前期准备工作的基础上,地方政府预算将按照法定的程序进行编制,并提交同级人民代表大会及其常委会审批。

1. 中国地方政府预算编制的前期工作

在正式启动下一年度地方政府预算的编制工作之前,地方财政部门首先会对本年度政府预算的执行情况进行分析和评估。在财政收支具有连续性和预算收支的测算没有完全放弃"基数法"的情况下,本年度地方政府预算的执行情况仍然是确定下一年度预算收支计划数的重要依据。在分析和评估本年度地方政府预算的执行情况之后,地方财政部门会初步拟定下一年度预算收支指标。除本年度预计执行情况外,下一年度预算收支指标拟定的主要依据还包括地方政府的预算管理职权和财政体制确定的财政收支范围、下一年度本地区国民经济与社会发展计划的主要控制指标、历年的地方政府预算收支规律以及影响下一年度地方政府预算收支的各种变化因素。政府预算收支科目和预算表格是编制政府预算的工具,为了适应国民经济的发展变化,在每年编制预算之前,中央或地方财政部门都会对地方政府预算收支科目和地方政府预算表格进行适当的修订。

2. 中国地方政府预算编制的程序

为了使各级地方政府预算的编制符合国家的方针政策以及国民经济和社会发展计划的要求,并确保地方政府预算的统一性、完整性和准确性,地方政府都会根据上级政府颁发的编制政府预算的指示和规定,结合本地区的实际情况,对本级政府和本地区下级政府各部门下达编制预算草案的各项任务的指示和具体要求,主要包括编制地方政府年度预算的方针和任务、编制各项主要收入预算和支出预算的具体要求、各级预算收支的划分和机动财力的使用范围、预算编制的方法以及预算报送程序和报送期限等。

目前,各地区普遍将过去预算部门、业务部门和预算单位分别编制预算的办法改为由预算部门、业务部门和预算单位通过"两上两下"的流程共同编制。地方政府部门预算是由地方政府各职能部门编制、反映各政府部门所有收入和支出的预算,它从基层预算单位逐级编制,一般经过部门按要求上报预算建议、财政审核后下达预算控制限额、部门在限额内细化编报预算、财政批复部门预算等四个阶段。在"两上两下"的过程中,各政府部门负责本部门所属各单位预算草案的审核,并汇总编制本部门的预算草案,于规定时间内报地方财政部门审核;地方各级财政部门审核本级政府各部门的预算草案,编制本级政府预算草案,汇编本级总预算草案,经本级政府审定后,按照规定期限报上一级政府审核。

3. 中国地方政府预算的审查和批准

审查和批准是地方政府预算的必经环节。在经过地方政府同意之后,地方财政部门应在规定的时间内将本级政府预算草案提交同级人民代表大会常务委员会进行初步审查,并将初审结果提交本级人民代表大会讨论,预算草案经过审查和批准后便有了法律效力,正式成为当年本级政府预算。

地方各级财政部门应当自本级人民代表大会批准本级政府预算之日起30日内,批复本级各部门预算;地方各职能部门应当自本级财政部门批复本部门预算之日起15日内,批复所属各单位预算。乡级以上地方各级政府应当在规定时间内及时将经本级人民代表大会批准的本级政府预算及下一级政府报送备案的预算汇总,报上一级政府备案;同时将下一级政府报送备案的预算汇总,报本级人民代表大会常务委员会备案。

专栏 11-1　　美国地方政府预算是怎样编制和审议的？

美国地方政府预算有 1 年期的一般财政预算和 5 年期的资本项目预算两种，前者主要侧重于地方政府每年的财政收支，后者主要侧重于地方政府在未来 5 年内的基本建设项目。剑桥市位于美国马萨诸塞州东部，面积为 16.3 平方千米，人口为 9 万多。剑桥市实行的是市议会领导下的市经理负责制管理模式。剑桥市议会由 9 人组成，由 9 个选区的选民直接选举产生，任期 3 年，每年改选 1/3。市长则由市议员推举产生，任期也是 3 年。市议会面向全国公开招聘市经理，由市经理领导的市政机构来运作剑桥市财政。

在剑桥市，每年 7 月 1 日至第二年 6 月 30 日为一个财政年度。根据马萨诸塞州的法律，下一个财政年度的预算草案要在每年 1 月 1 日开始后的 160 天内，由市经理提交市议会审议。剑桥市市议会一般在 4 月中旬开始提交讨论和修改下一个财政年度的预算草案，并在当年 6 月 30 日之前通过。

剑桥市的议员分别代表着各个不同选区选民的利益。在每年预算案的审议中，他们特别关心在预算案中有没有解决自己选区选民所反映的问题。如果没有，就必须让市经理对这个问题做出合理的解释。剑桥市一年的财政预算规模并不大，但其年度财政预算案却厚达 400 多页，图文并茂且非常具体，不仅有总体的收入账和支出账，而且每一项支出都有相应的收入来支撑。在预算审议过程中，市议会都会提前公布预算审议的日程安排，为选民的参与提供条件和机会。审议时，选民可以在遵守会场秩序的前提下，自由参与市议会的预算审议，并提出自己的意见和问题，要求市经理给予回答。市议会对市经理运作市政资产的考核，就是看他是不是严格按照市议会通过的财政预算案来执行，其结果是否使广大选民和纳税人满意。对市议员来说，只有选民和纳税人满意了，他们才能在下一次的市议员选举中连任；对市经理来说，只有选民和纳税人尤其是市议员满意了，他才能在下一个年度里继续领导市政机构的工作；对于市长来说，只有选民、纳税人和市议员满意了，他才能继续当选市长。

资料来源：作者整理自高新军，杨以谦，马跃.地方治理、财政和公共预算.西安：西北大学出版社，2009：99—102。

11.1.3　中国地方政府预算的执行管理

地方政府预算执行就是把经法定程序批准的地方政府预算付诸实施，具体包括地方政府预算收支的组织和地方政府预算的调整等。根据法律的规定，在同级地方政府的领导下，各级地方财政部门具体负责本级政府预算的执行，检查和监督所属下级政府预算的执行，并定期向同级地方政府和上一级财政部门报告预算的执行情况。

1. 组织地方政府预算收入

地方政府预算收入的执行主要包括地方政府预算收入的征收入库、划分与报解以及退库等工作。各地区的财政、税务和人民银行等机构,具体承担或参与地方政府预算收入的组织和执行工作。

第一,地方政府预算收入的征收入库。各地的财政、税务机构具体负责地方政府预算收入的征收管理。凡应缴的各级地方政府的预算收入都要及时、足额地缴入各级国库。地方政府预算收入的缴库方式有直接缴库和集中汇缴两种。

第二,地方政府预算收入的划分与报解。中国人民银行代理国家金库,具体负责各级预算收入的划分与报解。预算收入的划分是国库对每天收纳入库的预算收入,根据财政体制规定的各级预算固定收入划分范围、中央与地方政府之间以及各级地方政府之间分成收入的留解比例,计算并划分中央预算收入和地方各级预算收入。预算收入的报解是在划分收入的基础上,按照规定的程序将各级预算收入的库款分别报解各级国库,相应增加各级预算在各级国库的存款,以保证各级地方政府及时取得预算收入。

第三,地方政府预算收入的退库。地方政府预算收入缴入国库之后,就成为地方政府的预算资金,入库的预算资金一般是不予退还的。如有特殊情况需要退库,必须经过法定的程序才能将已经缴入国库的地方政府预算收入退还给特定的单位或个人。

2. 组织地方政府预算支出

地方政府预算支出执行的主要任务,是根据年度预算的安排将各项支出适时地、正确地拨付给资金使用单位,以满足本地区社会发展和经济建设的需要。地方政府预算支出的执行一般由地方财政部门负责组织和监督,由各支出预算部门和单位具体负责执行。

地方政府预算支出必须按支出预算执行。各级地方政府预算是经过各级地方人民代表大会审查和批准、具有法律效力的文件,必须严格执行,不准突破。在地方国民经济计划和地方政府预算执行中,如果由于重大财政经济政策的调整或计划的变更以及其他突发事件等,需要增加地方支出预算,必须按规定程序办理追加预算支出。

预算拨款是地方政府预算支出执行的一个重要环节。办理预算拨款,应坚持按预算计划拨款、坚持按事业进度拨款、坚持专款专用和坚持按预算级次拨款等原则。地方政府预算支出的方式包括财政直接拨付和财政授权拨付方式。在财政直接拨付方式下,由地方财政部门开具支付令,通过国库单一账户体系直接将财政资金划拨至收款人或用款单位账户。而在财政授权拨付方式下,预算单位根据地方财政部门的授权自行开具支付令,通过国库单一账户体系将财政资金划拨至收款人账户。

3. 地方政府预算调整

地方政府预算调整是经地方各级人民代表大会批准的地方政府预算在执行中因特殊情况需要增加支出或者减少收入,使原批准的收支平衡的地方政府预算的总支出超过总收入,或者使原批准的地方政府预算中举借债务数额增加,从而要对预算收支指标进行部分变更,这一变更必须由地方财政部门编制预算调整方案,经同级地方政府审查通过报同级人民代表大会常务委员会审查和批准。

地方政府预算调整有"全面调整"和"局部调整"两种类型。全面调整是对地方政府预算的大变动,一般很少进行这种调整。在地方政府预算执行中经常进行的是局部调整,地方政府预算的局部调整有动用地方预备费、地方政府预算的追加追减、经费流用和预算划转等四种方式。

4. 规范地方政府预算执行的措施

为了规范地方政府预算的执行,中国先后推出了多项措施,其中"国库集中收付""政府采购"和"财政资金直达"是比较重要的三项。

(1) 国库集中收付

在过去相当长一段时间内,中国财政性资金的拨付和缴库都是通过各征收机构和预算单位设立的多重账户进行的。各征收机构和预算单位重复及分散设置账户的国库管理模式,存在一些难以克服的缺陷。2001年,中国对传统的财政资金银行账户管理体系和资金缴拨方式进行改革,建立以国库单一账户为基础、资金缴拨以国库集中收付为主要形式的财政国库管理制度。在这一制度下,所有的财政收入都直接缴入国库,主要的财政支出由财政部门直接支付给商品或劳务的供应者。这一制度有效提高了资金运作效率和预算执行透明度,同时也强化了预算监督机制。近年来,全国各地又在大力推进国库集中支付电子化管理。

(2) 政府采购

改革开放以来,中国一直实行财政直接拨款、单位自行采购的体制。在该体制下,财政部门无法对支出的具体使用进行有效的管理,导致财政资金的分配与使用脱节,财政监督形同虚设,而支出单位自主使用财政资金,也使支出规模控制困难重重,财政资金使用过程不透明、不公开,随意性强,浪费严重,效益低下。

为了加强对财政支出的管理,20世纪90年代中期,上海等部分省市进行了政府采购试点,并于1998年在全国范围内推行。政府采购能够提高资金的使用效益,节约财政资金,从而在一定程度上有助于缓解财政收支的矛盾;此外,政府采购的政策功能还体现在保护国内产业、保护环境、扶持不发达地区和中小企业等方面。地方政府采购是中国政府采购的主体,目前地方政府采购额占全国政府采购额的比重在90%以上,因此政府采购的政策功能也主要是由地方政府实现的。

(3) 财政资金直达

长期以来,中国中央政府对地方财政转移支付的资金采用的都是"转拨"制,在经过中央财政—省财政—市县财政层层"中转"后才到达目标地方政府手中。这种做法不仅降低了财政转移支付资金的使用效率,而且不少地区出现了中央转移支付资金被挤占、挪用或截留的现象,致使中央政府的财政转移支付目标无法完全达成。

2020年,为了有效应对新冠疫情对社会经济的不利影响、支持地方政府完成好"保民生""保就业"等任务,中国推出"财政资金直达"机制,中央政府特殊转移支付资金直接拨付到市县财政,由基层单位使用。2021年,"财政资金直达"机制由特殊措施成为常态化举措,其基本运行模式是"中央切块,省级细化,备案同意,快速直达"。常态化财政资金直达机制的实施范围从作为"特殊转移支付机制"下达增量资金扩展到以存量资金为主,包括用于保障基层财力的一般性转移支付、提前下达的共同财政事权转移支付以及具备条件的专项转移支付,基本实现了中央财政民生补助资金全覆盖;与此同时,常态化财政资金直达机制还在直达资金分配和资金监管等方面进行了相应的调整。2021年,中国财政直达资金规模达到2.8万亿元,2022年扩大到约4万亿元。常态化财政资金直达机制的实施畅通了预算分配、下达和使用的整个链条,有效缩短了财政资金周转时间,减少了财政资金转拨过程中的各种"跑""冒""滴""漏",有利于提高财政资金的使用效益和政策的精准性。

11.1.4 中国的地方政府决算

地方政府决算(Subnational Actual Budget)是经法定程序批准的地方政府年度预算执行结果的会计报告,它是预算年度内地方政府预算收入和支出的最终结果,也是各级地方政府经济活动在财政上的集中表现。通过编制地方政府决算,可以全面系统地反映地方政府预算收支指标的实际执行情况。

地方政府决算的程序与地方政府预算的程序大体相同。预算年度终了,即进入决算编制阶段。地方政府决算由各级地方财政部门负责汇编,从执行预算的基层单位开始,自下而上编制单位决算,然后由各部门审核单位决算并汇总编制部门决算,直至汇总编制地方本级决算。各级地方政府总决算均由本级政府决算和所属下级政府总决算汇编而成。为了便于地方各级政府、各级人民代表大会和上级政府的审核,在编制地方政府决算草案的同时还要编写决算说明书。作为地方政府决算的必要组成部分,决算说明书是地方年度预算执行情况的书面总结,一般分为单位决算说明书、部门决算说明书和总决算说明书。

各级地方政府决算草案编制完成后,由地方财政部门报送同级地方政府讨论通过后,提请同级人民代表大会常务委员会审查批准。一般情况下,由地方财政部门负责人报告说明预算收支的完成数字、完成或未完成预算的原因,并提出改进预算管理的建议。在对地方政府决算草案逐项审议并经表决通过后,本级政府决算即获批准。地方政府将批准的本级决算,连同汇总的下级政府决算,汇总报上级政府备案。上级政府审查后如发现有同法律、行政法规相抵触或者有其他不适当之处,需要撤销批准该项决算决议的,应提请本级人民代表大会常务委员会审议决定;经审议决定撤销的,下级人民代表大会常务委员会应当责成本级政府重新编制决算草案,再提请本级人民代表大会常务委员会审查和批准。

> **专栏 11-2　新疆昌吉市人大常委会否决昌吉市政府财政报告**
>
> 2005年6月,新疆维吾尔自治区昌吉市人大常委会组成由人大代表及部分专业人士参加的检查组,对昌吉市2004年财政决算和2005年上半年财政预算执行情况进行了为期11天的检查。检查发现,2004年和2005年上半年,昌吉市人民政府未能严格执行经昌吉市人民代表大会批准的财政预算:追加预算支出前均未编制预算调整方案,也没有报昌吉市人大常委会批准;昌吉市财政局未按规定向昌吉市人大常委会报告预算外资金收支情况;昌吉市人民政府违反《中华人民共和国预算法》,随意动用预备费,政府部门预算缺乏透明度;在业务费安排上缺乏科学性,事权量化不规范,安排不合理等。在这种情况下,昌吉市第六届人大常委会第二十次会议以"昌吉市人民政府财政支出超出了人代会批准的财政预算,预算执行中有违反《中华人民共和国预算法》的行为"为由否决了《昌吉市人民政府关于2004年财政决算和2005年上半年财政预算执行情况的报告》,要求昌吉市政府在两个月内整改完毕并在昌吉市人大常委会下次会议上重新报告。
>
> 昌吉市人大常委会否决政府财政预算执行情况报告,这在昌吉市历史上尚属首次。近些年来,地方人大否决地方政府预算报告的情形并不鲜见,如2002年湖南省沅陵县人大会议否决《沅陵县2001年财政预算执行情况和2002年财政预算报告》,2006年海南省临高县人大常委会曾两次否决《临高县人民政府关于专项资金管理使用情况报告》等。这些现象既体现了人大代表为百姓管好"钱袋子"、从财政资金方面制约和监督政府的职能,也是中国政治体制改革中的一个"新"现象。
>
> 资料来源:作者整理自刘冰.昌吉市人大常委会否决政府财政报告.中国青年报,2005-09-02等资料。

11.2　地方财政管理改革

进入21世纪后,中国各地区秉承科学化、精细化财政管理的理念,分别从制度、技术等层面推出了各具特色的改革举措,如广东省佛山市南海区和上海市闵行区等的绩效预算改革、浙江省温岭市和河南省焦作市等的参与式预算改革、江苏省无锡市和浙江省嘉兴市等的政府采购公共服务改革等,这些改革措施在提高财政资金的使用效益、强化社会监督、提高公众的参与程度、节约财政资金等方面起到了积极的作用。现阶段及未来一段时期中国地方财政管理改革的重点,仍主要集中在地方政府财政信息公开、地方政府预算绩效管理、地方中期财政规划和地方财政纪律等方面。

11.2.1 地方政府财政信息公开

地方政府预算反映的是地方公共需求与公共供给,这一基本属性要求地方政府及时、准确、完整地向社会公众公布地方财政收支、地方政府资产负债、地方财政绩效和地方财政风险等方面的信息。地方政府财政信息公开透明,既是良好地方财政管理的重要特征之一,也是建立现代民主问责制度与法治社会的重要环节。

中国各级地方政府财政的透明度一直都不高,对社会经济的发展产生了不小的危害。屡屡发生的地方财政决策不民主、不科学的状况,纷纷上马的违背民意的形象工程,屡见不鲜的地方财政资金的滥用或被挪用,屡禁不止的地方政府官员奢侈浪费的职务消费、以权谋私甚至贪污腐败等,均与地方财政不透明存在直接关联。虽然实现财政透明并不是最终目的,但逐步提高各级地方政府的财政透明度却可以吸引社会公众的参与,加强对地方财政资金使用情况的公众监督,减少地方政府对权力和资源的滥用,进而提高地方财政运行效率。

《中华人民共和国政府信息公开条例》于 2008 年开始实施,为中国财政信息的公开提供了必要的法律依据。修订后的《中华人民共和国预算法》更是明确要求,经本级人民代表大会或者本级人民代表大会常务委员会批准的预算、预算调整、决算、预算执行情况的报告及报表,应当在批准后二十日内由本级政府财政部门向社会公开,并对本级政府财政转移支付安排、执行的情况以及举借债务的情况等重要事项作出说明。经本级政府财政部门批复的部门预算、决算及报表,应当在批复后二十日内由各部门向社会公开,并对部门预算、决算中机关运行经费的安排、使用情况等重要事项作出说明。各级政府、各部门、各单位应当将政府采购的情况及时向社会公开。提高财政的透明度,已被中国各级地方政府提上议事日程并取得了一定的成效,但还有很长一段路要走。

专栏 11-3　　　　　　　　　　中国的地方财政透明度

2018—2023 年,财政部连续 6 年发布"地方预决算公开度排行榜",对全国各级地方政府和部门、单位的预算和决算公开信息的完整性、细化程度、及时性、公开方式以及财政收支信息的真实性进行了全面评估。

根据"地方预决算公开度排行榜",中国地方预决算公开状况持续向好。2015 年,在全国 26.1 万个地方预算单位中,未公开部门预算和未公开部门决算的单位分别多达 3.7 万个和 5.6 万个,而 2016 年分别减少为 737 个和 778 个,平均降幅为 98.3%。2017 年在 2016 年基础上继续下降,降幅为 74%,其中部门预决算公开率接近 100%。2018 年以来,未公开部门预算和未公开部门决算的单位数连续三年下降到个位数。2021年度应公开预算和决算的地方各级部门所属单位分别为25.19万个、24.10万个,公开率分别达到94.89%、91.17%。

根据"地方预决算公开度排行榜",中国地方政府预决算公开工作仍存在一些问题。一是个别部门未公开预决算。到2021年,依然有6个部门未公开部门预算。二是少数部门未按规定要求在预决算批复后20日内向社会公开。三是部分地方和部门公开内容不完整、不细化、不准确。如有的缺失关键要素,有的未按要求细化说明,有的公开数据信息不准确。四是部分部门公开内容可读性不强。如有的未对公开内容编制目录,有的公开目录与正文内容不匹配,有的未对专业性较强的名词进行解释。

资料来源:作者整理自财政部网站相关资料。

11.2.2 地方政府预算绩效管理

长期以来,中国各级政府预算形成了"重安排,轻监督;重争取,轻管理;重使用,轻绩效"的传统,部分预算单位把大量精力花在了"跑资金、争项目"上,认为只要资金使用合法合规就行,忽视了财政资金的使用绩效。地方政府预算绩效管理就是要建立以提高财政资金使用效益为核心的绩效评价体系,并将绩效考评结果作为编制地方政府年度预算或资金分配机制的重要参考依据,其重心在于地方财政支出的绩效或地方政府预算执行的结果,而不是简单地关注地方财政投入或地方政府预算的执行过程。

20世纪90年代,"绩效预算"(Performance Budgeting)的理念与方法逐步被引入中国各级政府的财政支出管理活动之中,湖北省的"效益财政建设"就是其中早期探索的代表。2003年,在部分中央政府部门开展预算支出绩效考评试点工作的同时,地方政府也陆续开始绩效预算改革的尝试。广东、上海和江苏等结合本地实际开展的各具特色的绩效预算改革,对改善本地区财政资金的分配和项目管理起到了积极的推动作用。目前,全国36个省级财政部门(含计划单列市)都设立了单独的预算绩效管理机构,或由相关部门履行绩效管理职责。各地在不断完善预算绩效管理规章制度的基础上,不仅逐步扩大了预算绩效评价的范围,而且评价项目逐年增多,涉及的资金量逐年增加。经过数年的预算绩效改革,以绩效为目标、以结果为导向的绩效理念正在各地逐步形成,地方财政资金的使用效益明显得到提升,地方财政支出结构也不断优化。当然,中国地方政府预算绩效管理中存在的问题也不少,如法治建设不完备、绩效评价指标体系不完善、评价指标设定的科学性有待加强、绩效评价方法相对单一、相关配套措施没有跟进等。

2018年及其后发布的《中共中央、国务院关于全面实施预算绩效管理的意见》《项目支出绩效评价管理办法》《政府和社会资本合作(PPP)项目绩效管理操作指引》《关于推进政府购买服务第三方绩效评价工作的指导意见》等,对中国全面实施预算绩效管理进行了部署。中国的预算绩效管理改革将拓展预算绩效管理的实施对象,从过去以政策和项目预算为主向单位预算、部门预算和政府预算拓展;同时将建立全过程预算绩效管理链条,将绩效理念和方法深度贯穿预算编制、执行和监督的全过程,构建事前、事中和事后绩效管理闭环系统。①

专栏 11-4　青海省开创地方预算绩效管理法治化新格局

2022 年 11 月,青海省第十三届人民代表大会常务委员会第 36 次会议审议通过了《青海省预算绩效管理条例》(以下简称《条例》),这是全国省级层面出台的首部预算绩效管理地方性法规。《条例》围绕"全面"和"绩效"两个关键点,来推动青海省的预算绩效管理,并于 2023 年 1 月正式实施。

- 《条例》建立了全过程预算绩效管理链条,将绩效理念和方法融入地方预算编制、执行、监督全过程;完善全覆盖预算绩效管理体系,将地方一般公共预算、地方政府性基金预算、地方国有资本经营预算和地方社会保险基金预算全面纳入绩效管理。
- 《条例》构建了权责明晰的多方参与机制,明晰了各级地方政府、地方各预算部门、地方财政部门、第三方机构的权利义务,同时加强了地方人大监督、审计监督,形成多方联动、共同推进的预算绩效管理工作格局。
- 《条例》硬化了全过程预算绩效管理约束,将事前绩效评估结果作为申请预算的必备要件,将绩效目标设置作为安排预算的前置条件,将绩效运行监控作为整改纠偏的具体举措。
- 《条例》健全了激励约束并重的绩效结果应用机制,将部门预算管理综合绩效考评结果与部门预算安排挂钩,将对下级政府财政运行综合绩效考评结果与转移支付分配挂钩,推动了预算绩效管理与预算管理的有机融合。
- 《条例》建立了规范透明的绩效信息公开及法律保障体系,将重大项目绩效目标和绩效评价结果,分别随同预算草案和决算草案提交本级人民代表大会和常务委员会,并对违反条例规定的行为,明确了法律责任。

资料来源:作者整理自王新平,周雷.开创预算绩效管理法治化新格局——省人大常委会出台全国省级层面首部预算绩效管理地方性法规.青海日报,2023-04-21 等资料。

11.2.3　地方中期财政规划

中期财政规划(Medium-term Fiscal Planning)是各级财政部门会同其他政府职能部门

---

① 中共二十届三中全会强调,在公共服务绩效管理中要"强化事前功能评估"。

在分析预测未来三年重大财政收支情况,对规划期内一些重大改革、重要政策和重大项目,研究政策目标、运行机制和评价办法的基础上,编制形成的跨年度财政收支方案①,是"中期预算"的过渡形态。

中期财政规划将财政资金的安排与控制预算平衡的时间跨度由一个财政年度扩展到多个财政年度,并且将年度预算置于中期财政规划的框架之中,根据国家的战略目标,确定财政支出的重点和优先顺序,有助于实现有限资源的有效配置。中期财政规划管理是改进预算管理和控制、建立跨年度预算平衡机制的重要举措,它可以强化对年度预算的约束、弥补年度预算的不足。

中期财政规划管理的有效实施,需要各级政府具有较强的中长期政策规划及预测能力,同时要求宏观经济政策不应有频繁调整。然而,中国目前各级政府的中长期政策规划及预测能力都还不强,宏观经济政策波动也较大,这些都在一定程度上阻碍了中国中期财政规划管理改革的深入。

专栏 11-5　　　　　　　　中国地方中期财政规划存在的问题

1998 年以来,中国在实行年度预算制度的基础上逐步探索拓展预算周期,编制中长期财政发展规划。进入 21 世纪后,为探索中期预算的编制,中国先后选择了"一省一市一县",即河北省(2003 年)、河南省焦作市(2009 年)和安徽省芜湖县(2009 年)进行多层级试点,并于 2015 年起在全国范围内正式推行中期财政规划。从已有的实施情况看,中国地方中期财政规划的实质性作用尚未有效发挥,主要存在以下问题:

一是中期财政规划与年度预算及其他经济社会发展规划衔接不畅、匹配性不强。一方面,无论是试点时期的中期滚动预算编制还是现阶段中期财政规划的编制,均存在与年度预算脱节的问题。另一方面,中期财政规划与经济社会发展规划衔接不畅,削弱了中期财政规划对国家中期发展战略目标的服务作用。中国中期财政规划编制以三年为周期向前滚动延展,而经济社会发展规划则固定以五年为周期,二者间存在周期错配的现实问题。此外,中期财政规划与现行经济社会发展规划在内容方面难以协调配合。

二是中期财政规划编制经验不足,宏观经济预测能力有待提升。一方面,中国正处于经济社会发展的转型时期,内外部环境都存在较大的不确定性,加大了宏观经济预测的难度。税收制度、转移支付制度、政府债务制度的调整与改革也使得财政收入预测面临较大难题。另一方面,由于试点范围较小、推行时间较短,中国在中期财政规划编制方面缺乏经验,地方政府尤其是基层相关部门缺乏对中期财政规划的正确认识,并且由于存在专业人才匮乏、规划编制能力欠缺等问题,中期财政规划编制尚流于形式。

---

① "十四五"规划《纲要》名词解释之 272丨中期财政规划. (2021-12-24)[2024-10-08]. https://www.ndrc.gov.cn/fggz/fzzlgh/gjfzgh/202112/t20211224_130 9539.html.

三是中期财政规划管理相关配套制度不健全,影响了中期财政规划的实际效果。在预算管理方面,由于支出审查不到位、预算单位与财政部门权责划分不清晰等问题,零基预算尚未充分发挥优化财政支出结构、提高预算编制质量的效用。同时,未能实现"全过程"和"全流程"预算绩效管理,难以对中期预算项目选择及项目库建设形成有益指导。在政府会计制度方面,虽然中国提出全面实施权责发生制的政府综合财务报告制度,但目前仍存在行政事业单位高素质财务管理人员少、政府部门成本核算制度不健全等问题。

四是中期财政规划管理的法治性不强,难以对年度预算形成有效指导和约束。《中华人民共和国预算法》在2014年和2018年两次修订中都将"建立跨年度预算平衡机制"作为一项重要内容,但未将"实施中期财政规划管理"明确写入其中。2015年国务院出台的《关于实行中期财政规划管理的意见》对中央和地方的中期财政规划编制工作提出了明确要求,但仍未将人大审查监督机制引入中期财政规划管理中,且未能赋予中期财政规划管理相应的法律地位,影响了中期财政规划的约束性。

资料来源:作者整理自财政部网站等相关资料。

11.2.4 地方财政纪律

地方财政纪律(Subnational Fiscal Discipline)是地方政府在财政管理和资金使用等方面应遵守的规则或准则。地方财政纪律主要体现在预算约束、资金使用效率、地方债务管理、地方财政透明度等方面。地方财政纪律的核心内容,除地方财政收支平衡和预算合理外,还包括地方政府在使用财政资金时必须遵守法律法规和相关规定,不能滥用职权、挪用资金或违规举债。

地方财政纪律旨在让地方政府忠实地执行地方权力机构批准的预算法案,将财政资金用于批准的项目或目的。只有严格遵守财政纪律,才有可能确保地方公共资源的合理配置和有效使用、防止不必要的财政支出和地方政府过度举债,与此同时提高地方财政资金的使用效率,并降低地方政府财政风险。

有效的激励机制可以促使地方政府更好地遵守财政纪律。建立科学合理的地方政府官员绩效评估体系,为他们提供明确的目标和奖惩机制,可以激励地方政府官员在财政管理中遵守财政纪律。加强地方政府财政管理的监督与问责,也是维护地方财政纪律的重要手段,因此外部监督和内部控制必须到位。

提高地方财政透明度和地方预算制定过程的公众参与度,也有助于强化地方财政纪律。然而,一些国家缺乏财政透明度,造成了公民和地方政府之间的信息不对称。这种情况不仅可能会造成社会成员的财政错觉,认为地方政府运作的成本低于实际水平,而且社会成员也会因为不掌握地方政府财政运作的完整信息而无法追究违规地方政府官员的责任。

专栏 11-6　贵州省独山县：贫困县年收入 10 亿元举债 400 亿元

贵州省独山县曾是国家级贫困县。2010 年至 2018 年期间，独山县原主要领导不顾本地基础设施落后、工业基础薄弱、民生建设历史欠账较多的实际，独断专行，盲目决策，胡乱作为，大搞形象工程，先后举债建设占地面积 46 平方千米的高科技产业园区以及独山·香港科技城、独山经济开发区大数据中心等产业园区，打造号称"天下第一楼"的水司楼（水司府堂），并投资新建独山县大学城等文教项目。独山县年财政收入不足 10 亿元，大部分形象工程靠举债建设，至 2019 年年初原主要领导被免职时，该县债务高达 400 亿元，每年仅利息就超过了 40 亿元，与该县财政收入形成巨大反差。

独山县形象工程造成了地方经济社会发展的恶性循环。一方面，随着债务链的延长，一些项目因拖欠工程款而烂尾，一些旅游项目因招商等原因闲置荒废，造成资源的巨大浪费；另一方面，形象工程建设引发大量拆迁，但因建设资金链断裂，一些安置工程迟迟无法完工，拆迁百姓无房可住，引发民怨。这种状况的发生，是中国部分地区财政纪律松弛的具体体现。

资料来源：作者整理自韩裕庆，夏仲沅.形象工程中的形式主义与官僚主义问题研究：以贵州省独山县形象工程为例.廉政文化研究，2022(3)：83—89。

重要概念

地方财政管理　地方政府预算　地方政府总预算　地方政府本级预算　地方政府预算调整　地方政府决算　地方部门预算　国库单一账户制度　地方政府采购　地方财政科学化精细化管理　地方政府预算绩效管理　地方财政透明度　地方政府中期财政规划管理　地方财政纪律

复习思考题

1. 简述地方政府预算和地方决算的程序及内容。
2. 中国各地区在加强地方财政支出管理方面采取了哪些措施？
3. 应如何加快中国地方部门预算改革的进程？
4. 中国地方政府采购制度存在哪些问题？
5. 加强地方政府预算绩效管理有什么意义？

课堂讨论题

近年来,在经济下行和外部冲击等多重因素的作用下,中国地方财政收入增长乏力,而与此同时,地方政府刚性支出需求却不断扩大,地方财政收支矛盾日益凸显;为了平衡地方财政收支矛盾,地方政府举债快速增加,债务可持续性不断下降,风险升高。请联系现实,就中国如何通过加强或改善地方财政管理来缓解地方财政收支矛盾进行课堂讨论。

参考文献与延伸阅读资料

沙安文.地方公共财政管理.北京:中国财政经济出版社,2012.

坎贾诺,克里斯汀,拉扎尔.公共财政管理及其新兴架构.大连:东北财经大学出版社,2017.

Bartle J R, Hildreth W B, Marlowe J. Management Policies in Local Government Finance. Sixth Edition. Washington D.C.: ICMA, 2012.

Johnson C L, Luby M J, Tima T. Moldogaziev. State and Local Financial Instruments: Policy Changes and Management. Cheltenham: Edward Elgar Publishing, 2021.

Alex Hathaway, Jorge Martinez-Vazquez, Chris Thayer. Tools for State and Local Fiscal Management: From Policy Design to Practice. Cheltenham: Edward Elgar Publishing, 2022.

网络资源

中华人民共和国财政部网站"省级预决算公开"专栏,https://yss.mof.gov.cn/zhuantilanmu/sjyjsgkzl/.

美国州预算官联盟(National Association of State Budget Officers)网站,http://www.nasbo.org.

美国佐治亚州预算与政策研究所(The Georgia Budget & Policy Institute)网站,https://gbpi.org/.

21世纪经济与管理规划教材
财政学系列

第 12 章

政府间财政竞争

【本章学习目标】

- 掌握经济领域政府间竞争的表现形式
- 掌握财政分权与政府间财政竞争之间的关系
- 掌握中国政府间纵向与横向财政竞争的主要表现
- 掌握中国政府间财政竞争的主要特点
- 掌握规范中国政府间财政竞争的措施

社会分工原则在政府体系中的应用，决定了各级政府间首先存在的是"分工"与"协作"的关系。在分权体制下，除"分工"与"协作"关系之外，"竞争"无疑在政府间相互关系中也占据着重要的位置。并非只有联邦制国家的政府间财政关系才具有竞争性[1]，虽然中国是一个单一制国家，但从各级政府在相互交往中的具体行为看，中国的政府体系也具有相当强的竞争性。

12.1 经济领域的政府间竞争

政府间竞争（Intergovernmental Competition）是各政府主体为了吸引或获取更多的资本、企业、技术、人才和信息等有形或无形的流动性要素而采取的一种自利行动。[2] 政府间竞争有纵向竞争与横向竞争两种类型。[3] 在多数情况下，政府间纵向竞争与横向竞争是并存的，而且相互作用，一种竞争形式的结果往往还可能影响另一种竞争形式的结果，如某一地方政府在纵向竞争架构内获取了较多的资源，就有助于这个地区在政府间横向竞争中取得比较优势地位。

12.1.1 分权化改革与经济领域政府间竞争格局的形成

政府的经济行为方式主要受利益因素和权力因素等的影响，而政府间关系中的集权与分权，恰恰能够通过改变利益因素和权力因素来影响政府的具体经济行为方式。中国经济领域政府间竞争格局的形成，在很大程度上可以说是推行分权化改革的必然结果。

1. 利益因素

一般来说，符合"经济人"范式的经济行为主体从事经济活动的主要目的都是获取经济利益，而对利益的追求又是竞争永恒的驱动力。只要有对利益的追求和角逐，各经济行为主体之间的相互竞争就是不可避免的，即使是行为方式不同于一般经济行为主体的政府也不例外。

在不同的社会经济背景下，政府有着不同的经济行为方式。在集权体制下，强调的是"全国一盘棋"，彻底否定了地方具有区别于整体利益的局部利益，这决定了无论是中央政府还是地方政府的行为，从总体上看都不具有"竞争"的特性。分权化改革是对各个不同地区相对独立利益的一种承认和肯定。分权化改革后，不仅各个地区间相对独立的利

---

[1] Breton A. Competitive Governments: An Economic Theory of Politics and Public Finance. Cambridge: Cambridge University Press, 1996.
[2] 一般意义上的"政府间竞争"还涵盖了不同国家政府间的竞争，而且涉及政治、经济和社会等诸多领域。本书主要考察一个国家内部各级政府在经济领域内的竞争。
[3] Breton A. Competitive Governments: An Economic Theory of Politics and Public Finance. Cambridge: Cambridge University Press, 1996: 184.

益是不同的,而且地方政府所代表的局部利益也区别于由中央政府代表的整体利益。为了实现本地区利益的最大化或者获得比较优势,作为本地区局部利益代表的地方政府,势必在相互间的交往中采取竞争性的策略。可以说,分权化改革带来的利益上的相互独立和相互排斥,使得中国各级政府的经济行为方式越来越逼近"经济人"范式的假设,进而也就决定了各级政府经济行为的竞争性。

2. 权力因素

地方政府的行为有"受命行为"和"自主行为"两种模式。在政治经济高度集权的计划体制下,地方政府只不过是中央政府为了便利于地方公共事务管理而设置的一个机构,并不具有自主行为的能力,只能被动地服从中央政府的指令实施受命行为。在这种情况下,地方政府的经济行为并不具有竞争性。但分权化改革在政治、经济和文化等诸多方面都赋予了地方政府相当大的自主权,这样地方政府就能够根据本地区社会经济的发展目标自主地采取相应的行动,而不再是一味地服从中央政府的指令。如果说利益因素是使各级政府的行为具有竞争性的动力源泉,那么权力因素则使得各级政府具备了采取竞争性策略的能力。

改革开放后,中国开始了全面的分权化改革,在经济领域内就有农村家庭联产承包责任制、经济特区和经济开发区的设立、非公有制企业的发展、金融权力的地方化、国有企业权力的扩大以及外贸权的下放等措施先后推出,在财政体制方面还先后进行了"分灶吃饭""财政承包制"以及分税制财政体制等改革。正是这种方向越来越明确、力度越来越大的全方位分权化改革,使得中国经济领域内的政府间竞争变得越来越激烈。①

专栏12-1　　　　　　　　　中国地方政府竞争成因的理论解释

20世纪80年代以来,中国实现了长达几十年的高速经济增长,这是世界经济史上罕见的现象,不少学者都认为地方政府竞争是中国经济发展的主要推动力量,因此弄清楚中国地方政府竞争格局形成的原因是很有必要的。

对中国地方政府间竞争的成因的理论解释,除财政分权理论外,有代表性的还有中国经济学家周黎安提出的"锦标赛理论"和美国政治学家戴慕珍(Jean Oi)提出的"地方政府公司化理论"等。

---

① 早在计划经济时期和改革开放初期,中国的政府间竞争实际上就已经存在。所谓的"父子争议"和"兄弟竞争"(参见樊纲.公有制宏观经济理论大纲.上海:上海三联书店,1990:214),就是对中国这一时期政府间竞争的一种形象描述。只不过由于当时的分权化改革力度不大,推行的时间也不长,再加上又是以相对集权的体制为背景,因此当时政府间关系的竞争性有限,也没有过于显性化,而且主要是形式单一的政府间纵向竞争,即地方政府为扩大本地区的财政收支规模和投资规模而同中央政府或上级政府展开的"讨价还价"。这一时期地方政府间的经济交往大都是在中央计划当局的集中统一安排和调度下进行的,因此政府间的横向竞争并不多见。

"锦标赛理论"认为,改革开放以来,中国考核地方官员标准的一个重要变化,就是用任期内的经济绩效取代了过去一味强调的"政治挂帅"。中央政府在考核地方官员时,其辖区内的经济增长是一个至关重要的指标,而且地方官员的晋升概率与其辖区内的GDP增长率呈显著正相关关系。上级政府主要依据经济增长来考核和提拔官员,会激励下级官员为了获得晋升而追求更高速的经济增长。地方官员围绕GDP增长的"晋升锦标赛"机制,是中国地方政府不遗余力促进经济增长行为的最基本和长期的动力源泉。这一理论概括,精炼而又生动地展示了经济增长与地方官员晋升之间的关联,描述了地方官员的行为激励,解决了地方政府竞争的动机问题。

"地方政府公司化"概念,也是对近几十年中国地方政府追求利益最大化的行为和角色的一种形象化描述。在改革开放以来的社会经济发展过程中,中国地方政府的行为越来越表现出"公司化"的特征,这集中表现为地方政府以追求经济增长,特别是财政收入为最大动力。从某种意义上说,GDP是公司化的地方政府的营业额,财政收入则是其利润。在"发展是第一要务"的口号下,一方面,GDP和财政收入增长成为地方政府活动的核心,而地方政府的公共服务责任则退居其次。另一方面,在地方社会经济发展过程中,地方政府与企业密切合作。一个地方政府协调辖区内各个经济事业单位,似乎是一个从事多种经营的实业公司。

资料来源:作者整理自周黎安.中国地方官员的晋升锦标赛模式研究.经济研究,2007(7):36—50 和周飞舟.以利为利:财政关系与地方政府行为.上海:上海三联书店,2012:1—4 等资料。

12.1.2 经济领域政府间竞争的形式

根据竞争载体的不同,经济领域里政府间竞争可以分为政府间财政竞争、政府间资本竞争、政府间规制竞争、政府间产业政策竞争以及透过国有企业进行的竞争等多种形式。

1. 政府间财政竞争

政府间财政竞争主要体现在财政收入、财政支出和财政体制上的竞争等方面。财政收入方面的政府间竞争主要体现为各级政府通过税收优惠等手段,吸引其他地区资源的流入而扩大本地区的税基,进而增加本地区的财政收入;财政支出方面的政府间竞争则是各级政府通过提高本地区财政支出的效率或调整财政支出结构等方式来提供更多、更好的公共产品和服务以吸引更多生产要素的流入;而财政体制方面的政府间竞争具体体现在各级政府为了在政府间财政收支的划分和政府间财政转移支付的分配等方面争取有利于本级政府的分配格局而展开的竞争。

2. 政府间资本竞争

资本对于每个国家、每个地区的发展来说,都是至关重要的;对发展中国家来说,资本更是一种稀缺资源。为了加快本地区的经济发展，各级政府都会千方百计地通过各种各样的方式来直接或间接争取更多的资本流入本地区，同时采取措施限制本地区的资本外流。政府间资本竞争主要表现在各个地区间吸引外资的竞争、争夺股票上市权、对信贷资源的争夺以及争相设立融资机构等方面。

3. 政府间规制竞争

政府规制是政府依据相关的法律法规对微观经济活动主体的行为进行的一种规范和控制[①]，具体包括行业进入和退出规制、数量与质量规制、资源与环境规制以及产权契约规制等形式。[②] 虽然从理论上说政府规制的主要目的是弥补市场失效，但在实践中它也常常被各政府主体用来吸引本地区外流动性要素的流入，或者限制本地区流动性要素的外流，以此来提高本地区的相对优势，于是就产生了政府间规制上的竞争。中国一直存在的"地方保护主义"，就是一种典型的规制竞争。

专栏 12-2　　"喝酒文件"：一个地方保护主义案例

"地方保护主义"是地方政府利用行政权力维护本地区局部利益的行为，它具体表现为地方政府及其职能部门对本地企业和外地企业实行差别待遇，或者对本地区企业制假售假、违反环保规定排污等违法行为提供保护伞。改革开放后，地方保护主义日益盛行，"喝酒文件"的出台就是其中一个典型例子。

2006年，湖北省汉川市人民政府办公室下发"红头文件"称，湖北云峰酒业有限公司是最早来该市落户的引进企业之一，其生产的"小糊涂仙"酒曾跻身中国白酒品牌20强。2005年云峰酒业有限公司纳税超过1 300万元，是该市纳税过千万元的六家企业之一，但"小糊涂仙"酒在汉川市的市场份额一直都不高，为此汉川市公务接待倡导使用云峰酒业生产的"小糊涂仙"系列酒。这一"红头文件"给汉川市直机关和各乡镇农场都下达了"喝酒任务"，全市各部门全年喝"小糊涂仙"系列酒的价值总目标为200万元，完成任务的给予10%的奖励，完不成的则通报批评。为了方便核定"喝酒"任务的完成情况，文件还要求云峰酒业有限公司建立各乡镇农场、各单位使用"小糊涂仙"系列酒账册档案，并定期将各乡镇农场和各单位使用"小糊涂仙"系列酒的情况报送市政府办公室。

参与起草"喝酒文件"的负责人在接受采访时说，汉川市各政府部门有繁重的接待任务，接待中难免会喝酒，既然都是喝酒就不如喝"小糊涂仙"，毕竟云峰酒业有限公司是汉川的利税大户，而其他酒业公司对汉川所做的财政贡献就小多了；规定公务接待用"小糊

---

① "规制竞争"这一术语可以做两种理解：一种是"政府对市场行为主体的竞争行为的规制"，这种意义上的"规制竞争"是产业经济和产业组织理论中的一个重要概念；另一种是"政府在对市场主体行为进行规制上展开的竞争"。本书对"规制竞争"做后一种理解。

② 陈富良.我国经济转轨时期的政府规制.北京：中国财政经济出版社，2000：21.

涂仙"酒是市政府为企业办的大实事,是"引商、稳商、亲商、富商"的需要,帮助企业做宣传、促销工作是政府的义务,并没有封锁市场,用的钱是政府自己的钱,怎么喝、喝什么酒,政府怎么定都是无可厚非的。

资料来源:作者整理自公开资料。

4. 政府间产业政策竞争

产业政策也是各级政府进行竞争的一种重要载体。通过制定本地区的产业政策,可以调整好本地区的产业结构和产业布局,同时对本地区企业的发展给予各种保护和支持,以增强本地区的产业竞争力。此外,通过影响中央政府产业政策的制定,也可以为本地区争取更多的发展项目和更好的发展机会;在中央政府的产业政策出台以后,也时常有地方政府在政策的执行过程中为了地方局部利益而违背中央政府产业政策导向现象的出现。

5. 透过国有企业进行的竞争

中国一直存在一定数量的、在行政上隶属于各级政府的国有企业。这些国有企业与各级政府之间存在千丝万缕的联系,这种联系使得即使属于国有企业的"市场竞争"行为,在不少情形下都带有浓厚的政府色彩。这样,各级地方政府之间的竞争就有可能以各地区国有企业之间的"市场"竞争形式表现出来。

通过对经济领域政府间竞争不同形式的比较不难发现,各种政府间竞争形式的区分只是相对的,而且不同的形式之间也存在一些交叉。一些政府间竞争形式往往需要政府间财政竞争的配合,更为重要的是各种形式的政府间竞争在很大程度上都直接或间接地服务于各级政府的财政利益。正因为各种政府间竞争形式之间存在这样一种关系,所以财政竞争实际上是经济领域内政府间竞争的核心,其他形式的政府间竞争行为都可以大体上被看作一种宽泛意义上的财政竞争。

12.1.3 经济领域政府间竞争的目标

任何行为主体的行为都是为了达成一定的目标,不同的既定目标或是对既定目标的偏离都会引致行为的不同。一般认为,政府是社会公共利益的代表,所以政府间竞争行为的最终目标自然就可以归结为实现政府所代表公共利益的最大化。政府为了实现所代表公共利益最大化的活动必须依靠政府财政予以财力上的支持,因此公共利益与政府财政收支有着直接的关联。

政府的具体运作,是依靠各个政府官员来实现的。政府官员的行为虽然会受到民意代表、社会舆论和公共利益等因素的约束,但作为一个"经济人",以实现自身效用最大化为目的的政府官员,也具有区别于公共利益的利益追求。毫无疑问,这常常会导致政府行为对公共利益最大化目标的部分偏离。政府官员自身效用的最大化在相当程度上体现为财政收支规模的最大化或预算的最大化①,于是在现实生活中,财政收支规模的最大化也就逐步演变成各级政府采取竞争性策略所追求的一个主要目标,或者说政府间竞争的直接目标大体上就是在一定限制条件下追求财政收支规模最大化。虽然"财政收支规模最大化"与"公共利益最大化"这两个目标在很大程度上具有同一性,但亦不可否定两者之间也存在相互冲突的地方。当两者发生冲突时,政府间竞争有时甚至可能会以预算最大化为首要目标。

12.1.4 经济领域政府间竞争的效应

竞争从来都是一把"双刃剑",它既能够带来一些令人满意的结果,同时也有可能导致一些不良后果的产生,不管是市场竞争还是政府竞争都是如此。政府间竞争的形式多种多样,对社会经济的影响也体现在多个方面。即使从理论上来说,经济领域政府间竞争的绩效也是不确定的,它既有可能增进效率,也有可能降低效率。

提布特的"用脚投票"理论揭示了政府间竞争的积极效应。由于自由流动的居民有可能迁移到那些财政收入-支出结构令自己更满意的地区,因此为了避免本地区有税收创造能力居民的流失,地方政府就会尽可能地提高运行效率,改善地方性公共产品和服务的提供。不仅如此,政府间竞争也有利于"制度创新"和"制度扩散",这些都将极大地促进本地区乃至整个社会经济的发展,这在强制性制度变迁方式占主导地位的国家体现得尤为明显。

在政府间竞争过程中,地方政府为了吸引外来资本常竞相减税,导致地方政府税收收入下降,这有可能使得主要依靠税收融资的地方政府无法为最优数量的地方性公共产品和服务筹集到足够多的资金,使地方财政支出处于最优水平之下。如果地方政府以提供更好的地方性公共产品和服务的方式来展开竞争,那么就会驱使地方政府将有限的资源更多地投入于基础设施等的建设,这将直接影响地方政府对社会福利项目的投入,社会福利项目提供不足也会带来效率损失。此外,政府间的竞争也有可能扭曲社会资源的合理配置,干扰正常的财政分配关系,同时引致地方政府不规范行为的发生。

12.2 中国的政府间财政竞争

政府间财政竞争是中国逐步增强的竞争性政府间关系中的重要组成部分。在早就存在的政府间纵向财政竞争(Vertical Fiscal Competition)愈演愈烈的同时,政府间横向财政竞争(Horizontal Fiscal Competition)也随着各地区间经济联系与交往的不断加强而登上了

---

① 方福前.公共选择理论:政治的经济学.北京:中国人民大学出版社,2000:151.

中国的历史舞台;政府间横向竞争与政府间纵向竞争还时常交织在一起,使中国政府间的财政竞争格局日趋复杂化。

12.2.1 中国的政府间纵向财政竞争

财政分权改革启动后,中国的政府间纵向财政竞争就在财政体制中体现得越来越明显。

中国的财政体制从最初的"财政包干制"发展到现阶段相对规范的分税分级财政体制,在很大程度上可以说是中央与地方政府间财政竞争的结果。20世纪80年代初,中国在江苏、四川两省试点的基础上全面推行"划分收支、分级包干"的财政体制,变原来的"统收统支"为允许地方有一定的留成用于"自收自支"。就在中央政府和地方政府正式开始"分灶吃饭"的同时,原先还较为隐蔽的政府间纵向财政竞争也就逐步凸显出来。中央政府与各级地方政府之间的纵向财政竞争主要围绕着财力的分配而展开,其直接目的就是实现本级政府财政收支规模的最大化。因为政府间的竞争在一定程度上表现为制度的竞争,所以中央政府与地方政府之间财力分配上的竞争在财政体制上体现得最为明显。改革开放以来的短短几十年间,中国的财政体制先后经历了1980年、1985年、1988年和1994年四次大的变动,各种小的体制调整就更多了。从财政体制的频繁调整中,可以大致把握中国政府间纵向财政竞争发展的基本脉络。

1980年开始执行的"划分收支、分级包干"财政体制,根据各地区的情况,分别采取四种不同的办法;而在1985年的财政体制改革中,中央政府决定,除广东、福建和民族自治地区外的其他省、自治区、直辖市一律实行"划分税种、核定收支、分级包干"的财政体制。1988年的财政体制改革,在原有财政体制的基础上对地方财政包干的方法和基数都进行了调整,在此过程中各省、自治区、直辖市为本地区适用的财政承包方法和承包基数与中央政府展开"讨价还价",力图寻求对本地区最为有利的承包方式并尽可能地降低承包的财政上缴基数,"讨价还价"的最终结果就是在不同地区实行的财政承包制度就达六种之多。将多种并存的体制合并成单一的体制,然后再从单一的体制发展到多种体制并存,这种变化在相当大程度上就是由政府间纵向财政竞争所引致的。不仅如此,在财政体制确定后的执行过程中,地方政府还经常采取类似于"藏富于民"的做法,先超越财政体制的规定对企业应向中央政府缴纳的税收进行减免,然后再以其他方式从企业那里将这些本应属于中央政府的财力变为地方政府所有。

专栏12-3   **"财政承包制"时期的政府间纵向财政竞争**

实行财政承包制以后,地方政府就有了这样一种心理:"我增收一元钱,你还要拿走几毛,如果不增收,不就一点都不拿了吗?"于是就出现了地方政府"藏富于企业""藏富于地方"的现象,给企业减免产品税,人为制造财政收入"不增长"的假象,然后通过非财政途径的摊派或收取费用等形式将收入收到地方政府手中。

在"财政承包"体制下,地方政府的竞争性财政行为在北京和上海体现得比较明显。北京实行的是"收入递增包干分成"模式,规定北京市财政收入的年增长率为4%。在实行"财政承包制"的五年中,北京每年的财政收入增长率不多不少都是4%,分税制财政体制改革之后才发现北京市在五年间共隐瞒了98亿元的财政收入。上海采用的是"定额上解加递增分成"的模式,规定上海市每年应完成的财政收入任务为165亿元,其中100亿元归中央、65亿元归上海,财政收入每增加1亿元,中央与上海进行五五分成。结果,在上海实行财政承包制的五年里,上海的财政收入年年都保持在163亿元至165亿元之间,一点没增长。

如此一来,所谓的"财政承包制"实际上变成了"包盈不包亏",中央财政收入就被"包"死了。不仅如此,即使包上来的收入也跟不上物价上涨速度,物价一涨财政就又有缺口了,这些都造成了中央财政收入困难,而地方的日子则相对要好过得多。

资料来源:作者整理自赵忆宁.中国分税制决策背景历史回放.瞭望,2003(37):20—24。

1994年的分税制财政体制改革,更是使得中央与地方政府之间的财政竞争空前激烈。尽管这次改革并不是很彻底,仅制度设计就在很大程度上维持了地方政府的既得利益,但各省、自治区、直辖市仍然在1993年通过"征收过头税""寅吃卯粮"等方式千方百计地扩大本年度的财政收入基数,以期在以后年度的税收返还中获得更大的利益,而中央政府则针锋相对地采取了如以后年份的财政收入增长率达不到1993年的财政收入增长率则扣减税收返还的措施。

分税制财政体制改革出台后的几十年间,虽然没有再对财政体制做整体性的变动,但仍时常有一些政策调整措施陆续出台。每当调整政策出台前后,地方政府都会迅速以各种"规范"或"不规范"的竞争性措施来应对,以防止在财政分配中不利于己局面的出现。如2001年10月企业所得税分享方案刚一出台,地方企业所得税便立即出现超常增长,仅2001年11月全国地方企业所得税就比上年同期增长139.4%,有的地方的增长率甚至高达800%,地方政府在短短三个月内采取的行为就使2001年全国地方企业所得税比2000年增加了630多亿元,增幅达63%。① 出现这种情况,当然不排除经济增长、加强税收征管和清理欠税等因素的作用,但更为重要的原因却是地方政府为了在企业所得税分享改革中取得更大的利益而采取的竞争性策略。

尽管提高中央财政收入占全国财政收入的比重是分税制财政体制改革的一个重要目

---

① 于国安.关于企业所得税分享改革的博弈分析.财政研究,2002(9):37—40.

标,但面对地方政府的竞争性策略,这一目标的达成似乎很难"一帆风顺"。在1994年分税制财政体制改革的当年,中央财政收入占全国财政收入的比重就从1993年的22.0%迅速提高到55.7%,而随后的五六年里,这一比重又连续下降而后才有所回升;这一反复,在接下来的十多年间再次出现。从某种意义上说,中央财政收入占全国财政收入比重的波动状况,就是中央政府与地方政府在财政体制上竞争的具体体现和结果。

专栏 12-4　中国政府间财政竞争与体制变迁:以地方政府债务为例

中国在过去很长一段时间里禁止地方政府发行公债,虽然有诸多方面因素的考虑,但不可否认的是避免中央政府和地方政府在举借债务上的直接竞争与冲突是其中的一项重要缘由。尽管被禁止举借债务,但一直以来中国各级地方政府纷纷利用信托公司融资、担保融资、以国有企业的名义发行企业债券融资以及地方融资平台融资等各种变通手段,形成了大量必须直接或间接由地方政府承担的债务。可见,中央政府与地方政府围绕通过举债来扩大可支配财力所进行的竞争,并没有因为在制度上不允许地方政府举借债务而消失,只不过由公开竞争转变成较为隐蔽的形式罢了。

这一事实上存在的政府间财政竞争虽然并没有促使中央政府立即彻底放弃禁止地方政府举借债务的政策,但也推动了相关政策上的一些调整,如在积极财政政策的实施过程中就采取了中央政府代替地方政府发行公债再转贷给地方的措施,后来又推出"中央代发代还"和允许部分省市试点"地方自发自还"等措施。地方政府在地方债务问题上与中央政府之间的竞争性举措,最终促使允许地方政府发行公债政策的出台。然而,政府间财政竞争并没有因为地方政府举借债务合法化而停止,地方政府竞争性博弈措施仍然频出,这主要体现在利用PPP、政府购买服务和政府投资基金等名义变相举债上,中央政府也相应地出台了应对地方政府隐性债务的措施。可见,在地方政府债务问题上,政府间财政竞争不仅推动着"体制禁区"的突破,而且在一定程度上促进了体制的完善。

在承认政府间财政竞争对财政体制变迁促进作用的同时,我们也应看到中国政府间财政竞争行为中有很大一部分是突破了当时财政体制约束的不规范行为,其中一些所谓的"制度外创新"常常使得财政体制改革的设计目标落空,既扰乱了财政体制内正常的分配秩序,又导致政府间财政竞争行为的无序化。

资料来源:作者整理自王玮.财政分权与中国的政府间财政竞争.公共经济研究,2003(2):184—192等资料。

虽然迫于地方政府的压力,中央政府在由其主导的财政体制改革中保留和维持了地方的一些既得利益,但在财政收入整体的分配格局中,与以前相比地方政府还是失去了许多利益,这集中体现为地方财政收入占全国财政收入的比重由1993年的78.0%下降到1994年的44.3%。行政上所处的劣势决定了地方政府在财政体制内是无法与中央政府在财力分配的竞争中取得优势的,于是地方政府自然而然地就把目光转向了体制外,并寻求在体制外进行所谓的"制度创新",这突出表现为各种各样名目繁多的收费、基金、集资和摊派等(以下统称为"税外收费")。地方政府的这种"制度创新",在政府间竞争格局下非常容易进行"制度扩散",其直接后果便是名目繁多的税外收费在全国"遍地开花"。各种税外收费不仅严重侵蚀了中央政府财政收入的基础,而且也极大地扩张了地方政府的可支配财力,从而使得地方政府在中央与地方财力分配上的竞争中取得了比较优势地位,几年后地方政府的实际可支配财力占政府综合财力的比重就达到60%。为了消除地方政府的"体制外竞争"所带来的负面影响,同时也扭转在政府间竞争所形成的财力分配格局中所处的不利地位,清理和整顿各种税外收费便成为中央政府的必然选择,中国曾经大力推行的"费改税"就是其中一项重要举措。从直接意义上看,"费改税"只不过是为了规范财政收入机制,但我们也应同时认识到其中所蕴含的中央与地方政府间财力分配竞争手段的另一面。

基于各方面的原因,中国存在大量欠缴的中央税和地方税。在欠税的清缴过程中,各级地方政府就经常用行政手段来干预欠税企业和税务机关的行政行为,以优先保证欠缴的地方税收入的清偿。税收征管过程中,类似于欠税清缴问题的"国税"与"地税"之间的种种冲突和矛盾,实际上都是中央与地方政府间财政竞争的具体表现。

12.2.2 中国的政府间横向财政竞争

政府间横向财政竞争在中国计划经济时期很少见。改革开放以后,随着财政分权改革的深入、市场体系的发展以及各地区间社会经济交往的增多,政府间横向财政竞争呈现出日益加剧的趋势。

1. 地方政府间的税收竞争

在现实生活中,地方政府往往给予纳税人比名义税率低不少的优惠税率或者通过"自由裁量"等方式给予纳税人事实上少纳税的待遇①,由此形成了地方政府间的税收优惠竞争。地方政府通过让渡一定的税收利益来吸引越来越多可流动资源流入本辖区,进而获取更多的经济利益。

税收优惠竞争是中国现阶段政府间横向财政竞争最主要的形式。改革开放初期,中国采取了区域性税收倾斜政策,允许沿海各经济特区、经济开发区实行"免二减三"的企业所得税优惠措施来吸引外商投资,这些地区对国内资本也可按15%的税率减征企业所

---

① 在税收征管实践中,地方政府也常常利用所谓的"自由裁量权",减小征管力度,形成了"中央决定名义税率、地方决定实际税率"的现象。

得税。极其优惠的税收措施,帮助沿海各经济特区和经济开发区以及整个东部地区吸引了不少外来资本,使这些地区的发展步入"快车道",经济增长速度明显快于国内其他地区。经济增长速度上的巨大差异,驱使没有享受这一待遇的中西部地区也开始大力寻求以税收优惠来吸引外商投资和国内资本的流入,从而被动地展开了税收优惠竞争。尽管最初一些地方政府是被动地卷入税收优惠竞争中的,然而后来税收优惠竞争却逐步成为各级地方政府的一种主动行为。在提出"西部大开发"和"振兴东北"的口号以后,西部和东北地区各省区都先后出台了包括税收在内的各种优惠措施,形成了一轮又一轮的税收优惠竞争。到20世纪90年代中期,全国各地都形成了多层次、形式各样的税收优惠体系,这就使得区域间的税收优惠竞争变得异常激烈。全国范围内的税收优惠竞争,一直延续至今。

专栏12-5　霍尔果斯:一个典型的税收洼地

霍尔果斯是新疆西北部的一座小城,常住人口仅8.7万。2010年,霍尔果斯国家级经济开发区设立。根据相关政策,2010年至2020年期间在霍尔果斯新设且符合《新疆困难地区重点鼓励发展产业企业所得税优惠目录》的企业,五年内免征企业所得税,期满后再免征五年地方分享的企业所得税。伴随着2016年"营改增"试点在全国推行,霍尔果斯的优惠政策再次加码,在霍尔果斯开发区新设企业还可享受增值税及其附加返还。巨大的税收落差,掀起了企业扎堆奔向霍尔果斯的热潮。截至2017年年底,霍尔果斯各类市场主体总量为22 615户,注册资本(金)为3 021亿元,其中仅北京就有千余家企业在霍尔果斯设立1 600多家子公司,投资额达217.7亿元,90%为影视、广告等轻资产企业。

数万人的小城短短几年就吸引了数千亿元资金,着实让人眼前一亮。然而,现实与理想之间却有不小的差距。在看似华丽的数字背后,只有2%属于实体型企业,98%都是"注册型"企业,即有营业执照,但在当地却没有固定资产或仅有少量固定资产,只有少量员工甚至基本没有员工入驻办公,也没有实质性经营业务,基本由当地代理企业打理。这些企业享受着霍尔果斯税收等优惠便利,但对当地的就业、消费等方面几乎无促进作用。

霍尔果斯是中国的一个典型的"税收洼地"。地方政府通过区域性税收优惠政策、采用"核定征收"的税收征管办法和给予税收地方留成返还等处理办法,显著降低了在"税收洼地"注册企业的税收负担。除霍尔果斯外,上海崇明、重庆黔江、湖北通山、江苏沛县和宿迁、天津武清、宁波梅山、江西萍乡等也都是"税收洼地"。"税收洼地"的存在,不仅让一些二、三线城市,连北京、深圳、广州、杭州等投资环境优越的重点城市也感受到了竞争压力。令各地困扰的是,"税收洼地"甚至成了不少企业索要额外税收优惠的"底牌",不给优惠就迁走,这就迫使越来越多的地方政府加入税收优惠的竞争中来。

一些经济落后地区为了完成税收任务,在地方文化产业税收政策上开口子,吸引一些明星到本地注册工作室,实际上仅增加了开票收入税收数据,并不带动地方就业,也不会拉动消费,只是做大了GDP。林林总总的"税收洼地"其实服务于一个单一的目标,即"为增长而引资"的地方政府竞争模式。

资料来源:作者整理自公开资料。

除直接的税收优惠竞争外,很多地区还出台了各种名目的"财政返还"政策。所谓"财政返还"指的是地方政府先按照税法的规定向纳税人课税,然后以纳税人实际缴纳入库的税款为基本考核指标,按照一定的标准以财政支出的方式将属于地方政府的部分税收收入返还给纳税人。地方政府"先征后返"的行为,从局部看确实在一定程度上起到了刺激地方经济增长的效果。由此产生的竞争行为,从实质上看仍属于政府间税收优惠竞争的范畴。

"税负输出"(Tax Exporting)是一种以辖区为本位的税负转嫁,即将本应由本地区居民承担的税负转嫁给其他地区的居民承担。从本质上看,税负输出是一个地区的政府对其他地区居民所实施的一种间接征税。① 如果能够成功地实施税负输出,那么进行税负输出辖区居民的"财政剩余"将会得以扩大,进而提升本地区的公共利益水平。其实,为了尽可能地扩大本地区居民的"财政剩余",并以此来提高本地区的公共利益水平,各级地方政府都有将地方税的税收负担转嫁给其他地区居民承担的倾向,一旦条件允许便争先恐后地进行税负输出。这样,税负输出也就成了一种较为特殊的政府间财政竞争形式。中国现行财政体制把一些从流动性税基中产生的收入划给地方政府,这就为以税负输出的形式进行政府间财政竞争提供了可能。目前,中国的资源税和企业所得税等税种都不同程度地存在税负输出。②

2. 地方政府间的财政支出竞争

一个地区社会经济的正常运行,离不开地方政府提供的各种各样的地方性公共产品。如果一个地区有着完善的基础设施、良好的社会治安环境以及优质的教育和卫生等社会性公共服务,对地区外的人和生产要素是有很大的吸引力的。在这种情形下,地方政府会通过提供地方性公共产品而展开竞争,以吸引更多的外来资本和人才流入本地,而这种竞争在财政上主要体现为地方政府间的支出竞争。

从长远来看,政府间财政支出竞争的有效性要高于地方政府间的税收优惠竞争,因为财政支出竞争更加注重通过改变本地区内生产生活的一般外部条件来提高对流动性要素的吸引力,而不是简单地给予直接的税收优惠。因此,与税收优惠竞争相比,财政支出竞

---

① 王雍君,张志华.政府间财政关系经济学.北京:中国经济出版社,1998:177.
② 同上,第181页.

争是一种更高层次上的政府竞争形式。但改革开放之初的二十多年里,中国地方政府间的财政支出竞争还不多见,只是在进入21世纪以来的二十多年间各地区掀起的基础设施建设高潮中,地方政府财政支出竞争才在中国逐步凸显。

3. 地方政府间的其他财政竞争

分税制财政体制改革后的相当长一段时间里,中国的政府间财政转移支付制度都不是很完善,中央政府对地方政府财政转移支付的分配仍保留着相当的主观性和随意性,这就为地方政府寻求从中央财政获取更多的财政转移支付留下了很大的活动余地。地方政府寻求更多的财政转移支付的行为,实际上就是各地方政府为在中央政府财政转移支付这块"蛋糕"的切割中获得更大的份额而展开的一种间接竞争。类似的政府间横向财政竞争,还体现在各地方政府对中央财政投资项目等的争夺上。

在现实中,中国的各级地方政府还常常通过减免非税收入来吸引可流动性资源的流入,如不少地方政府在"招商引资""旧城改造""国有企业改制"等过程中减免土地出让收入,实行"零地价",甚至"负地价",或者以土地换项目等形式变相减免土地出让收入,也有地方政府通过降低排污费的方式来吸引外来资源。

12.2.3　中国政府间财政竞争的特点

改革开放以来,中国的政府间财政竞争具有涉及的范围广、采用的形式不规范以及层次低等特征。

1. 政府间财政竞争涉及的范围广

中国政府间财政竞争虽然只是在财政分权改革的深化过程中才逐步显现出来,但它所涉及的范围相当广。当前,中国政府间财政竞争不仅涵盖了从财政收入、财政支出到财政体制的整个财政活动的方方面面,而且贯穿了各项财政制度安排从形成到具体实施过程中的各个环节,同时政府间财政竞争还从"体制内"延伸到了"体制外"。由于政府间财政竞争的涉及面较广,它对政府间财政分配关系乃至整个社会经济生活所产生的影响都比较大。

2. 政府间财政竞争的形式不规范

从具体所采用的途径来看,中国政府间的财政竞争,无论是横向竞争还是纵向竞争,多以"不规范"的方式进行。以现阶段在中国普遍存在的税收优惠竞争为例。一般来说,地方政府间的税收优惠竞争基本应限于地方税范围内。但目前,中国地方税的税收立法权主要集中在中央政府手中,地方政府无权调整地方税的税率,在税收优惠方面的自主权也非常小,因此从理论上说中国是不存在以税收优惠的形式进行政府间财政竞争的可能性的。事实上,以税收优惠为载体的政府间财政竞争在中国相当普遍,各地方政府或是通过突破现行制度框架的约束自行出台一些"土政策",或是通过在税收征管中擅自运用

"自由裁量权"对纳税人提供优惠等方式来进行。类似不规范的政府间财政竞争形式还有很多,如曾经在较长一段时间里存在的中央政府超越体制随意调动地方财力以及地方政府的各种税外收费、藏富于企业等。中国政府间财政竞争的不规范,说明中国尚缺乏能够对各级政府竞争性财政行为进行有效约束的秩序框架,或者说既有的秩序框架对政府行为的约束力还比较差。

3. 政府间财政竞争的层次低

税收优惠竞争是一种直接的、较低层次的政府间财政竞争形式。一般认为,税收优惠竞争对流动性要素的吸引力往往只在短期内有,而很难长期维持下去。但税收优惠竞争一直是中国政府间横向财政竞争的主要形式,而且愈演愈烈。税收优惠竞争只不过是对既定数量社会资源的一种争夺,它在本质上是一个零和甚至负和博弈,所以尽管大规模的税收优惠竞争对部分地区的短期发展可能会有一定好处,但它却不可能对整个社会经济的长期发展产生明显的促进作用。

此外,中国的税收优惠竞争还常常与地方保护主义结合在一起,这不仅限制了其积极作用的发挥,还严重扭曲了正常的区域资源配置机制。中国其他几种比较常见的财政竞争方式,如各地区对中央财政转移支付和中央财政投资项目等的竞争都属于零和或负和博弈范畴,它们对社会经济的影响大体上类似于税收优惠竞争。在中国,能提高公共产品和服务供给效率进而促进"双赢"或者"多赢"局面出现的财政支出竞争,在很长一段时期内还难以占据主导地位。

12.3　中国政府间财政竞争的规范

财政分权与政府间财政竞争格局的形成之间具有必然的联系,有财政分权就会有政府间的财政竞争。在财政分权体制下,政府间财政竞争是不可能自然消失或被人为压制住的,寻求一种秩序框架来规范政府间的财政竞争,是较为现实的选择。

12.3.1　财政分权改革与中国政府间财政竞争的规范

财政分权改革不仅为政府间的财政竞争提供了舞台,而且在很大程度上还影响甚至决定着各级政府可能实施的具体行为,从而也就为政府间的财政竞争确定了一个基本的秩序框架。

其实,中国政府间财政竞争的不规范并不能归咎于财政分权本身,而在很大程度上应归因于实现财政分权的各项制度安排。财政分权改革中一些不恰当的制度安排,才是诱使中国政府间财政竞争多以不规范形式和手段展开的直接原因。如果1994年的分税制财政体制改革不将1993年的税收收入作为确定税收返还的基数,那么"征收过头税""寅吃卯粮"等现象可能就不会那么严重。要规范政府间的财政竞争,首先应审视现行财政分权的各项制度安排。只有花大气力去完善现行财政分权体制的各项制度安排并建立起一个规范的秩序框架,才能从制度根源上消除不规范的政府间财政竞争。

中国政府间的财政分权一直都没有以制度化的形式在一段相对较长的时间内稳定下来,这具体表现在财政体制的频繁变动上,从而导致中央与地方政府之间的利益分配格局始终处于一种不确定的状态,地方政府也无法形成稳定的利益预期。这样一种状态使得中央与地方政府都想在不完全确定的分配格局中获得更大的利益,再加上多变的财政体制自身的约束力不强,就为中央与地方政府以及各级地方政府间在财力争夺中运用不规范的手段提供了空间。因此,将财政分权以制度化的形式在一段相对较长的时间内稳定下来,既能够为各级政府的行为提供一个明确的利益导向,同时又能够加强制度自身的约束力,这对于规范政府间财政竞争是极其重要的。

在财政分权改革中尽快建立健全中国的地方税系,也有助于规范中国各级政府间的税收优惠竞争。从理论上说,政府间横向税收优惠竞争的客体应仅限于地方税,但中国地方税系建设严重滞后。在中国现实的社会环境中,两者之间的矛盾常常使得各级地方政府在税收优惠竞争中既突破了财政体制规定的权责限定,又突破了地方税这一客体范围的限制而延伸到共享税乃至中央税,这一突破就注定了目前中国政府间的税收优惠竞争是极不规范的。加快地方税系建设对于规范政府间财政竞争的积极作用,首先表现在它合理地界定出了政府间横向税收竞争的范围;这种积极作用还表现在对财政竞争所采用形式的规范上,如地方税系得到完善以后,那些税基流动性较大的税种可能就不会再被划入地方税系,从而就能有效防止恶意税负输出的发生。

中国之所以出现政府间纵向财政竞争多以税外收费、藏富于企业等非规范的形式和手段展开这种情况,还在于中国财政分权改革的不彻底性。尽管中国的财政分权体制分配给地方政府一定的财力,但中央政府没有赋予地方政府相应的财权。而地方政府根据本地区实际情况自主处理相关问题的现实需要和地方官员权力扩张的内在冲动结合在一起的结果,便是地方政府对财政体制所规定权限边界的突破。过于集权的财政体制貌似可以杜绝地方政府机会主义行为的泛滥,实际上却导致了更多的"制度外创新",其结果往往比进行一定程度的分权更难以控制。与其这样,不如进行相对彻底的财政分权改革,赋予地方政府相应的权力,这反而有可能减少地方政府不规范的政府间财政竞争行为的发生。

中国各级政府间的财政事权到目前为止都没能划分清楚,还存在许多混淆不清的地方。正是这种政府间权责模糊不清的局面让各级政府拥有了较大的"自由裁量权",进而能够采取不规范的竞争性措施去争夺财政资源。要规范政府间的财政竞争,就必须厘清各级政府间的权责关系,这有赖于政府间财政事权的合理划分。然而,各级政府间财政事权的划分并不仅仅是一个政府内部的分权问题,还涉及政府与市场之间的关系。事实上,各级政府间财政事权的合理划分是以政府与市场间边界的合理定位为前提的。当前,中国的市场经济体制并不是非常健全,政府与市场间的边界也没有完全厘清,中国的政府职能范围还将有规模不小的调整,这在相当大程度上制约了中国政府间财政事权的划分。中国应加快市场化改革的步伐,以便尽早明确地界定出政府与市场各自的活动范围,然后再在此基础上对不同级次政府间的权责关系做出清晰的界定,从而为规范各级政府的行为,尤其是竞争性行为,奠定良好的基础。

加快政府内部横向财政分权改革的步伐,也有助于规范政府间的财政竞争。当前,中国的政府间财政竞争行为基本上都是地方行政部门单方面的行为,很难说是本地区全体社会成员意愿的反映。横向财政分权的缺失导致行政部门所采取的竞争行为缺乏必要的监督和制约,这就注定了中国政府间财政竞争行为中包含了不少行政权力的滥用,因此也就难以防止恶性的、掠夺性的财政竞争行为的发生。中国横向财政分权存在诸多缺陷的背后,是民主政治制度的不完善。要完善横向财政分权制度,就必须加快政治制度民主化进程。唯有这样,行政部门在处理政府间关系的过程中所采取的竞争性行为才能较好地体现本地区社会成员的意愿;也只有这样,行政部门的竞争行为才会受到有效的监督和制约,从而起到规范政府间财政竞争的作用。

12.3.2 规范中国政府间财政竞争的其他措施

当然,政府间财政竞争的规范也不能仅仅着眼于财政分权改革,还需要有其他一些措施的配合。

政府间的财政竞争多以不规范的形式和手段展开的原因,还在于中国在很长一段时间里社会经济活动的法治化程度还不够高。无论是在政府官员还是在普通民众的心目中,"法律至上"的意识还没有深入骨髓,"有法可依、有法必依、执法必严、违法必究"的原则在中国贯彻得还不够彻底。在这样一种背景下,中国各级政府的一些行为在一定程度上游离于法律之外,甚至凌驾于法律之上。其实,法治是规范的市场经济及与之相适应的财政制度所赖以存在的基础,"法治的作用不仅在于约束微观经济主体的行为,更在于对政府行为的约束"[1]。毫无疑问,应加快中国的法治化进程,尤其是要将政府行为纳入法治化的框架内。只有在法治的约束下,政府的行为才会真正符合规范的市场经济和现代财政制度的要求,也只有在法治的约束下,各级政府不规范的竞争行为才能够从根本上得到抑制。"在中国特定的国情下,政府行为法治化以财政行为法治化为关键,而政府预算法治化则是财政行为法治化的基本途径"[2],所以改革现行政府预算、建立起真正意义上的现代政府预算制度就成为中国政府行为乃至整个社会法治化的突破口。应努力推进中

---

① 钱颖一.市场与法治.经济社会体制比较,2000(3):1—11.
② 张馨.公共财政论纲.北京:经济科学出版社,1999:250.

国政府预算的法治化进程,如果政府预算法治化程度能够得到提高,那么最直接的结果将是政府间财政竞争行为规范化的程度得到提高。

政府间财政竞争也不是孤立的,因为各种形式的政府间竞争行为实际上是相互作用、相互影响的,它们时常结合在一起共同作用于整个社会经济活动。在现实生活中,其他形式的政府间竞争行为也会与政府间财政竞争一样采用一些"不规范"的手段,如地方保护主义就是一种典型的不规范的政府间规制竞争。要规范政府间的财政竞争,也必须同时整顿和规范其他形式的政府间竞争行为,为政府间财政竞争行为的规范创造一个良好的外部环境。

重要概念

政府间竞争　政府间财政竞争　政府间横向财政竞争　政府间纵向财政竞争　地方保护主义　政府间税收优惠竞争　政府间财政支出竞争

复习思考题

1. 试分析中国现阶段政府间财政竞争的特点。
2. 简述政府间财政竞争对社会经济生活产生的影响。
3. 改革开放以来,中国政府间纵向财政竞争和政府间横向财政竞争体现在哪些方面?请运用具体的案例来分析。
4. 应当如何规范中国的政府间财政竞争?
5. 请对"地方政府竞争行为的目标是追求本地区经济增长和财政收入最大化"的观点进行评析。

课堂讨论题

请结合所给案例材料,并联系现实,就中国现阶段政府间竞争对社会经济生活产生的影响以及应如何约束和规范政府间竞争进行课堂讨论。

案例材料

中国一轮又一轮的"抢人大战"

在中国,各地区间的"抢人大战"早已不是什么新鲜事。从2017年开始,以杭州、西安、武汉、成都、南京为代表的15个"新一线"城市陆续出台了人才吸引政策,打响了一轮

"人才争夺战"。2018年3月,一直高高在上的北京和上海也被迫出手,推出了各自的人才新政,加入了"抢人大战",因为"再不动手,人都要被抢光了"。

2020年,突如其来的新冠疫情使得地区间的"抢人大战"戛然而止。在疫情防控平稳转段后的2023年,"抢人大战"重燃战火。2023年的"战况"还呈现出一些新特点,不仅在"开战"的时间上提前了,而且也从过去的仅"抢人才"转变为"抢人才"和"抢劳动力"并重。

2023年春节还没有结束,东南沿海地区已在"拼"经济上"抢先一步",包括广东、浙江、江苏、福建在内的多个沿海用工大省跨省招工、引进人才。多地将招聘会搬到了务工人员家门口,通过现场摆台、"直播带岗",让招工更快捷、就业更方便。招到人后,又包机、包车接人,为务工人员返岗复工做好保障,实现"家门到车门、车门到厂门"的无缝衔接。与沿海省份跨省"抢人"不同的是,一些内陆省份则开始布局,针对返乡人才提供优质岗位,为在外人才提供家的"诱惑"。

资料来源:作者整理自公开资料。

参考文献与延伸阅读资料

冯兴元.地方政府竞争:理论范式、分析框架与实证研究.南京:译林出版社,2010.
刘勇政.财政竞争:基本理论与中国经验.北京:经济科学出版社,2018.
沈坤荣,金刚,等.中国的地方政府行为与经济增长.北京:人民出版社,2022.
Breton A. Competitive Governments:An Economic Theory of Politics and Public Finance. Cambridge:Cambridge University Press,1996.
Vilela S M. State Tax Competition("Guerra Fiscal"):Comparative Study of the Brazilian and Swiss Tax Collection Power and Revenue Sharing Systems. Sao Paulo:Editora Dialética, 2023.

网络资源

世界银行网站"文献与报告"专题,https://documents.worldbank.org/en/publication/documents-reports.

英国财政研究所(Institute for Fiscal Studies)网站,https://ifs.org.uk/.

美国佐治亚州立大学安德鲁杨政策研究院财政研究中心(Fiscal Research Center, Andrew Young School of Policy Studies, Georgia State University)网站,https://frc.gsu.edu/.

教辅申请说明

北京大学出版社本着"教材优先、学术为本"的出版宗旨，竭诚为广大高等院校师生服务。为更有针对性地提供服务，请您按照以下步骤通过**微信**提交教辅申请，我们会在 1~2 个工作日内将配套教辅资料发送到您的邮箱。

◎ 扫描下方二维码，或直接微信搜索公众号"北京大学经管书苑"，进行关注；

◎ 点击菜单栏"在线申请"—"教辅申请"，出现如右下界面：

◎ 将表格上的信息填写准确、完整后，点击提交；

◎ 信息核对无误后，教辅资源会及时发送给您；如果填写有问题，工作人员会同您联系。

温馨提示：如果您不使用微信，则可以通过以下联系方式（任选其一），将您的姓名、院校、邮箱及教材使用信息反馈给我们，工作人员会同您进一步联系。

联系方式：

北京大学出版社经济与管理图书事业部

通信地址：北京市海淀区成府路 205 号，100871

电子邮箱：em@pup.cn

电　　话：010-62767312

微　　信：北京大学经管书苑（pupembook）

网　　址：www.pup.cn